Ritmo latino

Ritmo latino

La música latina desde la bossa nova hasta la salsa

E D   M O R A L E S

Traducción de Joan Sardà

(Coordinardor del Jubilee Jazz Club de Barcelona)

MA
NON
TROPPO

UN SELLO DE EDICIONES ROBINBOOK
información bibliográfica
Indústria, 11 (Pol. Ind. Buvisa)
08329 - Teià (Barcelona)
e-mail: info@robinbook.com
www.robinbook.com

Título original: *The Latin Beat*

© 2003, Ed Morales
© 2006, Ediciones Robinbook, s. l., Barcelona

Diseño de cubierta e interior: Cifra (www.cifra.cc)
Fotografía de cubierta: Getty Images
ISBN: 84-96222-47-0
Depósito legal: B-31.341-2006

Impreso por A & M Gràfic, Pol. La Florida-Arpesa,
08130 Sta. Perpètua de Mogoda

Impreso en España - *Printed in Spain*

La música es amor.

HÉCTOR BUITRAGO Y ANDREA ECHEVERRI

Índice

Agradecimientos

Gracias a mis editores: Andrea Schulz, por su confianza inicial y su dedicación, Joan Benham, por su revisión infatigable, y Ben Schafer, por ocuparse de todo. A mi agente Daniel Mandel. A Bryan Vargas por las críticas prudentes y las discusiones estimulantes y a Bobby Sanabria y Conrad Herwig por sus ideas apasionadas. A Adriana por soportar los enormes montones de cedés y los clubes humeantes. A los numerosos personajes de la industria que estáis ahí cada noche —ya sabéis quiénes sois—. A todos los músicos que, pacientemente, habéis hablado conmigo y habéis puesto en palabras lo que, a menudo, es imposible describir: *la música*.

Introducción

Intentar definir la música latina es como intentar definir a los latinos en Estados Unidos. Estamos lejos de un consenso monolítico: puede que existan más estilos y variantes de ser latino que países en América Latina. Con España incluida, hay veintidós países en los que predomina el idioma español, y se registran muchos más estilos de música latina. Lo único que mantiene unido el concepto de música latina es lo mismo que unifica a los latinos: un idioma, el español, las tradiciones culturales hispanas y amplias aportaciones de tradiciones africanas e indígenas que varían según la zona. Que en este libro se hable de Brasil como música latina se basa en la proximidad y afinidad de Portugal y la cultura portuguesa a España, además de la naturaleza híbrida, tan similar, de la cultura brasileña.

La música latina, como la cultura latinoamericana, se aprecia como exótica a oídos de los espectadores norteamericanos y europeos por sus ritmos vagamente «calientes» y sus vocalistas emotivos. Mientras que para los latinos nuestra música constituye una parte esencial de nuestra identidad, a los no latinos les atrae por su rara complejidad y sus posibilidades expresivas. El objetivo de EL RITMO LATINO es desentrañar parte del misterio de la música latina y desmitificar su aroma tangible. En general, se puede decir que la música latina recibe la influencia de las formas de canción españolas, los ritmos africanos e indígenas y las estructuras armónicas, la música clásica y popular europea y, de manera creciente en los siglos XX y XXI, la balada norteamericana, el rhythm and blues, el jazz, el rock, el reggae, la electrónica, el afro-pop y el hip hop.

Para el oyente no iniciado o no hispanohablante, la variedad de la música latina le puede parecer difícil de distinguir. Pero, al igual que el carácter de los latinos en Estados Unidos se diferencia en virtud de su país de origen —ya sea México, Puerto Rico, Cuba, la República Dominicana y, en la actualidad, un número cada vez mayor de países de Centroamérica y Suramérica—, las diversas zonas de América Latina producen diferentes clases de música que pueden identificarse más allá incluso de un país concreto, ya que muchas son propias de alguna región en particular. La música del Caribe generalmente es distinta de la música de México y Centroamérica, que a su vez es diferente de las zonas del norte y del sur de Suramérica, sin olvidarnos, por supuesto, de Brasil, que posee una historia muy diferente.

Aunque no son en absoluto definitivos o lo incluyan todo, los premios Grammy Latinos, al contrario de su indigesto antepasado, los Grammys de la corriente principal, han logrado presentar las músicas diversas en toda su gloria. Los premios, concedidos por la Academia Latina de Artes y Ciencias Discográficas —una asociación de músicos, productores e ingenieros diseñada sobre el modelo de la Academia Nacional de Artes y Ciencias Discográficas—, se crearon en el año 2000 como respuesta a la creciente popularidad de la música latina. Los Grammy Latinos se otorgan en varias categorías que destacan las diferencias regionales. La música regional mexicana se distingue de la música brasileña. Existen categorías separadas para géneros como el tango, relacionado con Argentina, y el flamenco, con España. Las categorías «tropicales» se refieren a la música que se origina, generalmente, en las islas caribeñas o en países que limitan con el Caribe, y están divididas en versiones tradicionales y contemporáneas.

Los Grammy Latinos quizá sean el primer intento formal, por parte de la industria musical de la América anglosajona y latina, de codificar las distintas formas de la música y presentarlas juntas. Aunque, en ocasiones, diversos géneros regionales entorpecen la comercialización de todas las formas en todas las zonas. Incluso la MTV latinoamericana, que restringe su programación al rock, el hip hop y el pop, divide la señal de emisión para la zona norte y sur de América Latina.

Más allá de dichas diferencias geográficas, que se expresan de manera clara en música tradicional diferente (Colombia es la cuna de la cumbia y el vallenato, por ejemplo; la República Dominicana dio a luz el merengue, y Puerto Rico a la bomba y la plena), hay géneros que se han consolidado en el proceso de modernización del siglo XX. Versiones grabadas de música tradicional como la cumbia y el merengue se han agrupado hábilmente en la categoría «tropical» junto a la salsa, que fusiona el son afrocubano, una forma de canción popular, con elementos del jazz afrocubano, el rhythm and blues estadounidense y otros ritmos caribeños. El pop latino tiene sus raíces en los boleros tradicionales y otras formas de canción, y la alternativa latina fusiona casi todo el repertorio de la música latina con el rock moderno y el hip hop.

Dada la vertiginosa formación de los estilos tradicionales y modernos, tal vez parezca difícil priorizar entre la variedad de música latina realizada en los países de América Latina, además de España, con el objeto de cristalizar la noción de qué es la «música latina». Aunque puede ser de ayuda considerar dos factores. Uno es el impacto que los géneros tradicionales como el merengue o la cumbia, o los géneros modernos o híbridos como la salsa o el pop latino pueden tener en los consumidores de música de América Latina y España en conjunto; es decir, qué géneros llegan a ser populares más allá de las fronteras nacionales. Otro, la clase de música que se abre paso entre los oyentes, tanto anglo como hispanohablantes, en Estados Unidos. Dichos factores conforman la idea de lo que significa la música latina para el público oyente masivo y la distingue de las variedades regionales.

Este libro se propone ser un estudio útil y conciso de la música latina, enfocado en las ramas principales de su manifestación como música popular —salsa / música afrocubana o tropical, el pop latino, el rock, y el hip hop, y la música brasileña— además de explicar géneros regionales de México y Suramérica como la ranchera, la cumbia, la música andina y el tango. La atención que se concede a cada rama o género corresponde a su capacidad para trascender las fronteras regionales y nacionales, además de su absorción en formas modernas de música popular. Dicho de otra manera, parece importante detenerse en el tipo de música que los oyentes de todo el mundo identifican de manera más inmediata como latina (es decir, en la utilización ubicua de formas afrocubanas y brasileñas en entornos publicitarios, o de baile o en estrellas del pop latino como Enrique Iglesias, Ricky Martin y Shakira). Aunque también importa comprender algunos de los géneros tradicionales e indígenas de la periferia de la música latina, que siguen siendo redescubiertos y reincorporados en formas más populares. La música latina se entiende más como una música *americana*, esto es, una música del Nuevo Mundo, que se manifiesta en permutaciones en constante evolución, que implican la interacción entre las culturas europea, africana e indígena.

La concepción de la música latina comienza con la colonización del Nuevo Mundo por parte de España y Portugal, aunque sus orígenes pueden remontarse a la dominación árabe de la Península Ibérica, iniciada en el año 771 y que duró poco más de siete siglos. Las diversas dinastías norteafricanas que se instalaron en la región española de Andalucía, además del sur de Portugal, permitieron que un buen número de culturas étnicas diferentes, como los cristianos españoles, los judíos, los árabes y los gitanos, se entremezclaran. La influencia de la música árabe tradicional a través de instrumentos como el laúd (un antepasado de la guitarra), violines, flautas y timbales, además de un característico estilo vocal de registro agudo y nasal, y la inclinación por la improvisación, conformaron la tradición oral española y portuguesa (y en un grado menor, las culturas germánica y celta, más al norte).

Al inicio del segundo milenio, España, como buena parte de Europa, se encontraba invadida por diversas tribus nómadas. La tradición gitana, que se originó en el norte de la India, trajo a Hispania un sentido de pérdida nómada, y el característico trino vocal de la cultura árabe norteafricana (una extensión occidental de la misma influencia cultural islámica) parecía pertenecer a un registro emocional parecido. La influencia trovadoresca de Francia, en los siglos XII y XIII, llegó a ser fundamental en la literatura española e influyó en gran manera en sus formas de canción. Hasta el siglo XVI, los trovadores de Castilla también declamaban en el estilo de *décima* octosilábica, que presentaba diez versos de ocho sílabas cada uno, y fueron portadores de una cultura híbrida entre la española y la árabe que, en sus orígenes, se había expresado en un romance arabizado conocido como *mozárabe*. La forma de la *décima* sobrevive actualmente en la balada latina moderna, conocida como bolero, el corrido mexicano, el vallenato colombiano, la décima o seis puertorriqueña, la trova cubana, e incluso en las canciones folklóricas de la nueva canción argentina.

Según Felipe Pasamarik en *The Latin America Music Review*, la décima se acomodaba a los patrones percusivos africanos, que eran destacados en Cuba gracias a un «curioso y inherentemente ambiguo patrón rítmico de sílabas acentuadas y parejas de versos que se repetían regularmente, aunque de forma distinta». El patrón rítmico predilecto de las décimas españolas llegó a ser la espinela, así llamada en honor de Vicente Espinel, poeta del siglo XVI. El patrón de la espinela se puede tomar como un «espejo», en cuanto dos estrofas seguidas de cinco versos invierten el modelo ABBAA, que se utilizó en obras señeras como *La vida es sueño*, del dramaturgo Pedro Calderón de la Barca. La forma espinela de la décima se hizo enormemente popular en Andalucía y se transmitió a primeras zonas coloniales como las Islas Canarias, un lugar primordial para la creación del mestizaje, la tendencia étnica criolla, que a la larga se convertiría en un componente principal de la cultura mestiza y mulata del Nuevo Mundo hispano. En los siglos XVIII y XIX, un número considerable de criollos de las Islas Canarias emigró a Cuba y llegó a ser parte del núcleo de los guajiros cubanos, un grupo de pequeños terratenientes y campesinos cuya continuada interrelación y emparejamiento con la población africana de esclavos y libertos está en el centro del desarrollo de la música afrocubana.

———————

Ejemplo de estructura métrica de la décima: los primeros cinco versos riman ABBAA, y los cinco posteriores CDDCC:

> Yo sueño que estoy aquí
> de estas cadenas cargado,
> y soñé que en otro estado
> más lisonjero me vi.
> ¿Qué es la vida? Un frenesí.
>
> ¿Qué es la vida? Una ilusión,
> una sombra, una ficción.
> Y el mayor bien es pequeño,
> que toda la vida es sueño
> y los sueños, sueños son.

PEDRO CALDERÓN DE LA BARCA, *La vida es sueño*

Cuando los españoles y portugueses colonizaron las Américas, no hay que pensar en una cultura cristiana unificada tal como se desprende del mito de la Inquisición y los conquistadores monarcas castellanos Isabel y Fernando. La cultura ibérica era una mezcla compleja de influencias engendradas por la ocupación árabe, y cuando se puso en contacto con nuevas influencias en las Américas, entraron en juego un nuevo lote de impulsos híbridos. Mediante sus empresas en las islas de Cabo Verde, una escala para el tráfico de esclavos desde la costa africana, los portugueses, al igual que los españoles, esparcieron una primitiva cultura criolla o mezclada de africanos occidentales e ibéricos en el Nuevo Mundo. Además, muchos de los primeros africanos llevados a Cuba no habían ido en barco directamente desde África, sino desde Sevilla, en donde habían estado en contacto con la cultura andaluza y la tradición de la *décima* el tiempo suficiente como para absorberlas.

La música latina en el Nuevo Mundo surgió de una mezcla de culturas que, poco a poco, tuvo lugar entre los conquistadores europeos, los esclavos africanos y la población indígena. Aunque las formas de canción e instrumentación europeas fueron esenciales para su creación y los ritmos e instrumentos indígenas ejercieron una enorme influencia, la música africana es fundamental en el desarrollo de las principales e internacionalizadas formas de la música latina. En Cuba, la música africana se expresó mediante la rumba; en la música puertorriqueña, a través de la bomba; en la colombiana, mediante la cumbia; y en Brasil, a través de la samba. Incluso el tango argentino deriva de la habanera cubana, que utiliza un ritmo de cinquillo que asimismo tiene raíces en África, además de las tradiciones musicales de los afroargentinos, como el candombe. Aunque la música regional y norteña mexicana tiene más influencia de la polca alemana, muchos de sus ritmos tradicionales, como el son jarrocho, el huapango y otras variaciones mexicanas del son, se han tomado prestados de la música afrocubana.

Otra característica fundamental de la música latina es el uso generalizado de la síncopa. La definición habitual de síncopa es el desplazamiento de acentos musicales de los tiempos fuertes y débiles de un compás. En la clave afrocubana de cinco tiempos, ritmo esencial de la música latina, los acentos se intercambian entre dos compases. Aunque hay rastros de síncopa en el *Ars Nova*, de origen francés y del siglo XIV, y algunos compositores clásicos, como Bach y Beethoven, la utilizaron, se introdujo en la música norteamericana a través del jazz de inicios del siglo XX —ya veremos más adelante cómo recibió una gran influencia de los ritmos africanos que llegaron a Nueva Orleans desde La Habana, entre otras fuentes—. La síncopa no se utiliza técnicamente en la tradición musical árabe, si bien la acentuación del tiempo fuerte que se produce en ocasiones puede recordar a la síncopa del jazz.

El palmeo sincopado también tiene una gran presencia en el flamenco español, que influyó en el desarrollo de la música latina en las capitales de Suramérica, a la vez que absorbió influencias latinoamericanas. La síncopa de cinco tiempos del ritmo de la clave es lo que distingue de manera más clara la música latina del estilo de marcha militar del ritmo de 4/4 y los valses de 3/4, fundamentales en la música popular estadounidense.

Nueva Orleans alternó el dominio español con el francés en los años anteriores a la Compra de Luisiana de 1803, lo que dio entrada a la influencia latina en la música popular moderna norteamericana, mucho antes de que el jazz naciera allí. El considerable intercambio comercial y cultural entre Nueva Orleans y las ciudades portuarias latinoamericanas de La Habana, Veracruz (México), Cartagena (Colombia), Caracas (Venezuela), Santo Domingo (República Dominicana) y San Juan de Puerto Rico fue decisivo en el desarrollo de la ciudad estadounidense y además se produjo una influencia recíproca musical en las capitales latinas. Las islas británicas y francesas del Caribe como Jamaica, Haití, Trinidad, las Bahamas y las Antillas Menores, cuyas culturas era de dominante africana, contribuyeron también a la mezcla caribeña.

Durante la revuelta haitiana a comienzos del siglo XIX, llegaron a Nueva Orleans, vía La Habana, unos seis mil refugiados, tanto de ascendencia francesa como africana. La ciudad se convirtió en un crisol franco-hispano-afro-caribeño y su cultura propició la tolerancia de tradiciones de base africana, como los bailes en corro y los desfiles de carnaval, que se desarrollaban abiertamente de una manera insólita en la mayor parte de Estados Unidos. Dicho tipo de apertura —la capacidad de la cultura africana para perpetuarse— iba en paralelo a la relativa autonomía cultural de los esclavos urbanos liberados y de las comunidades de esclavos huidos del ambiente rural en América Latina y daba pie a que elementos de música africana empezaran a mezclarse con la música norteamericana.

La introducción de lo que el pianista Jelly Roll Morton definió como «el matiz latino» *(the Latin tinge)* en el estilo pianístico de Nueva Orleans fue crucial para el desarrollo del jazz en Estados Unidos. La división del trabajo entre la mano izquierda y la derecha, en la que la primera ejecutaba figuras rítmicas —conocidas en la música cubana como *tumbaos* (que en origen se tocaban con batería y contrabajo)— y la segunda se dedicaba a la improvisación percusiva, fue un elemento de la música latina que Morton adaptó para su propia técnica pianística. Al final, dicha estrategia se convirtió en una de las bases para el inimitable estilo de piano *stride* de Morton. La interacción entre el ritmo y la melodía en el piano de *ragtime* de Scott Joplin también tiene ecos de la interpretación afrocubana, y en el *ragtime*, la propia melodía es sincopada.

Hubo otros puertos de entrada de la música latina en Estados Unidos, sobre todo Nueva York, que comenzó a recibir emigración de los países latinoamericanos con el inicio del siglo XX. La mayoría de dichos emigrantes provenía de las islas del Caribe, como Cuba y Puerto Rico. Muchos fueron a trabajar en fábricas como obreros de la industria tabaquera y se produjo una considerable entrada de intelectuales y activistas políticos que se habían implicado en la lucha en contra del colonialismo español, hasta que Estados Unidos intervino y adquirió las islas como botín de la guerra con España. A lo largo de la frontera entre el suroeste de Estados Unidos y México, hubo una influencia continuada de los estilos musicales mexicanos sobre la cultura híbrida que se había ido formando desde mediados del siglo XIX, y a finales de los años cuarenta y cincuenta del siglo XX, Los Ángeles, con su gran cantidad de emigrantes mexicanos, quedó cautivada por el sonido del mambo de directores de orquesta cubanos como Pérez Prado, que había arrasado en Ciudad de México.

La evolución del jazz en el siglo XX coincidió con la popularidad creciente del tango argentino y los géneros de baile derivados de lo afrocubano, como el mambo, lo que proporcionó a la música latina un punto de entrada en el gusto popular de Norteamérica. Encabezada por el director de *big band* Xavier Cugat y la popularidad internacional del cantante argentino Carlos Gardel, la música latina comenzó a tener éxito comercial en Norteamérica. De las rústicas rumbas interpretadas en cajas por descendientes de esclavos, la música afrocubana había evolucionado hacia un elegante formato de orquesta para presentar bailes como el impresionante danzón y el extático guagancó, un sensual ritmo de baile que consiguió un gran impacto en la era del mambo de los años cincuenta y sesenta.

Como apoyo de los objetivos de la Política de Buena Vecindad —una actividad gubernamental de relaciones públicas, diseñada para formar una alianza entre las Américas para evitar la influencia de países como Alemania—, desde mediados de los años treinta hasta los cincuenta, un buen número de películas de Hollywood empezó a incluir varios géneros diferentes de música latina, desde la música híbrida hispanobrasileña popularizada por Carmen Miranda hasta las orquestas afrocubanas dirigidas por Cugat. Un número creciente de estudios de grabación abrió sus puertas a músicos que habían emigrado al ver más oportunidades de trabajo en ciudades como Nueva York, donde clubes como el Stork Club y el Morocco, que ofrecían versiones descafeinadas de la música, se convirtieron en visita obligada para la elite.

Después de la Segunda Guerra Mundial, la Política de Buena Vecindad declinó, aunque la era del mambo de los cincuenta mantuvo viva la música latina en la radio, en grabaciones y en los clubes. Pero a finales de la década, Cuba vivió una revolución socialista y la influencia de la música latina disminuyó en Norteamérica, que rechazaba el baile de salón que preparó el terreno para la aceptación de estilos como el tango y el mambo. Sin embargo, muchos etnomusicólogos señalan el vínculo entre los patrones de bajo en la música afrocubana, del danzón hasta el mambo, y la forma en que el instrumento se tocó a la larga, en el rock and roll de los cincuenta; las fuertes tendencias africanas en las partes improvisadas del mambo fueron antecedentes de importancia para la música popular afroamericana, desde el jazz al funk, pasando por el rhythm and blues.

A primeros de los sesenta, en la estela del reinado de los reyes del mambo Pérez Prado, Tito Puente y «Tito» Rodríguez, los ritmos latinos *funky* penetraron a fondo en el pop estadounidense; las figuras pianísticas afrocubanas que forman la base de «Twist and Shout» de los Isley Brothers, y el ritmo de cinco tiempos que impregna «Not Fade Away», de Buddy Holly, aunque similar a otro encontrado en Suramérica, es esencialmente la clave afrocubana. El sonido latino influenció el meneo y repiqueteo inherente al rock and roll, a través del pianista y cantante de Nueva Orleans, Fats Domino, y las rastros de habanera encontrados en las primeras etapas del rockabilly. Se registraron también influencias musicales provenientes de México. La tradición del *corrido*, basado en las baladas españolas, y de gran importancia en la frontera de Texas con México, seguramente ejerció influencia en Woody Guthrie, natural de Texas, y antecedente de Bob Dylan. El sonido curioso del órgano Farfisa, utilizado como un elemento exótico en la música de conjunto (grupo popular de baile mexicano-estadounidense) de finales de los cincuenta, media década después llegaría a ser una característica de la música psicodélica estadounidense.

Los estilos latinos habían desaparecido de la corriente principal estadounidense posterior al mambo, pero en Nueva York los músicos latinos seguían reproduciendo las últimas novedades de Cuba. Acababan de reinventar la charanga de ritmo acelerado y la pachanga, cuando de repente la revolución socialista de Castro los separó de la isla y se vieron relegados a sus propios medios. De la creciente interacción de los latinos neoyorquinos con la comunidad afroamericana, apareció una fusión entre el rhythm and blues y la música latina llamada bugalú, al tiempo que declinaba la charanga. Aunque gracias a innovaciones a cargo del pianista Eddie Palmieri, del trombonista y arreglista Willie Colón y del director de orquesta Johnny Pacheco, los latinos neoyorquinos inventaron su música propia, la salsa, que incorporaba arreglos más nuevos y más rápidos, influencias del jazz y el rhythm and blues, y géneros de baile procedentes de lugares como Puerto Rico, Colombia y Panamá. El movimiento de «nueva trova» de Cuba —y Argentina— también influyó en compositores como Rubén Blades, que escribió algunas de las letras con más conciencia social de la escuela de la salsa neoyorquina. La Edad de Oro de la salsa fue una revelación para los latinos neoyorquinos a mediados de los setenta, aunque sucedió completamente al margen de la corriente principal, y se desarrolló en los mismos barrios céntricos (el Bronx del Sur, Harlem Este) que posteriormente alimentaron el hip hop, el house y la música de baile *freestyle*. Los años de la salsa permitieron la solidificación de una mentalidad nueva, y bicultural, para los latinos nacidos en Estados Unidos, creada en la metrópoli urbana panlatina, en vez de en la ciudad y en el campo latinoamericanos de provincias.

En los deslumbrantes ochenta, los promotores de la salsa vieron que los solistas guapos que cantaban canciones de amor serían más viables comercialmente que el virtuosismo musical o las letras socialmente comprometidas. Previsible y formulista, la salsa perdió su carácter contestatario, y sus «soneros» o cantantes solistas se convirtieron en reflejos de los ídolos de telenovela o estrellas pop que dominaban la versión creada en Miami del Hollywood latino, denominada «La Farándula». El español Julio Iglesias puso las bases para que el género del pop latino de cultura media vendiera millones de discos de baladas, en versiones y originales, por toda América Latina. El éxito de Iglesias ayudó a establecer el hueco radiofónico para el pop latino en Estados Unidos, lo que supuso la creación de listas de audición nacionales y la erosión de la popularidad de la música tropical. Con sus raíces en la tradición del bolero, que se extendió ampliamente por América Latina desde los años veinte hasta los setenta, el mercado del pop latino, en los ochenta y noventa produjo estrellas como Luis Miguel, Juan Gabriel, José José y Ricardo Montaner.

El resurgir de la música latina como fuerza comercial en los noventa tomó fuerza cuando los mexicano-estadounidenses, cuyo aprecio por los géneros regionales tejano y norteño hicieron de Selena Quintanilla, un icono carismático de la cumbia pop, una megaestrella. La música regional y el tex mex norteño habían evolucionado de la música folklórica que se interpretaba desde la integración de Texas en Estados Unidos. El género tejano, popular a mediados de los cincuenta, tuvo una segunda edad de oro a principios de los noventa, cuando una oleada de emigración aumentó la demanda de la música, que siguió su dinámica evolución en las regiones fronterizas de El Paso y Juárez, y Tijuana y San Diego. La música regional mexicana y el tex mex experimentaron también un gran estímulo con la introducción, a mediados de los noventa, del Soundscan, un sistema electrónico de información que registraba las ventas de música, pero la explosión del mercado sucedió en gran parte por las ventas masivas de Selena, que aún se aceleraron más después de su trágico asesinato en 1994, con veintitrés años. La fama póstuma de Selena, ejemplificada por una edición especial de la revista *People*, que vendió un millón de ejemplares, mostraba que la música latina podía adquirir una gran fuerza, pese a pertenecer a un género étnico declaradamente regional, un asunto que los grandes sellos discográficos ya tenían en cuenta.

La música latina creció en el siglo XX como resultado de la interacción entre ella misma y los estilos norteamericanos, y los músicos latinos que vivían en Estados Unidos aceleraron el ritmo de su evolución. Pero la música también se desarrolló mediante su propagación entre los diversos países latinoamericanos. México absorbió los géneros cubanos como el bolero y el mambo, primero a través de la conexión con ciudades costeras como Mérida y Veracruz, y luego en los cuarenta y cincuenta, cuando los músicos cubanos se trasladaron a Ciudad de México para aprovechar las ventajas de la floreciente industria cinematográfica de la metrópolis. El merengue dominicano (que se desarrolló en parte de la música de *meringue* de la vecina Haití) se introdujo en Puerto Rico e influenció a las músicas y bailes del país, y el danzón cubano viajó por todo el Caribe. La música caribeña fue asimismo adaptada por músicos colombianos como Lucho Bermúdez, quien inventó un género llamado *merecumbé*, una fusión entre el merengue y la cumbia. La cumbia colombiana se hizo enormemente popular en el norte de México, donde hoy en día se toca de forma tan idiosincrásica que muchos ya no recuerdan sus orígenes colombianos. El tango fue un fenómeno internacional en América Latina e influyó grandemente en la evolución del bolero, especialmente en México.

A finales de los noventa, los mundos anglosajón y latino de la música pop se solaparon, y generaron un fenómeno que llegó a conocerse como la Explosión del Pop Latino. Cuando Ricky Martin apareció, de repente, en millones de televisores meneando su «bon-bon» y cantando su bulliciosamente pegadiza «Livin' la vida loca», puso la idea de la música pop latina en primer plano de la escena norteamericana, de una forma en que nadie más había conseguido desde la década de los cincuenta. Martin fue el mascarón de proa de una nueva cosecha de cantantes, que incluía a Marc Anthony, Enrique Iglesias, Jennifer López y Christina Aguilera, los cuales, aunque no se basaban en las tradiciones de la música latina, sí que se valían de su latinidad.

Cuando Martin publicó «Livin' la vida loca», amplió su público, sin arriesgarse a perder a sus fans de siempre. La mayor parte de los latinos jóvenes son bilingües y le siguieron —al igual que a cualquier otro gran astro pop latino que chapurreara en inglés—, algo que diez años antes no hubiera sucedido. Cerca de la mitad de la población latina de Estados Unidos es menor de veinticinco años, y una cantidad cada vez mayor prefiere acceder a la información en inglés que en español. En 1999, La Mega, emisora neoyorquina dedicada a la salsa, se convirtió en la primera cadena hispanohablante que alcanzaba el número uno en los índices Arbitron de la zona, y gran parte de su éxito se atribuyó a la utilización ocasional de contenidos bilingües y en inglés. Sin embargo, la preferencia por el inglés no significa que los latinos jóvenes quieran deshacerse totalmente de sus raíces. En un fenómeno que los estudiosos y los magos publicitarios llaman «asimilación contraria», los latinos bilingües, que han crecido con una dieta de rhythm and blues, hip hop y rock, vuelven a sus raíces. Martin, un joven latino bilingüe, que intenta hacer música contemporánea sin enterrar sus ritmos nativos, es emblemático de una nueva generación estadounidense. Los aficionados han sido los responsables del resurgir de la música latina, llenando los clubes de baile de salsa, desde el Copacabana de Nueva York al Congo Room de Hollywood, y alimentando las ventas de los géneros tejano, norteño y su última variante, la banda (una música de baile, de ritmo acelerado, caracterizada por los gruñidos incendiarios de la tuba).

La explosión del pop latino era sólo la cresta de una ola de incursiones musicales latinas en el mercado norteamericano. La oleada de interés por la música cubana, cristalizada por grupos nostálgicos como Buena Vista Social Club, y la popularidad de una música de baile muy estilizada, llamada salsa, han preparado el terreno a Martin durante varios años. El regreso a primer plano del pop latino también fue influido por el creciente movimiento de música latina alternativa (en ocasiones llamado «rock en español»), en el que la angustia rockera se enmarcaba en un lenguaje romántico, influenciado tanto por la tradición del blues y el rock norteamericano, como por la del bolero latinoamericano.

El éxito del pop latino también tuvo que ver con una interacción de sinergia entre Norteamérica y la América Latina, causada en parte por el clima de libre comercio de inicios del siglo XXI. En una confluencia entre la música y el marketing, Latinoamérica se convierte en más estadounidense y Estados Unidos se hace más latina. Después de reforzar sus bases en Miami y Nueva York, la industria musical latina ha participado en la creación de una demanda que crece con una rapidez dos veces mayor al del resto de estilos (que integran el denominado *mainstream* o corriente principal) del mercado musical estadounidense. En Estados Unidos, la inmigración masiva de la última década ha hecho de los latinos el mayor grupo minoritario. Gracias a su número, han creado mercados posibles para todo tipo de música latina, y los sellos discográficos de las grandes compañías se han organizado para aprovechar el creciente poder adquisitivo del consumidor latino.

Diversas tendencias entre los jóvenes estadounidenses han creado además una nueva audiencia no latina. La moda de la música *cocktail lounge* ha preparado a los oyentes jóvenes para adoptar la refinadamente sexy bossa nova brasileña, y la reaparición del swing preparó el camino para un locura por el baile de la salsa, a finales de los noventa. Mientras tanto, el deshielo de las relaciones con la Cuba socialista ha supuesto una avalancha de innovadores grupos de baile afrocubano o de jazz-fusión en gira por Estados Unidos. La asombrosa maestría de esos músicos, muchos de ellos educados en conservatorios patrocinados por el gobierno, parecía elevar a la música latina de su estatus «étnico» y atraer a un público más mayoritario. En Nueva York, una nueva generación de jóvenes *nuyorican* y dominicanos seguían a los ídolos dedicados a la música de club, como Marc Anthony y La India, hasta sus raíces y ayudaban a crear una segunda edad de oro de la salsa. La energía en los clubes latinos proveniente de la juventud latino anglófono se derramó entre la población en general, y las clases de baile de salsa se hicieron obligadas para una amplia capa de muchachos en edad universitaria.

A finales de los noventa, en California, que ciento cincuenta años antes era un puesto avanzado, de crecimiento desordenado, del norte de México, surgió una nueva moda del ska. La juventud mexicana y la mexicano-estadounidense fusionó a grupos de «rock en español» como Maldita Vecindad y Los Fabulosos Cadillacs, que se inspiraban en grupos ingleses de los ochenta, como los Specials y Madness, con la cultura punk del monopatín del sur de California. Gracias a la proximidad de Jamaica a sus vecinos caribeños hispanohablantes, el ska penetró fácilmente en países como México y Argentina; la semejanza rítmica del ska con músicas latinas como la cumbia y algunos de los ritmos africanos más rústicos se tradujo adecuadamente para los jóvenes que buscaban una sinergia entre los ritmos tropicales y el rock moderno.

Quizá el resurgimiento de la música latina a finales de los noventa fue inevitable, dada la adopción en la década de la hibridación en toda la música y cultura. Fue un periodo que mezcló el punk hardcore con la salsa, la música de baile con el merengue, y el rock progresivo británico con la música folk mexicana. Una época en la que Marc Anthony cantaba salsa con un matiz nuevo, en la que Puff Daddy soltaba estrofas en espanglish y Beck compartía productor con los rockeros mexicanos Plastilina Mosh. La música estadounidense se vistió de latina porque intentaba conocer sus raíces tanto tiempo ignoradas y fusionar de nuevo su historia musical en una *loca*-moción alegre y llena de swing.

En las páginas siguientes, intentaré aclarar esas raíces, y a la vez resumir las evoluciones significativas que han hecho de la música latina lo que actualmente es. Gran parte de lo que se escribe o testimonia sobre los orígenes africanos de la música latina y su posterior mezcla en ciudades de América Latina está en discusión permanente. Existe una célebre discrepancia entre las obras de los escritores cubanos Alejo Carpentier y Fernando Ortiz, sobre cuáles fueron los géneros originados en América Latina, África y España. Debido a la falta de trabajo académico y a la vaguedad de las tradiciones orales referentes a la historia de la música, nos encontramos frente a una ausencia general de exactitud. Este libro intenta transmitir todas las interpretaciones posibles, a la vez que reconoce que, en ocasiones, la concreción se puede perder a causa de las diversas, y a veces conflictivas, fuentes.

Desde los inicios de la mezcla entre el son cubano moderno (una antigua fusión de la rumba callejera, basado en los tambores, y el son de raíz folklórica campestre, basado en la guitarra) y el swing y el bebop estadounidense, gracias a la locura del mambo de los años cincuenta, el ritmo bugalú de los sesenta, y el surgimiento de la salsa «nuyoricana» de los setenta, *El ritmo latino* cuenta cómo las ya híbridas formas de la música latina cambiaron una vez que formaron parte del ambiente pop estadounidense. Los primeros capítulos —«El ritmo se lleva en la sangre», «La evolución de la música cubana hacia la salsa», «La historia de la salsa "nuyoricana"» y «Música cubana contemporánea»— relatan la historia de por qué la corriente fundamental de la música latina comienza y termina con los desarrollos híbridos entre la contradanza europea (un baile conocido originalmente en Inglaterra como *country dance*, y traducido en Francia como *contredanse*), el son anteriormente citado, y la rumba africana (música religiosa ritual de África occidental que se convirtió en secular en lugares como la Habana). Dichos capítulos se centran en la historia fundamental de lo que se conoce superficialmente como «música latina», concretamente en la forma que la mitología cultural pop de Norteamérica la encuadra como una sucesión de bailes que empiezan en la década de los treinta y culminan con el movimiento del mambo de los cuarenta y cincuenta.

Los capítulos cinco y seis recogen las historias de otras músicas que se hicieron populares en América Latina mientras establecían una especie de relación simbiótica con la música afrocubana. «La balada latina, del bolero al nuevo pop latino» describe el desarrollo del bolero a principios de siglo y la evolución de la música pop hacia la forma actual, que constituye un formato radiofónico principal, a ambos lados de la frontera. «Jazz latino» sigue el progreso de la revolución iniciada por músicos afrocubanos como Mario Bauzá e Israel «Cachao» López, tras llegar a Nueva York y empezar a tocar codo con codo con músicos afroamericanos de jazz. «Repropuesta de Brasil» es un intento de sintetizar en un capítulo la amplia historia de la música brasileña, que se basa en una tendencia absolutamente diversa de las culturas ibérica y africana. Mientras que la samba la desarrollaron también ex esclavos, tiene un sentimiento totalmente diferente, y no está tan anclada a un ritmo de clave. Aunque existen algunos desarrollos paralelos con la música derivada de lo afrocubano, además de que su interacción con, y la influencia sobre, el jazz norteamericano y la música popular son cruciales.

«Otros ritmos latinos» se centra en los géneros musicales latinos principales, una vez más algo diversos de la música afrocubana, y que se han convertido en símbolos nacionales para sus respectivos países: la República Dominicana, Colombia, Puerto Rico y México. Los dos capítulos finales —«La historia oculta de

los latinos en el rock y el hip hop» y «La alternativa latina»— siguen el curso de
la música latina, en tanto que se ha entrelazado cada vez más con la música pop
norteamericana. El capítulo de la historia oculta detalla la manera en que la música latina y los instrumentistas latinos han desempeñado un papel importante en
el desarrollo de géneros norteamericanos como el rock and roll, el garage rock,
el punk rock, el hip hop o la electrónica.

Al demostrar la amplitud de lo que se puede considerar actualmente como
música latina, *El ritmo latino* establece distinciones, a menudo más por el objetivo de la claridad que no para destacar grandes diferencias cualitativas. El motivo del énfasis en la música derivada de África y lo afrocubano no es estético,
sino un simple reflejo del amplio grado de popularidad que tienen dichas formas
musicales. Si el mercado actual de la música latina está dominado por las ventas
de los géneros regional y tejano de México, eso es más por un reflejo del poder
adquisitivo mexicano-estadounidense, que no por la aceptación de la música en
todas las Américas. Si se está en un bar, un club o un taxi de Buenos Aires, Bogotá, Ciudad de México, San Juan o Miami, es más probable que se oiga un bolero almibarado o un frenético número de salsa que la música regional mexicana
o la folklórica andina. La música latina, tal como la conocemos hoy de manera
coloquial, y un tanto informal, es una música internacional que tiene un *swing* y
un alma que trasciende las fronteras y los idiomas.

uno:

El ritmo se lleva en la sangre

La música latina es el producto de una cultura que ha combinado influencias de Europa, África y la población indígena de Latinoamérica, además de sus vecinos de Norteamérica, y su variedad refleja todas las aportaciones citadas. Históricamente la música latina, al igual que toda la cultura latina, ha tenido una influencia destacada proveniente de las culturas africanas e indígenas, y presenta un gran dinamismo por lo que se refiere a la mezcla cultural. Los géneros importantes de la música latina, como el son cubano, el danzón, el mambo, el bolero, la samba brasileña, el tango argentino, la cumbia colombiana, la bomba y la plena puertorriqueñas, así como el merengue dominicano, tienen todos ellos una calidad tonal y rítmica característica que deriva de las influencias africanas e indígenas. Dichas tendencias rítmicas y armónicas son las que distinguen la música latina de la europea o norteamericana (a pesar de su influencia propia africana) y en ellas se basa nuestra comprensión de su singularidad.

Aunque tal vez la música latina más importante, y de mayor reconocimiento internacional, a inicios del siglo XX fue el tango, en los años veinte y treinta, la música que dominó el resto del ámbito de la música latina fue la afrocubana, cuyo contexto es el núcleo caribeño de las manifestaciones culturales africanas de la diáspora, que también dio a luz a géneros como el merengue, la cumbia y la samba. La música afrocubana es la más desarrollada de un género que, en la actualidad, la industria musical denomina *tropical*. También es el tipo más reconocible de música latina, gracias a los diversos y famosos estilos de baile que engendró, por su influencia en el jazz norteamericano, su transformación en lo que actualmente se llama salsa, y sobre todo, por su pronunciado ritmo de clave de cinco tiempos, que es lo más cercano a una comprensión general de la música latina como tal.

La importancia fundamental de Cuba en la música latina se debe a su situación geográfica, que hizo del país una importante escala marítima para todo tipo de viaje y comercio humano desde el siglo XVI hasta el XX. Desde sus inicios como parada alternativa para los aventureros camino del México de Cortés, hasta su relativamente breve mezcla entre los indios arawak indígenas y los primeros colonos españoles, pasando por el influjo de los negros libres y esclavos franceses y haitianos, a finales del siglo XVIII, Cuba fue una encrucijada cultural importante. Sus grandes ciudades, La Habana y Santiago, fueron centros de la cultura hispánica en el Caribe, que absorbieron y recontextualizaron la música de la región española de Andalucía y de ciudades europeas como París y Nápoles (bajo poder español en los siglos XVI y XVII, Nápoles fue la cuna de la ópera bufa, que influyó en la música cubana del siglo XIX). Al mismo tiempo estos géneros se recombinaron con influencias de otros centros de la diáspora africana como Nueva Orleans, la zona costera caribeña de Colombia, la República Dominicana y Puerto Rico.

Aunque en la música cubana se integraron muchas de las influencias clásicas y populares europeas, el elemento más característico de ella, y de la música latina en general, es su ritmo o estructura rítmica. La centralidad del tambor a la hora de crear y mantener el ritmo latino —que en realidad se trata de una amplia variedad de ritmos— es la esencia de la música latina. La panoplia de los tambores africanos que se puede encontrar en países vecinos como Puerto Rico, la República Dominicana, Venezuela, Colombia y México son variaciones, más o menos acentuadas, con instrumentos de parecido tamaño. En Cuba, una concreta disposición de instrumentos se llegó a asociar con la creación de una música nativa cubana.

Combinando la influencia de instrumentos europeos, como la guitarra, la mandolina, el laúd, y los tambores yoruba como el batá, utilizado en ceremonias religiosas, los cubanos forjaron el tres, una guitarra pequeña con tres juegos de cuerdas dobles; el timbal, el bongó y las congas; y las pequeñas claves se usaron para mantener el tiempo. Ya que la mayoría de tribus de los arawak y los taíno de Cuba había desaparecido por las enfermedades traídas por los conquistadores españoles, además de las dificultades de la esclavitud, a finales del siglo XVII, su influencia se limitó a instrumentos de acompañamiento como el güiro, un calabaza vaciada, que se rasca como percusión de fondo, y las maracas, aunque anteriormente, en África, también existían versiones de ambos instrumentos. Cuando la música cubana evolucionó en el siglo XIX, los instrumentos de cuerda, las flautas y los pianos importados de Europa y Estados Unidos comenzaron a desempeñar un papel importante. En concreto, el uso del piano fue decisivo a la hora de adaptarse a los imperativos rítmicos; la herramienta compositiva definitiva de la música europea se transformó en el instrumento rítmico definitivo.

El ritmo afrocubano, en realidad, es una compleja serie de varias clases de ritmos, derivados de numerosas culturas africanas diferentes, sobre todo de la yoruba y la congoleña. El tambor africano, que está en la raíz de la música afrocubana es, en parte, una forma de comunicación, la invocación religiosa de un

panteón de dioses africanos occidentales llamados *orishas*, a los que en las ceremonias, se les solía implorar que bajaran a la tierra. Dichas tradiciones religiosas
se establecieron en el siglo XI en las ciudades-estado de Oyo e Ife, en lo que actualmente es Nigeria. Oyo fue un centro importante de tráfico de esclavos en los
siglos XVIII y XIX, ya que controlaba el puerto de Lagos. Muchos de los esclavos
llevados a Cuba eran de origen étnico yoruba, seguidores de los orishas de Oyo
e Ife. Otra considerable importación de esclavos provenía de las tribus bantúes
de la zona de Congo y Angola, que predominaron en otras islas del Caribe.

Las religiones basadas en la tierra del África central y occidental se trasladaron al Nuevo Mundo a través de la esclavitud, que empezó en Cuba a inicios del
siglo XVI. Cuando Bartolomé de las Casas recomendó la importación de esclavos
africanos, después que el arduo trabajo en las minas de oro hubiera diezmado a
los indios arawak de las Antillas Mayores, sin querer puso las bases para la creación de la música «latina». (Aunque hacia el final de su vida, De las Casas denun-
ció toda forma de esclavitud como contraria a las enseñanzas de Cristo, en esa
época, el comercio trasatlántico de esclavos ya había empezado.) La llegada de las
tribus de las naciones yoruba y efik, de Nigeria y de las arará y ewe-fon de Dahomey, así como las bantúes del Congo pusieron a Cuba en el camino hacia un tipo
radicalmente nuevo de música.

El legado de las diversas corrientes que las poblaciones africanas trajeron a
Latinoamérica se entremezcló de tal manera cuando llegaron al Nuevo Mundo
que se hace difícil establecer un linaje directo con tradiciones culturales. Los yoruba llevaron al Nuevo Mundo un complejo sistema de creencias religiosas que
incorporaba rituales de baile y tambores. Las religiones de Ife y Oyo, combina-
das con los atavíos externos del catolicismo romano, acabarían por convertirse en
lo que hoy se conoce popularmente como santería. Tres importantes grupos étnicos de África Occidental asentaron los cimientos para la música afrocubana: los
lucumí, provenientes de lo que hoy es Nigeria, las tribus que hablaban arará, de
Benín o Dahomey, y los abakuá, que bajaron de una zona fluvial interior llamada
Calabar, y cuyas sectas son sumamente secretas y exclusivamente masculinas. Las
diversas tribus de África Occidental trajeron consigo varios antecedentes de lo
que llegaría a ser la clave afrocubana, todos basados en rituales concretos de la
religión yoruba. La estructura básica se consolidó en Cuba: la clave con dos barras, con el ritmo de cinco tiempos con variaciones que afectan a acentos y pau-
sas. Las tradiciones bantúes congoleñas fueron cruciales a la hora de transformar
aquella música religiosa en una secular. Términos como *conga*, *bongó* y *mambo*
provienen del idioma bantú, y los bailes bantúes están en la raíz de lo que se llegaría a conocer como rumba. La adaptación de la clave yoruba a esos ritmos derivados del Congo es esencial para la música afrocubana.

Como los españoles se regían por el catolicismo romano, pusieron más interés que sus colegas protestantes de Norteamérica a la hora de convertir a sus poblaciones esclavas e indígenas en un intento de «salvarlas», lo que supuso que los
africanos pudieran mantener sus culturas originales, de manera relativamente
más fácil, bajo los españoles que bajo los norteamericanos. Además, el imperio

español no fue tan eficiente a la hora de impedir la creación de comunidades de esclavos fugados. En la Cuba del siglo XVII, el gobierno colonial toleró los «cabildos» fundados por esclavos libertos o criados contratados, que permitían que se mantuviera intacta las, en apariencia, culturas regionales, y a largo plazo ayudaron a algunos esclavos y criados a conseguir suficiente dinero para comprar su libertad. Dichos cabildos, situados en las afueras de grandes ciudades como La Habana, llegaron a ser instituciones poderosas en las que se incubó la religión de la santería, que no sólo atrajo a africanos, sino también a blancos y mulatos de clase baja que vivían en las zonas urbanas.

La santería fue y es una manera, para los yoruba, de adorar a sus dioses, bajo el manto de santos católicos. Por ejemplo, el ardiente y lujurioso Changó se unió con Santa Bárbara, y el astuto alcahuete Eleguá con San Antonio. Todos los iniciados en la religión pasan por un proceso en el cual se descubre el santo al que deben dedicar el alma. Más que simples objetos de adoración, los orishas adjudicados a los individuos creyentes, en realidad, «poseen» sus cuerpos. En los rituales de la santería denominados *bembés*, se llama a cualquier variedad de los orishas adjudicados para que «posean» a los creyentes individuales. Manejando el estruendoso tambor batá (además de otros instrumentos, que aún hoy no se revelan a los no-creyentes), los tamboreros de los bembés crean un frenesí que induce al trance y que dura horas. Dichos rituales, cuyos orígenes se remontan a la llegada de los primeros esclavos al Nuevo Mundo, se siguen celebrando actualmente en toda Cuba.

De los «toques» religiosos (interpretaciones musicales ajustadas a patrones rítmicos diseñados para llamar a orishas concretos), se desarrolló la tradición más secular de las rumbas, reuniones populares en los que los juerguistas ejecutan bailes derivados de los rituales de la santería que no se deben confundir con la rumba, una música de estilo latino popular en Norteamérica y Europa a principios del siglo XX. Las rumbas, que surgieron de los carnavales del siglo XIX, se concentraron en las comunidades cercanas a los ingenios azucareros de La Habana y Matanzas, en el siglo XX. Por lo que respecta al contenido musical, son parecidas a los toques, aunque no son tan formales en el aspecto religioso. Se alaba a los orishas y se mantiene el papel fundamental de los tambores, aunque la celebración no es estrictamente para iniciados: se parece más bien a una fiesta de patio de vecinos, y los eróticos bailes de fertilidad bantúes son esenciales. Los bailes interpretados en dichas reuniones también se denominan *rumbas*, con estilos concretos como el guagancó, el yambú y la columbia. El compás de 6 / 8 que figura en el mambo clásico de los cincuenta y los sesenta está presente en la rumba «columbia». A la larga, el guagancó se convirtió en la forma más popular de rumba, aunque en su estadio primitivo contenía una secuencia de «llamada y respuesta» entre dos vocalistas, además de un coro y una parte de baile, en la que una pareja, hombre y mujer, quedaba rodeada por un círculo de bailarines. El hombre giraba con el cuerpo a imitación de un gallo que intentaba fecundar a una gallina, una especie de ritual de cortejo y apareamiento. Las letras de las canciones que acompañan el baile se refieren, a menudo, a una vacuna, una metáfora algo cruda y humorística. La columbia presenta a un solo bailarín, que ejecuta movimientos de empuje rítmicos y agresivos, parecidos a la capoeira brasileña, o incluso al breakdance contemporáneo. El yambú relata una historia con dos bailarines que representan personajes, con una utilización frecuente de la variante espinela de la décima heredada de España.

La clave, fundamento de la música latina

Suficientemente adecuado para la música hecha en el tambor, el principio organizador de la música latina es un ritmo de cinco tiempos llamado *la clave:* los músicos utilizan dos barritas de madera para dar golpecitos que subrayan el ritmo de la canción, ya sea un bolero lento o un guagancó desenfrenado. A las barritas se las denomina también *clave*, probablemente porque encarnan la función de revelar el «código» de la música afrocubana. La palabra, española, significa «llave», habitual en el ámbito musical. Fernando Ortiz, un musicólogo cubano, sostiene que las claves servían también como «estacas de madera dura utilizadas en los astilleros navales», lo que le añade otro significado, el de la palabra española *clavo*. Ortiz piensa que la clave alcanzó una especie de cualidad mística a lo largo de su evolución en Cuba: «Aparte de su importancia rítmica en la ejecución musical, la clave cubana es, en sí misma, en virtud de su sencillez y timbre afilado, una exclamación melódica llena de emoción… Hay algo [en ella] que elude el sonido típicamente opaco de la madera. Aunque de material vegetal, su vibración crea una resonancia casi cristalina o metálica».

La mayoría de músicos afrocubanos se refiere a dos tipos de clave principales: la de son y la de rumba. La clave de son, a la que suele relacionarse con los géneros de orquesta de baile, tiene un patrón de 3 / 2, mientras que la de rumba, relacionada con añejos ritmos de carnaval, tiene un patrón de 2 / 3. En la clave de son, el compás de tres tiempos es el fuerte o tresillo, en cuya segunda nota se produce la síncopa. En la clave de rumba, se hace la síncopa en una nota adicional, lo que permite un sonido más funk cuando la ejecutan las modernas orquestas de salsa. Los dos tipos se conocen también como *clave delantera* e *inversa*, lo que implica una tensión interactiva entre ambas que surge en la evolución de la música afrocubana, y su yuxtaposición ofrece un paralelo interesante con el efecto «espejo» inherente a la forma espinela de la décima española, que se transmitió a través de campesinos de raza mestiza en pleno proceso de la evolución cultural cubana. La clave comenzó a desarrollarse en Cuba tan pronto como empezó la interacción entre los mayores grupos étnicos, durante el período de apogeo del tráfico de esclavos, desde finales del siglo XVII hasta mediados del XVIII. Las primeras manifestaciones de clave solían ser la clave de rumba y la clave de son, que se desarrolló lentamente como resultado del contacto más frecuente entre las tradiciones rituales africanas y las influencias seculares provenientes de la sociedad criolla cubana.

El sociólogo y novelista Alejo Carpentier, en *La música de Cuba*, concluía que, si bien en el país se utilizaron varias formas de acompañamiento percusivo —desde el güiro al catá y los sonajeros bran-bram afrohaitianos—, las barritas de clave impusieron un ritmo que «es el único que siempre puede adecuarse por sí mismo, invariablemente, a todos los tipos de melodías cubanas y, por tanto, constituyen una especie de elemento rítmico constante».

Según el trombonista y profesor de la Universidad de Columbia Chris Washbourne, los dos compases «diametralmente opuestos» del patrón de la clave no están peleados, sino que se trata más bien de opuestos que se equilibran, como el positivo y el negativo, la dilatación y la contracción, o los dos polos de un imán. Desde este punto de vista, el patrón de la clave no es tan sólo una metáfora de la interacción entre razas, sino que en realidad funciona como un vehículo matemático para la resolución de dichos contrastes.

La clave mantiene nociones africanas básicas: el patrón de clave nunca cambia a lo largo de una canción; y la melodía de la misma es la que determina si se trata de una clave de son o de rumba, una vez que se establece si la canción se debe interpretar en clave delantera (3/2) o inversa (2/3). Dado su requisito rítmico relativamente flexible, la clave prepara el terreno para la improvisación en un amplio espectro armónico.

En tanto que Cuba aún era una colonia europea, la influencia continuada de los estilos europeos alentó la evolución de nuevos sincretismos entre las culturas africanas y europeas. Cuba empezó a forjarse propiamente a mediados y finales del siglo XVIII; se desarrolló una clase burguesa que, en ocasiones, disfrutaba de un nivel de vida que sobrepasaba al de las familias influyentes en España. La potencia de la agricultura cubana y su economía basada en la plantación, nutrió la vitalidad de los puertos de La Habana, Matanzas y Santiago. Una clase criolla, de descendientes de españoles, a veces mezclados con indígenas y sangre africana, empezó a crear una única identidad cultural cubana.

La esclavitud no terminó en Cuba hasta 1886, aunque la legislación liberal instituida por el gobierno colonial español había permitido que la población negra libre fuera tan numerosa como la esclavizada. Como escribió Alejo Carpentier, se

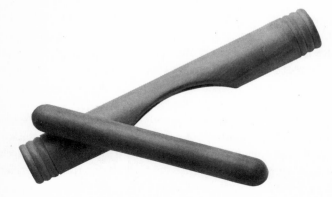

La clave es a la vez un instrumento y un ritmo.

celebraría a los negros en las canciones, basadas en la décima, de mediados del siglo XVIII, como dignos opositores a la breve ocupación británica de La Habana. («La audacia y valentía / de los pardos y morenos / que obraron nada menos / que blancos sin cobardía», como rezaba una décima popular de la época.) Los negros suponían cerca de un 40 % de la población de la isla, con cerca de otro 40 % de esos negros, que eran libres. Al final del siglo XVIII, la revolución haitiana había enviado a diversos lugares de Cuba a miles de franceses, sus esclavos y otros esclavos fugados, que trajeron consigo sus manifestaciones híbridas de música africana y europea propias. Carpentier sostenía que en la primera mitad del siglo XIX, los negros eran «la mayoría clara de los músicos profesionales». De hecho, el primer fabricante de instrumentos de la isla, Juan José Rebollar, era negro.

El desarrollo de la música en Cuba en los inicios del siglo XX siguió varios linajes. En el siglo XIX se manifestó la música de salón de la burguesía, que primero se interpretó en catedrales y luego en teatros. Dicha música de salón iba de la ópera francesa al estilo de Molière a las tradiciones españolas de la «tonadilla» y el «trípili-trápala», que fueron antecedentes de la tradición bufa del siglo XIX. Las óperas bufas, derivadas de la ópera bufa napolitana, se asemejaban a las zarzuelas españolas. Gracias a innovadores como Francisco Covarrubias, natural de La Habana, lo bufo comenzó a centrarse en personajes cubanos locales, que destacaban los orígenes regionales (de Galicia, de Cataluña), y la situación de clase (el campesino guajiro, los tipos urbanos). Otra corriente de la música cubana, la guaracha, cuyos orígenes se remontan al siglo XVIII, como un tipo de canción humorística, de clase baja, de ritmo acelerado y con gran coreografía en la tradición bufa, alcanzó la cima de su popularidad a mediados del siglo XIX.

Dicho siglo vio también la evolución de la «contradanza», que derivaba de la *contredanse* francesa, un género de baile de salón traído por los franceses que escapaban de la revolución haitiana. A finales del siglo XIX, en ciudades como Matanzas, bailarines y músicos rechazaron la rigidez de la contradanza, y la improvisación cada vez mayor de sus estilos dio a luz la manifestación cubana primaria, el danzón. Finalmente, las casas de los cabildos, establecidas por africanos libres desde el siglo XVII, participaron en su propia versión de la procesiones religiosas cristianas, el carnaval caribeño. Grupos de miembros de los cabildos cantaban y bailaban al son de la percusión de grupos de tamboreros, que interpretaban un baile acelerado (parecido a la samba brasileña) en compás de 4/4 llamado cocoyé, basada en la célula rítmica de nombre cinquillo, un patrón de cinco tiempos en un compás. (El cinquillo llegaría a ser enormemente importante en la música cubana y, por extensión, en toda la latina.)

Al inicio del siglo XX, todas las tradiciones citadas en la música cubana, que hasta entonces habían existido, más o menos discretamente, en las principales ciudades de la isla, empezaron a mezclarse. La evolución más galvanizante fue un nuevo tipo de música callejera, que al final se convirtió en la base de la música afrocubana, de la misma forma que el blues se convertiría en la base del rock and roll. La rumba —el nombre puede significar literalmente «forma un camino» o, en sentido figurado, «vamos para allá»— procedía de la cultura africana superviviente, que se desarrolló desde los esclavos de las plantaciones hasta los obreros del ingenio azucarero, pasando por los cabildos y, finalmente, por los callejones estrechos de los centros urbanos como La Habana, Matanzas y Santiago.

Según la leyenda, muy conocida, la rumba nació porque las autoridades locales no autorizaban a los descendientes de los esclavos a tocar los tambores, salvo en domingo, de modo que se utilizaron una cantidad diversa de cajas de embalaje (sobre todo las de bacalao), cada una con un registro diferente. De hecho, una serie de presidentes cubanos, de 1909 a 1933 (y, en especial, Alfredo Zayas) promulgaron edictos para prohibir diversas manifestaciones de cultura africana, tales como las «comparsas» de carnaval, las rumbas seculares y el tambor de bongó. Hasta el día de hoy, en ciertas actuaciones, las rumbas se tocan literalmente con «cajas».

Pequeños instrumentos de percusión aumentaron la clave de rumba, como la cata, una vara parecida a un bastón, y la maranga, un sonajero de hierro. Patrones adicionales, como la cáscara, que reproduce el trote del caballo, y el bombó, un acento potente tocado en un tambor bombó con un sonido resonante, desarrollaron la rumba. El guagancó, quizá el más moderno de los patrones de la rumba, incorporó el sentido rítmico del 4/4, aunque manteniendo un carácter polirrítmico del 6 / 8, lo que al final le convirtió en uno de los ritmos más esotéricos de la salsa clásica.

Aunque otros híbridos musicales afrohispanos o afro-hispano-indígenas se desarrollaron en países como Puerto Rico, la República Dominicana, Venezuela, Colombia, Panamá, México y Perú, la música cubana se convirtió en norma de una manifestación «internacional» de la música latina. La centralidad de La Habana en tanto que puerto marítimo, combinada con la extraordinaria fusión y confusión de las tradiciones europeas y africanas que se sucedían en Cuba, permitieron la salida fácil de una tendencia en evolución continua de la música latina que empezó a influenciar al resto de América Latina. A través del puerto mexicano de Veracruz, los géneros cubanos como la contradanza empezaron a penetrar en la tradición musical del país, a mediados del siglo XIX, lo que dejó una impronta indeleble que seguiría hasta la popularización del mambo a mediados del siglo XX.

Uno de los ejemplos más claros de la influencia de la música afrocubana, mediante la exportación, es la habanera, cuyo nombre, según algunos investigadores, se le otorgó sólo cuando había abandonado La Habana. Según algunos relatos, la primera habanera se compuso en 1836, aunque el género alcanzó el apogeo en 1884, cuando «La paloma» de Sebastián Yradier, se convirtió en un éxito en México y Estados Unidos. La ciudad portuaria argentina de Buenos Aires absorbió el ritmo de la habanera, que había evolucionado de los géneros de salón de baile cubanos como el danzón y la contradanza, para crear su quintaesencial música nacional, el tango. El ritmo de la habanera se exportó también a Nueva Orleans, donde influyó de manera decisiva en el desarrollo de la naciente música norteamericana conocida como jazz, que a su vez regresó a La Habana, con sus elementos de fraseo y orquestación, para ejercer una nueva influencia en la música latina.

A finales del siglo XIX, había orquestas especializadas en varios estilos que tocaban música de salón de baile, muy populares en Cuba. Los géneros tenían raíces en diversas influencias europeas que empezaron a llegar. Primero fue la revolución haitiana de finales del siglo XVIII, que había desplazado a la aristocracia francesa y a sus criados a la parte oriental de la isla. Su música de baile popular preferida era la contradanza, en origen un baile campestre que arraigó en Francia y que a su vez se vio infundida con influencias africanas, durante la colonización francesa de la Hispaniola, la isla que actualmente está dividida entre Haití y la República Dominicana.

Pequeñas orquestas tocaban la contradanza cubana, en la que predominaba la cuerda y el metal. La *contredanse* francesa, de la cual se desarrolló la contradanza cubana, incorporaba piano, violines y flautas, además de una tradición potente de baile en pareja. La contradanza tomó más características cubanas, con una mezcla de instrumentos europeos y africanos, al igual que la cultura criolla colonial mezclaba influencias de ambos antecedentes, ya que los músicos locales combinaban instrumentos europeos de cuerda con instrumentos de lengüeta (clarinetes, saxofones), metal (corneta, sobre todo), e instrumentos de percusión africana que se utilizaban en el son.

Dichos grupos, conocidos como «orquestas típicas», empezaron a incorporar en la contradanza un patrón de cinco tiempos acelerados por compás conocido como cinquillo, una figura grave repetida, de derivación africana, que muy probablemente se transmitió desde Haití, a cargo del piano y la sección rítmica. Así nació la *contradanza habanera*, un término que, a la larga, se abrevió en *habanera*. El ritmo de habanera, además de convertirse en la base del tango argentino, consiguió una influencia lo suficientemente amplia como para aparecer en *Carmen* de Bizet. (Las primeras orquestas de tango de Argentina tenían básicamente la misma formación instrumental y compartían el mismo nombre con las «típicas» cubanas.)

En 1877, al cornetista de Matanzas Miguel Failde se lo consideró el creador del danzón, que permitía una mayor improvisación a los bailarines. Según Isabelle Leymarie en *Cuban Fire: The Story of Salsa and Latin Jazz*, uno de los primeros danzones de Failde, «Las alturas de Simpson», se refería a un barrio de Matanzas, famoso por sus rumbas y cabildos. A principios del siglo XX hubo una proliferación de orquestas típicas en La Habana que tocaban el danzón, una música de baile invocada a menudo como contrapunto cubano a la creciente popularidad entre la burguesía de bailes norteamericanos como el fox trot. El danzón, en la actualidad, es algo más que un baile arcaico, que todavía se ejecuta en Veracruz (México) y en las Filipinas, y que está relacionado con la danza de Puerto Rico.

El bolero cubano, o canción de amor romántica, también se convirtió en pasto de las orquestas típicas. El bolero, que se desarrolló de la trova, una forma de canción de Santiago, influenciada por las óperas italianas, las historias francesas de amor, y en el fondo por la tradición trovadoresca, se distinguía por una técnica de rasgueado sincopado (que revelaba sus raíces africanas, o en el flamenco andaluz), y su uso de la clave. La tradición bolerística la desarrollaron cantantes como José Sánchez, «Pepe», considerado como el padre del género, y ponía en primer plano la melodía y la poesía (un ejemplo famoso es el bolero «Aquellos ojos verdes», con letra del poeta Adolfo Utrera). Al igual que en gran parte de otras músicas cubanas, la sofisticación que el bolero obtuvo gracias a las orquestas de baile de La Habana le granjeó su proyección al ámbito internacional.

Otra rama de las orquestas típicas surgió a primeros del siglo XX, cuando el pianista Antonio María Romeu fundó la primera orquesta de charanga. Las charangas interpretaban unas versiones más ligeras y rápidas del danzón, eliminaban la sección de metal y ponían de relieve las flautas francesas, los violines y el piano. A mediados de los años treinta, el movimiento de la charanga alcanzó el clímax con la obra del flautista Antonio Arcaño, cuya orquesta Las Maravillas llegó a dominar en las salas de baile de La Habana.

La creación del jazz norteamericano se produjo, en gran parte, como resultado de una relación de gran fluidez entre Nueva Orleans y La Habana, que se remonta a mediados del siglo XIX. Como escribió John Storm Roberts en *Latin Jazz: The First of the Fusions*, es difícil y casi contraproducente desenredar las influencias europeas y afrocaribeñas en el estilo pianístico de Nueva Orleans, porque diversos géneros se habían fecundado cruzadamente durante un siglo. En esa época, el pianista y compositor neorleanés Louis Moureau Gottschalk recorrió varias ciudades caribeñas y se fijó en los géneros latinos predominantes en cada país. A él se debe la transmisión del ritmo de habanera hacia Nueva Orleans, que se conoció como *tango bass*. En la Exposición Mundial de 1884-1885, celebrada en Nueva Orleans, un editor local de partituras transcribió la música de una banda militar mexicana, y dicho repertorio, que incluía el danzón «Ausencia» (que no debe confundirse con el bolero compuesto por Jaime Prats en los años veinte), se convirtió en parte de la cultura local.

John Storm Roberts ha identificado la utilización de la habanera en el ragtime pianístico de Scott Joplin en 1908, y a mediados de la década de los veinte, el pionero del jazz de Nueva Orleans, Jelly Roll Morton también había incorporado líneas de bajo de habanera, al crear el estilo de piano *stride*, en el que un patrón rítmico afín al tumbao cubano (una figura grave repetida) se tocaba con la mano izquierda, y la derecha se utilizaba para una amplia improvisación. Morton recreaba la dinámica de los sextetos cubanos básicos y trasponía las partes rítmicas de la percusión al piano. Morton lo denominó *Spanish tingue* («matiz español») y declaró: «si no puedes conseguir introducir matices españoles en las canciones, nunca serás capaz de añadir el condimento adecuado. Lo digo por el jazz».

Como apuntaba Isabelle Leymarie, a principios de siglo, los músicos latinos actuaban en todo Nueva Orleans. Las síncopas latinas se pueden encontrar en «The Dream», de Jesse Picket, «Cubanola», de Neil Moret, y «Agitation Rag», de Robert Hampton, además de en la obra de Scott Joplin. W. C. Handy, uno de los primeros gigantes del blues, había viajado a Cuba en 1910 con el ejército estadounidense y allí vio las orquestas típicas. Su famosa composición «St. Louis Blues» incorporaba el ritmo de la habanera. En esa época, la trompeta se añadió a las orquestas cubanas, lo que dio a la música cubana, como mínimo, un parecido superficial con el jazz y el ragtime. En 1912, tres años después de que W. C. Handy hiciera lo propio, Antonio Romeu añadió un saxofón a su orquesta de danzón.

Jerry Roll Morton
introdujo en su
estilo pianístico
algunos elementos
de la música latina
que posteriormente
fueron cruciales en
el desarrollo del jazz.

A inicios del siglo XX, diversas tendencias de música cubana empezaron a reunirse en salas de música y baile populares. Las empresas estadounidenses, tras la guerra hispano-norteamericana, tenían carta blanca en Cuba y las compañías discográficas pronto empezaron a grabar a artistas de La Habana, lo que atrajo a la capital a más músicos de otras partes de la isla. El son, una forma de canción popular polirrítmica, que en origen se desarrolló en Santiago; el bolero, parecido a la balada, una forma de canción romántica de ritmo lento, y el danzón adoptaron nuevas influencias de La Habana, la música popular y el jazz de Norteamérica, así como la más tosca rumba africana. Como la rumba, el son es algo más que una forma concreta de canción, es un ambiente, una atmósfera que expresa algo esencial de la cultura cubana.

Al igual que rumba, la palabra *son* en sí misma tiene significados múltiples, aunque en este caso no son denotativos, sino connotativos. Se refiere a *sonido*, y también se puede tomar como la tercera persona del plural del presente del verbo *ser*, como afirmación de una cultura popular determinada (un son famoso,

«Son de la Loma», juega con dicho significado cuando se pregunta «¿de dónde son los cantantes?»), y para el anglófono, sencillamente sugiere *song* («canción»). Es útil pensar en el son como la «canción» cubana primordial, en especial si uno se toma a pecho la afirmación de Alejo Carpentier en *La música de Cuba*, según la cual la primerísima versión del son cubano apareció en el siglo XVI de la mano de una africana liberta de nombre Teodora, que se trasladó a Santiago desde la República Dominicana. «Son de la Ma' Teodora» cuenta la historia de una mujer que actuaba con un violinista sevillano, entre otros colaboradores, e incluía los cantos de «llamada y respuesta», que ejemplificaban a la vez la influencia africana y las mandolinas típicas de la instrumentación española de la época.

Algunos historiadores sostienen que una tonada colombiana precedió al «Son de la Ma' Teodora» y que los guajiros, en gran parte responsables de haber creado el son contemporáneo, como mínimo, eran descendientes en parte de la población indígena de la región costera colombiana de la Guajira, lo que podría explicar el nombre que se les concedió. Un linaje tan mezclado es típico en el desarrollo de la música latina, especialmente en el Caribe. Lo importante es que, gracias a la cultura latina, esencial y dinámica, de Cuba en el siglo XIX, las manifestaciones musicales como el son se cristalizaron en la isla y se llevaron a su forma más alta de sofisticación, antes que se exportaran y popularizaran en otra parte. El son moderno apareció primeramente en la provincia de Oriente, al este de la isla, a finales del siglo XIX, una zona que contaba no sólo con una gran población de descendientes africanos, gracias a la importancia del cultivo azucarero, sino también con la segunda ciudad más grande de Cuba, Santiago, que era considerablemente afrocubana.

La estructura del son es relativamente sencilla: primero, hay una introducción —la parte de «canción»— que contiene unas estrofas, habitualmente cuartetas octosilábicas, una ligera variación de la décima y muy probablemente de origen andaluz. Segundo, en la sección de «montuno», se desarrollan los elementos establecidos en la introducción, y el coro canta un estribillo. Los antecedentes españoles y africanos del son proceden del mestizaje racial entre los campesinos pobres de ascendencia española y los jornaleros y vigilantes de la tierra africanos (quizá con algunos rastros de los grupos indígenas taínos y suramericanos en presencia). La décima fue fundamental para la estructura estrófica del son y el laúd ibérico había evolucionado en el tres cubano, que tenía tres juegos de cuerdas dobles. (La forma del laúd cambió: de una más triangular pasó a una parecida a la guitarra, y el sonido se acercó a ésta.) La clave, tocada con barritas, establecía el ritmo, y el patrón de «llamada y respuesta» comprendía una pausa rítmica, a menudo denominada *el montuno* en referencia a las zonas montañosas como la Sierra Maestra. Los instrumentos de percusión, el güiro y las maracas, representaban una tradición musical compartida entre los africanos y la población indígena.

En su descripción del son en su *Salsa Guidebook for Piano and Ensemble*, Rebecca Mauleón sostenía que el género permite la yuxtaposición de tres patrones rítmicos: el tumbao, una línea de bajo sincopada; la sección rítmica, integrada por la guitarra, los bongos y las maracas; y la clave. Dichos elementos son fundamentales en la música cubana aunque, como manifestaba Mauleón, la particularidad del son recaía en las frases melódicas de la guitarra. Con todo, la naturaleza competitiva de los patrones vocales de «llamada y respuesta» (a veces denominados *controversias*) y las variaciones de esas tradiciones africanas resuenan a lo largo de la historia de la música norteamericana, desde el jazz al hip hop.

A principios del siglo XX, el son empezó a establecerse en La Habana, que se había convertido en imán para los emigrantes de las zonas rurales. Durante esa época, existían varias manifestaciones regionales de son, incluido el changüí (que algunos consideran en realidad como un antecedente), que tenía un sonido más duro, más orientado hacia los ritmos africanos, de la zona sureña de Guantánamo, que contrastaba con el ligeramente más amable son guajira, que también está relacionado con el son montuno, ambos interpretados, en general, a un ritmo más lento y conocidos por contar historias del ambiente rural.

El son tenía la función de contar las noticias del campo y, en tanto que forma de canción, adoptaba el estilo de décima, con diez versos, de la poesía española medieval, una manifestación que más tarde inspiraría la parte de improvisación de la salsa contemporánea, denominada «coro». Netamente entrelazada con la influencia europea en el son, la parte improvisada del montuno, que se añadió a la forma tradicional de canción del son, era un patrón de «llamada y respuesta» enraizado en la tradición africana. Un género relacionado, la guaracha, un tipo de forma de canción satírica que tenía sus orígenes en el siglo XVIII, se actualizó al formato del son, con su propia parte improvisada.

El son llegó a ser tan popular en La Habana que los grupos que lo tocaban desplazaron cada vez más a las orquestas de danzón. Los sextetos, que incluían dos vocalistas —el primero, un tenor que tocaba las barritas de la clave, y el segundo, un barítono que agitaba las maracas—, un tres, bongó, güiro y contrabajo, se convirtió en la formación sonera quintaesencial. Interpretaban sus canciones en clave de son porque a los bailarines les resultaba más fácil moverse con ella que con la de rumba, lo cual cambió de manera decisiva el curso de la música latina, ya que permitió una integración más refinada de la melodía europea, además de los pasos más sencillos del baile al estilo europeo.

El Sexteto Habanero, dirigido por el contrabajista Ignacio Piñeiro, se hizo popular entre los aficionados al baile urbanos a principios de la década de 1920 y, al añadir Piñeiro una trompeta, el grupo se convirtió en el enormemente influyente Septeto Nacional. Con el aumento de los estudios de grabación en La Habana, además de la oportunidad proporcionada por las compañías discográficas estadounidenses, para que diversas orquestas viajaran a Nueva York para grabar, la música cubana, así como la propia ciudad de La Habana, empezaron a atraer la atención del mundo entero. La orquesta de Piñeiro, que grabó numerosos éxitos como «Échale salsita», fue uno de los primeros septetos que obtuvo un éxito internacional.

A finales de los años veinte e inicios de los treinta, a la vez que el son constituía una revolución en la escena musical cubana, músicos de formación clásica, como el gran pianista Ernesto Lecuona, empezaban a sintetizar géneros como el danzón, el bolero y el jazz. El citado compositor combinó el danzón con el bolero en «Siboney», una de las primeras canciones cubanas que gozó de gran audiencia en Norteamérica y Europa, y siguió componiendo muchas canciones, que se convertirían en clásicos de la música cubana de principios de siglo. Lecuona, que ha influido a los pianistas latinos desde Michel Camilo a Chucho Valdés (véase el capítulo 6, «El jazz latino»), poseía una destreza con la melodía comparable a la de George Gershwin. Lecuona utilizaba una paleta armónica clásica más cercana a Debussy que a Scott Joplin, y sus temas se acercaban más al estilo de Cole Porter que al de Jelly Roll Morton. Compuso danzas y grabó zarzuelas, y Gershwin lo llamó «el Chopin cubano». Aunque su capacidad para incorporar influencias afrocubanas (se lo considera como uno de los primeros músicos que utilizaron el término), incluida la música abakwá, lo convirtió en una sensación en todo el mundo. Lecuona dirigió algunas de las primeras orquestas cubanas que actuaron en Estados Unidos y Europa en los años veinte y treinta. Asimismo estudió con el compositor Ravel, a quien conoció en París, en 1928, en plena gira, y fue cofundador de la Sinfónica de La Habana, tras su regreso a Cuba en la década de los treinta.

Lecuona y sus contemporáneos —Ignacio Piñeiro, Beny Moré y Antonio María Romeu, otro pianista de danzón— fueron los creadores más famosos de una nueva era para la música cubana. Ya no sólo se limitaría a influenciar la música norteamericana a través del jazz, sino que aparecía de verdad en la escena de la música dominante como «música latina». Cuando la Orquesta del Casino de La Habana, de Don Azpiazu, llegó a Nueva York en 1930, casi inmediatamente obtuvo un éxito con «El manisero». La canción se hizo tan inmensamente popular que el trompetista de jazz Louis Armstrong (entre muchos otros) hizo su versión. La formación multirracial de la orquesta de Azpiazu (que incluía a Humberto Lara, «Chino», un sinocubano, y Antonio Machín, un cantante afrocubano que lanzaba cacahuetes al público durante las actuaciones en directo) rompió las barreras raciales y culturales en Nueva York.

El danzón «Siboney», de Ernesto Lecuona, y «El manisero» demostraron que la tendencia ya estaba plenamente desarrollada en el circuito de Broadway a inicios de los treinta. La moda de la rumba empezó en Estados Unidos en los primeros años de esa década, con varias películas de Hollywood que presentaban a estrellas como George Raft que movían el esqueleto sin ningún inconveniente. La novedad rumbera contó con el apoyo de una amplia difusión radiofónica, así como de una gran popularidad en los clubes de baile neoyorquinos. La obra de Lecuona, al igual que otros muchos clásicos latinos pioneros, la publicaron editoras estadounidenses como Oliver Ditson, E. B. Marks y Leo Feist —éste último, editor de «Siboney»—. Dicha música de rumba era una versión descafeinada del auténtico son afrocubano que ofrecía el Septeto Habanero de Ignacio Piñeiro, y algunos la consideran como una petición por parte de los editores norteamericanos. Entre las rumbas clásicas figuran «Begin the Beguine», de Xavier Cugat, y otros intentos como la «Cuban Overture ("Rhumba") for Orchestra», de George Gershwin. La moda de la rumba fue precursora del tipo de música latina que en los años cuarenta interpretó la cantante brasileña Carmen Miranda.

El Septeto Nacional, fundado por Ignacio Piñeiro en 1927, continúa en activo hasta el día de hoy.

La explosión de la música cubana despertó el interés de Hollywood, que se inició con *Cuban Love Song*, de 1931, que presentaba a la orquesta de Lecuona y, en 1935, la famosa *Rumba*, de George Raft. Cugat, un director de orquesta español, que en un principio fue a Estados Unidos para interpretar híbridas habaneras tango, se convirtió en la atracción más popular de la música latina. Por la orquesta de Cugat pasaron Desi Arnaz, Miguelito Valdés y «Tito» Rodríguez. Una flácida música afrocubana, arreglada para adaptar letras de comedia musical y con poco espacio para la improvisación, se convirtió en norma para la «música latina» en las décadas de los treinta y cuarenta. En 1946 Desi Arnaz se separó de la orquesta de Cugat y obtuvo un éxito propio, una versión de «Babalú». En los años cincuenta, Arnaz llegó a ser un personaje de la televisión estadounidense en horario de máxima audiencia, con la serie «I Love Lucy» («El show de Lucille Ball»), y la difusión continuada de la canción, gracias a las reemisiones, hizo de ella el número definitorio de la música cubana. Inicialmente conocida como «Babalú Ayé» e interpretada por el cantante cubano Miguelito Valdés (otro veterano de la orquesta de Cugat), «Babalú» se compuso en honor del orisha Babalú Ayé, el sanador.

La música cubana había evolucionado de las rumbas y toques de los rituales semirreligiosos, y de la música de los esclavos, hasta Hollywood, y muy pocos comentaristas norteamericanos tenían algo más que una vaga noción de los cimientos de la música cubana o sabían lo que había sucedido. La tradición afrocubana había llegado a Nueva York, y se iba a quedar durante mucho tiempo.

Xavier Cugat (izquierda) y su orquesta, con Miguelito Valdés tocando la conga (derecha).
Cugat «descafeinó» la música latina, pero a cambio supo hacerla llegar al público norteamericano medio.

Aunque en el siglo XX la música afrocubana se convirtió en la fuerza dominante de lo que se conoce como música latina, se produjo una abundancia de producción de música regional en toda América Latina. Estos estilos musicales también implicaban un proceso en el que las influencias africanas, indígenas y europeas se fusionaron para crear una música que llegara a representar una identidad regional. De estos estilos, los principales fueron el merengue, que acusó una gran influencia de la cultura francoafricana de Haití, antes de convertirse en la música nacional de la República Dominicana; la cumbia colombiana, una fusión singular de tradiciones musicales españolas, africanas e indígenas con la música popular europea y de la costa norteña suramericana; la samba brasileña, seguramente la música afroeuropea más dinámica fuera de la órbita cubana; y el tango argentino, una amalgama curiosa de tradiciones africanas e influencia cubana.

El merengue

De florecimiento relativamente tardío en el olimpo de los ritmos latinoamericanos, el merengue, interpretado tradicionalmente con acordeón, saxofón, bajo de caja punteado con plectros de metal, el guayano, un rascador de metal, y, sobre todo, una tambora de dos parches, fue el estilo más influyente que se desarrolló en la República Dominicana. Como en la mayoría de las islas del Caribe colonizadas por España, la República Dominicana también acogía los estilos de derivación cubana como el son, el bolero y la guaracha, además de sus propios estilos religiosos yorubas locales como la salve y la música de palos. Las músicas yoruba tenían un paralelismo con la música afrocubana, a la hora de su función utilitaria para crear un estado de trance, a menudo con un tempo creciente, aunque no acusaban tanto las influencias españolas. El merengue, un baile para menear las caderas, en el que los participantes giraban sobre sí mismos llevados por el ritmo sordo de la tambora, tenía un ritmo de baile rápido en 2/4, seguramente originado tanto en las zonas rurales de África (de donde parece proceder la tambora) y en la parte haitiana de la isla Hispaniola, colonizada tanto por los franceses como por los españoles. Cuando Haití se alzó contra Francia a finales del siglo XVIII, antes de que la República Dominicana se separara de España, Haití se convirtió en un polo de atracción para los esclavos fugitivos de toda la región caribeña. En la República Dominicana, una reacción antiafricana llevó a su cultura oficial (establecida por el dictador Rafael Trujillo) al extremo de negar la raíz africana del merengue, pese a la relación obvia que mantenía con el muy parecido *meringue* haitiano. Buena parte del merengue de inicios del siglo XIX (a veces llamado «de salón») se interpretaba con guitarras, aunque con el tiempo el acordeón se convirtió en una característica destacada. Según Paul Austerlitz en *Merengue: Dominican Music and Dominican Identity*, el acordeón se adoptó en los años 1870 porque Alemania mantenía una importante relación comercial con la República Dominicana y a menudo se trocaban acordeones por tabaco. Incluso existía una distinción entre las orquestas de merengue, al estilo del danzón, de Cibao, cuna de la elite criolla o de piel clara del país, y las formas más populares de merengue.

El merengue se estableció en la República Dominicana como música nacional, de una manera casi paralela a como lo hizo la samba en Brasil, con apoyo de representantes del gobierno y la enseñanza, para conseguir una identidad de Nuevo Mundo para América Latina. En toda ella, la música, y el arte en general, tienen un significado que excede al de la función cultural, pues actúa como un símbolo poderoso para la integración exitosa de las influencias culturales en una zona con una estabilidad nacional frágil. En el siglo XX, países como Brasil, México y la República Dominicana buscaron una identidad nacional que no estuviese tutelada por Europa o Norteamérica. Mientras que México miraba más hacia el arte y la arquitectura para dar valor a sus comunidades indígenas, Brasil adoptaba la cultura negra al hacer de la samba su música nacional. Aunque la institucionalización del merengue en la República Dominicana contenía una alusión más siniestra, por culpa de Rafael Trujillo, uno de los peores dictadores de las Américas del siglo XX, quien en un momento dado ordenó la matanza en masa de los haitianos y la represión de la cultura haitiana en el interior de la República Dominicana, lo que reflejaba la necesidad de afirmar su poder mediante el rechazo de la elite de Cibaon. El régimen de Trujillo promocionó al director

Luis Alberti, porque incluyó instrumentos tradicionales de percusión, como la güira y la tambora, en su orquesta, que ya se distinguía por ofrecer versiones más rústicas del merengue, en contradicción directa con la preferencia de los cibaones por el merengue con predominio de la guitarra.

La cumbia

A menudo se considera a la cumbia de origen africano, a causa del parecido nominal con el baile cumbe practicado en Guinea. Pero el origen de la cumbia está tan enraizado en las tradiciones indígenas del norte de Colombia como en sus influencias africanas. Numerosos musicólogos colombianos han afirmado que la cumbia evolucionó de la tradición de los indios taíno-caribeños del areíto, un círculo en el que se bailaba, se interpretaba música y se recitaba poesía, practicado ampliamente por la población indígena de la zona caribeña. Algunas de las canciones del álbum *Areíto* (1992), de Juan Luis Guerra, en el que éste celebraba la cultura indígena prehispánica de la Hispaniola, siguen esa hipótesis. Los ritmos de las citadas canciones guardan un parecido razonable con la cumbia. Otra corriente de opinión defiende la hipótesis de una fusión entre las culturas africana e indígena que tenían lugar durante las fiestas de carnaval en Cartagena de Indias, el puerto colonial caribeño de Colombia. Allí se celebraban rituales parecidos a los areítos (la influencia de los taínos y del Caribe arraiga en el norte de Colombia mediante la interacción y las posibles relaciones de parentesco entre las tribus caribeñas y los chibchas, grupo del río Magdalena), y los africanos se unían a ellos, puesto que las poblaciones africanas gozaban de una tradición parecida de baile en círculo. Se dice que la artesanía africana era más avanzada que la de los indígenas, de ahí que los primeros ayudasen a fabricar unos tambores más eficaces, lo que obligó a que las flautas gaita de los indígenas tuviesen una orientación rítmica más marcada. La polirritmia africana influyó también en los estilos de baile.

La cumbia es un ritmo único en América Latina; al contrario que en países caribeños como Cuba, Puerto Rico y la República Dominicana, en Colombia la presencia indígena no había sido aniquilada y se deja sentir junto a las influencias africanas y europeas. La cumbia se desarrolló en Colombia a lo largo de las zonas costeras, producto del intercambio entre colonizadores europeos, esclavos africanos y población indígena, y los conquistadores españoles lo impulsaron en el interior del país.

La cumbia posee una luminosidad, una orientación que no se logra por la mera posibilidad de la improvisación, tal como sucede en la música cubana, sino mediante el ritmo, por la acentuación del tiempo débil en vez del fuerte, al contrario tanto de la música cubana como del blues. La cumbia puede llegar a ser hipnótica, cuando su ritmo sutil se hace presente en la pista de baile y la obsesiva gaita (una flauta larga), que supone la principal influencia indígena, produce su hechizo.

La primitiva forma de la cumbia, llamada a menudo como *música de gaitero* (en referencia a los intérpretes de las flautas gaita), lleva siglos tocándose en la región costera del Caribe. En su forma folklórica esencial, que se interpreta con tres tambores de tamaños diversos (con uno tan grande como el usado en el merengue), las maracas y la flauta gaita, la cumbia se remonta, como mínimo, a la época de Simón Bolívar, a inicios del siglo XIX. Las melodías etéreas del gaitero, que aún se escuchan actualmente entre los indios cuna y kogi, se tocan en contrapunto mutuo y se combinan con el ritmo fijo e hipnótico de un pequeño tambor, las improvisaciones alegres y diestras de dos tambores más, y los ritmos de adorno de la maraca. Uno de los gaiteros sostiene la gaita con una mano y la maraca con la otra, y con un ritmo y una agilidad asombrosos los toca los dos a la vez, y sólo quita los labios de la flauta para cantar.

En los siglos XIX y XX la cumbia se desarrolló de manera parecida a la música cubana. Se añadieron nuevos instrumentos modernos y las influencias de las técnicas de grabación y las tendencias en otros países latinoamericanos hicieron que la cumbia fuera más rápida y más moderna. A inicios de la década de los treinta del último siglo las orquestas de cumbia, como La Sonora Cienaguera, bajo la influencia de las orquestas norteamericanas de swing, añadieron saxos y trompetas. A mediados del siglo XX, los directores de orquesta colombianos, como Lucho Bermúdez, trataron de combinar la cumbia con varias clases de música afrocubana, con poco éxito fuera de Cuba (seguramente debido a la carencia de sofisticación en las grabaciones y la ausencia de familiaridad que el resto del mundo tenía con los ritmos colombianos), y conjuntos de cumbia, como La Sonora Dinamita, adoptaron las formaciones de «orquesta» habituales en la salsa.

Hoy en día la cumbia es uno de los ritmos más populares de Latinoamérica, especialmente en México, que también comparte con Colombia el corrido, una especie de canción folklórica de protesta interpretada con guitarra. (En Colombia siempre han triunfado los géneros musicales mexicanos y los han importado libremente, a menudo es más fácil encontrar mariachis en Colombia que en cualquier otro lugar, aparte de México y Centroamérica.) Buena parte de lo que se conoce como música tejana —la música contemporánea de Texas y el norte de México que Selena hizo célebre—, no es más que una versión pop de la cumbia. Y tal vez, aún más importante, la cumbia es una de las influencias más destacadas en la música pop tropical contemporánea que se fabrica en los modernos estudios de Miami.

Samba

La samba apareció en la escena a inicios del siglo XX en Río de Janeiro. Procede del lundú, un estilo bantú-angoleño, que los africanos llevaron al Brasil en pleno apogeo del esclavismo en los siglos XVIII y XIX, aunque con el tiempo incorporó influencias del ragtime (de Nueva Orleans), de la habanera (de Cuba) e incluso de la polca alemana (a través de México y de la emigración alemana). Como la rumba cubana, la samba es, sobre todo, una música percusiva interpretada en un ritmo arrastrado de 2/4, que utiliza varios tipos de tambores diferentes, como el surdo y la batería, y accesorios de percusión como la cuíca, el recoreco, y el agogô, que desempeñan funciones parecidas a las de los instrumentos cubanos, como la cáscara y el chékere. El sonido estruendoso de los tambores de samba puede recordar a las bandas de marchas de los institutos, y los silbatos propios de los desfiles de carnaval le conceden un sabor único.

Una migración especialmente numerosa de negros hacia Río, ciudad dominada por descendientes de portugueses, a finales del siglo XIX (causada por el fracaso de las plantaciones de café del norte de Brasil) supuso el asentamiento de muchas comunidades afrobrasileñas en Río. Al igual que la rumba cubana, la samba, en su origen, se difundió en Brasil, en barrios marginales llamados *favelas*, poblados por descendientes de esclavos, y a menudo era reprimida por las autoridades gubernamentales. La religión candomblé, paralela a la santería, creció hasta conseguir en Brasil una masa de seguidores más corriente y secular, a medida que el país se volvía más tolerante con las costumbres africanas. La tradición de las *batucadas* (reuniones de tambores) en las favelas, y las ceremonias rituales relacionadas con la difundida religión candomblé llevó al desarrollo de las *escolas de samba*, más clubes que no escuelas, aunque promovieron un ambiente de aprendizaje y perfeccionamiento del oficio.

Las escuelas de samba se exhibían en los carnavales anuales de Río, que se vieron dominados por la samba en los años veinte y treinta del siglo pasado, y llegaron a ser célebres en todo el mundo. Las celebraciones, que tenían lugar el martes anterior al miércoles de ceniza del calendario católico, se consideran como una última oportunidad para el desenfreno antes de la austeridad de la cuaresma, si bien para los afrobrasileños también son una oportunidad en la que demostrar su lealtad a los orishas yoruba mediante el candomblé, en el que los dioses se camuflan en santos cristianos, de la misma forma que se hace en la santería afrocubana.

La cantidad de tamboreros que componen una gran batería de samba brasileña es asombrosa. En pleno carnaval, típico de invierno, centenares de sambistas tocan una gran variedad de tambores, muchos de los cuales tienen equivalentes claros en otras tradiciones latinoamericanas, aunque algunos son exclusivos de Brasil. No en vano, se trata del país con la mayor variedad de instrumentos de percusión de todo el hemisferio occidental. Los *surdos* son muy parecidos a las tamboras dominicanas o venezolanas, la *caixa* es similar a la caja de la batería de jazz, el *agogô* es como el cencerro de la salsa y la *pandeira* como la pandereta puertorriqueña (instrumento que se toca en las fiestas navideñas). La samba es una llamada a un movimiento de masas salvaje, una orgía de percusión y no la estructurada base rítmica para la improvisación que se produjo en Cuba con la fusión de los ritmos africanos y de los elegantes bailes europeos. Tal vez a causa de la influencia bantú, la samba se parece más al *caos in tempo*, en el que Arsenio Rodríguez se inspiró para su idea del mambo.

Como el merengue en la República Dominicana, la samba se convirtió en expresión de identidad nacional. En el caso de Brasil, se desencadenó un período de reflexión, por parte de intelectuales, con el fin de conseguir unas maneras constructivas de preparar el futuro multirracial del país. Pensadores, políticos y otros personajes culturales alentaron la adopción de la samba como el baile nacional del país. No obstante, al contrario de lo que sucedió en la República Dominicana, la decisión no se debió a una demostración de fuerza por parte de un dictador, sino a una erupción casi espontánea de experimentación urbana, con una afinidad mayor con el surgimiento del jazz en Nueva Orleans unos cuantos años antes, o de la salsa en Nueva York, mucho tiempo después.

Tango

El tango es la forma más significativa de música popular de Argentina, y se desarrolló gracias a cantidad de influencias diversas: los lazos de Argentina con Europa, su reprimido pasado africano y el legado de su capital (Buenos Aires), ciudad portuaria con sus animados bajos fondos. El tango se originó como estilo de baile, uno de los más curiosos y sensuales de la tradición de bailes latinoamericanos. En la pared de la Academia Nacional del Tango en Buenos Aires se puede leer que el tango es «un pensamiento triste para bailarlo». Al parecer creado en burdeles y salones de baile, el tango fue adoptado por las clases populares justo antes de la Primera Guerra Mundial. En *The Latin Tingue*, John Storm Roberts escribió que el nombre *tango* «se encuentra en todas partes del mundo latino, desde el baile español (los tangos andaluces) hasta el congó tango cubano (conocido también como *tango habanera*)». El nombre de *tango* proviene seguramente de *tanga*, una palabra congoleña, con el significado de «festival» o «fiesta». Otras teorías citan el término *tambo*, seguramente una abreviación de *tambor*, para referirse a un lugar en donde solían bailar los esclavos y los negros libres. De hecho, los clubes de la zona negra de Buenos Aires acabaron por denominarse *tambos*. Finalmente, algunos idiomas congoleños definen el *tango* como un círculo, probablemente para bailar o celebrar un ritual.

En general se cree que el tango debe su raíz europea a las peregrinaciones de la milonga, un estilo de canto y baile popular a finales del siglo XIX. En origen, la milonga era una canción solista que cantaban los gauchos, rancheros de ganado parecidos a los vaqueros del suroeste estadounidense que vivían en la extensa zona rural conocida como *la pampa*. A su vez se decía que la milonga provenía de la payada de contrapunto, en la que dos cantantes (*payadores*), que se acompañaban con la guitarra, improvisaban en una especie de concurso. Las estrofas tenían un formato parecido a la décima, es decir, cuartetas octosílabas estructuradas en una frase musical de ocho compases en 2/4. El término *milonga* se refiere a la expresión afrobrasileña que designaba a la letra que cantaban los payadores.

Movimiento de tango
ejecutado por Veloz y Yolanda,
considerados a principios de
siglo la mejor pareja de baile
del mundo.

Las polcas tradicionales, los valses y las mazurcas se mezclaban con la habanera cubana para formar un baile y una música nuevos, que se fusionó con la pirotécnica vocal de la milonga. En 1880 el gobierno argentino confiscó buena parte de la tierra de los gauchos en las pampas y la redistribuyó entre los inmigrantes burgueses argentinos y europeos, lo que desplazó a los gauchos hacia las zonas suburbiales más pobres de Buenos Aires. Al igual que los guajiros de Cuba, establecieron alianzas con la población africana, que por aquella época disminuía a causa de las muertes en la guerra contra Paraguay, una epidemia de fiebre amarilla y la mezcla de razas con argentinos de piel clara y nuevos emigrantes europeos.

El tango empezó a manera de sátira de un baile africano, el candombe (nada que ver con la religión brasileña candomblé), creado por los gauchos desplazados. La mezcla de la milonga rural de los gauchos (de ritmo sincopado de 2/4) con la habanera traída por los emigrantes europeos recién llegados y con bailes africanos como el candombe fue lo que produjo definitivamente el tango. Otros estilos que dieron raíces al tango fueron bailes como el fandango español, las vidalitas argentinas (canciones folklóricas y bailes con letras relativas a la vida rústica de la pampa) y las cifras (canciones folklóricas escritas con la métrica de la décima). Lo que supuso una evolución fundamental para el tango fue la llegada del bandoneón, instrumento de origen alemán parecido al acordeón, que sustituyó a la guitarra como centro armónico y rítmico de la música. Además de su espectacular impacto dramático como estilo de baile, el género del tango produjo uno de los cantantes latinos más influyentes de todos los tiempos, Carlos Gardel, que triunfó en la década de los veinte y los treinta del siglo pasado. En la estela de Gardel, desde mediados de los cuarenta en adelante, Astor Piazzolla promovió «el nuevo tango», un conglomerado de influencias jazzísticas, brasileñas y del blues norteamericano que actualmente sigue gozando de los favores del público internacional.

***

Incluso géneros más nacionales han tenido un impacto significativo en la música latina y se siguen descubriendo e internacionalizando en la actualidad. Como veremos en los capítulos siguientes, los géneros puertorriqueños de la bomba y la plena, además de las canciones navideñas llamadas aguinaldos, se han incorporado a la corriente mayoritaria de la música latina a través de la salsa, el jazz latino y grupos revivalistas como Plena Libre y Los Pleneros del 21. Además, géneros de baile folklóricos y criollos de Colombia, como el pasillo, el porro, el vallenato y el bambuco, así como el joropo venezolano, aumentan su difusión, bien mediante la adaptación a la fórmula del pop latino con base en Miami, bien a través de músicos de jazz como Danilo Pérez o cantantes de folk como Irene Farrera.

También han ejercido una influencia considerable en la música latina contemporánea varios géneros musicales latinoamericanos no tan conocidos como los citados. De hecho, una de las características de la música latina de hoy en día es el aumento de la incorporación de estilos poco conocidos en manifestaciones de música moderna como el jazz, el rock y la música latina alternativa. Las zonas con menor influencia hispana del Caribe poseen estilos musicales que, a menudo, han influido en la música latina: los ejemplos evidentes son el reggae, la soca (conocida también como *soul calypso*), el zouk, y la punta, una música muy importante de la costa hondureña, reflejo de la cultura garifunda de los esclavos fugados que se remonta a las primeras épocas del comercio esclavista. Las regiones andinas de Ecuador, Perú y Bolivia comparten un terreno cultural común y una serie de géneros bailables llamados charango, pasillo, danzante («El Chulita Quinteño», un danzante, es un segundo himno nacional de Ecuador), el albazo, el sanjuanero, el huayno, el yaraví, la chicha y la infame lambada que, irónicamente, la hizo célebre un grupo brasileño a finales de los ochenta. La costa del Pacífico de Perú refleja una influencia africana poco conocida, además de raíces indígenas, con géneros como la marinera resbalosa, la marinera norteña y el vals criollo, todos ellos géneros bailables con letras escritas de manera que reflejan la influencia de la tradición española. Recientemente la obra de vocalistas afroperuanas como Susana Baca, Eva Ayllón y Cecilia Barraza se ha distribuido internacionalmente, lo que arroja luz sobre los tesoros musicales relativamente inexplorados de aquel país.

Otra esfera de influencia cultural en Suramérica es la región andina que abarca Bolivia, el norte de Chile, y el norte de Argentina. Entre los géneros populares de dicha zona figuran el bailecito, la vidala, la zamba, la chacarera y la cueca. Unos de los géneros menos conocidos de la música latina provienen de Paraguay, e incluyen la guarania, la galopera y el chamamé. Aunque la región del Río de la Plata (que comprende las zonas tanto de Buenos Aires como de Montevideo) proporciona una reserva desdeñada de música de base africana en el Cono Sur que, a menudo, no se relaciona con la música latina.

Muchos géneros musicales que sólo se consideraban importantes en las zonas en que se originaron empiezan a proyectar una presencia internacional mediante la asimilación en la música latina contemporánea. El ejemplo más famoso del asunto ha sido «Llorando se fue», una vieja saya boliviana, una canción folklórica adaptada a inicios de los ochenta por el peruano Cuarteto Continental y grabada finalmente como «Lambada» en 1989 por el grupo brasileño Koama. De forma parecida, haciéndose eco del viaje efectuado por «La Bamba» en los cincuenta, de son jarrocho mexicano a éxito internacional del rock, a cargo del californiano Ritchie Valens, el charango, estilo folklórico de la región andina, lo adaptó el grupo boliviano Azul Azul y en el año 2000 consiguió un sencillo enormemente popular, «La Bomba».

La fase siguiente de la música latina podría consistir de manera eficiente en los viajes transnacionales de canciones tradicionales, readaptadas a las necesidades del mercado pop internacional. En ocasiones, dicho proceso levanta controversias y pleitos judiciales: de «Bamboleo» de los Gipsy Kings se dijo que se había plagiado del joropo «Caballo viejo», del compositor venezolano Simón Díaz; mientras que «La Bomba» de Azul Azul la «tomó prestada», de manera parecida, un argentino residente en España llamado King África. Aunque cuando un grupo comercial de flamenco pop llamado Las Ketchup incorporó un rap improvisado proveniente del «Rapper's Delight» de los Sugarhill Gang en su éxito internacional «Aserejé», pareció que la música latina estaría en la raíz de muchas fusiones futuras.

dos:

La evolución de la música cubana hacia la salsa

La salsa es el primer género de la música latina fundado en una metrópoli anglosajona, si bien se debió a una mezcla vertiginosa de latinos trasplantados. La migración de la música afrocubana a Nueva York acabó por engendrar la salsa, la música que dominó los salones de baile de los clubes latinos desde Nueva York hasta Buenos Aires y encarna el pulso esencial de la música latina. Aunque muchos puristas de la música afrocubana siguen sosteniendo que la salsa no es más que una variación del legado musical cubano, la experiencia neoyorquina de hibridez por la que pasó la música desde la década de los veinte incorporó influencias de muchas ramas diversas de la tradición latinoamericana, y más tarde del jazz, el rhythm and blues e incluso el rock.

En las décadas de los treinta, cuarenta y cincuenta, a medida que el son cubano se impregnaba de varios elementos derivados de la rumba, como el guagancó y la guaracha —que ayudaron a impulsar, a su vez, la era de la rumba y el mambo—, la música afrocubana ya comenzaba a ser significativa en Nueva York, independientemente de lo que sucediera en La Habana. Desde la década de los veinte, habían tocado juntos, en Nueva York, músicos del Caribe y de Suramérica, en ocasiones en contacto con músicos y públicos afroamericanos. Dichos instrumentistas procedían de diversos países caribeños y suramericanos. Interpretaban boleros, danzas puertorriqueñas, tangos, sones y guarachas ante públicos a menudo segregados (en el Uptown y el Downtown neoyorquinos), y los músicos de jazz afroamericanos influían en las orquestas. Conjuntos como el Cuarteto Caney y el Cuarteto Victoria, formados predominantemente por músicos cubanos y puertorriqueños (con integrantes ocasionales del resto de América Latina), se consagraron en las salas del Nueva York latino, cada vez más frecuentes.

El Cuarteto Victoria
en una fotografía de
principios del siglo XX.

Aunque la popularidad creciente de la música latina en Norteamérica tuvo un efecto de propagación en La Habana, que fue causa del aumento del turismo hacia Cuba, e incrementó la tradicional competencia en el seno del circuito de hoteles y casinos de la capital. Beny Moré, uno de los astros más importantes, usaría dicho circuito como trampolín para una carrera que le llevó hasta Ciudad de México y Estados Unidos, en donde hizo una contribución fundamental en la historia discográfica, tanto del mambo como del bolero.

Quizás el momento clave en dicha «americanización» de la música latina se produjo cuando el magistral arreglista cubano Mario Bauzá, que llegó a Nueva York en la década de los treinta, y su compañero percusionista «Chano» Pozo triunfaron de una manera que no hubiera sido posible en su Habana natal. Su colaboración con el trompetista Dizzy Gillespie, que cimentó la influencia del jazz en la música latina, ayudó a situar el mambo, una evolución de importancia en la música afrocubana, en el centro de la escena musical estadounidense.

La era del mambo

Al parecer, *mambo* es un término de origen congoleño, que algunos traducen simplemente como «conversación», mientras que otros lo hacen como «hablar con los dioses». En un principio se utilizó en el contexto de la música de baile, cuando los bailarines cubanos de los años treinta empezaron a llamar mambo a un extenso *break* de percusión. En general, el mambo se inspira en gran manera en el son y el danzón: un cantante relata una historia, con frecuencia urbana, y las secciones de percusión y de metal interaccionan como una orquesta de jazz, y usan compases de 4/4 y 6 / 8, siempre con la clave como base. Un *break* improvisado en pleno clímax de la canción permite a las diversas secciones de la orquesta conversar mutuamente y los bailarines, inspirados por lo que ocurre, hacen que el diálogo vaya más allá. Como tantos tipos de música latina, el mambo no es tanto un patrón formal como una constelación de tendencias: el son afrocubano y el conjunto de los años treinta, las nuevas influencias del jazz, y la versión neoyorquina «internacionalizada» de la música latina crearon varias encarnaciones diferentes del mambo.

En su versión original el mambo era música de baile que provenía del son y la guaracha que, en ocasiones, se tocaba en Cuba a finales de los años treinta, cuando los septetos comenzaron a incluir más trompetas, un piano y la conga, un instrumento fundamental en los desfiles africanos de carnaval que tenían lugar en las principales ciudades. Aunque le precedieron grupos como La Sonora Matancera y el Septeto Cuba, Arsenio Rodríguez, un tresero ciego, que rompió esquemas al añadir la conga, consolidó la importancia del conjunto cubano clásico.

A Rodríguez, cuya música prescindió del pasaje de introducción y fue directamente a la sección del montuno, y a Israel López, «Cachao», que tocaba el contrabajo con Antonio Arcaño, se les considera como los primeros innovadores del mambo. Que la creación del mambo se atribuya a Rodríguez, un director de conjunto de son, y a Arcaño, un director de charanga, permite hacerse una idea del intercambio de repertorios entre las orquestas de son y las de charanga en los años treinta y cuarenta, así como su influencia recíproca. En la década de los cuarenta, aumentó el contacto entre músicos cubanos y de influencia cubana con el jazz de big band estadounidense, personificado por la relación entre el gran director de orquesta cubano Mario Bauzá y su amigo íntimo Dizzy Gillespie, lo que supuso una segunda orientación para el mambo. La última derivación, la más popular entre los estadounidenses, fue una airosa música de baile creada por el director de orquesta cubano Pérez Prado en su estancia en Ciudad de México y que se desplazó al norte (principalmente a Los Ángeles y Nueva York) y por su ocasional cantante, Beny Moré.

Arsenio Rodríguez, los Hermanos López y la orquesta Arcaño

Arsenio Rodríguez, al que a veces se moteja como *el ciego maravilloso*, creció cerca de Matanzas, a unos cincuenta kilómetros de La Habana, a donde emigraría con el tiempo. Su abuelo era un antiguo esclavo y le enseñó los ritmos secretos de la secta abakwá de la santería. Por la orquesta de Arsenio pasaron, a lo largo del tiempo, el influyente trompetista Félix Chappotín y el futuro pianista de Buena Vista Social Club, Rubén González. El toque, elástico y de punteo rápido, de Rodríguez con el tres, aunque basado en el estilo del laúd de indudable raíz andaluza, se fundamentaba en su conocimiento de la percusión ritual de la tradición abakwá del Congo, y pese a tener un tono afligido se interpretaba con una gran complejidad rítmica. El espíritu innovador de Rodríguez le permitió ampliar las improvisaciones rítmicas en la sección de montuno del son, y asimismo fue el pionero en la utilización de múltiples trompetas. Rodríguez fue inspiración de muchos homenajes contemporáneos (sobre todo las grabaciones de los noventa a cargo del grupo Cubanos Postizos, de Marc Ribot, guitarrista de jazz de vanguardia, *Marc Ribot y los Cubanos Postizos* y *Muy divertido*). Arsenio Rodríguez insistió en que el origen del mambo estaba en la región congoleña de África, y en una ocasión lo definió como «anarquía in tempo». Una de sus canciones más famosas, versionada por Ribot, es «La vida es sueño», cántico que evoca la décima española y se refiere directamente a la clásica obra del siglo XVII de Calderón de la Barca. La historiadora de la música cubana Isabelle Leymarie explica que Rodríguez compuso la canción en un momento de desesperación cuando, tras haber sido invitado por Miguelito Valdés, en 1947, para ir a Nueva York en busca de tratamiento para su ceguera, se le comunicó que no tenía curación.

Israel «Cachao»López nació en 1918 en una familia de contrabajistas; sus padres eran intérpretes y profesores del instrumento, y su sobrino Orlando llegó al estrellato con Buena Vista Social Club. De adolescente, tocó con su padre y su hermano Orestes, violonchelista de la Filarmónica de La Habana, y a finales de los treinta, los hermanos se integraron en Arcaño y sus Maravillas. El repertorio de la orquesta consistía principalmente de danzones, hasta que se empezó a experimentar con una parte improvisada, de ritmo más acelerado, afianzada en los hermanos López, y se empezó a denominar como orquesta de mambo.

En 1938, «Cachao» López compuso un danzón al que tituló «Mambo», para que los bailarines pudieran improvisar libremente con sus *breaks* de mambo, que incorporaban tempos más rápidos. A modo de señal para los integrantes de la orquesta empezaran sus solos, Arcaño gritaba «¡mil veces mambo!». El ostinato de las líneas de bajo de «Cachao», proveniente del tumbao, infundió al estilo dominante de danzón y charanga de la orquesta de «Cachao» una influencia extraordinaria de la percusión. Las canciones originales de López se definían como «danzón con nuevo ritmo». A la larga, se añadió una conga a la orquesta, lo que completó el cambio hacia el mambo orientado a la percusión. «Cachao» López y su hermano Orestes llegaron a componer centenares de mambos.

Los bailarines cubanos se dividieron frente a las innovaciones no tan estructuradas del mambo, al que todavía no se consideraba un género independiente, pese a su arraigo en la música. A inicios de los cuarenta, la interacción frenética de pianos, bajos y congas que llevó a grandes clímax en las salas de baile fue el catalizador de la invención de lo que se conocería como jazz latino. Asimismo dio paso a una era de big bands dedicadas al mambo en la que grandes pianistas como Peruchín (Pedro Justiz) tocaron con directores de orquesta como Arsenio Rodríguez y Armando Romeu y los percusionistas «Patato» Valdés y Mongo Santamaría, además de «Cachao».

En los años cincuenta, la energía improvisatoria, creada en parte por el nuevo ritmo de «Cachao» y el aumento del interés en Cuba por el jazz estadounidense, inició la escena de la «descarga» en La Habana. La descarga se basaba en acordes de son y estaba punteada por amplios pasajes en *riff*. Las *jam sessions* informales se celebraban en clubes pequeños y en las salas de estar de los músicos participantes que, en su mayor parte, tocaban en el circuito de hoteles.

Una serie clásica de álbumes con el título de *Cuban Jam Sessions in Miniature*, de 1957, grabados por el sello Panart, supuso una celebración de la era de «la descarga», que también vio la creación de un estilo de bolero, influenciado por el jazz, llamado *filin* (véase el capítulo 4). Con una formación de bajo, güiro, trompeta, bongós, timbales y conga, las sesiones de «Cachao» ponían de relieve la interacción del bajo y la percusión, y duplicaban la llamada y respuesta entre cantantes y la orquesta en el mambo, el son y la guaracha. El término *descarga*, que actualmente se asocia al de jam, se usaba en la acepción de «desahogo». La tendencia improvisatoria inherente al mambo animó a los bailarines a danzar a una velocidad imparable. Aunque al mismo tiempo atrajo a instrumentistas con deseos de interpretar una música más seria, y cuando la descarga llegó a Nueva York, el suceso ejercería un gran impacto en la orientación de la música de jazz.

En 1962, «Cachao» López se convirtió en un exiliado desencantado de Cuba, al contrario que Arcaño, socialista comprometido, y cuando toca en directo todavía se le venera, más de cuarenta años después. «Cachao», residente en Miami (Florida) publicó varios álbumes en la década de los noventa, y en 1993 protagonizó un largometraje documental realizado por el actor Andy García. Su lanzamiento del año 2000, *Cuba linda*, es una revisión excelente de sus clásicos con una potente formación de intérpretes de la vieja generación y de la nueva.

Mario Bauzá y el cubop

Mario Bauzá, tal vez el más importante embajador —primero de la música afrocubana y después del jazz cubop, de su invención— fue un hombre inquieto y apasionado cuya intensidad sólo podía compararse con la calidez que transmitía con su sonrisa generosa. En palabras de Bauzá, el jazz de Nueva Orleans y la música de su Cuba natal eran dos tendencias de la misma música que había llegado al Nuevo Mundo desde África Occidental. El conjunto batá yoruba, que tocaba en las ceremonias rituales para comunicarse con los orishas de la santería, en esencia tenía la misma función que la de una banda de jazz de Nueva Orleans: ambas tocaban un himno funerario.

Bauzá nació en La Habana en 1911 y fue criado por un matrimonio de padrinos ricos, vecinos suyos, que preguntaron a sus padres auténticos si podían ocuparse de él, ya que carecían de descendencia. Su padrino le educó la voz y, al advertir el talento de Bauzá, le hizo ingresar rápidamente en el Conservatorio de La Habana. Bauzá fue un clarinetista prodigio que tocó en la Orquesta Filarmónica de La Habana a la edad de dieciséis años, lo que le dio la oportunidad de viajar por el mundo. En 1926, tocaba en la orquesta de Antonio Romeu, al igual que hacían muchos integrantes de la Filarmónica, para procurarse unos ingresos adicionales. Con Romeu viajó a Nueva York, visitó Harlem, se emocionó con la orquesta de Fletcher Henderson y vio en el centro la actuación de Paul Whiteman. Decidió dedicarse al saxofón y se prometió que, cuando cumpliese los dieciocho años, regresaría a Nueva York.

En 1930 tuvo noticias de la partida de Don Azpiazu hacia Nueva York e inmediatamente se fue para Manhattan. Bauzá tocó con la orquesta de Noble Sissle, un colaborador de Eubie Blake, (como sustituto del saxofonista puertorriqueño Moncho Usera), además de hacerlo con las orquestas latinas de la parte alta de la ciudad. Cuando Antonio Machín abandonó la orquesta de Don Azpiazu para fundar su propio Cuarteto Machín, Bauzá se enteró que necesitaba un trompetista y convenció al cantante para que le comprara una trompeta, aprendió a tocarla en dos semanas y se convirtió en uno de los nuevos trompetistas preferidos de Nueva York.

En 1932, Bauzá hizo una prueba para la orquesta del baterista Chick Webb, quien quedó tan impresionado que lo nombró director musical, algo sorprendente para un recién llegado, lo cual colocó a Bauzá en el centro de la escena. Webb accedió a enseñarle el fraseo jazzístico a cambio de la capacidad arreglística de Bauzá. Durante su estancia con Webb, Bauzá le presentó a la cantante Ella Fitzgerald y colaboró en el arreglo de la pieza emblemática de Webb, «Stompin' at the Savoy», en la que Bauzá tocaba la trompeta solista y también ejecutaba un solo de clarinete. En 1939, Bauzá era trompetista con Cab Calloway, cuya orquesta tenía una gran disciplina y no menos éxito, y que se podía permitir evitar el racismo de los hoteles de la carretera, al viajar en un autocar Pullman de propiedad. La época de Bauzá con Calloway fue fructífera, y se le invitó a tocar tanto con Duke Ellington como con Count Basie. Pero lo más importante que le sucedió fue sentarse, codo a codo, con Dizzy Gillespie, al que más tarde se uniría para su proyecto soñado.

En 1940 Bauzá se convirtió en el director musical de una orquesta reunida por su cuñado, y compañero de expatriación cubana, Machito (alias de Frank Grillo), que se había trasladado a Nueva York en 1937 como cantante de una orquesta llamada La Estrella Habanera. Machito denominó a su orquesta The Afro-Cubans, una ocurrencia seminal en la identificación racial de dicha corriente de la música cubana de Nueva York. Los Afro-Cubans de Machito cambiaron la idea neoyorquina de la música latina. Desde aquel momento ya no sería rumba descafeinada. Bauzá aportó arreglos de sus colaboraciones en la orquesta de Chick Webb e instruyó a los Afro-Cubans acerca de los arreglos jazzísticos norteamericanos. Bauzá fue el primer músico latino clave que ayudó a traducir, entre sí, el lenguaje del jazz estadounidense con el de la música cubana.

La sección rítmica de los Afro-Cubans fue la primera que incorporó la estructura de tres percusiones, con conga, bongó y timbales en las orquestas latinas al estilo neoyorquino, lo que permitió el mismo tipo de improvisación percusiva que se generaba en la sección ampliada del mambo. La primera orquesta de Machito produjo dos de los clásicos del mambo orquestal para big band: «Afro-Cuban Jazz Suite» y «Tanga». La suite jazzística fue el origen de facto del jazz latino, por la manera en que despegaba con varios estilos rítmicos: el mambo, el guaganó, el jazz swing y la rumba cubana original. Basado en un torbellino de

Mario Bauzá (en el centro, con esmoquin) en la fiesta-homenaje por su 75 cumpleaños.

temas de trompeta estrepitosa y percusión, «Tanga» evocaba la clase de energía hipnótica que encarnaba el espíritu del mambo.

Charlie Parker estuvo con ellos en esas sesiones al saxo, al igual que el carismático percusionista cubano «Chano» Pozo, a quien Bauzá implicó. La fusión de los estilos afroamericano y afrocubano por parte de Pozo, Bauzá y Dizzy Gillespie puede considerarse como el eslabón perdido entre la época de las big bands y el bebop. Éste se desarrolló en pleno período de absorción de la música cubana en las orquestas de jazz, y se ha hablado también de la presencia de elementos cubanos integrados en el propio bebop. Los ritmos complejos que proporcionaba la música cubana establecían un equivalente perfecto con el genio improvisador renovador de Parker. Hasta sus composiciones propias escritas en la misma época, como la clásica «Donna Lee», parece que se puedan interpretar con la clave. El cubop, muy influenciado por los arreglos rítmicos de Bauzá en la orquesta de Dizzy Gillespie, y que, en esencia, es un bebop con un potente enfoque afrocubano, también nació en dicho período, en gran parte durante *jam sessions* en el club Birdland, del centro de Manhattan, un poco más abajo que la meca del mambo, el club Palladium.

Según el historiador musical Robert Palmer, Bauzá explicó cómo sus sesiones con la formación de Gillespie podían haber sido una aportación indirecta al nacimiento del bebop. Mientras que buena parte de comentaristas de jazz piensan que la asociación de Charlie Parker con Gillespie fue la esencia del bebop, y que la capacidad instrumental simpar de Parker fue lo que permitió que se concretara la «atmósfera» del bebop, es posible que las técnicas afrocubanas hubieran cumplido su papel. En palabras de Bauzá: «me quedaba hasta tarde con Dizzy y el batería de la orquesta, Cozy Cole, y les enseñaba a sentir algunos de los ritmos cubanos más sencillos. Dizzy cantaba los patrones rítmicos y les ponía sílabas absurdas, como "oop-bop-sh'bam". La etiqueta *be-bop* que pusieron al nuevo tipo de jazz que Dizzy inició en los años cuarenta era en realidad un patrón rítmico».

Desde 1942 Gillespie participaba con los Afro-Cubans y en 1947 se consideró preparado para grabar «The Manteca Suite», su primer disco de jazz latino. Los poderosos temas de swing y los estruendosos ritmos afrocubanos del tema triunfaron, junto con «A Night in Tunisia», un hito en la historia del jazz. La conexión entre el jazz estadounidense y la música afrocubana ya se daba por supuesta, y preparó el escenario para el surgimiento de la música de mambo en Nueva York, donde los aficionados a la música se iban acostumbrando a la innovación.

Beny Moré

Más que ningún otro, Beny Moré captó la esencia del estilo vocal que ayudaría a impulsar la música cubana al éxito en Estados Unidos. Sería simplificar demasiado calificar a Moré de cruce entre Frank Sinatra y Nat «King» Cole, ya que dicha comparación no conseguiría transmitir la presencia acusada e imponente de Moré, tanto en el salón de baile como en el disco. Su apodo de «El Bárbaro del Ritmo» hace hincapié en la diferencia que separaba a Moré de Sinatra o de Cole. Lo que definió el impacto de Moré era el *swing* agresivo en los ritmos de la música afrocubana, que se consolidó plenamente en las décadas de los treinta y los cuarenta.

Moré nació en 1919 en un pueblecito llamado Santa Isabel de las Lajas, en la provincia de Las Villas, al sur de Cuba. Devoto de la santería y procedente de una familia de antiguos esclavos, Moré hizo el típico viaje de Las Villas a La Habana, en donde cantaba por las calles cercanas al puerto de la ciudad. A mediados de los cuarenta, se integró en un trío dirigido por Miguel Matamoros, un grupo que cantaba boleros y sones que más tarde se amplió a septeto, conjunto y orquesta. En 1945 Moré y el trío Matamoros se trasladaron a Ciudad de México, atraídos por el gran crecimiento de la industria cinematográfica mexicana, que se había convertido en la mayor de Latinoamérica. Con Matamoros, Moré grabó «Son de la Loma», el clásico eterno del son cubano (registrado originalmente por el trío en 1926) y desempeñó un papel fundamental en la difusión de la música cubana hacia Norteamérica. El fenómeno afrocubano viajó por América Latina gracias a las películas mexicanas y también se acrecentó el interés por la música entre los emigrantes latinos en Estados Unidos. Con el tiempo, Matamoros decidió regresar a Cuba, pero Moré estaba a punto de que se le abrieran nuevos horizontes. En 1948, le descubrió Mario Rivera Conde, el director de RCA-Victor de México, y lo emparejó con el director de orquesta Pérez Prado, una relación que cimentaría la fama de Moré.

Lo más irresistible del estilo de Moré era la mezcla que realizaba de la nostalgia folklórica de la música guajira cubana (del tipo de los millares de versiones que se pueden oír de «Guantanamera») con la refinada textura del bolero, que rebosaba por encima de los arreglos de dominante rítmica de las orquestas con las que cantaba Moré. Las inflexiones de la guajira narrativa en su voz, agudamente seductora, creaban una intimidad que trascendía fronteras. En «Bárbaro del Ritmo», considerada como su canción emblemática, Moré cantaba: «mira qué bien bailan el mambo los mexicanos», mientras que en «Dónde estabas tú», compuesta por el director de orquesta Eduardo Duarte, regañaba a un tresero por fallar en un bembé.

Las canciones de Moré captaron la intensidad de los años de apogeo del mambo; además de cantante fue director de orquesta, a pesar de que no sabía leer música. Canciones como «Yiri Yiri Bon», «San Fernando» y «Dónde estabas tú» (interpretadas con las orquestas de Matamoros y Pérez Prado) jugaban con los sonidos onomatopéyicos del *scat* afrocubano; el cantante dominaba, a menudo acompañado por metales e instrumentos de lengüeta, casi al estilo de Benny Goodman. Aunque Moré también tenía una faceta más suave. Cuando no grababa o actuaba con Pérez Prado, Moré realizaba una transición del cantante de ritmos rápidos a baladista. Aunque su característica tesitura de tenor se ha identificado con las rutinas de metal de Prado, la faceta bolerística se hace patente en canciones del tipo de «Cómo fue», que Moré grabó con la orquesta de Ernesto Duarte, tras su regreso a La Habana en la década de los cincuenta. La técnica de Moré al deslizarse hacia arriba por la escala, con su ya formidable voz de tenor, sería ampliamente imitada en la salsa contemporánea. Da una sensación de vuelo, con todo el poder evocador que implica, como si expresara el deseo de elevar a Cuba y los sueños de la familia de los antiguos esclavos hacia alturas inauditas. La capacidad de Moré para mantener dichos vuelos de destreza vocal en momentos que parecían eternos sugerían los grandes cambios de mentalidad, que prefiguraban la propia revolución cubana. Moré regresó a Cuba en 1953, y al contrario que Celia Cruz y algunos más, rechazó abandonar el país tras la revolución castrista.

Pérez Prado

Al cabecilla más célebre de la locura del mambo en la década de los cincuenta, el pianista y director Pérez Prado, se le otorga el mérito, a menudo, de hacer llegar el mambo al público norteamericano. Natural de Matanzas (Cuba), empezó su carrera en los años cuarenta tocando con leyendas como Arsenio Rodríguez y Miguelito Valdés, un cantante y percusionista habanero, director de la renombrada Orquesta Casino de la Playa, de la capital cubana. El clima algo conservador de los hoteles y casinos cubanos no aceptó sus excentricidades procedentes del jazz y los bruscos cambios de tempo, y con una decisión que podría haberle facilitado el éxito en Estados Unidos, Pérez Prado fundó su propio grupo en 1944 y se trasladó a Ciudad de México, en donde se hizo famoso inmediatamente como el «Glenn Miller de México».

En 1949, durante su colaboración en México con Beny Moré, Prado produjo un álbum multimillonario en ventas, *Qué rico el mambo*. El hecho de residir en

Ciudad de México hizo que Prado fuera muy popular entre la comunidad mexicano-estadounidense del sur de California, que empezaba a desarrollar una identidad característica, y en 1950, traspasar la barrera para figurar en la radio popular dominante de Los Ángeles. En 1951, Prado hizo su primera actuación en Estados Unidos, en el Teatro Puerto Rico del Bronx, en Nueva York, desencadenante de una larga serie de giras estadounidenses con actuaciones en más de veinticinco ciudades cada una. A *Qué rico el mambo* le siguió, en 1955, *Mambo mania*, en el que figuraba el sencillo «Cherry Pink and Apple Blossom White» («Cerezo rosa»), que alcanzó el número uno de las listas.

Cuando Prado actuaba en Nueva York, lo hacía en los mismos locales que la Orquesta de Machito, así como los emergentes reyes del mambo, Tito Puente y «Tito» Rodríguez. El público de Nueva York no dispensó a Prado una acogida tan entusiasta como la que recibió de la parte más convencional del país. Para los fans de la música a base de densas capas de sonido de Machito, el rey del mambo jazz afrocubano, los temas de Prado carecían de riqueza y de profundidad, ya que el músico suprimía los solos instrumentales y escribía unos arreglos extremadamente sencillos. Pero Prado fue uno de los grandes *showmen* de la música latina y su presencia escénica, que incluía su gruñido característico para destacar un *break* de percusión, significó un empuje decisivo en la explosión popular del mambo. El genio de Prado residía en su manera de presentar la música latina a un público que en realidad no la entendía. El mambo de «público masivo» de Prado, con histrionismo, gruñidos, chillidos e instrumentos histéricos, pusieron a la música afrocubana al alcance de un público mayoritario, y si bien no era tan elegante como el que ofrecían Machito y sus sucesores, no era en absoluto descafeinado. El mambo de Prado, con sus difíciles cambios de tempo y su complejidad armónica, es mucho más cerebral de lo que parece a primera vista.

El siguiente álbum de Prado, *Havana, 3 A. M.*, grabado en Hollywood en 1956, es una de las grandes obras maestras de la música tropical, orientada al mercado masivo. Alentado por su arrollador éxito en las listas estadounidenses y su trabajo en grabaciones para bandas sonoras cinematográficas, Prado hizo lo que quiso en Hollywood cuando grabó dicho álbum, dirigiendo una orquesta en la que figuraba el renombrado trompetista Maynard Ferguson. Muchos temas clásicos cubanos y latinos, como «La comparsa» de Ernesto Lecuona, «Granada» de Agustín Lara, y el bolero clásico «Historia de un amor» se versionaban en *Havana, 3 A.M.* Interpretadas en el estilo de mambo comercial de moda de mitad de los cincuenta, pródigo en floreos excéntricos y espectaculares, las canciones son un vestigio de la época en que Estados Unidos aprendía a menear las caderas. El baterista aporrea el ritmo en la introducción de «La Faraona», la sección de trompetas declama la melodía con una bravura estridente y los saxos proporcionan una fina réplica, casi de cámara. El griterío de Prado en «Freeway Mambo» (una de sus tres composiciones del álbum) infunde misteriosamente al mambo con el espíritu de la naciente cultura automovilística californiana, al crear una banda sonora para el flujo constante del tráfico de las autopistas.

Nueva York, la incubadora del mambo

Mientras Pérez Prado hacía agradable el mambo para las amplias extensiones del centro y la costa oeste estadounidense, en Nueva York la música se desarrollaba como un género artístico, no tan comercial y más orgánico, que engendró todo un fenómeno cultural. Desde finales de los cuarenta hasta mitad de los sesenta, el lugar de Manhattan para escuchar y bailar música latina era un club del centro llamado Palladium. Surgido en 1946, a partir de una academia de baile, llegó a ser una especie de paraíso multicultural para los bailarines de las comunidades latinas, afroamericanas y europeoamericanas de Nueva York, y atrajo a un público muy variopinto gracias a su situación en la calle Cincuenta y dos, a unas travesías de los renombrados clubes de las épocas del swing, las big bands y el bebop. El Palladium acogía a tres orquestas principales: la Afro-Cuban Orchestra de Machito, la orquesta de «Tito» Rodríguez y la de Tito Puente, tal vez el talento más famoso surgido de aquella era. A diferencia de Machito, natural de Cuba, los Titos, Rodríguez y Puente, eran ambos de origen puertorriqueño, un hecho que tendría su importancia en el paso del mambo a la salsa, en la década siguiente.

Los cubanos habían emigrado a Nueva York desde comienzos de siglo, aunque la llegada masiva de puertorriqueños a finales de la década de los cuarenta hizo que fueran el grupo étnico latino dominante de la ciudad. La circunstancia no fue casual: Puerto Rico, que había sido un territorio no incorporado a Estados Unidos, tras la derrota de España en 1898, se vio sometido a una industrialización que abarcó toda la isla, a finales de los años cuarenta. La denominada Operation Bootstrap, diseñada conjuntamente con el gobierno estadounidense, tenía como objetivo estabilizar la ocupación laboral en la isla mediante la creación de empleos en el sector industrial. Pero para que el plan tuviera éxito, se animó a millones de puertorriqueños (a menudo, familias enteras) a mudarse a Nueva York gracias a la oferta de tarifas aéreas baratas y así evitar la superpoblación de los centros industriales urbanos de la isla. Rodríguez y Puente no formaron parte de dicha emigración, ya que habían llegado con anterioridad, pero sí el público que acudiría en tropel a sus actuaciones.

Los principales géneros rítmicos de Puerto Rico, la bomba, la plena y la música jíbara (de linaje similar y paralelo a la rumba cubana y a la música guajira), no se habían fundido de manera tan dinámica como lo habían hecho en Cuba la rumba y el son. Los citados géneros de baile los interpretaban formaciones orquestales más reducidas que no se habían aumentado con una serie de instrumentos de orquesta o jazzísticos, con tanta frecuencia como había sucedido en Cuba. Además los estudios de grabación puertorriqueños tampoco estaban a un nivel apreciable. Gracias a su inmensa popularidad, el estilo de conjunto cubano, además del género del bolero, del que se habla en el capítulo 5, consiguió dominar a las orquestas de Puerto Rico, que actuaban en la isla. En busca de oportunidades nuevas y mejores estudios de grabación, los músicos puertorriqueños empezaron a llegar a Nueva York en la década de los veinte, se unieron a una pri-

mera emigración de obreros fabriles y del tabaco, y se vieron expuestos a la sofisticación urbana del jazz. En la época en que «Tito» Rodríguez y Tito Puente
surgieron en los cincuenta, la música latina había absorbido la influencia de experimentadores como Machito, Mario Bauzá y Dizzy Gillespie. Las incorpora-
ciones nuevas, en su mayoría de Cuba, siguieron trayendo los últimos estilos. El
son y la guaracha habían quedado bajo el sortilegio de la manera más flamante y
enrollada de interpretar la música de jazz, y los públicos para los que actuaban
Rodríguez y Puente eran mucho más exigentes que los de La Habana.

«Tito» Rodríguez

El cantante y percusionista Pablo Rodríguez, «Tito», fue uno de los talentos más ignorados de su época. Sus orquestas, con sus arreglos impecables, la interpretación directa y rigurosa y los alardes de bravura improvisatoria, al tiempo
que se mantenían centradas en la creación de una música de baile genial, hicieron del mambo un arte excelso una y otra vez. Nacido en San Juan en 1923, Rodríguez se trasladó a Nueva York en 1939 y al llegar trabajó con Xavier Cugat y
Noro Morales, un puertorriqueño que había llegado a Nueva York a mediados
de la década de los treinta y había dirigido big bands de la era del swing. Después de un breve período, en 1946, con otro antiguo músico de Cugat, José Curbelo, durante el que Tito tocó por primera vez en el Palladium, Rodríguez fundó
su orquesta propia, conocida primero como The Mambo Devils, luego The
Mambo Wolves y finalmente la Orquesta de Tito Rodríguez. En los años cincuenta, grabó cuatro álbumes para el sello Tico. Después de un disco para RCA,
al acabar la década fichó por United Artists, y prosperó como el único intérprete
latino del sello. El compromiso de Rodríguez en busca de la perfección musical,
en tanto que líder de una de las mejores orquestas del Palladium, dio un volumen
de obra grabada de los años cincuenta hasta los sesenta que está a la altura de lo
mejor de la era del mambo.

Rodríguez grabó varios álbumes de éxito en los años cincuenta, sobre todo,
Three Loves Have I, Señor Tito Rodríguez y *Mambo Madness.* Como sus antecesores Mario Bauzá y Machito, y al igual que Puente, «Tito» Rodríguez se preo-
cupó mucho por mantener el mismo nivel que los músicos de jazz estadounidenses, una devoción encarnada por canciones famosas como «Mama Güela», que
forma parte de *Tito Rodríguez Live at the Palladium* (1960) y «Cuándo, cuándo»,
seguramente su pieza más conocida, de *Back Home in Puerto Rico* (1962). La rigurosa sección de saxos de Rodríguez introduce «Mama Güela» con tres notas
quejumbrosas, casi hímnicas, para luego estallar con el ritmo del mambo, que
forma una serie de solos de saxo, trompeta y piano. Los ritmos insistentes los
propulsan más adelante el coro de voces, y todo en conjunto dura 2' 36". Clásicos del swing como «Satin and Lace», composición de Rodríguez, y «Liza»

«Tito» Rodríguez dirigiendo su orquesta. Rodríguez fue uno de los grandes talentos ignorados de su época.

de George y Ira Gershwin se presentan con animados solos de clarinete al estilo de Benny Goodman y afilados arreglos de Ray Santos. A pesar del *groove* despreocupado de chachachás como «Te comiste un pan» y «El monito y la jirafa», además de mambos como «El sabio», el grado de improvisación es considerable y se convierte en una manera de tocar que influirá tanto a la salsa dura de los setenta como al jazz latino de los ochenta. El deseo de Rodríguez de llevar la orquesta hacia el jazz se cumpliría en 1963 con la publicación de *Live at Birdland*, con Zoot Sims de invitado.

Tito Puente

El magistral percusionista, arreglista y director de orquesta Tito Puente, nacido en 1923, se adelantó a su tiempo de muchas maneras, aunque tal vez lo más importante fuera el hecho que sus padres fueran a Nueva York y se establecieran en Harlem Este en 1921, unos treinta años antes del auge de la emigración puertorriqueña. Que Puente creciera en Nueva York hizo de él uno de los primeros *nuyoricanos* o puertorriqueños cuya educación en la ciudad les permitía acceder a una variedad más amplia de influencias culturales, así como un perfil más cosmopolita que sus colegas de la isla. Durante la infancia de Puente, en Nueva York había una concentración relativamente parecida de puertorriqueños y de cubanos, lo que permitió al joven Tito entrar en contacto con un buen número de estilos en lugares como la New York School of Music de Harlem y los clubes del mismo barrio, el Park Plaza Ballroom, el Golden Casino y el club Cubanacán. Limitado al este por los italoamericanos y al oeste por los afroamericanos, el barrio en que Puente creció justo empezaba a reivindicarse como latino. En sus años de adolescencia, a Tito le influyeron grupos de rhythm and blues como los Ink Spots y acudió al Paramount Ballroom para ver a las big bands de Benny Goodman, Artie Shaw, Duke Ellington y Count Basie. Admiraba en particular al batería Gene Krupa.

No obstante, la influencia principal de Puente fue de raíz latina. Tomó clases de piano privadas con Victoria Hernández, hermana del legendario cantante puertorriqueño Rafael Hernández, y más tarde con Luis Varona, pianista de la orquesta de Machito. La primera actuación de Puente fue a los dieciséis años, una sesión única como batería con el pianista y director Noro Morales. En 1939, Tito conoció al pianista José Curbelo, quien con el tiempo se convertiría en su mentor. La asociación de Puente con Curbelo le introdujo en el circuito elegante de Nueva York, lugares como el Stork Club y El Morocco, y también actuó con la orquesta de Curbelo, durante varios meses, en Miami. Pero un año más tarde, Puente regresó a la orquesta de Morales como miembro permanente, y en 1941, viajó a Hollywood con él para actuar en las películas clásicas de exaltación latina *The Gay Ranchero*, *The Mexican Jumping Bean* y *Cuban Pete*. Al año siguiente, de regreso a Nueva York, Tito Puente consiguió un empleo regular con Machito y sus Afro-Cubans, que consolidó su buena base en cuanto a tratamientos orquestales ambiciosos para big band de mambo y de jazz latino. El percusionista contemporáneo Bobby Sanabria acredita a Puente como el primero de los baterías latinos en «apuntillar» frases musicales de las big bands con una combinación de tambores, timbales y platillos. Su importancia en la orquesta se vio pronto recompensada cuando Machito le colocó al frente del escenario para destacar su singular talento.

Puente pasó la Segunda Guerra Mundial en la Marina, donde aprendió más en lo referente a arreglos, al tocar en una big band de su buque, el *USS Santee*. Según Steve Loza, en su libro *Tito Puente and the Making of Latin Music*, Tito aprendió más técnicas arreglísticas de un saxofonista que había tocado con Charlie Spivak (casualmente un trompetista que antaño había enseñado a Mario Bauzá). Cuando terminó la guerra, Puente retomó su lugar donde lo había dejado, en el ambiente de los clubes neoyorquinos, por entonces en plena expansión, y que comprendía locales en Harlem, el Bronx y en el centro. Utilizó su credencial de soldado para asistir a la Juilliard School of Music, donde estudió el método Schillinger (un sistema matemático de permuta de melodías que utilizaba Stan Kenton, quien infuyó en Puente) con Richard Bender. El estudio formal de arreglos y composición tendría una gran importancia en su larga carrera, durante la que también llegó a ser un experto vibrafonista, pianista y saxofonista. Después de pasar dos años como director musical con la Orquesta de Pupi Campo, Tito fundó su propio grupo, los Picadilly Boys, y pronto estaría listo para optar al título de Rey del Mambo.

Al contrario que Machito y Rodríguez, Puente no hacía de cantante solista, pero utilizó a cantantes como el cubano Vicentico Valdés (el favorito de Puente, con un gran talento para la improvisación), Macucho, Vitín Avilés y Gilberto Monroig. Puente tenía muchos integrantes habituales en su orquesta, aunque la mayoría de nombres famosos recayó en los percusionistas, como Mongo Santamaría, «Patato» Valdés, Willie Bobo, Johnny Pacheco y Ray Barretto. La orquesta era básicamente una de baile, de mambo, (y a mitad de los cincuenta, de chachachá), pero los arreglos de Puente sincronizaban las partituras de percusión y metal, algo que hizo de la música una especie de explosión de caos musical enloquecedor que aceleraba el corazón.

En 1949, Puente hizo la primera de sus más de un centenar de grabaciones, con el nombre de *Abaniquito*, que contenía su primer éxito, de idéntico título, cantado por Vicentico Valdés. En el primer tramo de su carrera, Tito presentó ediciones, con títulos obvios como *Mamborama* y *Mambo With Me*, y hacia mediados de los cincuenta, siguió la moda de las pistas de baile de la época con álbumes de chachachá como *Cha Cha Chas for Lovers* y *Dance the Cha Cha Cha*. (El chachachá, una versión más lenta y más arrastrada del mambo, atrajo a los bailarines que no conseguían adaptarse al ritmo frenético de este último.)

Entre los discos de Puente más representativos de la década figuran *Para los rumberos*, *Ran Kan Kan* y *Dance Mania*, de 1958, que presentaba a Santos Colón, el cantante solista que estaría más estrechamente asociado con Puente, durante los veinte años siguientes. La música de Puente representó el estadio final de la modernización de la música afrocubana; las canciones latinas de baile que se interpretaban en Nueva York en la época eran ya decididamente híbridas, enormemente influenciadas por el jazz, y su tempo se aceleraba para adaptarse al ritmo frenético de la metrópolis. La combinación de la actitud, la sofisticación de los arreglos, y el papel de la orquesta de Puente, como campo de entrenamiento para los músicos que surgirían en los años sesenta y setenta, hizo de ella una influencia tan decisiva como la que más en lo que más tarde se convertiría en música de salsa.

Tanto «Tito» Rodríguez como Tito Puente intentaron ocupar el terreno intermedio entre el mambo frenético de Pérez Prado y el sonido de Machito, que se dedicaba a importantes arreglos jazzísticos para big band. La lucha entre ellos para ponerse en el primer plano del mambo tuvo como consecuencia una de las mayores rivalidades de la música latina. La competición y los protagonismos que estallaban, noche tras noche, en el escenario del Palladium no sólo suscitaron la lealtad de parte de los bailarines y los oyentes, sino que tuvo el efecto de que la calidad y la precisión de la música fueran aún mejores.

Puente y Rodríguez compartieron algunos años de adolescencia en Harlem Este; vivieron en la misma manzana de la calle Ciento diez y jugaron juntos al béisbol. En 1949, al mismo tiempo que Puente grababa *Abaniquito*, Rodríguez lo contrató para que le hiciera los arreglos de su primer disco. La tenue alianza entre Puente y Rodríguez se trocó en rivalidad, al desencadenarse una discusión por encabezar el cartel del Palladium a principios de los sesenta. Aunque el enfrentamiento entre orquestas se animó para que ofrecieran mejores actuaciones, la igualdad entre Rodríguez y Puente fue más allá de los límites de la competición amistosa. Ambos líderes habían conseguido éxitos en los primeros números de las listas en la década anterior, con Puente que habitualmente reivindicaba su predominio. Pero cuando Rodríguez se destacó con éxitos como «Vuela la paloma», «Cuándo, cuándo» y «Cara de payaso», formuló una queja a la agrupación de músicos para que se le otorgara la cabecera de cartel, en vez de a Puente, para un baile de primavera en el Palladium. (Más tarde, Rodríguez manifestó en una entrevista radiofónica que ambos, en sus contratos, tenían cláusulas por las que debían figurar como cabezas de cartel.) Para mantener a tales figuras, con tanto poder de convocatoria, el gerente y el contratista del Palladium se aseguraron que los dos Titos ya no figuraran más en el mismo cartel. En un arrebato de ira, Puente se dio de baja del sindicato.

En tanto que percusionista, Puente no podía promocionarse tan fácilmente como Rodríguez, ya que los cantantes siempre estaban en primera línea de escena a pesar de que, gracias a Machito, Puente había dado el paso, sin precedentes, de poner sus timbales en primer plano de la orquesta. Más que una maniobra de relaciones públicas, la acción de Puente se trataba de una poderosa declaración de intenciones en el sentido de que mantenía siempre las raíces rítmicas de la música afrocubana a plena luz. A Puente le admiraban sus colegas músicos por la complejidad de sus arreglos, aunque como todos los grandes artistas, los exponía sin un solo indicio de la dificultad que implicaban. Los públicos quedaban absolutamente cautivados con su espectacularidad como instrumentista, además de su manera de bailar alrededor de los timbales.

Capacitado para interpretar muchos estilos de música, diferentes y cosmopolitas, Puente fue un músico *nuyoricano* quintaesencial. Su obra de los cincuenta y los sesenta, que se integró en el mambo mayoritario y el chachachá, incluyó asimismo colaboraciones con Woody Herman, maestro del circuito de Catskills, que era la zona de veraneo de la clase media judía neoyorquina. En el período RCA, en solitario, de finales de los cincuenta y principios de los sesenta (recopilado en *The Complete RCA Recordings, volumes 1 and 2*, editados respectivamente en 2000 y 2002), Tito Puente grabó canciones como «Puente at Grossinger's», «Miami Beach Cha Cha», «That Old Devil Moon», «Take the A Train» y «Tuxedo Junction». En *Bossa Nova*, de 1962, hizo de adalid del citado estilo pop brasileño, que combinaba elementos de la samba tradicional con el cool jazz de la Costa Oeste, y grabó variaciones en mambo de tres de las más famosas canciones relacionadas con Antonio Carlos Jobim: «O pato», «Desafinado» y «One Note Samba».

Con todo, en canciones como «Elegguá Changó», «Son de la Loma» y «Yambeque», Puente se internó y desarrolló aún más las profundas raíces que la rumba africana tenía en la música cubana. Primero se interesó por la religión afrocubana, cuando grabó *Top Percussion* (BMG), con percusionistas como Bobo, Santamaría y Francisco Aguabella, otra leyenda cubana, y con el adorno de las estrofas espirituales de Merceditas Valdés. A la larga, Puente se convirtió en un devoto de la santería.

La era del mambo llegó a su clímax con la victoria de Puente sobre su rival, «Tito» Rodríguez, y el cierre definitivo del Palladium Club, en el que se forja-

Tito Puente, un músico extraordinario que alia la modernidad con la tradición, aportando siempre su impronta personal.

ron sus carreras, cuando un detective de la policía neoyorquina, con la sospecha de que allí se consumían drogas, efectuó una redada en 1966. Rodríguez fue un gran vocalista que cantó boleros y se moldeó una imagen de playboy; Puente fue un percusionista tan distinguido que Rodríguez se vio obligado a aprender a tocar los timbales y el vibráfono para competir con él. Pero la rivalidad de Rodríguez con Puente se cobró un gran peaje, y empujó a Rodríguez a abandonar Nueva York y a empezar una segunda carrera como cantante de boleros.

Después de disolver su grupo en 1966, por culpa de la menguante popularidad del mambo, «Tito» Rodríguez decidió seguir su antiguo deseo de grabar baladas y canciones románticas con una orquesta de cuerda, muy parecida a la que utilizaban los *crooners* norteamericanos. Esta segunda carrera produjo una buena cantidad de álbumes de éxito, como *From Tito Rodríguez with Love*, que incluía el almibarado éxito «Inolvidable» y que le proporcionó de nuevo la fama en el mundo de la música latina. En 1971 se trasladó a Florida, en donde trabajó en la televisión en español y fundó su propio sello, TR. Su última actuación, con su colega y rey del mambo Machito en el Madison Square Garden, se produjo un mes antes de que Tito muriera de leucemia, en 1973, a los cincuenta años de edad.

A pesar de demostrar su fascinación por el jazz de manera tan pronta como en *Puente Goes Jazz*, de 1956, Tito Puente comenzó a apartarse de las actuaciones en salas de baile y centrarse en el jazz latino tras firmar un contrato de grabación en 1981 con el sello californiano Concord Jazz, con el que publicó dieciocho álbumes entre 1982 y 2002. Aunque muchos de los intérpretes de sus orquestas de los cincuenta y sesenta, sobre todo Johnny Pacheco y Ray Barretto, se convirtieron en figuras fundamentales en la evolución de un nuevo género llamado salsa, Puente nunca perdió el contacto con sus raíces en las salones de baile. Durante las décadas de los setenta, los ochenta y los noventa, acompañó a los cantantes más populares de la época, como Celia Cruz, La Lupe e incluso al mucho más joven astro Marc Anthony.

El fallecimiento de Tito Puente en 2000 fue una noticia de alcance nacional en Estados Unidos. Con ella culminó un período de reconocimiento público en el que se lo consideró la pieza fundamental de la música latina. Puente había llenado un vacío desde los inicios de la música latina en Nueva York, a inicios de la década de los veinte, pasando por la era quintaesencial del mambo, hasta la era de la salsa. La perspectiva multicultural de Puente y la reformulación de la música cubana inspiraría a una nueva generación de músicos que crearon una nueva mezcla a la que llamarían *salsa*.

tres:

La historia
de la salsa «nuyoricana»

De alguna forma, lo que denominamos *salsa* no necesita de mayores explicaciones. La salsa es un estilo musical que dominó el ambiente de las pistas de baile de los clubes de música latina en todo Estados Unidos y América Latina, con canciones extravagantes, con la clave como base, y derivaciones afrocubanas, acompañadas por piano, trompetas, y sección rítmica y cantadas por un *crooner* de voz aterciopelada vestido con un traje de piel de zapa. Por otra parte, la definición de salsa es objeto de eternas disputas en los círculos de la música latina. Si el mambo era una constelación de tendencias rítmicas, en ese caso, como declaró el sonero de la salsa Rubén Blades, la salsa es un concepto y no un ritmo concreto. Pero aunque la salsa no es más que un giro nuevo sobre los ritmos tradicionales de la música cubana —el son, el chachachá, la guaracha, el guagancó y el danzón— a la vez, también es un concepto de marketing moderno y la expresión cultural de una nueva generación. Aunque el tempo más acelerado con que se interpreta la salsa, casi de sentimiento sintético, otorga a la música una sensación original, aún se basa en la estructura tradicional del son cubano: introducción de una melodía básica, a la que sigue una sección coral, en la que tanto al cantante como a la orquesta se les permite improvisar.

La salsa difiere de sus antepasados porque representa la cristalización de una identidad latina en Nueva York, a inicios de la década de los sesenta. En la época en que la gente tomó dicha conciencia, la cristalización se completó. El hombre que utilizó el término *salsa* en primer lugar, para publicitar la música latina que se hacía en Nueva York —un director de revistas y diseñador gráfico de nombre Izzy Sanabria— señaló que muchos músicos que ahora se relacionan con el género trabajaron duramente para crear estilos nuevos, sin saber que lo que tocaban se llegaría a conocer como salsa. Muchos músicos rechazaron el término de plano. El director de orquesta de mambo Machito dijo que la salsa no era más que una nueva versión de lo que él había tocado durante cuarenta años. Cuando a Tito Puente le preguntaron por la salsa, comentó agriamente: «yo soy músico, no cocinero». Aunque salsa es una metáfora excelente de la mezcla cultural y una referencia a una clase especial de sabor picante, como declaró Sanabria, si él hubiera sido absolutamente sincero y hubiera dicho que la salsa no era más que la misma música antigua que los directores de orquesta como Machito y Puente interpretaban, ¿habría prestado alguien atención a la música latina de Nueva York?

Merecen consignarse diversas leyendas urbanas en torno a la creación o el acuñamiento del término *salsa*, aunque sólo sea porque dan una idea de la energía inherente al género. En el sentido más simplista, *salsa* se refiere a una mezcla de ingredientes que «salpimenta» el resultado. La mayoría de alimentos que se comen en los países latinoamericanos sería impensable sin las salsas locales. Así, cuando en 1932 Ignacio Piñeiro, el pionero bajista y director cubano, gritó «salsa» en «Échale salsita», le estaba diciendo a su orquesta que cambiara el tempo para que los bailarines aceleraran el paso. Después, en la misma década, el renombrado cantante Beny Moré simplemente gritaría «¡salsa!» para festejar la pasión de un momento musical, además de expresar, tal vez, una especie de consigna cultural nacionalista, como celebración del «ardor» o el «sabor picante» de las culturas latinoamericanas. (Celia Cruz siguió con esa tradición, en una línea parecida con su propia, y tal vez más femenina, expresión «¡azúcar!».) Para terminar, Bobby Sanabria invocó legendariamente «salsa» como una manera de etiquetar la versión moderna de la música afrocubana que se hacía en Nueva York a finales de los sesenta y principios de los setenta. Los ingredientes traídos de Cuba hasta Nueva York adquirirían un sabor diferente a cargo de un grupo multinacional de músicos latinos, afroamericanos y, en ocasiones, anglosajones que fueron esenciales para la creación de la salsa.

La era del mambo de los cuarenta y los cincuenta fue de gran importancia para la música latina en Estados Unidos porque popularizó el sonido básico afrocubano, además de incorporar a una serie de colaboradores internacionales que actuaban en el contexto de los ambientes jazzísticos de Nueva York y Los Ángeles. El mambo fue un factor decisivo a la hora de conservar la big band de jazz, aunque en un contexto diferente, durante una época en que las formaciones más reducidas de la era del bebop llevó al jazz en una dirección distinta. No obstante, a medida que transcurría la década de los cincuenta, sucedieron dos cambios importantes: las big bands latinas empezaron a reducir sus efectivos, tal como lo había hecho la antigua big band jazzística y la revolución cubana de 1959 restringió drásticamente los contactos entre la isla y los músicos neoyorquinos. El predominio puertorriqueño en la comunidad latina neoyorquina, que había empezado en la época posterior a la Segunda Guerra Mundial, adquiría por entonces una nueva dimensión. La música afrocubana que se interpretaba en Nueva York empezó a evolucionar hacia algo diferente.

La era post-mambo de la música latina que triunfó en Nueva York en la década de los sesenta interpretada, entre otros ejemplos, por orquestas dirigidas por el percusionista Ray Barretto y el pianista Eddie Palmieri, acusó dos influencias principales. La primera fue la de las modas musicales, como la charanga y la pachanga de Cuba, que seguían suministrando lo último en estilos y arreglos para los instrumentistas de la zona de Nueva York, hasta el bloqueo económico, político y cultural dispuesto tras la crisis de los misiles cubanos de 1962. La segunda fue la interacción creciente entre los latinos y los afroamericanos neoyorquinos en los barrios obreros de Manhattan, Brooklyn y el Bronx. El resultado de dicha interacción, la llamada identidad nuyoricana o latino-neoyorquina, sería una cultura híbrida, básicamente de inspiración puertorriqueña, aunque con la incorporación de influencias de la mayor parte de los grupos latinos existentes en Estados Unidos, sobre todo de Cuba y de ciudades caribeñas como Ciudad de Panamá; Cartagena y Barranquilla, en Colombia; Caracas, en Venezuela; y Santo Domingo, en la República Dominicana.

La gran moda en La Habana de finales de los cincuenta y principios de los sesenta era el renacido estilo de la charanga, un retroceso a inicios de siglo que fue una reacción al estilo elegante de salón de baile del mambo. Encabezadas por la Orquesta Aragón, de potente swing y extremada precisión, las orquestas de charanga ayudaron a popularizar el chachachá y diversas variantes del mambo, la guaracha y el guagancó. La aportación principal de la charanga era la utilización de la flauta y los violines en el papel que, antaño, jugaba la sección de metal. Las charangas que se importaron a Nueva York, a cargo de emigrantes cubanos como el director de orquesta Gilberto Valdés eran versiones muy aceleradas del danzón, tradicional y majestuoso. Su velocidad permitía una entrega frívola por parte de los cantantes, y las flautas de tesitura aguda adornaban las improvisaciones como los descollantes solos de guitarra eléctrica.

Las orquestas de charanga ejercieron una gran influencia sobre la escena de la música latina neoyorquina a lo largo de mediados los años setenta. Aunque en sus años iniciales adiestraron a músicos que desempeñarían un papel principal en lo que se conocería como salsa, después de que el primer percusionista de Gilberto Valdés, Mongo Santamaría, lo abandonara en 1957 para implicarse en los experimentos de fusión latina de la Costa Oeste —encabezados por el vibrafonista Cal Tjader—, Valdés llamó a Johnny Pacheco, un joven conguero dominicano que galvanizaría al núcleo de intérpretes de la salsa en los años siguientes.

En 1959 Pacheco, que había llegado diez años antes a la ciudad, dejó el grupo de Valdés, junto con el pianista Charlie Palmieri, puertorriqueño nacido en Nueva York, para fundar la Charanga Duboney, una orquesta de charanga en la que predominaban las flautas y los violines. Tan sólo duró ocho meses, pero su álbum, de título *Viva Palmieri*, preparó el terreno para las nuevas tendencias armónicas y de arreglos, que con el tiempo se convertirían en norma para las orquestas de salsa. El grupo era más reducido, los coros de los acompañantes ganaron en concisión, y acentuaron la llamada y respuesta. Pacheco se separaría para fundar su grupo propio, y publicó en 1962 *Johnny Pacheco y su charanga, vol. 1* en Alegre

Records. En un intento de distinguirse de la Charanga Duboney de Charlie Palmieri, Pacheco empezó a definir su música como «pachanga», a pesar que no había variado el estilo de charanga. (Duboney editó un álbum en 1962 llamado *Salsa Na' Má*, que también anticipó la utilización de la palabra *salsa*.)

Pacheco se aprovechaba de un baile de moda llamado *la pachanga*, que duró unos cuantos años, de inicios a mediados de los sesenta, y que incluía unos saltos y giros deslizantes que recordaban el charlestón estadounidense. Para evitar desplazamientos al centro de la ciudad, al Palladium de moda, los bailarines que acudían en tropel a ver a las orquestas de Pacheco y Palmieri permanecían en sus barrios del Bronx y Harlem Este y acudían a clubes como el Teatro Puerto Rico y el Park Plaza. Más reducida y más flexible que las big bands latinas de la era del mambo, la orquesta de charanga creó un estilo nuevo, aunque asimismo puso a los músicos a la busca de fusiones cada vez más diversas, por lo estático del mundillo posterior a Tito Puente y Machito. La era de Pacheco y Palmieri, además del alejamiento del centro hacia los barrios, se apoyó en una sensibilidad, bajo el lema de «típico», un sentimiento rústico, más sencillo y más alegre que coincidía con la nostalgia por los países caribeños dejados atrás.

El conguero y director Ray Barretto también hizo una aportación significativa a la locura de la charanga, especialmente en álbumes como *Charanga moderna*. Barretto, natural de Brooklyn pero de ascendencia puertorriqueña, empezó a tocar la conga mientras estaba en Alemania, enrolado en el ejército estadounidense. En *Charanga moderna*, el toque de la flauta, característico del género, parece volar libremente sobre la sección rítmica y los urgentes estallidos del violín de Alfredo de la Fe. Sin embargo, los sencillos ritmos de chachachá de «El watusi» presagiaban el sendero soul y psicodélico que Barretto seguiría de mediados a finales de los sesenta. Su versión de la psicodelia tenía que ver más con la ampliación del tiempo de grabación que con las tendencias sonoras influidas por el rock del momento, pero aun así expresaban una preocupación por el crecimiento interior espiritual.

La Perfecta, un octeto dirigido por el pianista Eddie Palmieri, hermano de Charlie, siguió la tendencia hacia la consolidación y un regreso a lo típico. La orquesta, en su apogeo de principios de los sesenta, contaba con la estimulante voz de tenor de Ismael Quintana, natural de Puerto Rico, y una sección de trombones, extraordinariamente acentuada, con Barry Rogers y el brasileño João Donato. Los básicos *riffs* de piano del son cubano que recorren tanto la charanga como el bugalú eran la columna vertebral del sonido de baile de La Perfecta. Otro miembro fundamental de La Perfecta era el percusionista Manny Oquendo, que se fue en los setenta para fundar la orquesta Libre, que mantendría la esencia del sonido de la era dorada de la salsa, hasta bien entrada la década de los noventa.

El estilo pianístico de Eddie Palmieri, de gran empuje e influencias de la clásica y el jazz, personificaba la vanguardia de la salsa y el jazz latino. Él y Charlie, que fallecería en 1988 con sesenta y dos años, eran pianistas dotados e innovadores, auténticos gigantes en su género. De adolescente, Eddie desarrolló una técnica solista enormemente original que abría la puerta a la improvisación. La primera gran

Eddie Palmieri, un pianista innovador y técnico, personificó la vanguardia de la salsa y el jazz latino.

oportunidad de Eddie llegó en 1958, cuando se integró en la Orquesta de Tito Rodríguez. Dos años después la abandonó para establecerse en solitario y en 1961 fundó La Perfecta. La sección de trombones de La Perfecta, en primer plano, fue precursora del sonido característico de la edad de oro de la salsa de los setenta.

En su obra de 1980, *El libro de la salsa*, el erudito venezolano Cesar Miguel Rondón señalaba que Palmieri hacía los arreglos de los trombones «de una forma que siempre sonaban amargos, con una aspereza peculiarmente agresiva». La combinación de este cambio de actitud a partir del estilo afrocubano y la utilización del trombón a modo de contrapunto constante del cantante solista es una de las piezas fundamentales del sonido de la salsa neoyorquina. El estilo propio de Palmieri, con frenéticas carreras *bluesy* por el piano, y que llegaba al clímax con la sección de metal, de sonido insolente, proporcionaba un duro perfil neoyorquino al sonido cubano.

Palmieri tocó también con el grupo de Pacheco de mayor duración, Johnny Pacheco y su Nuevo Tumbao. La orquesta de Pacheco regresó al formato de conjunto de estilo afrocubano, que se remontaba a la época de Arsenio Rodríguez, aunque incorporaba dos trompetas como solistas en lugar del tres de Rodríguez. Más o menos, al mismo tiempo que Pacheco fundó el grupo, entabló amistad con el hombre que llegaría a ser el principal empresario salsero, Jerry Masucci, un abogado italoamericano. Ambos fundaron Fania, un sello discográfico que se convertiría en sinónimo de los mejores intérpretes de la salsa. El álbum de debut de Johnny Pacheco y su Nuevo Tumbao, *Cañonazo* (casualmente el nombre de un ritual nocturno que todavía se celebra en La Habana y que consiste en el disparo de varias salvas de artillería, siguiendo la tradición del régimen español), fue el primero de los catorce que se publicarían entre 1964 y 1973.

Palmieri editó ocho álbumes con La Perfecta, incluidos dos en colaboración con Cal Tjader, hasta la disolución de la orquesta en 1968. En su posterior carrera en solitario, Eddie colaboró con leyendas como el trompetista Chocolate Armenteros, «Cachao» López, y el cantante Cheo Feliciano. A principios de los setenta, Palmieri coqueteó con la fusión con el rhythm and blues y asimismo grabó un disco clásico, en 1971, con el músico afroamericano Bernard Purdie y el blanco Ronnie Cuber, con el título de *Harlem River Drive*.

Aunque Eddie Palmieri no era tan experto como arreglista e innovador orquestal como su hermano, su estilo de improvisación inusualmente experimental representó un factor fundamental en la creación de la salsa como movimiento, con residencia en Nueva York. A Palmieri le influyó la música europea de concierto, Debussy en particular, y también tuvo como mentor a McCoy Tyner, experimentador de la fusión en el jazz. Tenía una especie de estilo parecido al de Thelonious Monk, al acentuar los tiempos débiles, como si tocara entre las notas y los espacios del ritmo, aparte de un asomo de impresionismo europeo que limitaba con, y tal vez anticipaba, la psicodelia que arrasó en los ambientes latinos, jazzísticos y del rock en los sesenta.

La esencia afroneoyorquina de la salsa

En la novela de Piri Thomas *Down These Mean Streets* y en la película *Semilla de maldad*, de Richard Brooks, se pueden rastrear evidencias de la presencia de puertorriqueños neoyorquinos que forman parte del núcleo que constituiría una cultura urbana de orientación negra y que a finales de los setenta eclosionaría a través del hip hop. Los antecedentes de la fusión negro-latina se hallaban en la era del *doo-wop* (dos de los coristas de The Teenagers de Frankie Lymon eran latinos) y en el rhythm and blues. A mediados de los sesenta, cristalizó una nueva sensibilidad en los barrios nuyoricanos; en las fiestas caseras empezaron a poner discos funk de James Brown además de la música latina tradicional. Los nuyoricanos supieron mantener las raíces tradicionales de su música al tiempo que incorporaban y modernizaban las influencias afroamericanas, que a su vez tenían el efecto de influir en el soul y el rhythm and blues.

El bugalú (o *bugaloo*), nombre que respondía a la costumbre africana de emplear las onomatopeyas —al igual que se hizo con el chachachá— fue la primera música latina que utilizó, de manera habitual, letras en inglés, lo que personificaba la sensibilidad cambiante de una población latina que empezaba a usar el inglés como idioma principal. El creador del primer éxito millonario en ventas de la música latina, Joe Cuba (Gilberto Miguel Calderón) fue uno de los pioneros del bugalú. Integrante de la primera generación de músicos puertorriqueños de Nueva York, Joe Cuba creció en Harlem Este y aprendió a tocar con colegas como los percusionistas cubanos «Patato» Valdés, «Changuito» (que regresaría a Cuba para ser pieza fundamental del grupo Los Van Van) y Willie Bobo, futuro astro del jazz de la Costa Oeste. Cuba empezó su carrera en los cincuenta al hacerse cargo de la dirección del Joe Panama Quintet, al que le cambió el nombre por el de Joe Cuba Sextet. Integrantes de la antigua formación de Panama, que habían tocado variantes despojadas del mambo y de la música de conjunto, ya habían experimentado con la utilización de letras en inglés, y la formación de Cuba siguió dicha tendencia, y amplió su público tocando en los bailes italianos y judíos.

A pesar del carácter mestizo del enfoque de Joe Cuba, la mayoría de canciones de clásicos como *Wanted Dead or Alive* se interpretaba en español, con temas como «Mujer divina» y «La malanga brava», que captan el sentimiento en bruto de las primeras rumbas al estilo de La Habana. Con su canto melodioso y parte de improvisación, «Así soy» es una canción prototípica de salsa. «Triste» es una bonita balada, sin pretensiones, que actúa como una improvisación lenta de rhythm and blues. El primer gran éxito del sexteto, publicado en 1965, fue un sencillo de éxito, «El pito (I'll Never Go Back To Georgia)», de su cuarto lanzamiento para el sello Tico *Estamos haciendo algo bien / We Must Be Doing Something Right*. Aunque el progreso definitivo vino de la mano del cantante principal del grupo, Jimmy Sabater, coautor de «Bang! Bang!», una canción festiva, con predominio del vibráfono que apareció en el exitoso álbum de 1966 *Wanted Dead or Alive* y que se convirtió en uno de los más representativos éxitos latinos en la lista de los «cuarenta principales», desde 1959 con «La Bamba» del rocanrolero Ritchie Valens. «Oh Yeah», de Sabater, también entró en las listas estadounidenses y más tarde el cantante grabó tres álbumes en solitario. Joe Cuba grabó cuatro más, el último en 1979, aunque nunca fue capaz de repetir el éxito del momento de coronación del bugalú, a inicios de los sesenta.

Joe Cuba también utilizó ritmos ralentizados de son y chachachá, aparte de algunas estrofas pegadizas en inglés, y tocaba los teclados electrónicos y, sobre todo, el vibráfono. Sus clásicos en espanglish, como «Bang! Bang!», dan la sensación de haber sido grabados en directo, en plena fiesta, con muchas voces de fondo, como gran parte de los primeros trabajos del grupo de rhythm and blues de los setenta Kool and the Gang. Con sus irresistibles, aunque sencillos ritmos, «Bang! Bang!» podría considerarse como la canción latina más fácil de bailar jamás grabada. «Oh Yeah» tiene el sentimiento de una canción del Ramsey Lewis Trio, con su *groove* fácil, la llamada y respuesta, y una melodía fresca, conducida por el vibráfono. «Push, Push, Push» es prácticamente más de lo mismo, aunque su saludable e inquieta invitación al *groove* capta la esencia de la corta, pero feliz, vida del bugalú.

La obra de Joe Cuba está en el núcleo del sonido del bugalú en espanglish, aunque otros dejaron también su huella. Johnny Colón, un director y profesor de música latina residente en Harlem Este, publicó dos álbumes en 1967, *Bugaloo Blues* y *Bugaloo '67*, que son de lo más avanzado. Entre otros clásicos del bugalú figuran «I Like It Like That», del cantante cubano Jimmy Sabater, y «El Watusi», de Ray Barretto, el conguero y director de fulgurante ascensión. «I Like It Like That» inicia un diálogo entre el son afrocubano y el estilo pianístico *stride* de Ray Charles. Preparó el camino para gran parte de la música pop estadounidense, de matiz latino, a cargo de grupos instrumentales de mediados de los sesenta. Clásicos del rock como «Tequila», «Wipe-out» y el clásico del rock de garaje «96 Tears» provienen de la actitud del bugalú.

La edad de oro de la salsa. La época de Fania

La clausura del Palladium en 1966 marcó el fin oficial de la era del mambo. La energía y la orientación de los músicos latinos de Nueva York estaba en un claro proceso de cambio. Promotores como Jerry Masucci se convirtieron en piezas fundamentales, contratando a grupos en un nuevo circuito de clubes, centrado en Manhattan, del que formaban parte lugares por debajo de la calle Noventa y seis, como el original Cheetah Club, el Casino 14, el Corso y el Village Gate. Apareció una nueva revista, *Latin New York*, con Izzy Sanabria al timón.

Musicalmente, La Perfecta de Eddie Palmieri y otros grupos se acercaban a la salsa, con elementos de bugalú y de charanga que se enfrentaban con otros de rock y rhythm and blues, todo ello en un ambiente privado, de repente, de la influencia cubana. Como término de marketing y fenómeno social, la salsa está vinculada de manera inextricable a Fania Records. El primer álbum de Fania, *Cañonazo*, grabado en 1964 por el grupo Nuevo Tumbao de Pacheco (con la presencia como cantante de Pete Rodríguez, «el Conde», que llegaría a ser uno de los All Stars de Fania) suele considerarse el inicio formal de la era de la salsa, aunque sólo sea por su decidido alejamiento de la charanga. Sin embargo, con excepción de las grabaciones de Bobby Valentín (un bajista y trompetista de Pacheco) y Larry Harlow (un pianista conocido como «el judío maravilloso» tal vez por la admiración que profesaba por la obra de Arsenio Rodríguez, «el ciego maravilloso»), la aportación de Fania no conectó con el público oyente. En 1967 Fania se embarcó en un agresivo programa de grabación y promoción, con un éxito fenomenal, para alentar la nueva música y acaparar el mercado en su conjunto, fichando a muchos grupos nuevos y contratándolos para actuaciones en el circuito de clubes neoyorquinos.

Fania organizó también espectáculos *all-star*, en los que figuraban integrantes de sus mejores grupos. Grabaciones en directo de dos de los primeros espectáculos de los Fania All Stars, en el Red Garter y el Cheetah Club, llegaron a ser lanzamientos de enorme popularidad en 1968 y 1971, respectivamente. Los conciertos de los Fania All Stars no tenían nada que ver con una actuación promocional de un grupo de moda, ni con un «concierto» sobreexcitado de la poesía rock más seria; se trataba de reuniones tribales, tal vez influidas por la contracultura de los sesenta y las explosiones de creatividad improvisada. Arrolladoras secciones de percusión, en las que figuraban Ray Barretto y Johnny Pacheco, propulsaban a secciones de metal, en las que predominaban los trombones. Un coro de cuatro o cinco integrantes en el que, a menudo, estaban cantantes como Héctor Lavoe, Ismael Miranda, Santos Colón y Adalberto Santiago, se turnaba improvisando la sección coral con el resto de la orquesta.

La fórmula del sonido Fania no difería del mambo afrocubano promulgado por «Cachao» y Orestes López, o Arsenio Rodríguez. La novedad residía en la personalidad y el estilo de los cantantes, y en lo que cantaban. Los textos de las canciones ofrecían con frecuencia recuerdos y la nostalgia ancestrales de Puerto Rico. En «Anacaona», de *Live at the Cheetah, vol. 1* (1971), los All Stars invocaban la tradición oral puertorriqueña al cantar recuerdos del barrio y saludar a la diosa taíno Anacaona con el estilo declamatorio de los poetas de la décima. Los conciertos se convirtieron en una exhibición deslumbrante de la energía y el estilo de la salsa en su edad de oro (normalmente fechada entre 1971 y 1978). En diversas encarnaciones, los Fania All Stars también grabaron diez álbumes de estudio más. Algunos, como *Crossover* y *Delicate and Jumpy*, eran intentos de comercializar el grupo mediante colaboraciones con músicos de jazz de fusión y de rock.

En el centro del movimiento de Fania estaba el trombonista e innovador Willie Colón. Nacido en 1950 y criado en los duros barrios latinos del Bronx, estuvo muy influido por la música pop estadounidense y la dureza de los barrios céntricos de su juventud, además de la música popular y folklórica del Puerto Rico natal de sus padres. No se contentaba con reproducir simplemente la música que procedía del Caribe. Colón combinó dos innovaciones anteriores y las hizo características de su tipo de salsa. En primer lugar, como Palmieri, convirtió el trombón en solista y, al igual que Puente, se plantó en el centro mismo del escenario con el instrumento. En segundo lugar, se desmarcó de la clave tradicional para incorporar a su música varios ritmos suramericanos, sobre todo la murga de Panamá, un ritmo de baile parecido a la cumbia. La carrera discográfica de Colón empezó a finales de los sesenta, siendo todavía adolescente. Fundó su primera orquesta a la edad de catorce años, como trompetista, aunque pronto descartó la trompeta por el trombón, muy influido por el poderoso sonido del instrumento y el estilo dinámico de Barry Rogers y José Rodríguez, los trombonistas de La Perfecta de Eddie Palmieri. En comparación, el estilo de Colón era más áspero y no tan amanerado. En 1968, grabó para Fania *El malo*, el primero de una serie de álbumes que encarnaron el estilo de Fania en su apogeo, y que captaban la energía inquieta y el dinamismo agresivo de la primera salsa. La orquesta de Colón siempre tuvo al cantante, o sonero, más impresionante de la escena. El primero fue Héctor Lavoe, quien había emigrado a Nueva York desde la ciudad de Ponce (Puerto Rico) a principios de los sesenta, con diecisiete años. Consigo trajo los estilos tradicionales de los cantantes de la isla como Bobby Capó e Ismael Rivera.

Cuando Colón y Lavoe finalmente se juntaron —encuentro que quedó inmortalizado en discos como *El malo*, *The Hustler* (1969) y *Cosa nuestra* (1971)— ambos se mostraron eléctricos, especialmente en canciones como «El malo», «Qué lío» y «Che che cole». Lavoe aportó un sentimiento rural y Colón la vanguardia intelectual de la calle, con la ambición de que su música fuera estadounidense e internacional. «Che che cole», al igual que «La murga de Panamá», fue uno de los experimentos, y de gran éxito, de «salsa mundial» de Colón. Al combinar el jazz, la samba y elementos de la bomba y la plena puertorriqueñas, además de un coro que aludía a un idioma centroafricano («Che che cole / che che cofisa / cofisa langa»), la canción obtuvo una repercusión internacional que apartó a la salsa de los anteriores modelos afrocubanos de Nueva York.

A causa de su eterna lucha con la adicción al alcohol y las drogas, Héctor Lavoe se convirtió en la definitiva figura trágica de la salsa y adquirió una aura de mártir en su encarnación del nuevo dinamismo de la identidad nuyoricana. Fue como si un repentino arrebato de modernidad hubiera quemado al supuesto «jíbaro» agreste. Su interpretación de «Mi gente» en el Yankee Stadium en agosto de 1973, como integrante de los Fania All Stars, para el documental *Salsa*, producido por Masucci, fue un momento catártico que marcó el nacimiento de esa nueva identidad; los nuyoricanos acababan de encontrar la manera de reconciliar los puntos de vista de su isla y de Nueva York. Cuando Lavoe, debatiéndose entre una neblina por efecto de las drogas y la fantasía de regresar a su Puerto Rico natal, cantó el verso «yo soy un jíbaro de Puerto Rico», el efecto producido en los nuyoricanos no distaba mucho del que sienten los exiliados cubanos cuando escuchan «yo soy un hombre sincero», con el que empieza el clásico «Guantanamera». La gran identificación con la cultura caribeña a cargo de las poblaciones recién establecidas en Estados Unidos impulsó un nuevo tipo de identidad en el que la nostalgia se convirtió en un estado mental permanente de una persona desplazada.

Al declararse como un jíbaro, Lavoe permitía conectar con las raíces de su isla a miles de puertorriqueños desplazados, a la vez que concedía una nueva sensación de tierra natal en pleno Sur del Bronx, que en aquella época se veía destrozado por el fenómeno conocido como «la huida blanca», acelerado por el deterioro de la economía industrial de Nueva York. La devaluación psicológica de los nuyoricanos y los afroamericanos vino acompañada por una erupción de incendios premeditados que los propietarios de las fincas utilizaron para recaudar dinero de los edificios que no querían alquilar a negros y latinos. La música de la era de la Fania, y en especial la colaboración entre Lavoe y Colón, ayudó a restablecer el orgullo en la comunidad mediante un período de luchas que culminó en los disturbios que siguieron al apagón de 1976 en Nueva York y la crisis fiscal.

En 1976 los problemas de Héctor Lavoe con las drogas y la salud llegaron al máximo, y tuvo que abandonar la orquesta de Colón. Su lugar lo ocupó el sonero y compositor panameño Rubén Blades, que se convirtió pronto en una figura fundamental por derecho propio. Blades era un personaje fascinante, ya que se hacía pa-

Willie Colón, un innovador de la música latina, se desmarcó de la clave tradicional para incorporar a su música varios ritmos suramericanos, sobre todo la murga de Panamá.

sar por un nuyorican, aunque provenía de una familia de Panamá, relativamente de clase media, y se licenció en derecho en Harvard. Sentía pasión por los grandes soneros de Puerto Rico (como Cheo Feliciano e Ismael Miranda) y el país panameño tenía una relación colonial parecida con Estados Unidos. Pero Blades se integró en el latido de la ciudad, empezó como chico de los recados en Fania Records y merodeando por los clubes neoyorquinos como el Corso, el Village Gate y el Casino 14.

Como sustituto de Lavoe, Blades tenía ante sí un gran reto, pero su colaboración con Colón mantuvo el estatus de éste como la formación más potente de Fania Records, de mediados de los setenta, cuando Colón produjo clásicos como *Siembra*, un álbum que se convirtió en un elemento básico para una generación de latinos neoyorquinos, socialmente concienciados. Aunque Blades compuso la mayoría de las canciones en su colaboración con Colón, ambos compartieron un vínculo creativo que hizo de ellos los Lennon y McCartney de la salsa, un equipo sin precedentes que produjo temas decisivos. En *Siembra* figuraba «Pedro Navaja», una recreación de barrio de «Mackie el Navaja», de la *Ópera de tres centavos*, y «Plástico», una canción que advertía contra los peligros de los males de la cultura materialista del Norte. «Pedro Navaja» se convirtió en el «Stairway to Heaven» de la salsa, la canción más solicitada del género.

Siembra es uno de esos álbumes que determina un momento culminante en un género; en él había varias canciones clásicas que funcionaban como minidocumentales de la experiencia latina en Nueva York. Mientras que el objeto material básico de la salsa (y de la mayoría de música latina), el baile y el romanticismo, estaban representados con canciones como «Ojos» y «Dime», ambas lamentos por un amor perdido, el álbum incluía también una declaración fuertemente política en «Plástico» y la nostalgia de la isla en «Buscando guayaba». Los madurados arreglos de Colón, repletos de swing y el constante toque de trombón, funcionaban a la vez de acompañamiento rítmico y de segunda voz.

La capacidad extraordinaria de *Siembra* para simbolizar una época procede de temas como «Plástico», que empieza con una línea de bajo disco-funk y se desarrolla como una crítica politizada del materialismo consumista, aunque su momento álgido es la relación de las naciones latinoamericanas al final de una larga improvisación. «Pedro Navaja», tal vez la canción de salsa más famosa de todos los tiempos, es una narración poética en pasado sobre la caída de un gángster de poca monta en una esquina del viejo barrio. Lo pegadizo del tema y la química nerviosa entre la sección de metal, el piano y la secciones rítmicas son puro material de Fania. El nacionalismo sentimental no se había mostrado de forma tan divertida como en ese disco y la letanía con los nombres de los países latinoamericanos de «Plástico» es un número que no puede faltar en los conciertos de salsa desde entonces.

La salsa siguió disfrutando de una gran popularidad después de *Siembra*, aunque empezó a desvanecerse en la década siguiente. Blades y Colón siguieron su reinado, grabando varios álbumes como el excelente *Canciones del solar de los aburridos*, de 1981, aunque se separaron tras rodar la película de exaltación latina *The Last Fight* en 1982. Blades se convirtió en un exitoso intérprete de «música étnica» y actuó en más de quince películas al lado de actores de la talla de Jack Nicholson y Harrison Ford. En la película *Crossover Dreams*, dirigida por León Ichaso, un cubano residente en Nueva York, Blades interpretó a un cantante que no alcanza el éxito. *Crossover Dreams* es una de las grandes películas latino-estadounidenses de los ochenta porque retrata el dolor de la asimilación y la creciente marginalización de la cultura salsera neoyorquina.

En la década de los ochenta, Blades fue capaz de desligarse de su contrato con la discográfica Fania y fichó por Sony. Su voz suprema, libre de las antiguas críticas que lo reducían a ser una copia de Cheo Feliciano, un ex cantante de Eddie Palmieri y los Fania All Stars, y su capacidad para darse a conocer a un público anglosajón, hizo que aumentase la tensión entre Blades y Colón, quien pareció perder brillantez sin su cantante estrella. La carrera de Blades siguió en los años noventa, cuando publicó grandes trabajos como *Caminando* (1991) y *Amor y control* (1992). Después de un intento fracasado, en 1994, de acceder a la presidencia de Panamá, resurgió a caballo del siglo XXI con dos álbumes brillantes, *Tiempos* (1999) y *Mundo* (2002). Estos dos discos, grabados con el grupo costarricense de jazz fusión Editus, eran la prueba de la madurez de Blades como poeta y maestro de una gran variedad de músicas étnicas.

Colón no tuvo tanto éxito como Blades en mantenerse en el candelero, aunque, en los ochenta, publicó algunas obras de gran importancia, como *Doble energía*, con Ismael Miranda, y *Vigilante* (1983), su último álbum con Héctor Lavoe. Sus mejores álbumes de finales de los ochenta e inicios de los noventa, *Altos secretos y Color americano*, siguieron la senda del comentario social que empezó durante su colaboración con Blades. Una canción de *Altos secretos*, titulada «El gran varón», obtuvo un éxito enorme, gracias a presentar, por vez primera en una canción de salsa, el tema de la homosexualidad y el sida en la comunidad latina. Aunque sea difícil argumentar que Colón hubiera desaparecido jamás, estos álbumes de principios de los noventa representaron algo parecido a un regreso. Colón apareció también en anuncios y en televisión y en 1993 se presentó, sin éxito, a las elecciones para la Cámara de Representantes por el condado de Westchester (estado de Nueva York) en las filas del Partido Demócrata. En 1995, Colón y Blades, al darse cuenta que sus fans harían que renovar su colaboración fuera lucrativo, grabaron *Tras la tormenta*, cada uno en un estudio. Al final, organizaron una reunión tumultuosa en un concierto en el Hollywood Bowl en 1997. A medida que se acercaba el fin del siglo, Colón siguió actuando de forma esporádica; en 1988 fue protagonista, en *Demasiado corazón*, una telenovela que transcurría en Ciudad de México y, en 2001, se presentó a las elecciones para el cargo de defensor público en Nueva York y terminó segundo en las primarias de los demócratas, con un 17 % de los votos. Su siguiente CD, *Contrabanda*, que se editó en el sello discográfico independiente Sonographica, demostró que seguía siendo una figura importante de la música latina.

Típica '73

Con la cristalización del sonido Fania a finales de los sesenta y principios de los setenta, se produjo un arranque hacia un nuevo conformismo en la música latina. Los metales en primer plano y la sección de percusión de la salsa habían desterrado a las flautas y los violines de la era de la charanga. Era más alegre y funky, y dejaba más espacio para la improvisación ampliada de la percusión y el coro. Aunque también había perdido algo de la disciplina de la tradicional orquesta de baile cubana. A principios de los setenta se produjo un cambio subrepticio que restablecería parte de dicha disciplina, disolvería una de las orquestas de mayor éxito de la salsa y reuniría la tradición neoyorquina con la habanera, por vez primera desde la revolución cubana.

Una serie de *jam sessions* celebradas en Manhattan, en 1972, por un joven percusionista de sesión llamado Johnny Rodríguez Jr., el pianista Sonny Bravo y el trombonista Leopoldo Pineda empezaron a atraer a músicos y espectadores influyentes. La orquesta, que con el tiempo se llamaría Típica '73, reclutó a varios integrantes de la Ray Barretto Band, que en 1972 había obtenido un sólido éxito en Fania con «Message». El trompetista René López, el percusionista Orestes Vilató, el bajista Dave Pérez y el cantante Adalberto Santiago abandonaron la orquesta de Barretto, con gran consternación por parte del líder. El sonido de la Típica '73 se centraba más en el son cubano tradicional y progresivamente incorporó más instrumentación cubana. En el segundo álbum de la orquesta, *Típica '73* (los dos primeros álbumes se titularon igual), se incorporó un tresero, Nelson González, y en *La candela*, de 1975, la orquesta empezó una serie de intercambios musicales con músicos residentes en la Cuba revolucionaria, como Juan Formell, de Los Van Van. Los sintetizadores y los pedales de distorsión (utilizados por el tresero González) reflejaron la experimentación que tenía lugar en Cuba e hizo de la Típica '73 una notable fusión entre los viejos y nuevos estilos de la música cubana, todo ello basado en el sonido *funky* al estilo de la Fania.

A mediados de los setenta, el cantante Adalberto Santiago, el percusionista Vilató y el guitarrista González abandonaron la Típica '73 para poner en marcha nuevas orquestas. Un grupo de nuevos intérpretes ocuparon sus lugares, sobre todo el violinista Alfredo de la Fe, que basó el grupo en el sonido de la charanga. *The Two Sides of Típica '73*, publicado en 1977, mostraba cómo la orquesta exponía sus diversas orientaciones musicales, que pasaban sin transición por el son cubano, el jazz latino, la salsa de Fania, y el último sonido eléctrico cubano, el songo. Avanzado el año, José Alberto «el Canario» se convirtió en el cantante solista de la orquesta, que se embarcó en su época más controvertida. En 1979 participaría en las primeras actuaciones informales de una orquesta de salsa neoyorquina en Cuba. Bajo la dirección del maestro conguero Ángel Maldonado, «Cachete», y el saxofonista Mario Rivera, la orquesta grabó *Típica '73 en Cuba. Intercambio cultural*. Entre los intérpretes cubanos invitados figuraban el conguero Tata Güines, el tresero Niño Rivera y el trompetista Félix Chappotín, que estaban entre los mejores instrumentistas cubanos de la época.

Aunque en 1980, cuando el grupo grabó *Charangueando con la Típica '73*, empezó a producirse una reacción, causada por sentimientos anticastristas. Los propietarios de clubes neoyorquinos ligados a la comunidad cubanoamericana pusieron en la lista negra al grupo y rechazaron contratarlos. En 1982, Sonny Bravo y Johnny Rodríguez disolvieron la orquesta, aunque muchos de sus intérpretes siguieron ejerciendo influencia en la escena neoyorquina. La Típica '73 se reunificó para algunos conciertos en 1994 y 1999, y en 2003 Sony editó *Live Concert Series*, una selección de dichas fechas.

Durante una época en que la salsa empezaba a orientarse hacia un estadio en el que el atractivo del cantante llegaba a ser más importante que la musicalidad, la Típica '73 se mantuvo fiel a las normas exigentes de una orquesta de baile afrocubana. Aunque la banda nunca encajó en el molde del grupo nostálgico, siguió evolucionando y buscando la inspiración proveniente de Cuba cuando la interacción entre Nueva York y La Habana estaba en su punto más bajo.

Celia Cruz

Celia Cruz es la voz más reconocida y poderosa de la música latina contemporánea. Aunque estuvo grabando y actuando, con Nueva York como centro de actividad, desde principios de los sesenta, Cruz representa el último aliento de in-

Celia Cruz, la voz más universal de la música latina contemporánea. Su capacidad para introducir el estilo afrocubano en los ritmos de la salsa neoyorquina, dio lugar a una música igualmente auténtica para ambos gustos.

fluencia cubana en lo que se conocería, de manera informal, como la escuela neoyorquina. Nacida en La Habana en 1924, actuó en varios concursos de noveles, para ingresar finalmente en el Conservatorio de Música de Cuba en 1947.

Celia era una admiradora de Paulina Álvarez, la vocalista de la Orquesta Antonio Romeu, pero en 1950 se integró en la muy renombrada Sonora Matancera, una orquesta que debía su nombre a la ciudad cubana de Matanzas. Fundada en 1924, la orquesta la dirigía el guitarrista y cantante Rogelio Martínez. La Matancera era toda una institución en Cuba y a lo largo del tiempo pasaron por ella cerca de un centenar de cantantes del Caribe y México, entre los que estaban el legendario puertorriqueño Daniel Santos. Celia Cruz sustituyó a la cantante puertorriqueña Myrta Silva, que empezó su carrera en Nueva York en la década de los treinta con el Cuarteto Victoria de Rafael Hernández (véase el capítulo 5). Así empezó el período clásico de Celia, en los años cincuenta y sesenta, cuando cimentó su reputación como la cantante femenina más popular de Cuba.

Celia Cruz se presentó en varios clubes y hoteles, y actuó en la radio, cantando un repertorio típico como «Ritmo pilón» y el más esotérico «Mata Siguaraya», inspirado en la santería. También cantó con otros grupos diversos (La Sonora Cubana, Armando Romeu y La Sonora Caracas, para citar sólo unos cuantos). Durante su estancia en La Sonora Matancera, Celia y la orquesta partieron de Cuba para una gira que nunca regresó a su tierra natal, ya que solicitaron la residencia en Estados Unidos, en donde permanecieron gracias a un largo contrato en el Hollywood Palladium. En 1962 Celia se trasladó a Nueva York y se casó con Pedro Knight, trompetista de La Sonora Matancera, que a la larga se convertiría en su representante y la pareja afirmó su condición de exiliados políticos cubanos.

En 1965 Celia Cruz dejó La Sonora Matancera —que siguió como mínimo hasta 2003, lo que les supuso ser uno de los grupos de mayor duración de la historia de la música latina— y empezó a grabar con Tito Puente. Con él publicó *Cuba y Puerto Rico son*, *Quimbo quimbumbia*, y *Etc.*, *etc.*, *etc.*, entre 1965 y 1970, aunque la cantante también publicó álbumes con la Orquesta de Memo Salamanca (con la que Celia había grabado antes «Cuando salí de Cuba», el himno del exilio), y los Alegre All-Stars, una orquesta del Sur del Bronx dirigida por Al Santiago y que incluía a los dos hermanos Palmieri, a los teclados.

Celia poseía el impacto visual de una bailarina del espectáculo del Tropicana, aunque su voz inimitable tenía un poder tal, que al igual que las grandes divas del jazz, conseguía que los públicos más difíciles comiesen de su mano gracias a su penetrante voz de contralto. Con su sola presencia, la cantante desplegaba la alegre esencia cubana, a menudo vestida de color rojo ardiente, al marcar el ritmo con los dedos y gritar «¡azúcar!», a la manera de Beny Moré o los innumerables vocalistas cubanos. Su defección de la revolución cubana supuso una gran contradicción con la idea que el plan de Castro liberaba a los cubanos de ascendencia africana; la decisión de Celia de convertirse en exiliada la colocaba junto a la burguesía blanca, que abandonó la isla de forma predominante en el primer éxodo.

El efecto causado por Celia Cruz en la salsa neoyorquina, en tanto que mujer afrocubana, en un campo dominado por hombres puertorriqueños de tez blanca, fue considerable. Su habilidad para encarnar la experiencia afrocubana le permitió estrechar lazos con Tito Puente, un admirador de la música cubana, a pesar de sus innovaciones nuyoricanas. Juntos se convirtieron en los triunfadores de la música latina, antes y después de la era de Fania Records, en los setenta. En el curso del año 1966, Celia y Tito grabaron ocho álbumes, en su mayoría descatalogados en la actualidad. Las colaboraciones de la cantante con Larry Harlow, que compuso una de las canciones clásicas de Celia, «Gracia divina», y Willie Colón, con quien Celia interpretó la eléctrica «Usted abusó», figuran entre los mejores discos de la época de auge de la Fania. Harlow, un veterano de los días del Palladium, y Colón, parte esencial del sonido Fania, le proporcionaron a la cantante, arreglos estimulantes y músicos de sesión excelentes.

La capacidad de Celia de introducir la culminación del estilo afrocubano en los ritmos más duros y avanzados de la salsa neoyorquina supuso una música que era igualmente auténtica para ambos gustos. En los años ochenta y noventa, Celia Cruz aprovechó su posición como una de las pocas cantantes femeninas de salsa reconocidas. Su presencia en la película *Los reyes del mambo*, basada en el libro de Óscar Hijuelos, le concedió a la cantante un atractivo hacia el público mayoritario, al estilo del que disfrutó Ella Fitzgerald. De hecho, su estilo vocal se centra fundamentalmente en la capacidad de Celia de juntar las técnicas de *scat* virtuoso, a la manera de Ella, con el estilo improvisatorio de la salsa. A caballo del siglo XXI, Celia Cruz, se mantenía con un éxito enorme en tanto que actuante en directo y artista discográfica, primero con Sony y luego con el sello RMM, de

Ralph Mercado, adquirido por la Universal en 2001. Los álbumes más interesantes de dicho período fueron *Azúcar negra*, publicado en 1993, que incluía colaboraciones de los cantantes de Miami, Gloria Estefan y Jon Secada, y *Duets*, de 1997, que se aventuró en ámbitos no salseros, mediante dúos con el cantante brasileño Caetano Veloso y los rockeros argentinos Los Fabulosos Cadillacs, además de dos integrantes de la escudería de RMM, José Alberto y La India. En 2002, Celia Cruz obtuvo un Grammy por *La negra tiene tumbao*, que incluía unos arreglos avanzados, un sentido infatigable del swing, y saludos a la música de club como el house y el hip hop; se trata de un infrecuente álbum de final de carrera con demostración de plenitud y que daba la sensación que Celia Cruz seguía en la cumbre, como intérprete.

Homenajeada en el Smithsonian y con un doctorado honoris causa por Yale, Celia Cruz es una piedra angular simbólica de la música de salsa, gracias principalmente a su voz técnica y estéticamente superior. Su carrera como cantante solista de La Sonora Matancera y como colaboradora de artistas fundamentales de la salsa (Colón, Pacheco, Puente y Harlow) puso a Celia Cruz en el centro de la historia del género, a la vez como intérprete innovadora y una perfeccionista de gran talento.[1]

Eddie Palmieri

Tras la disolución de La Perfecta en 1968, el pianista Eddie Palmieri empezó a tocar con los Fania All Stars, un grupo de un sello de menor fama llamado Tico All-Stars y con cantantes como Justo Betancourt. Aunque a Palmieri le disgustaba el fin de la era del Palladium y el clima de «batalla de orquestas» que lo rodeaba, Eddie siguió actuando en lo que se conocía como circuito *cuchifrito*, el equivalente del circuito *chitlin'* afroamericano. Durante dicho período de gira incesante, Eddie grabó *The Sun of Latin Music*, un álbum en el que se ofrecía salsa de primera calidad, en la que destacaba el virtuosismo de Palmieri, y que en 1974, obtuvo el primer Grammy Latino. *The Sun of Latin Music* presentaba una formación de grandes estrellas junto con composiciones clásicas e interpretaciones de virtuoso a cargo del pianista. La manera de tocar era directa y desatada, aunque la disciplina se mantenía incluso durante las secuencias improvisadas. Palmieri dirigía la orquesta con su aporreamiento excéntrico del piano, y utilizaba una técnica de gran textura rítmica y armónica. El punteo característico del legendario violinista de charanga, Alfredo de la Fe, tan sólo insinuaba el éxtasis propulsor de la improvisación de Palmieri en «Nunca contigo». La sección de

---

1. Celia Cruz falleció el 16 de julio de 2003, en Fort Lee (Nueva Jersey), a los setenta y ocho años de edad. *(N. del T.)*

percusión con Tommy López, Jr. en el bongó, Eladio Pérez en la conga y Nicky Marrero en los timbales animaba los numerosos momentos buenos para bailar del álbum. Y el pasaje introductorio, de nueve minutos, a cargo de Palmieri, a la manera de Debussy de «Un día bonito» era un viaje hacia un universo nuevo de la salsa que tan sólo él podía emprender.

The Sun of Latin Music significó también el debut prodigiosamente impresionante del sonero Lalo Rodríguez, que también figuró en *Unfinished Masterpiece*, de 1974. En principio, Palmieri tenía la idea de utilizar a Andy Montáñez, por entonces cantante solista del influyente grupo de salsa El Gran Combo de Puerto Rico, pero la orquesta sólo accedió a prestar al cantante para uno o dos temas, y Palmieri quería un vocalista para el álbum entero. Unos contactos en Puerto Rico condujeron a Palmieri hasta Rodríguez, de dieciséis años. Muy influenciado por Héctor Lavoe, la voz de tenor de Rodríguez es de gran estridencia nasal, y se mezclaba a la perfección con la percusión disciplinada, los vientos aullantes de Ronnie Cuber y Mario Rivera, los alegres coros de acompañamiento del rey del bugalú Jimmy Sabater, y el piano provocador de Palmieri. «Mi cumbia» fue, tal vez, la evocación más vanguardista de la auténtica cumbia colombiana, grabada en la época. Y quizá nunca se produjo una versión en español tan elegante de una canción de los Beatles como «Una rosa española», que reproponía «You Never Give Me Your Money», de *Abbey Road*, como un danzón en el cabaret Tropicana de La Habana.

El álbum de Palmieri de 1978, *Lucumí, macumba, voodoo* ponía en primer plano las diversas religiones sincréticas africanas del Caribe y presentaba los floreos típicamente excéntricos de la big band de salsa de Palmieri, a la par que contenía algunos experimentos vocales de jazz-fusión de menor consideración. *La verdad / The Truth*, editado nueve años después, fue el quinto Grammy de Palmieri, con un repertorio más logrado de jazz-fusión y de salsa de influencia africana («Congo yambumba» es una improvisación original). De sus desiguales lanzamientos de mediados de los ochenta, *Sueño*, de 1982, con producción de Kip Hanrahan, un director de orquesta de jazz latino de vanguardia, es el más memorable, en especial por la versión revisada del clásico de Palmieri «Azúcar». En 2003, Palmieri siguió realizando giras ocasionales, y jugó un gran papel en la escena musical neoyorquina de la música latina. Su colaboración con la cantante de salsa La India ayudó a llevar a una gran cantidad de latinos jóvenes hacia el terreno de la salsa, y fue de importancia en el renacimiento de la música a finales de los noventa. En 2002 se produjo una reunión de antiguos integrantes de la Perfecta, a los que se sumaron intérpretes jóvenes como el trompetista Brian Lynch, el flautista Dave Valentin, y el percusionista Richie Flores, para el álbum *La Perfecta II* (Concord Jazz).

La suerte del sello Fania empezó su declive a mediados de los ochenta, en parte a causa del ascenso de un estilo nuevo y elegante de la salsa, que se centraba en el potencial estelar del cantante solista, y en parte por el delicado estado de salud del propietario, Jerry Masucci, quien cerró el sello en 1995 después de más de quince años de éxitos, y cuya excelencia hizo que se lo comparara con Blue

Note y Motown. La desaparición de Fania, que renació en 1997, poco antes del fallecimiento de Masucci, marcó el fin de la época dorada de la salsa.

Mientras tanto, allá en Puerto Rico

En la época que va de los sesenta a los ochenta, a la vez que en Nueva York, la salsa alcanzaba la cumbre, en Puerto Rico se sucedían evoluciones musicales de importancia, que a la larga influenciaron lo que pasaba en Nueva York. Por derecho propio, la música que se hacía en Puerto Rico podía reivindicarse como tan moderna como la salsa neoyorquina. Se producía un intercambio continuo de conocimientos e influencias musicales, facilitadas por la emigración de músicos de la isla a Nueva York, además del flujo relativamente fácil de información entre Puerto Rico, el Caribe y el resto de América Latina.

Durante la explosión del mambo de la época posterior a la Segunda Guerra Mundial, muchas orquestas cubanas tocaron en Puerto Rico y las orquestas locales que tocaban mambos, boleros y diversas fusiones afrocubanas, influidas por la música local y lo que sucedía en Nueva York, sirvieron para crear una escena muy animada. Entre lo más sobresaliente figuraban las orquestas dirigidas por el trompetista César Concepción (que tocaba plenas con arreglos orquestales), Lito Peña (con la Orquesta Panamericana, que tenía de cantante a un joven Ismael Rivera) y el trompetista Miguelito Miranda. Todos ellos empezaron a tocar en un club de la playa de San Juan llamado El Escambrón, que se hallaba en el hotel Caribe Hilton. La escena musical de los hoteles de Puerto Rico no era tan esplendorosa como la de La Habana, pero supuso un trampolín para orquestas como la del pianista Noro Morales en la década de los sesenta.

Como reacción a la escena burguesa de hotel, surgieron intérpretes nuevos, que reivindicaban el regreso a un nativismo *funky*. A la cabeza de la modernización de los sonidos, procedentes de la calle, de la bomba y la plena puertorriqueña, estuvo el combo del conguero Rafael Cortijo. Desde principios de los sesenta hasta los ochenta, Cortijo puso en pie la teoría del novelista puertorriqueño Luis Rafael Sánchez según la cual la música del pueblo debía ser tradicional, vanguardista y popular a la vez. Cortijo, cuya carrera empezó en 1954, viajó a Nueva York en 1961 y ejerció una gran influencia en la música latina de la ciudad durante toda la década. Las canciones de Cortijo reflejaban una perspectiva negra, sin pasar por el filtro de las influencias europeas como los subrayados, al estilo del danzón, del repertorio de las orquestas cubanas.

Las orquestas de Cortijo, que a menudo tenían como cantante a uno de los mejores soneros de la historia, Ismael Rivera, eran innovadoras, al modernizar la bomba, y en una escala más reducida, la plena, los ritmos nacionales puertorriqueños, y les otorgaron un sentimiento casi urbano. Canciones como «María Teresa» y «Micaela», las dos del álbum de 1960, *Cortijo y su combo*, encarnan la fusión de letra con una historia que contar, típica de la bomba, con los ritmos, fuertes y turbulentos, del baile. La bomba no es tan estricta como la música de baile cubana, y tal vez tiene que ver más con la cumbia de Colombia y la samba de Brasil. El propio Cortijo también se inspiró mucho en la samba brasileña y el merecumbé, el híbrido ritmo colombiano inventado por el director de orquesta Pacho Galán, como fusión del merengue y la cumbia. La incorporación de las innovaciones de Cortijo, con la bomba y la plena en el sonido de la salsa, es una de las características importantes que separan a la salsa de la música popular cubana.

En un tímido intento de acercar su música al origen africano, Cortijo redujo el formato de orquesta afrocubana hasta el «combo» o conjunto, una decisión parecida a las innovaciones del tresero cubano Arsenio Rodríguez, cuando en su orquesta restringió el número de instrumentistas de cuerda y viento. La música de Cortijo fue un reflejo del sentimiento duro y agresivo que supuso el poner un acento mayor en la sección rítmica y más temas populares. Cortijo ejerció una influencia enorme en la evolución del merengue en la República Dominicana, durante la transición del país, tras el reinado del dictador Rafael Trujillo, a principios de los sesenta.

Uno de los epígonos más importantes de las orquestas de Cortijo fue El Gran Combo, que Rafael Ithier, ex pianista de Cortijo, fundó en 1962. Ithier no creó un conjunto reducido de bomba y plena, sino que regresó al formato de orquesta, que mantuvo un notable fundamento percusivo. El Gran Combo se convirtió en la orquesta de Puerto Rico por antonomasia, de la misma que forma que los Grateful Dead fueron el conjunto más característico de la contracultura de San Francisco, a finales de los sesenta. Para Ithier y su orquesta, cuánto más mejor: se utilizaban dos pianistas, dos saxofonistas, dos trompetas y tres cantantes solistas, y llegó a ser una orquesta de baile, de trece integrantes. Quizá por permanecer en la isla y no llegar a formar parte de la escena nuyoricana, El Gran Combo resistió frente a la desaparición progresiva de las big bands de Nueva York. Ithier usó una gran cantidad de instrumentos para que los ritmos siguieran siendo tradicionales, con poco espacio para las improvisaciones largas. Al mantener una llamada y respuesta con menor improvisación, El Gran Combo se mantuvo apartado de los arreglos de influencia vanguardista y de fusión jazz-rock del grupo de la Fania que, gracias al pianista puertorriqueño Papo Lucca, gozaba de fama en la isla. El mejor cantante que surgió de El Gran Combo fue Andy Montáñez, aunque sus compañeros Elliot Romero y Charlie Aponte formaban una barrera armónica que atravesaba tanto las grandes salas de concierto, como los pequeños salones de baile.

Fundada en 1954, por el pianista Enrique Lucca, La Sonora Ponceña fue, con El Gran Combo, una de las dos orquestas puertorriqueñas de larga vida interpretativa más importantes, durante casi cuarenta años. Ya que procedía de Ponce, la segunda ciudad del país, La Sonora Ponceña incluía una embestida con dos pianos (Papo Lucca, hijo de Enrique, uno de los pianistas de salsa de más talento de su generación, y Rafael Ithier); una muralla de tres trompetas solistas; y los coros equilibrados de un trío de cantantes, en el que, a veces, figuraba una mujer: Yolande Rivera, una rareza aparte de Myrta Silva y Celia Cruz. Con el tiempo, Papo

Rafael Cortijo, creador de una música tradicional, vanguardista y popular a la vez. En la imagen, tocando los timbales en la carátula de su álbum *Noche de temporal*.

Lucca se convirtió en líder del grupo, en 1968, con veintidós años de edad, y Enrique, su padre, se inclinó más por los arreglos y la dirección musical.

Después que a finales de los sesenta, Fania comprara Inca, el sello propio de La Sonora Ponceña, la orquesta empezó a ser más conocida en el plano internacional. La orquesta grabó los temas clásicos de Arsenio Rodríguez «Hachero pa' un palo» y «Fuego en el 23», que gozaron de un popularidad enorme. Larry Harlow produjo álbumes de La Sonora como *Desde Puerto Rico a Nueva York* (1972), *Sabor sureño* (1974) y *Tiene pimienta* (1975). Los cantantes solistas eran Luis Texidor «Luigi», y Tito Gómez, que ofrecieron un estilo más animoso y nasal, opuesto al de los refinados cantantes, a menudo dedicados exclusivamente al bolero, del circuito de hoteles.

Con La Sonora Ponceña, Papo Lucca grabó más de treinta álbumes, de los cuales el reconocido como mejor es *On The Right Track*, de 1988. Uno de los mejores discos de salsa formal grabados jamás, *On The Right Track* es un asalto implacable a los sentidos. Aunque a veces suena como si se hubiera grabado en una cámara de eco, el grandísimo nivel de la ejecución —especialmente la improvisación de los teclados a cargo de Papo Lucca y Rafael Ithier— y los arreglos inventivos hicieron del álbum un clásico de la salsa. El trío de cantantes, a menudo subvalorado, que trabajaba en la orquesta en los años ochenta —Héctor Pérez, «Pichy», Manuel Roldán, «Manix», y Daniel Dávila, «Danny»— están aquí en su punto más alto.

Además del repertorio original compuesto por Lucca, la Ponceña escogió sus canciones de entre una hábil variedad, desde el compositor de la Nueva Trova

Cubana, Pablo Milanés («Pensando en ti») hasta el pianista de jazz de fusión Chick Corea («Capuccino»). A la canción de Milanés se le otorgó un tratamiento de cadencia salsa-swing, con estribillo pegadizo y todo, mientras que la versión de «Capuccino» salió de los elementos de piano latino de la composición original de Corea, con una forma eminentemente bailable.

Al igual que Eddie Palmieri, Lucca demostró un gran afecto por las tradiciones musicales de Colombia, y dedicó «A Cali» a la ciudad colombiana en la que la salsa goza de más popularidad (aunque rociada con un poco de cumbia). Aunque quizá el tema más poderoso del álbum sea «Jíbaro en Nueva York» de Danny Rivera, el relato clásico, escrito en forma de décima, de la experiencia inmigrante puertorriqueña. La letra se declama en el estilo tradicional de la décima, puesto de relieve por un frenesí improvisador de la enorme orquesta. Por si no bastara con esas piezas, *On The Right Track* concluye con otra explosión de energía en bruto, con la orquesta que otorga un tratamiento plenamente orquestal a un son cubano por antonomasia: «La rumba soy yo», de Adalberto Álvarez.

En 1978, Lucca sustituyó a Larry Harlow como pianista de los Fania All Stars y tocó en *Rhythm Machine, California Jam, Tribute to Tito Rodríguez* y *Guasasa*, además de seguir actuando con La Sonora Ponceña. En 1993, Papo grabó un álbum de culto, *Latin Jazz*, en el que, al igual que «Tito» Rodríguez antes que él, demostró su gran capacidad como compositor y arreglista de jazz. Influido por el estilo duro de Harlow (conocido, en ocasiones, como «salsa dura»), Lucca aportó una obra de gran riqueza al repertorio de teclado de la salsa electrónica. Su técnica era también extraordinariamente rítmica: los tumbaos de Lucca eran explosiones de energía en *staccato* y tenía la libertad de improvisar, aprovechando el potencial percusivo del teclado. Como solista y arreglista figuró en *Mujer como yo* (1997), de Albita, *Hecho en Puerto Rico* (1993), de Willie Colón, y en *La ceiba* (1992), de Celia Cruz. Aunque La Sonora Ponceña siguió de gira por Europa, y de tanto en tanto por Estados Unidos, con la fuerza de su estatus salsero auténtico, su último lanzamiento discográfico principal fue *On Target*, de 1998. Lucca sigue siendo una leyenda y con frecuencia se le invita a sumarse a formaciones de grandes estrellas en conciertos en Nueva York y Puerto Rico.

Otra figura importante y poco valorada de la salsa puertorriqueña es el percusionista Willie Rosario, nacido en 1930 en Coamo (Puerto Rico). En 1948, siendo adolescente, visitó Nueva York y recogió toda la energía de la era del mambo —y, en especial, la de Tito Puente—. Tras comenzar su carrera discográfica en solitario en los sesenta, Rosario moldeó una música basada en las innovaciones neoyorquinas más que en las orquestas tradicionales afrocubanas. En el artículo «¿La música de salsa constituye un género?», su autora, Marisol Berríos-Miranda, sostenía que las orquestas de Rosario encarnaban el género de la salsa porque los ritmos interpretados tanto por la percusión como por los instrumentos melódicos se «enredaban» entre sí (efecto definido, a veces, por el término *afinque*). Al enfrentar dicha característica con la capacidad de las orquestas afrocubanas para tocar con menos restricciones, Berríos-Miranda separaba la salsa de sus precursores. Rosario, que editó cerca de cincuenta álbumes, lanzó una de las producciones más eléctricas del género en 2002, *The Master Of Rhythm and Swing: Live in Puerto Rico*, que mostraba, de manera fehaciente, la habilidad del timbalero a la hora de recrear la excitación de la salsa-jazz de Tito Puente.

La salsa romántica y la hegemonía del sonero

El período de atrincheramiento conservador en toda Norteamérica en la década de los ochenta, en gran medida basado en el establecimiento de una administración presidencial republicana en Estados Unidos, supuso un gran efecto de propagación en toda América Latina. El papel creciente de Estados Unidos en conflictos políticos centroamericanos de los ochenta pudo haber sido la inspiración para que Rubén Blades compusiera en 1981, la canción «Tiburón», con una letra que es una referencia escasamente velada a la intervención estadounidense en Honduras, El Salvador y Nicaragua. La colaboración de Blades con Willie Colón resultó ser una de las últimas bocanadas de la salsa comprometida políticamente. En el momento en que el cine estadounidense volvía la espalda a los antihéroes duros de los setenta para proponer a los ídolos adolescentes de las películas de John Hughes, la salsa más convencional pasó a ser interpretada por soneros de rostro infantil, lo cual, a pesar de las críticas que obtuvo por su efecto perjudicial sobre la estética salsera, proporcionó al género unas ventas generosas y una influencia sin precedentes en la historia de la música latina.

Según el artículo «La salsa romántica: análisis de estilo», de Christopher Washburne, la salsa romántica surgió cuando se derrumbó el imperio de Fania (que, en un momento dado, era propietario de diversos sellos más pequeños como Tico, Alegre e Inca, y controlaba la mayoría de locales de actuaciones en directo) y el merengue dominicano empezó a hacer incursiones entre los oyentes y bailarines de música latina de Nueva York. Dos discos lanzados en 1982 y 1983 en el sello K-Tel, de nombre *Noche caliente 1 & 2*, producidos por Louie Rivera, y en el que figuraban los cantantes jóvenes José Alberto, Tito Allen, Johnny Rivera, y Ray de la Paz, se llevaron los honores de inaugurar el género de la salsa romántica. «Los tempos eran más lentos… y las voces cantaban en un estilo refinado y melodioso», sostenía Washburne, y por supuesto, las letras se referían al amor y no a la lucha. Además, la «tensión armónica» de la salsa «dura» se sustituyó por los acordes pop y de jazz ligero habituales. Un joven ayudante de producción, Sergio George, que realizó su primer trabajo en *Noche Caliente 2*, también se lleva la palma a la hora de introducir las convenciones de la música pop estadounidense en el nuevo estilo.

Las grabaciones en estudios puertorriqueños tomaron el relevo. Por extraño que pueda parecer, seguramente el primer astro de lo que se conocería como «salsa romántica» o «salsa sensual» fue Lalo Rodríguez, un cantante que había debutado en dos de los álbumes de Eddie Palmieri de los setenta, en pleno apogeo de la época dorada del pianista: *The Sun of Latin Music* y *Unfinished Masterpiece*. Palmieri, al que le gustaba conservar los grandes logros de las orquestas de la época del Palladium, se convirtió en uno de los principales críticos de la salsa romántica. Después de abandonar a Palmieri en 1974, Rodríguez había pasado a una oscuridad relativa, tocando con los Puerto Rico All-Stars y evitando los malos tiempos del «final de la Fania». Su alegre voz de tenor era más ligera que la prototípica de los cantantes de Fania, aunque se mezclaba a la perfección con las improvisaciones, de influencia clásica y colorista, de Palmieri.

El éxito extraordinario de Julio Iglesias durante la era Reagan, que colaboró en el establecimiento del pop latino como género, también influyó en la comercialización de la salsa. El español Iglesias utilizó un formato sencillo: recopiló buena parte de las baladas tradicionales preferidas de América Latina y creó una especie de formato panlatino que suscitó un amplio interés. Aunque la salsa romántica no siguió la metodología de Julio Iglesias, la industria de la música latina no pudo dejar de darse cuenta de la forma en que el cantante español había vuelto a poner la figura del «muchacho bonito» en el centro del mundo de la música, con el consiguiente aumento de las ventas, principalmente entre el público oyente femenino.

En 1986, Lalo Rodríguez resurgió con una canción que se convirtió en *el* estándar de la salsa romántica: «Ven, devórame otra vez», que figuraba en el álbum *Un Nuevo Despertar*. La canción impuso la estrategia narrativa básica del sonero de salsa romántica: soy incapaz de resistirme a una mujer hermosa, y espero que ella se entregue a mí porque, de lo contrario, podría morirme en este mismo instante. Aunque Rodríguez no produjo ninguna canción más que igualara la enorme popularidad internacional de «Ven, devórame otra vez», sirvió de inspiración para una serie de cantantes que se mantuvieron en el mundillo de la salsa durante más de quince años, entre los que figuraban Pupy Santiago, Tommy Olivencia, Frankie Ruiz, Jerry Rivera, Frankie Negrón y Eddie Santiago. Las canciones seguían una fórmula estricta con estrofas de introducción, un pasaje instrumental, y una parte de coro, con poca improvisación por parte del cantante. Aunque los perfeccionados códigos de producción hacían que las grabaciones de salsa romántica restallaran en los altavoces, consiguiendo suprimir cualquier rastro de sonido metálico o de imperfección de la edad de oro, y los arreglos permitían algo de improvisación, el efecto global de dicho estilo era el de disminuir la intensidad de la salsa.

La salsa romántica supuso también un amplio cambio en los centros de producción de la música de salsa, desde Nueva York a San Juan, pasando por Miami. La mayor parte de las estrellas brillantes de la salsa romántica procedían de Puerto Rico, aunque la comunidad del exilio cubano de Miami jugó un papel decisivo en la consolidación de las carreras de los cantantes Willy Chirino, Pupy Santiago y del nicaragüense Luis Enrique. Quizás por proceder de un país en el que no abundaban las orquestas de salsa, la voz de Enrique no estaba tan a la moda y creaba una especie de sentimiento cubano similar al de los cincuenta, tanto en el aspecto (su vestimenta) como en la instrumentación (los vientos y la percusión en primera línea). Aunque Luis Enrique obtuvo éxitos de «salsa romántica» como «San Juan sin ti», del álbum *Mi mundo* (1989), y «Desesperado», en el siguiente, *Amor y alegría* (1990), el cantante se las arregló para introducir en la fórmula una mayor improvisación vocal, como si intentara demostrar que un centroamericano podía ser capaz de lo mejor que los caribeños estaban dispuestos a ofrecer. La posición de Luis Enrique en las listas sufrió un descenso tras su éxito inicial. A pesar de ello, el cantante lanzó en 1999 el innovador *Timbaleye*, que incluía canciones pop e intentos de aprovechar los ritmos folklóricos afrocaribeños, y en 2002, *Evolución*, una colección manierista de salsa y baladas que no renovaba el interés de su impresionante primera época.

La época de Ralph Mercado

Los conservadores ochenta se infiltraron lentamente en Nueva York, donde se erosionó la devoción por la salsa de la Edad de Oro un tanto a regañadientes. Tras ocupar el vacío creado por la caída del imperio Fania, otro promotor, Ralph Mercado, trabajó para acumular los grandes nombres que quedaban en la música de salsa neoyorquina y fundó un imperio paralelo que controló la escena latina de la ciudad a partir de la mitad de la década de los ochenta.

Natural de la República Dominicana, Mercado había promovido conciertos en el circuito «cuchifrito» desde los años setenta. A finales de los ochenta, era virtualmente imposible obtener una actuación en un club de calidad sin que Mercado no estuviera implicado. Su enorme influencia parecía extenderse a todos los buenos locales de música latina de la ciudad. En cierto momento, a principios de los noventa, Mercado tenía en su escudería a Tito Puente, Celia Cruz, Eddie Palmieri, el sonero venezolano Oscar D'Leon, la supuesta heredera de Celia, La India y el grupo japonés Orquesta de la Luz, de una gran competencia, Héctor Lavoe, Johnny Pacheco, José Alberto, el antiguo cantante de la Típica '73, y Tito Nieves, revivalista del bugalú y la salsa, además de la mayor parte de los supervivientes de los Fania All Stars. De las principales figuras de la salsa tan sólo Rubén Blades, que había diversificado su carrera, Ray Barretto, que la había reestructurado como intérprete de jazz latino, y Willie Colón seguían de manera independiente. La hegemonía de Mercado alcanzó su auge cuando los productores de *Los reyes del mambo* incorporaron a su escudería de músicos en la película. La presencia de Tito Puente y Celia Cruz —cuya versión de «Guantanamera» fue épica— dio un nuevo impulso a la música latina en los años noventa.

Mercado desempeñó un papel fundamental a la hora de encaminar a la salsa neoyorquina hacia su renacimiento de los noventa. Promovió incansablemente a sus artistas en locales como el Palladium (no el de los cincuenta, sino una guarida de la movida *downtown* y *new wave*, posterior a la época de Studio 54, situada en la calle Catorce Este), el Copacabana y el Latin Quarter. Junto a Jack Hooke, un ex asociado del famoso DJ Symphony Sid (locutor de emisiones radiofónicas y presentador en el escenario de todos los grandes de la época del bebop de la calle Cincuenta y dos, así como de la actuación de los Fania All Stars en el Cheetah Club), Mercado participó como socio en la serie de conciertos «Salsa Meets Jazz» que durante una larga temporada se celebraron en el Village Gate. Dicha serie combinó las orquestas de salsa de calidad con solistas invitados del mundo del jazz y mantuvo intacta la reputación de la música salsera, en tanto que música «seria».

Los conciertos en el Palladium fueron cruciales a la hora de implicar en la salsa a un público de latinos jóvenes. También dieron el ímpetu para la novísima generación de salseros, al crear el espacio para que los elementos viejos y nuevos se mezclaran en un contexto de club. Dos grupos, habitualmente uno de salsa romántica, actuaban en concierto, aunque entre pases, el DJ desplegaba música de baile, en especial house y rhythm and blues, para mantener interesados a los chavales. Fue durante esta época del Palladium, que Héctor Lavoe realizó una de sus últimas apariciones en un escenario. Preocupado por problemas continuados con las drogas, que en 1998 le habían llevado a un intento de suicidio desde el balcón de un hotel, Lavoe intentó seguir actuando a principios de los noventa, hasta el extremo de ser llevado al micrófono en silla de ruedas. En el concierto del día de San Valentín, Lavoe apareció con una bandera puertorriqueña cubriéndole las piernas y cantó «Mi gente» por última vez.

La consideración de Tito Puente como la leyenda viviente de la música latina tuvo que ver con la estrategia de Ralph Mercado. Tras el final de la era del mambo y del Palladium, a Puente se le había relegado a una larga serie de álbumes de jazz latino en el sello californiano Concord Jazz. A finales de los ochenta, Tito empezó a realizar más conciertos ante un público nuevo de fans que le adoraban; su nueva alianza con Ralph Mercado hizo de Puente el abuelo de la salsa, de una forma parecida a la resurrección a mitad de carrera de Neil Young como precursor del grunge. En un intento de fabricar dicha nueva generación de fans, Mercado fichó al DJ de house Little Louie Vega, que estaba casado con la cantante revelación de la salsa, La India, para que produjera una nueva versión del «Ran Kan Kan» de Puente. Un joven sonero poco conocido, Marc Anthony, cantó en la grabación. Anthony, al igual que La India, había grabado algunos discos como cantante latino de hip hop y freestyle, aunque ninguno de ellos había obtenido mucho éxito. Ávido de ampliar su número de fans y aprovechar la oportunidad para regresar a sus raíces musicales, recurrió a Puente para impulsar una nueva carrera como sonero, mientras que el percusionista la utilizó para mantener un puesto importante entre la gente joven. Ralph Mercado amplió su poder e influencia con dicho *revival*, y añadió a Marc Anthony y La India a su elenco de intérpretes, y asimismo aprovechó una revitalización de la popularidad de Celia Cruz.

La Nueva Ola de la salsa

Marc Anthony se halla en primera fila de la nueva generación de músicos latinos que quieren homenajear sus raíces, aunque haciendo ostentación de su acendrada condición de estadounidenses. Nacido en Manhattan, en 1969, y con el nombre puesto en homenaje a Marco Antonio Muñiz, un famoso cantante mexicano que se hizo popular como baladista en Puerto Rico, Anthony se crió en el Harlem Este. Pasó por una educación típicamente nuyoricana, hablando tanto inglés como español y escuchando salsa y soul a la vez. Empezó su carrera a mitad de los ochenta, cantando música house en clubes de Nueva York, a menudo con el único acompañamiento de una pista de ritmo en un DAT. Anthony hacía coros para un grupo llamado los Latin Rascals, del estilo de los Backstreet Boys, cuando Little Louie Vega, que hacía de productor del grupo, decidió incluirlo en alguno de sus temas de baile, entre los que estaba el muy difundido «Rebel». Cuando en 1992 Tito Puente puso el número de Vega como telonero en el Madison Square Garden, Anthony quedó tan impresionado por el público y su reacción que decidió que era el momento de regresar a sus raíces y cantar música de salsa en español. Según declaraciones de Anthony, un día, mientras conducía, escuchó en la radio la versión de la balada «Hasta que te conocí» del cantante melódico mexicano Juan Gabriel y se le ocurrió la idea de grabar en español. A finales de los noventa, Anthony alcanzó la cima de la nueva ola de la salsa y grabó seis álbumes para Sony: *Otra nota*, *Todo a su tiempo*, *Contra la corriente*, *Libre*, y dos más, de gran éxito, en inglés, *Marc Anthony* y *Mended*. Las claves de su éxito fueron una espectacular voz de tenor, de amplio registro; una colaboración fundamental con Sergio George, un teclista y productor de la nueva ola de salsa, cuyo estilo dinámico al teclado y unos arreglos de percusión electrificada contribuyeron a crear el nuevo sonido de la salsa; y la capacidad de Anthony de aportar al vocabulario de la salsa alguna de las técnicas adquiridas cuando cantaba soul y rhythm and blues, lo que permitió que los chavales urbanos que sentían una gran conexión con la cultura afroamericana, regresaran a sus raíces salseras.

Con su sonido brillante y extraordinariamente limpio, unos hábiles arreglos y unas canciones melódicas y poderosas, *Todo a su tiempo* (1995) es uno de los mejores ejemplos de la nueva ola de la salsa. George aseguró el álbum con músicos salseros de sesión de primera fila, como el bajista Rubén Rodríguez, los percusionistas Marc Quiñones y Bobby Allende, el trombonista William Cepeda y el trompetista Ángel Fernández, lo que empujó a la voz de Anthony hasta sus asombrosos límites. Canciones como «Te conozco bien», «Y sigues siendo» y «Te amaré» se han convertido en números triunfales en las impresionantes apariciones en directo de Anthony. Aunque en dichas canciones resuena el estilo de salsa romántica posterior a la Fania, por su preocupación por los amores perdidos y las frustrantes noches solitarias, la convicción que Anthony ponía en su canto y los arreglos poderosos, y agudamente percusivos, influidos por el rhythm and blues, hacían que su música fuera reveladora. Al contrario que la improvisación vocal, con tendencia a disparar sílabas, que marcó la salsa de la época Fania, Anthony hacía *riffs* con su voz poderosa, que creaban momentos de esplendor, al estilo de Whitney Houston.

El álbum de Marc Anthony de 1999, titulado con su nombre y la mayoría de las canciones en inglés, fue la culminación de diversos pasos calculados para promoverlo como una gran figura del espectáculo, que fuera más allá de su especialización en la salsa. También formó parte de dicha operación su carrera de actor cinematográfico y en Broadway, siendo el protagonista junto a Rubén Blades del musical *The Capeman*; las campañas de publicidad que le pintaban como el nuevo Frank Sinatra; y su dúo con Jennifer López en el primer álbum en solitario de la actriz, *On the 6*. Los arreglos y el estilo de las canciones en *Marc Anthony* no eran salsa en absoluto, sino que se concibieron como la especie de pop latino ligero que iniciaron Ricky Martin y Enrique Iglesias. Aunque el disco de Anthony tenía un poco más de funk y de creatividad que sus contemporáneos del pop latino, estaba claro que el estilo de la salsa romántica había agotado su ciclo. Tras casi una década de intento, por parte de la salsa, de regresar lentamente a sus raíces, Marc Anthony había realizado un disco que ponía plenamente a la sensibilidad latina en el mundo contemporáneo.

Aunque *Marc Anthony* obtuvo muy buenas críticas y el sencillo «I Need to Know» llegó a formar parte de la época casi tanto como «Livin' la vida loca» de Ricky Martin, *Mended*, el álbum siguiente, de 2002, la crítica lo trató mal por considerarlo blando y falto de imaginación. Anthony, que disfrutaba trabajando con productores de vocación mayoritaria y, que como muchos latinos de su generación, estaba muy influido por el pop norteamericano, no consideró su obra en inglés como una excentricidad, sino que necesitaba trabajar más duramente para mantenerse en dicha escena. El éxito clamoroso del álbum *Libre*, de 2001 y en español, en el que la salsa llegó a ser cada vez más sofisticada al incorporar influencias como el vallenato colombiano y el charango peruano, indicó que la fuerza y el número de fans de Marc Anthony estaba, en su mayor parte, en el mundo del ritmo latino.

Gilberto Santa Rosa

Demasiado joven para formar parte de la generación mayor de los salseros clásicos de la Fania —y demasiado competente para que se le comparara con los contemporáneos de la salsa romántica como Eddie Santiago y Tony Vega—, Gilberto Santa Rosa desplazó silenciosamente el foco de la salsa de Nueva York para llevárselo a Puerto Rico. Aunque de sus letras y arreglos se ocupaban colaboradores invitados y todas las canciones trataban de «cositas de amor», Santa Rosa mantuvo la dignidad en doce años de grabaciones que contribuyeron a salvar al género de la deriva pop.

Gilberto Santa mantuvo la dignidad de la salsa frente a la deriva pop que estaba tomando.

Santa Rosa empezó su carrera en 1979, como integrante de los Puerto Rico All-Stars (un colectivo de cantantes noveles e instrumentistas veteranos que empezó en los setenta). Después de pasar dos años en la orquesta de Tommy Olivencia, se inició como cantante en solitario en 1986, en el sello Combo. Aunque fue con su segundo álbum, *Perspectiva*, de 1991 y para Sony, cuando Gilberto empezó a destacar de verdad. El álbum, que contaba con arreglos y apariciones como invitado del trombonista Luis «Perico» Ortiz, que grabó discos que eran equivalentes aislados de la escena de Fania de los años setenta. Las composiciones de *Perspectiva* eran sorprendentemente buenas para la época, aunque de una insulsez cada vez mayor. «Mi amor es como una bomba de tiempo», insistía Santa Rosa en «Bomba de tiempo». La canción tenía una doble lectura, en tanto que en el ritmo que empleaba era una variación de la bomba puertorriqueña, aunque incluía *riffs* de saxo barítono al estilo de la salsa que se enfrentaban en llamada y respuesta con una muralla de trompetas en el registro agudo.

La excelente voz de tenor de Santa Rosa se podía comparar favorablemente con la del cantante venezolano de salsa Óscar D'León (otro miembro de la escudería de Ralph Mercado en los ochenta y los noventa). Gracias a ellos la salsa puertorriqueña cobró mayor importancia cuando diversas orquestas suramericanas como la de Óscar, la de «Joe» Arroyo y el Grupo Niche (véase el capítulo 8) se pusieron a revivir los valores de la Edad de Oro de la salsa, a finales de los ochenta. A menudo Santa Rosa escogía canciones que le concernían, que eran un reflejo de sí mismo, como «¿A quién? ¿A mí?», en la que hablaba de un personaje «desorientado, y me busco a mí mismo». En «Conciencia», de *Perspectiva*, lucha con la ambigüedad de amar a alguien a quien seguramente no debería, y en «Se supone», en la que se lamenta de un rechazo inminente, se libra a una conversación, emocionante e ingeniosa, con el oyente.

A lo largo de la década de los noventa, Santa Rosa fue el sonero más importante de la salsa, sin tener en cuenta el punto de origen. Aunque insistió en las mismas fórmulas, en álbumes como *Esencia* (1996), *De corazón* (1997), *Intenso* (2001) y *Viceversa* (2002), su voz siguió madurando. Los proyectos adicionales de Santa Rosa, trabajando con orquestas de cuerda y montando importantes comedias musicales en Puerto Rico, convirtieron al cantante en un una especie de salsero renacentista. Asimismo, fue mentor de intérpretes noveles, como Domingo Quiñones, que protagonizó la exitosa obra teatral *¿Quién mató a Héctor Lavoe?* Y, al igual que Victor Manuelle, fue uno de los mejores nuevos cantantes de los albores del siglo XXI.

Victor Manuelle

Aunque el cantante puertorriqueño Victor Manuelle no es más que otro rostro bonito que surge de la fábrica de éxitos de la salsa contemporánea, posee una formidable voz de tenor. En ocasiones suena como sus antepasados Rubén Blades o Gilberto Santa Rosa, y su música tiene que ver con los angustiosos lamentos de desamor que empujaron a Marc Anthony hasta la cima. Su grupo está compuesto por algunos de los mejores músicos de sesión de Puerto Rico, colegas de la escuela neoyorquina como el productor Sergio George en los teclados y el batería Marc Quiñones, y se afianza con el ubicuo bajista Rubén Rodríguez. Los músicos llevan a cabo una tarea estelar, que da alas a Manuelle para la ligera improvisación a mitad de canción que consagra o hunde a los principales soneros.

El treintañero Manuelle, natural de Nueva York, pero criado en Puerto Rico, empezó su carrera, como si de un cuento se tratase, cuando en 1986 saltó al escenario de forma espontánea mientras Gilberto Santa Rosa cantaba en Puerto Rico. Santa Rosa quedó tan impresionado con Manuelle que le contrató para hacer coros en su orquesta y desde entonces ha actuado como mentor suyo. Manuelle ya ha publicado ocho álbumes como solista en Sony Discos y es la figura que sobresale de la actual hornada de cantantes jóvenes, promocionados en el estrellato de la salsa romántica.

En su álbum de 1999, *Ironías*, Manuelle se abría paso con una letanía de desamor con un *swing* convencido, sin aventurarse más allá de la capacidad de su registro. Utilizaba con frecuencia un grito característico que parecía un vaquero que espoleara a su caballo. El segundo álbum, *Inconfundible*, editado en 1999, conservaba la sensualidad palpitante del estilo «díselo con un beso», aunque buscaba la inspiración en un regreso a las épocas más duras y densas de la Fania. Por su atractivo puramente bailable, el ímpetu loco de «Pero dile» hace correr al corazón y «Cómo duele» incide nerviosamente en una especie de salsa influida por el jazz. En «Si por ti fuera», Manuelle introducía el vibrante ritmo de la cumbia en un formato de salsa estándar y entregaba uno de sus vuelos más sencillos y satisfactorios de fantasía romántica. Con *Le preguntaba a la luna*, editado en 2002, Manuelle hizo la transición de astro novel a estrella absoluta. En sus grabaciones más refinadas, evocaba el poder de un Rubén Blades que maduraba. Su estatus como el mujeriego definitivo de la salsa se consolidó con canciones como «Devuélveme» y «El tonto que no te olvidó», y el *swing* puro de la sección de viento en una canción como «Tengo» trae recuerdos de la era de Fania, en los setenta.

Lo que impresiona más de Manuelle (además de su buen aspecto y su presencia carismática) es su habilidad para improvisar. A lo largo de cuarenta años, en Puerto Rico, la interacción entre los cantantes de bolero de las orquestas de hotel y los innovadores de raíces rústicas como Rafael Cortijo, Manuelle y, hasta cierto punto, su contemporáneo Domingo Quiñones llevó a la fusión las líneas melódicas refinadas, de rigor en la salsa comercial, con los gritos de *scat* nervioso de fuentes más primitivas.

En 2003, la música de salsa aún es inmensamente popular, a pesar de gran cantidad de controversias y contradicciones. En 2002, músicos de la vieja guardia como Larry Harlow y Eddie Palmieri efectuaron pronunciamientos en público respecto a lo que ellos calificaban como *salsa monga* («perezosa»), el término que acuñaron para la salsa romántica, en tanto que músicos más jóvenes como Sergio George seguían innovando al incorporar más influencias del rhythm and blues y el hip hop a las grabaciones de Marc Anthony y Celia Cruz. De finales de los noventa a los primeros años del nuevo siglo, se produjo un interés renovado por la salsa «seria». El trombonista Jimmy Bosch y el percusionista Ralph Irizarry se hicieron con seguidores en Nueva York al tocar música que era más auténtica respecto a las raíces afrocubanas y del jazz de la orquesta de baile cubana, y en 2002, Oscar Hernández, un colaborador veterano de Rubén Blades, lanzó el debut de la Spanish Harlem Orchestra, *Un gran día en el barrio*, que revivía los temas clásicos de la salsa de los setenta.

Las estadísticas de la Asociación de la Industria Discográfica Estadounidense mostraban que las ventas de la música «tropical», merengue incluido, bajaban en Estados Unidos, y que las ventas de la música regional mexicana estaban en alza, pero las emisoras de radio de salsa de la Costa Este siguieron dominando en los índices Nielsen, y las clases de baile de salsa siguieron creciendo en número. El rock y el pop latino continuaron ganando popularidad aunque, a menudo, la

La Spanish Harlem Orchestra, una banda actual que recoge el sentimiento musical de la tradición.

vitalidad de dichos géneros parecía acrecentarse en función de su capacidad para integrar ritmos afrocaribeños.

La salsa empezó como una música urbana e híbrida, y nunca dejará de serlo. Cuantos más híbridos nuevos de música latina aparezcan, la salsa podrá seguir con su evolución, aunque al igual que el jazz, siempre evoca un tiempo y un lugar concreto. En el fondo la salsa pertenece a un momento en el que cristalizó la identidad latinoamericana en los Estados Unidos, lo cual creó un efecto de expansión que se dejó notar en todo el mundo.

cuatro:

La música cubana contemporánea

Cuba fue un país en ebullición cultural antes y después de la revolución. En octubre de 1960, después de que el gobierno revolucionario empezara a confiscar las propiedades y los negocios de estadounidenses, Estados Unidos declaró un embargo comercial, que acabó con toda la actividad económica entre ambos países, excepción hecha de alimentos y medicinas. La Organización de Estados Americanos, que incluye a Estados Unidos y los países de la América Latina, expulsó a Cuba, aislando al gobierno revolucionario de la mayoría de países, fuera del bloque soviético.

Aunque hasta entonces, los grupos de música latina de Nueva York, Puerto Rico y los vecinos caribeños de Cuba siguieron tomando las tendencias musicales dominantes. El género de la charanga siguió dominando en dichas zonas, y la moda del baile de la pachanga, casi siempre relacionada con la orquesta de charanga, también se mantuvo en auge. En Cuba, las influencias norteamericanas, como el rock y el jazz, siguieron cambiando la música cubana en los cincuenta. Desde los cuarenta en adelante hasta los años inmediatamente anteriores a la revolución, las descargas informales que «Cachao» López ayudó a instituir (con la participación de pianistas como Bebo Valdés, que grabó la primera descarga en 1952, o Peruchín, y directores de orquesta como Antonio Romeu) en clubes nocturnos de La Habana como el Montmartre o el Sans Souci produjeron una nueva música experimental. También engendraron una música cubana vocal, influida por el jazz, llamada *filin* (nombre prestado del inglés *feeling*, que se dice provenía de una canción llamada «I Got a Feeling» de la cantante de jazz Maxine Sullivan).

La nueva energía musical generada por el filin y la descarga reflejaba un aumento de la polinización cruzada entre el Norte y el Sur, casi como si fuera la otra cara del impacto del mambo en Estados Unidos. A la larga, el filin llegó a Nueva York de la mano del cantante Marcelino Guerra (véase el capítulo 5), veterano del Septeto Nacional, de orientación sonera. Sus presentaciones en el Palladium con la big band de Machito fueron materia de leyenda. En general, el filin representaba la continuada sofisticación de La Habana, mediante la influencia de movimientos externos como el jazz, la música brasileña y cantantes franceses como Edith Piaf.

Aunque en un principio reprimidas de manera notable, las influencias exteriores, incluidas las provenientes de Estados Unidos, con el tiempo fueron bienvenidas en los primeros años de la revolución, en un reflejo de la idea castrista del hombre nuevo cubano. La cultura y la sociedad cubanas se concentraban en alcanzar y sobrepasar lo más avanzado en diversos campos, como la música, la arquitectura y el cine. La idea de modernización constante formaba parte de una ideología instaurada para evitar la nostalgia por la Cuba prerrevolucionaria. Aun así, la música no revolucionaria llegaba a Cuba a través de las emisiones de radio de Miami (incluida la anticastrista Radio Martí), discos y finalmente casetes pasados de contrabando desde Europa y la Unión Soviética, y por los parientes exiliados en Estados Unidos. Así pues, aunque las orquestas al viejo estilo como la Orquesta Riverside, la Orquesta Revé, y Chappotín y sus Estrellas (en esta última figuraban integrantes del antiguo conjunto de Arsenio Rodríguez) mantenían su popularidad, los años sesenta y setenta vieron los inicios de una nueva ola.

Caminando en la cuerda floja, con un gobierno que urgía la creación de un arte nuevo y, a la vez, ejercía un control estético, los músicos de Cuba empezaron a intentar enfoques nuevos. El grupo vocal Los Zafiros siguieron la pista del doo-wop y la bossa nova en canciones como «Rumba como quiera». Y grupos como los Van Van e Irakere añadieron a su música unos nuevos ambientes, de matiz *funky*, y crearon estilos que acabaron por denominarse *songo*, *sandunga* y *timba*.

Irakere

Irakere y Los Van Van fueron los dos grupos que definieron la época con sus orquestas de baile de salsa de vanguardia y de jazz-fusión. Ambos grupos se libraron a una enorme cantidad de experimentación con los géneros y a veces sonaban a rock and roll, bugalú, o a los supergrupos de fusión del momento como Weather Report y el Return to Forever de Chick Corea. Fundado por Chucho Valdés, en 1973, con los mejores solistas de la Orquesta Cubana Moderna —una institución gubernamental, que incluía a los mejores intérpretes salidos del conservatorio—, Irakere obtuvo un éxito inmediato con «Bacalao con pan», un estándar cubano contemporáneo del que se han realizado incontables versiones.

Irakere nunca retuvo a un cantante que personificara al grupo, cuyo virtuosismo instrumental produjo largas descargas con despliegues cacofónicos de la inimitable capacidad solista de cada uno de sus integrantes. El grupo emulaba el sonido electrónico contemporáneo al usar guitarra solista y tocaba números clásicos de baile cubano con el bajo en primer plano. No obstante, también fue fundamental a la hora de dar nueva vida a instrumentos tradicionales, como los tambores batá. Chucho, hijo de Bebo Valdés, el director musical del espectáculo del cabaret Tropicana —el local más influyente para los músicos cubanos en los años cincuenta—, también era un devoto de la religión africana y estaba en condiciones de investigar raíces tradicionales aún no exploradas. Irakere fue el primer grupo en mezclar estilos de la diáspora africana con los géneros afrocubanos más evolucionados y preparó el terreno para un híbrido que acabó por denominarse *timba*. En cierta forma, la timba puede entenderse como la incorporación de Cuba a la salsa contemporánea y, en su apogeo de finales de los ochenta y principios de los noventa, reflejó una nueva era marcada por la apertura de La Habana al turismo.

Irakere encarnó los diversos intereses del músico cubano contemporáneo y se convirtió en una muestra destacada del jazz latino, aunque también incorporó influencias de los grupos de rhythm and blues estadounidenses como Earth, Wind and Fire, con el fin de crear una rama interesante de música de baile. A Irakere se le recuerda por canciones bailables como la anteriormente citada «Bacalao con pan», incluida en el álbum *Homenaje a Beny Moré*, de 1989; exuberantes versiones orquestales de «La vida es sueño» de Arsenio Rodríguez; revisiones aceleradas con funk del danzón «La comparsa», del compositor Ernesto Lecuona (ambas disponibles en *La colección cubana*, una antología de 1998 en el sello británico de recopilatorios Cuba Libre Music); y una versión formal del adagio del Concierto para flauta de Mozart, que apareció por vez primera en un álbum en directo, de conciertos en Nueva York y Montreux, que editó Columbia en 1979.

El grupo seminal contemporáneo de Cuba —a menudo considerado como los músicos de la corte de Fidel Castro—, Los Van Van, fue fundado en 1969 por el compositor y bajista Juan Formell, después de pasar un año con el renombrado director de orquesta Elio Revé, líder de la Orquesta Revé. Acreditado, a menudo, por la invención del songo, un género cubano post-revolucionario, influido por el rock, el jazz y géneros brasileños como la samba, Formell condujo a Los Van Van hasta convertirse en una de las orquestas de baile más influyentes y progresivas de la isla. Aunque el ritmo del songo es esencialmente el son afrocubano electrificado, también utiliza el sonido del violín y la flauta de la charanga, algo que hizo que el sonido de Los Van Van fuera uno de los más sofisticados de la salsa. A pesar de dichos extremos, Los Van Van son un grupo decididamente antielitista, sus conciertos son siempre fiestas bailables, y sus canciones narran las historias cotidianas del ciudadano cubano.

Fue en el clima de finales de los setenta, en el que las antiguas orquestas coexistían con los nuevos grupos eléctricos, influidos por el pop y el jazz, que se concibió el proyecto *Havana Jam* de Bruce Lundvall. A finales del invierno de 1979, Cuba era aún una sociedad muy cerrada, y la Guerra Fría iba a caldearse con el advenimiento de la era Reagan. Con la ayuda de algunos funcionarios favorables del gabinete de Jimmy Carter, el directivo de la discográfica CBS diseñó un plan para llevar a La Habana a músicos norteamericanos que actuaran en el teatro Karl Marx en marzo de 1979. La carrera de Lundvall se destacaba por el descubrimiento de nuevos talentos, como el legendario bajista de jazz-fusión Stanley Clarke, y pensó que en la prohibida isla comunista, debía haber una gran riqueza de brillantez por descubrir.

El concierto fue un acontecimiento cultural de gran importancia, con repercusiones de gran duración. Por vez primera, muchos de los músicos, que los cubanos podían escuchar sólo en la radio, tocarían en directo en el país. El grupo Weather Report, con el toque instrumental del bajo, de influencia cubana, de Jaco Pastorius, los Fania All Stars, con Rubén Blades, Johnny Pacheco y Héctor Lavoe, los CBS Jazz All-Stars, con Dexter Gordon, Stan Getz, Hubert Laws y Willie Bobo, incluso rockeros como Stephen Stills, Billy Joel y Kris Kristofferson tocaron allí.

El concierto no se trató sólo de un asunto estadounidense; incluyó también a los mejores músicos cubanos, como la Orquesta Aragón e Irakere. Para el líder de este grupo, Chucho Valdés, como para todos sus contemporáneos, la de *Havana Jam* fue una experiencia increíble, una oportunidad para ver a intérpretes, a los que sólo podían imaginar. El efecto contrario fue que, por primera vez, la música cubana contemporánea llegó a oídos de los oyentes estadounidenses. A finales de 1979, Columbia Records editó *Irakere*, el debut estadounidense del supergrupo, en el que figuraban Valdés al piano, el trompetista Arturo Sandoval y el saxofonista Paquito D'Rivera.

El apoyo del gobierno socialista a intérpretes como Los Van Van e Irakere les permitió tomar vías vanguardistas, y experimentar con las tendencias del rock y la jazz-fusión, para producir música de una originalidad inédita en la mayor parte de la escena de la música latina. El período intensamente experimental de los setenta, durante el cual los grupos cubanos se lanzaron a una ampliación psicodélica y jazz-funk del estilo tradicional afrocubano, produjo parte de la música rítmica más sofisticada del siglo.

———————

Existe un inconveniente a la hora de ser músico profesional en la Cuba socialista. Puede parecer una anomalía que la naturaleza desenfrenada de la música latina se controle con las estrictas normas de la economía planificada cubana. En cierto sentido, los músicos cubanos, al igual que algunos miembros del ejército, atletas, o los integrantes privilegiados del núcleo del partido gobernante, forman parte de la elite de la sociedad cubana. Los músicos perciben un modesto salario del gobierno, aunque también pueden realizar sus propios contratos para actuaciones y grabaciones. Cuando grupos conocidos internacionalmente como NG La Banda o Bamboleo actúan en grandes locales de La Habana, los músicos tienen derecho a un porcentaje de los ingresos. Aunque éstos están sujetos a impuestos, y ya que en el sistema cubano los ingresos personales están limitados de manera estricta, lo que consiguen llevar a casa no representan grandes cantidades.

Desde el momento en que las orquestas cubanas son grandes empresas, que a veces suman más de quince empleados, el dinero que sale de las entradas en un club como la Casa de la Música, en el relativamente acomodado barrio habanero del Vedado, al dividirlo entre los integrantes, es escaso. La tarifa normal para los «conciertos para turistas» es de quince dólares por persona. Los conciertos para cubanos se pagan en divisa cubana, de mucho menor valor; y un músico concreto puede irse a casa con unos exiguos diez dólares por noche de trabajo. Por supuesto, dicha cifra no está al alcance de muchas ocupaciones respetables en Cuba, a causa del valor relativamente bajo de la divisa nacional. Los contratos discográficos con el sello nacional, Egrem, siguen aproximadamente la misma dinámica.

Sea cual sea el tipo de música que toquen, muchos músicos cubanos son producto del sistema de la Escuela Nacional de Arte, que finaliza con estudios en un conservatorio, siendo el más prestigioso el Conservatorio de Música de La Habana. Astros recientes de la música cubana, como el director musical de Bamboleo, Moisés Valdés, el líder de Cubanismo, Jesús Alemañy, la familia de músicos Los Terry, y el pianista de jazz Gonzalo Rubalcaba, se adiestraron en dicho sistema riguroso, al igual que los miembros de Irakere. Los mejores estudiantes van al Instituto Superior del Arte, que forma parte del sistema universitario nacional, que ocupa los terrenos antaño usados por un exclusivo club de campo, de la época anterior a Castro. Aunque los músicos son expertos en teoría clásica, los conservatorios llevan a cabo una función única en el mundo, infunden un enfoque casi universitario a lo que esencialmente es música de baile popular. De esa manera la tradición cubana está más protegida que casi cualquier otra tradición de música popular del mundo.

Una vez que los estudiantes de música finalizan su adiestramiento, sus carreras están vinculadas inexorablemente a los canales gubernamentales. Los funcionarios del gobierno declaran que ellos actúan más como agentes de los músicos, que como cualquier otra cosa, aunque las relaciones de poder no son en absoluto las mismas. En Estados Unidos y Europa, los agentes trabajan para el intérprete, mientras que en Cuba aún no se ha descartado del todo la idea de que el artista es un empleado del gobierno. A los músicos sin trabajo fijo o bajo la sospecha de pedir pagos privados a los propietarios de los clubes, se les deja con sus salarios estatales, lo que puede suponer una cantidad tan escasa como veinte dólares al mes.

Aunque en los setenta los intérpretes cubanos actuaron en lugares como España y África, e Irakere y la Orquesta Aragón realizaron algunas actuaciones en Estados Unidos a final de la década, una nueva era amaneció a principios de los noventa. Tras las reformas castristas de dichos años, que permitían formas limitadas de empresa privada y la legalización del uso del dólar, se suavizó la aplicación estricta de la legislación estadounidense que contemplaba los conciertos de músicos cubanos, en plan de intercambio cultural, y muchos grupos se aprovecharon de la circunstancia. Los músicos cubanos no podían cobrar directamente ingresos por actuaciones en Estados Unidos, por culpa del embargo económico estadounidense, y tendieron a actuar formando parte de un programa de intercambio cultural. Dicha forma de compensación sólo cubre los viajes y el alojamiento, además de las dietas y un seguro médico. Al igual que los viajeros estadounidenses que evitan la legislación antiturismo en Cuba, al viajar a través de un tercer país, se sabe que los músicos cubanos reciben pagos desviados a otro país, como las Bahamas.

Arturo Sandoval y Paquito D'Rivera se exiliaron de Cuba hacia Estados Unidos en 1984 y 1989, respectivamente, y dejaron a Valdés que siguiera con el proyecto de Irakere. A dichas potencias instrumentales las sustituyeron el saxofonista Germán Velazco Urdeliz y un carismático flautista de nombre José Luis Cortés. Entonces Valdés hizo avanzar al grupo hacia la música esotérica africana, como en el álbum *Babalú Ayé*, de 1998. Una vez instalado Valdés como uno de los principales intérpretes en solitario del jazz latino, Irakere se convirtió tan sólo en una ocupación suya a tiempo parcial, aunque permaneció como director artístico. Valdés llegó a ser también director del Festival de Jazz de La Habana, que se ha convertido en uno de los festivales más influyentes del mundo, y que ha difundido el álbum del trompetista Roy Hargrove, *Crisol*, y el grupo homónimo de gira, con un éxito grandioso.

En 2003, Irakere todavía estaba en funcionamiento, aunque la mayor parte del tiempo el grupo estaba aparcado, en favor de la posibilidad de Valdés para realizar proyectos en solitario. Las grabaciones recientes incluyen el repertorio normalmente mezclado del grupo, desde *Yemayá*, de 1999, jazzístico en su mayor parte, hasta *Live in Cuba: Ivan Lins, Chucho Valdés and Irakere*, en el que Valdés se empareja con el cantante brasileño Lins en una propuesta totalmente ecléctica. Al final, la herencia de Irakere se ha convertido en la de Valdés, un homenaje a su búsqueda en pos de la excelencia en diversas tradiciones musicales cubanas.

Los Van Van

Los Van Van se han convertido en el grupo de fiesta de baile oficial de Cuba, y Juan Formell retiene el papel dual de articulador de la cultura cubana bajo la revolución y de la voz del hombre nuevo cubano. Por dicha razón, las actuaciones de Los Van Van en el sur de Florida se encuentran, a menudo, con una fuerte protesta gritada; la respuesta al concierto de Los Van Van en Miami, en 1999, fue lo que decidió a los organizadores de los Grammy Latinos a trasladar los premios de Miami a Los Ángeles, en el último instante.

El cambio más importante que el grupo trajo a la música cubana fue la electrificación, impulsada por la utilización del bajo y sintetizadores al estilo del jazz-fusión, y la introducción de la batería a cargo de José Luis Quintana, «Changuito», que preparó el camino para el desarrollo de los estilos del songo y la timba. A finales de los setenta, Los Van Van iniciaron formas híbridas de salsa en las que se aprecia la influencia del rhythm and blues y los híbridos tropicales

Los Van Van, continuadores de las tradicionales charangas cubanas, son todavía hoy y después de más de un cuarto de siglo, la orquesta de baile más popular y querida de Cuba.

urbanos. Dicha clase de experimentación influyó enormemente al productor Sergio George, residente en Nueva York, y que revitalizó el sonido de semillero de la salsa, en toda su obra con Marc Anthony y grupos como DLG. Cerca de treinta años después del inicio, en el grupo figuraban Formell; el percusionista Changuito Quintana, obseso de los timbales e influido por el jazz; el innovador César Pedroso, ex pianista de la Orquesta Revé; el barítono Pedro Calvo, con su sempiterno sombrero de paja; y Mario Rivera, «Mayito», y sus tirabuzones, y la química entre ellos todavía era notable. La mayor parte del catálogo discográfico del grupo está en el sello Egrem, propiedad del estado, y el grupo seguía de gira a inicios del siglo XXI.

En años recientes, la mayor parte de la obra de Los Van Van se ha editado fuera de Cuba, e incluye un álbum con el título del grupo para Island y varios en Xenophile (*Azúcar)*, y en el sello Caliente, de Atlantic Records (*Llegó Los Van Van)*. Buena parte de la obra asombrosamente innovadora del grupo de los años setenta y ochenta está recogida en antologías recopiladas por David Byrne para su sello Luaka Bop, y por Ned Sublette en su sello Qbadisc.

Songo, editado en 1980 por la Island Records, era un intento de dar a conocer una música que se había estado destilando en Cuba, durante varios años. Cuando las noticias del furor que se creó con la popularidad del songo llegaron a las costas estadounidenses, se desató un ímpetu entre los músicos latinos neoyorquinos para copiar el estilo. Rubén Blades salió de gira con una versión de la canción estrella de *Songo*, la hímnica «Muévete». Al sobreponer ritmos funky en

4/4 encima de una síncopa en 6/8, Los Van Van hicieron posible que se bailara con su estilo de música libre, sin que fueran necesarios conocimientos de los pasos del mambo, ni una pareja que diera vueltas de manera frenética. Coproducido por el director Juan Formell y Jon Fausty, el ingeniero de Blades en la época de *Siembra*, las canciones de *Songo* son exuberantes regrabaciones de éxitos con la prueba del tiempo a favor. La línea de bajo funky de «Qué palo es ése» se ve aumentada por un sintetizador aterciopelado y melodías de cuerda; «Sandunguera (Por encima del nivel)» es un elogio de la típica mujer fatal cubana, al tiempo que permite que el pianista César Pedroso exhiba sus «palmierismos» percusivos.

En 1993 World Pacific publicó la recopilación *Bailando mojao*, una colección de alguna de las mejores grabaciones del grupo. Todos los elementos esenciales de Los Van Van —el swing impecable, los arreglos innovadores, la utilización de estilos híbridos y letras directas— se encuentran aquí con abundancia. Desde el sudoroso «merengue son» con ritmo acelerado del tema que da título al disco, hasta el «rap songo» de «Deja la bobería», *Bailando mojao* es un frenesí cinético de música moderna de baile. «El buena gente» es un songo, de ímpetu nervioso, que es una parábola sobre un hombre, cuya generosidad se hace necesaria, por los tiempos difíciles a los que Cuba, y su experimento revolucionario, se enfrentan continuamente. Cuando la década de los noventa llegaba a su fin, Los Van Van publicaron varios álbumes potentes, de estudio y en directo, de los que destacan *Ay Dios, ampárame*, de 1996, y *Te pone la cabeza mala*, de 1997, ambos del sello Caribe. El dúo Formell y Pedroso aún funcionaba en plena forma, con Mario «Mayito» Rivera, que empezaba a robarle protagonismo a Pedro Calvo. En 2003, el grupo editó el hipnotizante *En el Malecón de La Habana*, un álbum en directo en el que no figuraban ni Pedroso ni Calvo. Aunque, ese mismo año, los Van Van realizaron una presentación triunfante en el Carnegie Hall neoyorquino, con ambos integrantes de vuelta, y con el añadido de una nueva revelación, la cantante Yenisel Valdés.

NG La Banda

NG La Banda introdujo el nuevo sonido de la timba, y tomó las riendas de la popularidad como grupo de baile de manos de Los Van Van e Irakere, a finales de los ochenta, al alba del «Período Especial» de Cuba, la época que siguió a la caída de la Unión Soviética, que supuso una catástrofe económica, por la que la isla todavía está pasando. La timba se relacionaba con la vida acelerada que había traído el aumento del turismo y la prostitución a principios de los noventa, una época que creó un repentino materialismo entre la juventud cubana. El enorme éxito del grupo en 1990 con «La expresiva», hizo de Isaac Delgado, el cantante solista original de NG La Banda, un personaje de culto fuera de Cuba. «La expresiva» parecía regresar a los cánones de la salsa de la era de la Fania neoyorquina, con su familiares sonidos de teclado electrónico y ritmos vagamente songo, al estilo Van Van. Aunque la canción es, en realidad, una «bomba-son», un híbrido de la bomba puertorriqueña y el son cubano, y contiene un solo de flauta ligerísimo, al estilo de la charanga, que afianza la parte de improvisación. La canción homenajea a La Habana con su letanía de dedicatorias a barrios como Cayo Hueso, Buenavista (en donde estaba el famoso «club social»), y la Habana Vieja. «La expresiva», además de «Un tipo como yo» y «Que yo gozo», figuran en el álbum *En la calle* de NG La Banda, en el sello Qbadisc.

El sonido NG pone el pie en el acelerador un poco más que sus antecedentes. La timba, básicamente, es una versión más agresiva del songo, con una cantidad mayor de influencias estilísticas e instrumentales, la mayoría procedentes del funk afroamericano y de la jazz-fusión. La voz de tenor de registro medio de Delgado, con un flujo y reflujo obsesionantes, parecidos a los del puertorriqueño Cheo Feliciano, afianzó al grupo. Con el tiempo, en 1995, Delgado emprendió una carrera en solitario, en Cuba, y publicó dos álbumes en Qbadisc. En el álbum *Con ganas*, de 1996, Delgado versionó «Son de Cuba a Puerto Rico» de Pablo Milanés, una canción que homenajeaba la unidad cubana y puertorriqueña, al comparar la relación entre los dos países con las alas de un mismo pájaro. La canción parecía una predicción del fichaje de Delgado, en 1997, por la RMM Records, propiedad de Ralph Mercado, lo que supuso que el cantante viajara a Nueva York para grabar *Otra idea*, con músicos puertorriqueños de sesión. RMM editó dos álbumes más, en 1998, *Rarities*, una recopilación de los años noventa, y *La primera noche*, *Desde Europa con sabor*, que incluía dúos con Cheo Feliciano y Ana Belén. El álbum de 2002 de Isaac Delgado, *Versos en el cielo* (BIS), significó una fusión ambiciosa entre los estilos de la nueva trova, el pop y la timba.

A finales de los años noventa, con la partida de Delgado, NG La Banda redujo el acento sobre los teclados eléctricos en pro de un sonido de piano más tradicional. José Luis Cortés, «El Tosco», se había desplazado de la flauta al puesto de cantante solista y compositor principal. De tez oscura y menos ídolo del público que Delgado, Cortés supuso para el grupo una presencia más desafiante, ya que se paseaba por el escenario, y dispensaba una serie de arengas y bendiciones, destinadas a evocar la actitud cubana contemporánea: ocupada, agresiva y enamorada de la música del pueblo. Cuando salía al escenario, Cortés iba en busca de trazar un inventario emocional, evaluar las necesidades espirituales del local, y dispensar una purificación espiritual. Cuando el grupo agitaba el local con los primeros acordes de «Santa Palabra», Cortés sacudía el cuerpo de mala manera, y presentaba el estribillo: «Despójate / Quítate lo malo».

NG La Banda devolvió el funk puro a la música de baile, que empezaba a desmoronarse bajo el peso de sus tendencias experimentales. Al cambiar casi sin ningún esfuerzo entre toda clase de guagancó, rumba, bebop, jump blues, jazz-fusión y cumbia, NG se configuraba como dueña de todos los ambientes. Los integrantes del grupo atacaban los boleros de Beny Moré, hacían el amor con los mambos clásicos, alzaban y restauraban las improvisaciones de Chick Corea, e incluso adoptaban un boogie-woogie, con el que Cab Calloway se hubiera sentido a gusto. La intensidad torrencial de la sección de viento de NG, era consecuencia directa de la precisión infalible de su sección rítmica, que lograba una oleada de ritmo sincopado y de swing que aturdía. La voluntad del grupo de incorporar una gama más amplia de estilos de la diáspora africana, como los *steel drums* antillanos y los ritmos de la soca, al tiempo que conservaba una conexión potente con los fieles de La Habana, hizo que NG La Banda fuera, tal vez, el grupo cubano más importante de los años noventa. Sin embargo, en *Baila conmigo*, el grupo parecía que abandonaba su sonido más duro en favor de unos mambos, guagancós, boleros y hasta merengues más tradicionales.

Bamboleo

Todos a una, muchos seguidores de la música cubana de dentro y fuera de la isla iban en busca de un grupo más joven de músicos que se aprovecharan del ímpetu de la timba para hacerla evolucionar. Bamboleo, fundado en 1995, se ha convertido en uno de los principales propulsores de la timba brava, una timba a tumba abierta, y que intenta llegar a donde ningún salsero llegó jamás. La timba brava refleja el conocimiento constante de Cuba por lo que sucede en el mundo de la música del exterior, en el que el hip hop y el *new jack swing* seguían innovando, con el fin de crear una banda sonora correcta para la diáspora africana, en evolución constante. Dirigido por el pianista Lázaro Valdés, compositor y arreglista, la primera época de Bamboleo la marcaron dos cantantes solistas, asombrosamente altas y con talento, Vannia Borges y Haila Mompié. Borges, que estudió en el conservatorio en los años setenta, fundó Bamboleo, después de pasar un tiempo actuando con Bobby Carcassés y Héctor Téllez. Muchos integrantes de la orquesta, de catorce miembros, se habían adiestrado en la Escuela Nacional de Arte de La Habana.

«Opening Estudio 10», la primera canción en el álbum de Bamboleo de 1997, *Yo no me parezco a nadie*, es una reconfiguración asombrosa del guagancó, en el que manda la trompeta, con un swing punteado por estallidos de saxo y un estribillo coreado que hace saltar al oyente a la pista de baile. Una figura lánguida de guitarra eléctrica con wah wah le otorga a la canción, poco menos que una sensación de banda sonora de película «blaxploitation», mientras que los tumbaos hipnóticos interpretados por Valdés crean un ambiente de expectación: acababa de llegar algo nuevo e interesante. Tanto en actuaciones en directo como en disco, *Bamboleo* no deja de cambiar los tempos. La pieza que da título al álbum es una celebración de la solidaridad cubana, en la era del milenio, con patrones de trompeta que recuerdan el apogeo de NG La Banda. En posteriores canciones como «Tú y yo», «Una misma cosa» y «Mirando al cielo», las líneas de bajo derivadas del funk y el blues, realizan una transición repentina a los patrones rítmicos habituales en 4/4 y, en una concesión al pop moderno, la clave sincopada se descarta de manera provisional. En «Si no hablaras tanto», el hip hop hace de matriz para una «canción de respuesta», como la obra de la neoyorquina Roxanne Shanté, que va de un amante que ya no merece el cariño de Borges y Mompié.

En 1999 Bamboleo sufrió cambios de personal, y Haila Mompié se fue de cantante al grupo Azúcar Negra, de sonido algo más evolucionado. El nuevo grupo aún tiene los arrolladores tumbaos de piano, aliados con un ataque de metal sobre un ritmo frenético de timba. En vez de dos cantantes femeninas, Azúcar Negra tiene un coro de voces masculinas, que hace llamada y respuesta con Haila. El ambiente es un poco moderno, y los cantantes preparan el momento para que Haila Mompié se luzca como solista.

El álbum en solitario de Mompié, *Haila*, de 2001, fue uno de los mejores discos de salsa y tropical del año en todas partes. Homenaje a la música de la diva de la salsa Celia Cruz, *Haila* (BIS Music) es una asombrosa obra de arte afrocubana, en la que destacan la interpretación directa y muy experta, los arreglos de una complejidad estimulante, y la mayoría de edad de una de las voces más brillantes del género. La muralla de trompetas que enmarcan el encantador dúo de Mompié con el cantante «Mayito» Rivera, de Los Van Van, acelera el corazón; el tratamiento sensual que la cantante da al bolero «La rosa» es tan sencillo como encantador. Con producción de Isaac Delgado, las versiones de Celia Cruz del álbum, como «Usted abusó» y «Químbara» *swinguean* con toda la energía de los originales o más.

Cubanismo

Batería, compositor, arreglista y director de orquesta, Giraldo Piloto desempeñó un papel fundamental en la evolución de cuatro de los grupos más importantes de la música contemporánea cubana. Fue el primer batería de NG La Banda, para quienes compuso «Te confunde ser esa mujer». Luego fue batería y director musical del grupo que formó Isaac Delgado, para acompañar su carrera en solitario, después de abandonar a NG, y fue el coautor del clásico de Delgado «¿Por qué paró?», aparte de lo que algunos consideran como la introducción esencial a la timba, «No me mires a los ojos». Colaboró también con La Charanga Habanera y compuso el primer gran éxito del grupo, «Fiebre de amor», que ayudó a la banda a modernizar su sonido de charanga tradicional y a sumarse a las filas de la revolución de la timba.

En 1995, Piloto fundó su propio grupo, Klímax, que se colocó pronto en el centro de la escena musical habanera, además de tocar en los principales clubes de Europa. Su álbum *Oye cómo va* coincidió por casualidad con el fallecimiento de Tito Puente y el tema del título se convirtió en una actualización del clásico así como en un claro homenaje.

Piloto, con la carrera de conservatorio en su haber, prolongó su formación en la Orquesta del Cabaret Tropicana entre 1980 y 1987 y tocó con otro músico muy influyente, el trompetista Jesús Alemañy, que en 1995 fundó Cubanismo. «Preguntón» de Alemañy, y del álbum *Malembe*, de Cubanismo, es un amable reproche al deporte latinoamericano de criticar a los vecinos. La trompeta de Alemañy realiza la principal narración musical, y prepara una serie de solos de flauta y piano que cuajan en un collage perfecto de son, guaracha, changüí y charanga. Aunque el estribillo a mitad de «Preguntón» es un amable sarcasmo: «Te pasas la vida hablando de la gente. / ¿Qué quieres saber? / ¿Quién te lo pide?».

Trompetista carismático con el porte majestuoso de un Miles Davis y el soplo preciso y *funky* de Fats Navarro, Alemañy tomó como modelos a seguir a los estilistas cubanos, desconocidos en Norteamérica, Félix Chappotín y Lázaro Herrera (del septeto de Ignacio Piñeiro). Después de fichar por la discográfica estadounidense Hannibal Records, en 1996 el equipo de Alemañy estalló en la escena estadounidense, con un lanzamiento simultáneo del pianista invitado Alfredo Rodríguez, *Cuba linda*. En las actuaciones en directo, Cubanismo se mantuvo en su formato esencial de descarga, con una serie de solos improvisados de Alemañy, Rodríguez, el saxo alto Yosvani Terry Cabrera, y el tresero Efraín Ríos, que desarrollaban chachachás impresionantes y guagancós sigilosos. Los ritmos de variación de la timba de «Salsa pilón» los introduce un *riff* directo del timbal y los adornan un ondulante tumbao de Rodríguez. En primera línea de Cubanismo estaba un cantante solista, de pelo largo y bien peinado, llamado Rojitas, que jugaba el papel del sonero seductor, al igual que cualquier otro astro de la salsa sensual.

Cubanismo es uno de los mejores ejemplos de un vanguardismo popular moderno que floreció bajo la capa de Castro. La rompedora fusión de Rodríguez, algo así como un cruce de Satie con la santería, es una demostración más de que la música de baile puede ser inteligente, y que la gente inteligente sabe bailar.

Buena Vista Social Club

En las primeras décadas posteriores a la revolución, Cuba tenía una preocupación tal por el progreso que no invirtió demasiado en su música de los años treinta a los cincuenta. La situación cambió con la llegada de Buena Vista Social Club, que obtuvo una enorme atención internacional en 1999. Formado en 1997 por el rocker y bluesman norteamericano Ry Cooder, con la colaboración del líder del grupo Sierra Maestra, Juan de Marcos González, el Buena Vista Social Club fue decisivo a la hora de renovar el interés por la música tradicional cubana en todo el mundo y en la propia Cuba a finales de los años noventa. En realidad

Buena Vista Social Club. Sobre el escenario: Salvador Ochoa, Orlando «Cachaíto» Lopéz, Joachim Cooder, Ibrahim Ferrer, Juan de Marcos Ganzález, Ry Cooder y Pio Leyva.

es un supergrupo integrado por los mejores músicos populares cubanos de los cuarenta y cincuenta, reunidos en sus últimos años para entonar unos postreros vítores. Aunque se ha discutido si el toque de la guitarra *slide* de Cooder en el álbum era superfluo o debía considerarse una auténtica incorporación, su inyección de nueva (o, más bien, «vieja») vida en la escena musical cubana ha dejado un impacto duradero en los aficionados a la música latina de todo el mundo.

La música de Buena Vista toca una cuerda sensible porque los boleros y sones cubanos de principios a mediados del siglo XX son, en cierta forma, la base de la música popular de toda América Latina. Sus integrantes alimentan la nostalgia de una generación entera de emigrantes latinoamericanos en Norteamérica porque ésa fue la última música que escucharon antes de partir hacia el Norte.

El músico más anciano del álbum, el guitarrista y cantante Compay Segundo, combina las raíces rurales de la música guajira o campesina con boleros a la vieja usanza. El cantante Ibrahim Ferrer antaño hizo coros para el legendario Beny Moré y también cosechó algunos éxitos propios. La gran bolerista Omara Portuondo, definida a veces como la Edith Piaf cubana, luce una conmovedora voz de soprano. Elíades Ochoa, el más joven del grupo, es un atractivo cantante del género rústico guajiro. El pianista Rubén González, veterano de la orquesta de Arsenio Rodríguez de los años cuarenta, es el último de los grandes pianistas cubanos del pasado, como el legendario Peruchín.

Cooder, que toca la guitarra *slide* en muchas de las canciones que Buena Vista ha grabado e interpretado en concierto, llevaba muchos años interesado por la música cubana y finalmente vio la oportunidad, a finales de los noventa, de reunir a un grupo de músicos que lo eran todo salvo olvidados. Cooder había realizado una visita clandestina a Cuba en los años setenta, después de que un amigo le pasara una cinta con música posterior a la revolución. Unos veinte años después, firmó un contrato con el productor inglés Nick Gold para grabar un álbum con algunos músicos cubanos y un grupo de África occidental. Cuando los africanos quedaron retenidos en Francia sin remedio, Gold y Cooder decidieron seguir adelante con el proyecto, reclutando a quienes pudieran encontrar. El director musical Juan de Marcos González había estado reuniendo a músicos ancianos para su proyecto Sierra Maestra, incluido el bajista «Cachaíto» López (el sobrino de «Cachao») y buena parte de la sección rítmica.

Pero algunos de los músicos se presentaron en el estudio casi de improviso: el cantante Ibrahim Ferrer, que por entonces no tenía dinero, acudió tras una llamada telefónica; González se había retirado a causa de la artritis y ni tan sólo poseía un piano. Después de la publicación del álbum, el grupo realizó amplias giras por Estados Unidos y Europa, y alguno de dichos conciertos, más las sesiones para el disco en solitario de Ibrahim Ferrer, fueron el argumento para el documental de 1998, candidato al Oscar, del cineasta alemán Wim Wenders. Aunque así como el Buena Vista Social Club fue crucial a la hora de volver a despertar el apetito del público en pos de los clásicos de la música cubana, está completamente fuera de contexto en relación con el desarrollo de la música cubana posterior a la revolución. El proyecto de Cooder y Gold fue un casualidad feliz; el vaciado del gran talento olvidado procedente de una zona cultural políticamente congelada fue fácil gracias a los medios procedentes de una economía capitalista y se convirtió en un milagro menor para la restrictiva economía cubana. El grupo inspiró una moda completamente nueva, anteriormente inédita en la Cuba de pensamiento progresista: una oleada de nostalgia en pos de la música que era popular en la época anterior a la revolución castrista.

Uno de los álbumes de música latina más notables realizados jamás, *Buena Vista Social Club*, a la vez que culminaba un siglo de música cubana, la dirigía hacia el futuro. El Buena Vista Social Club recreó la forma elemental del son. Al igual que un álbum de blues que revela los secretos de su descendencia, el rock and roll, *Buena Vista* descubre, de forma brillante, la esencia de géneros populares de baile como la rumba, el mambo, el chachachá y la salsa. Cada canción permite intervenciones solistas destacadas de Ferrer, Portuondo, González, Segundo y Ochoa. «Chan Chan» es, en muchos sentidos, la canción característica de *Buena Vista*, por la manera en que presenta una versión pura del son, cuya letra se basa en los sencillos avatares del campo. Su rítmico título sigue una tradición de la música latina: frases onomatopéyicas se convierten en la voz de patrones percusivos que subrayan la propia música. «Chan Chan» es una frase lírica eterna que permanece en la mente tiempo después de que haya finalizado la interpretación de la canción. «Pueblo Nuevo» realiza la función de reivindicar la elegancia del danzón y el son «Candela», impulsado por el tumbao, es elemental en la forma en que presenta la estrategia casi obvia del doble sentido sexual. Aunque el son rústico cubano interpretado por el grupo ofrece notables parecidos con la música country estadounidense, Ry Cooder, rara vez deja que el toque de su guitarra *slide* se convierta en el centro de atención, lo que dice mucho en su favor. En su lugar, *Buena Vista Social Club* se centra en la pureza de los ritmos y armonías cubanas, lo que permite a los músicos hacerse con los momentos más trascendentales al utilizar sus instrumentos acústicos.

Ibrahim Ferrer, al que se ha definido como el Nat «King» Cole de la música cubana, nació para cantar; su madre le dio a luz en 1927, en pleno club social de baile, en la ciudad de Santiago. Ferrer descubrió su pasión por la música a los doce años, cuando, en un concurso de canto de Santiago, él interpretó «Charlemos», una canción del cantante argentino Alberto Gómez, y ganó una entrada gratis para ver una película de Tom Mix. Ferrer cantó con la mejor orquesta de Santiago, la Chepín-Chovén; con Los Bocucos, una orquesta de La Habana que realizó giras internacionales; y como cantante de acompañamiento de Beny Moré, en los años cuarenta y cincuenta. En un período de veinte años, desde los cincuenta a los setenta, consiguió éxitos como «El platanal de Bartolo», «Cuándo me toca a mí» y «Que me digan feo», con los Bocucos, bajo la dirección de Pacho Alonso.

Ferrer recogió varios trucos diferentes, en tanto que cantante de coro de Beny Moré. El corista a menudo necesita un sentido del ritmo más desarrollado que el cantante solista, y el estribillo puede ser más complicado que la estrofa normal. En el clásico de Moré, «Cómo fue», de su álbum en solitario, Ferrer actúa tanto de cantante solista como de corista, y cambia los registros como sólo podría hacer alguien que conozca ambas partes. El dúo culminante de Ferrer con Omara Portuondo en «Silencio», de Rafael Hernández, era uno de los momentos más emocionantes, entre muchos otros, del documental de Wim Wenders sobre Buena Vista y el cantante es tal vez el centro carismático del grupo. Su estatus como cantante de segunda fila que nunca triunfó le concede a la música una urgencia emotiva, además de probar que el talento musical cubano es tan profundo que sus astros secundarios son arrebatadores, cuando finalmente alcanzan el centro del escenario incluso con más de setenta años de edad.

Bailarina, en origen, del eterno Tropicana, Omara Portuondo, nacida en La Habana en 1930, fue una cantante fundamental durante la época habanera en que coincidieron la descarga y la aparición informal del género llamado *filin*, actuando en lugares como El Gato Tuerto, al lado de leyendas como Elena Burke. El filin era un género que había absorbido influencias del jazz norteamericano y, a la larga, del rhythm and blues y el soul. Así que, en cierto sentido, Omara tenía en ella un poquito de Ella Fitzgerald y de Sarah Vaughan, aunque su repertorio es, en su mayor parte, de origen cubano. Su voz de contralto menor, aunque poderosamente escandalosa, hace de ella una respuesta jazzística a Celia Cruz, y llega a versionar a Gershwin.

Rubén González despliega la técnica habitual entre los mejores pianistas afrocubanos. González nació, en 1920, en el pueblo de Santa Clara y emigró a La Habana en 1941, tras acudir al conservatorio de la ciudad de Cienfuegos y matricularse en la escuela de medicina durante un período breve. Su trabajo más importante lo desarrolló en el conjunto de Arsenio Rodríguez, antes de que el director de orquesta partiera para Nueva York, en los años cincuenta. También tocó en la Orquesta de los Hermanos García, en la que, en un momento dado, figuró Mongo Santamaría, y en los años setenta tocó en Argentina con grupos de tango.

González surca el teclado, de manera fácil, y exprime todas y cada una de la sutilidades de sus arpegios, haciéndose eco de Bud Powell o incluso de Thelonious Monk. Junto con su contemporáneo Peruchín, su toque ejerció una gran influencia en Eddie Palmieri, en el que la elemental figura del tumbao, que es habitual en los pianistas de música latina, se eleva a una extraordinaria forma de arte. «Pueblo Nuevo», la canción que González aportó al álbum de Buena Vista Social Club, es una cápsula de tiempo del estilo de los años cuarenta, cuando tocaba con Arsenio Rodríguez. El pianista empieza tocando a ritmo de danzón, luego improvisa en mambo, o sección de montuno. Su acompañamiento a Ibrahim Ferrer, en «Murmullo», evoca al pianista de jazz Erroll Garner a la vez que se mantiene fiel al delicado ritmo del bolero.

Quizá el integrante más carismático de Buena Vista Social Club, Compay Segundo es un maestro en la tradición del son. Nacido en 1907, en la montañosa Siboney (González interpreta una versión de «Siboney» de Lecuona en su primer álbum en solitario), Segundo se trasladó a temprana edad a Santiago. Aprendió pronto a tocar el tres y la guitarra y comenzó a componer a la edad de quince años. Inventó su propio instrumento, el armónico, una denominación alternativa de la trilina, que es un cruce entre la guitarra y el tres, que utiliza siete cuerdas, con la del medio doble. En 1938 Compay viajó a México con el Cuarteto Hatuey de la cantante Justa García y, en 1942, puso en pie un dúo de nombre Los Compadres, con Lorenzo Hierrezuelo. En dicho dúo, cantaba los coros de bajo, un talento por el cual se le concedió el apodo «Compay Segundo» («segunda voz»).

Aunque después de fundar, en 1956, Compay Segundo y sus Muchachos, y tras lograr un cierto éxito, el cantante desapareció pronto en la oscuridad para ser rescatado, ya en 1989, por el Instituto Smithsonian, en donde realizó una serie de conciertos. Esta resurrección de su carrera le llevó a residir en España, a mediados de los ochenta, en donde produjo *Lo mejor de la vida*, editado casi simultáneamente con el primer álbum de Buena Vista, en 1998. Homenajes al poeta Federico García Lorca y al cantautor cubano Silvio Rodríguez afianzan el sentimiento de «trío» de sus grabaciones (véase el capítulo 5). Los siguientes álbumes de Segundo, *Calle Salud* (1999) y *Flores de la vida* (2001), se vendieron bien en la estela de la enorme popularidad de Buena Vista. En el lanzamiento de 2002 de Compay Segundo, *Duetos*, figuran dúos con astros cubanos como Pablo Milanés y Silvio Rodríguez, el cantante argelino Khaled, y algunos colaboradores extraordinarios como el cantante francés Charles Aznavour, el actor Antonio Banderas, y el excéntrico cantante del «Mambo No. 5», Lou Bega.[2]

Aunque Buena Vista Social Club tan sólo publicó un álbum, los numerosos lanzamientos en solitario de su integrantes han creado un reducido catálogo de álbumes. Los Afro-Cuban All-Stars, con una formación prácticamente idéntica más algunos percusionistas, publicó en 1997 *A todo Cuba le gusta* y *Distinto diferente* en 1999. Compay Segundo lanzó tres álbumes; Rubén González publicó un álbum con su nombre de título, en 1997, y *Chanchullo* en el año 2000; Ibrahim Ferrer, Omara Portuondo, «Cachaíto» López, Barbarito Torres y Elíades Ochoa grabaron todos discos en solitario. En 2003, Ry Cooder lanzó *Mambo sinuendo*, una arriesgada colaboración con el guitarrista de Los Zafiros, Manuel Galbán, e Ibrahim, su segundo álbum en solitario, *Buenos hermanos*.[3]

Las consecuencias de Buena Vista

La mayoría de aficionados a la música latina coincide en que los álbumes y proyectos adicionales de Buena Vista Social Club eran evocaciones brillantes de un estilo clásico de la música cubana que les emocionaron en cuerpo y alma. De todos modos, tras cinco o seis álbumes de elegantes canciones, interpretadas de manera conmovedora, de esas epifanías perfectas del son, el danzón y el bolero, ¿no había suficiente?

Todo cambió con la llegada de «Cachaíto», el debut del contrabajista acústico Orlando «Cachaíto» López, el núcleo rítmico tras las grabaciones de Buena Vista, y de repente, la nostalgia cubana se transformó en la nueva vanguardia. Con una formación ecléctica que comprendía a Bigga Morrison, el organista Hammond de Aswad, Pee Wee Ellis, el antiguo saxo tenor de James Brown, Hugh Masekela, el legendario fiscornista surafricano, y DJ Dee Nasty, pionero del hip hop francés, «Cachaíto» realizó uno de los mejores álbumes latinos de 2001. El disco incluye incursiones en el dub jamaicano, el jazz orquestal y, en el tema «Cachaíto in Laboratory», el sampling y el scratch.

Aunque la mayoría de oyentes se entusiasmó con las narraciones melódicas y los viajes armónicos de Buena Vista, el motor que condujo dicho vehículo cubano de época fue el diálogo de «Cachaíto» con diversos tipos de percusión.

---

2. Compay Segundo falleció el 13 de julio de 2003, en La Habana, a la edad de noventa y cinco años. *(N. del T.)*

3. Ibrahim Ferrer falleció en La Habana el 6 de agosto de 2005, a la edad de setenta y ocho años. *(N. del T.)*

En «Cachaíto», las canciones clásicas y los cantos nostálgicos de *Buena Vista Social Club* han desaparecido, y todo lo que ha quedado es López y el conguero Miguel «Angá» Díaz, que fabrican tumbaos básicos de bajo cubano, mientras que el resto de músicos buscan la manera de adornar el ambiente rítmico.

«Cachaíto» López nació en La Habana en 1933 y se formó en un medio único, al acompañar a su padre Orestes a los ensayos en la Sinfónica de La Habana, y a varias sesiones discográficas de la orquesta de Arcaño. Creció viendo y escuchando a Orestes, y a su tío Israel «Cachao» López, uno de los inventores del mambo. Durante su larga carrera ha tocado con Arsenio Rodríguez, Chucho Valdés, y Paquito D'Rivera, entre muchos otros.

Aunque la música que interpretó con músicos cubanos tan grandes y tan diversos cubrió géneros muy variados, para «Cachaíto» la palabra clave es *descarga*. En los años cincuenta, él salía cada noche y tocaba en una descarga. Al igual que sus compañeros y colaboradores, se tomaba la palabra en su sentido literal y las *jam sessions* consistían en descargar toda la energía creativa que se fabricaba durante el día.

La llegada de Orlando «Cachaíto» López (el sobrino de «Cachao») a Buena Vista Social Club lo cambió todo. El debut de este contrabajista acústico transformó, repentinamente, la nostalgia cubana en la nueva vanguardia.

Para las *descargas* de la nueva escuela, «Cachaíto» introdujo una instrumentación atípica. De principio a final, el órgano Hammond de Morrison creó una sensación de salón de baile jamaicano; en «Wahira», Juan de Marcos González interpreta una canción folklórica cubana guajira tradicional, con un tres equipado con un pedal *wah wah*; y en «Conversación», el flautista «Polo» Tamayo y el guitarrista y director musical Manuel Galbán crean una sensación de vanguardia jazzística. La contribución de «Angá» Díaz, que participó en el año 2000 en el álbum rupturista de los raperos cubanos Orishas, es fundamental para lograr el toque hip hop de «Cachaíto».

La escena musical de La Habana a principios del siglo XXI es tan vibrante como siempre. El rock estadounidense, el hip hop y otros géneros musicales norteamericanos están constantemente disponibles a través de la radio y de cintas y discos de importación. Es tan fácil escuchar a Eminem —de hecho parece que esté en el ambiente— desde de un terrado como a Air Supply en un taxi. El hip hop sigue siendo la tendencia más vigorosa y en especial gracias al éxito reciente de Orishas, emigrados a Europa a finales de los noventa. Grupos de músicos con formación de conservatorio siguen tocando en el limitado circuito de clubes y bares, y publican álbumes en sellos discográficos de propiedad estatal. Entre ellos destacan la Charanga Habanera que, pese a aludir a un estilo anterior a la revolución, es una orquesta completamente contemporánea, aunque no tan eléctrica como Los Van Van. Tanto Carlos Manuel, que se exilió en junio de 2003, como Manuel Hernández, el estudiante de medicina más conocido como *Manolín, el médico de la salsa* —que se trasladó a Miami y luego a San Francisco en 2000—, conservan el sentimiento folklórico en sus composiciones de salsa contemporánea. A Vocal Sampling se les puede considerar como un número excéntrico, ya que sus integrantes cantan a capella, de forma parecida a los intérpretes estadounidenses Take 6 o Manhattan Transfer. Aunque su dedicación al arte del son cubano y el bolero, además de una orientación casi hip hop, hacen que su música sea conmovedora. Vocal Sampling publicó *Cambio de tiempo* en 2001 y Manolín, *Giro total*, con aromas pop, en 2003, en el sello BMG.

Tal vez una de las historias de éxito más sorprendentes de la Cuba contemporánea es la de la Orquesta Aragón, una orquesta de baile fundada en 1939. Después de haberse desarrollado a través de muchos de los estilos de la era del mambo y la típica, incluido el chachachá y, por supuesto, la charanga, la Aragón sobrevivió a varios cambios de formación y en 2001 publicó uno de sus mejores álbumes de toda su historia, *En route*. El disco, que obtuvo una candidatura al Grammy en 2002, contiene la charanga de más alta intensidad, más acelerada y cargada de violín jamás grabada. También rendía homenaje al rock and roll y el rap en la canción «Guasabeando el rock and roll» y en el «rap-chachachá», de aroma hip hop, «Cha Cuba». Con su trayectoria, fiel a las raíces y de una gran exigencia técnica, la Aragón mantiene incólume una de las ramas de la música cubana.

Actualmente, la música en Cuba sigue desarrollándose en medio de contradicciones. Por un lado, centenares de músicos con talento y bien adiestrados se nutren de una las culturas musicales más dinámicas del mundo. Aunque la restricciones económicas, y a veces políticas, obligan a que buena parte de la música sea clandestina y apartada de los oyentes del resto del mundo. Cada vez más músicos cubanos se organizan contratos para tocar y vivir en distintas partes del mundo, sin exiliarse, e incluso los que lo hacen, como los astros del hip hop Orishas o el cantante pop Amaury Gutiérrez, se muestran poco hostiles hacia Cuba y simplemente arguyen la falta de oportunidades como motivo para abandonar el país. El hip hop y el jazz conservan una poderosa tendencia cultural, aunque el son y el bolero tradicional siguen en los cafés de las grandes ciudades y cada domingo se celebra una estridente rumba en el Callejón de Hamel, donde los turistas se apiñan mezclados con los cubanos corrientes.

cinco:

La balada latina,
del bolero al nuevo pop latino

Cuando los latinoamericanos se reúnen, puede que se lancen a interpretar una versión de un bolero clásico o que se pongan a bailar un ritmo tropical. Es como si el bolero captara un momento más lento, más sentimental en la psique latina, que permite a las parejas de bailarines recuperar el aliento, y a los amantes líricos perderse en una historia. Cuando los entusiastas del bolero se ponen a cantar, se imaginan que están en el lugar del cantante, que ha venido a desempeñar el papel del ídolo pop, el ápice de la orquesta, el guapetón, la voz de oro. En dicha voz están los gritos de dolor del *cantaor* de flamenco, el trovador cubano y el trovador español del siglo XV.

El bolero cubano

A veces no se entiende bien lo que es el bolero cubano porque su nombre deriva de un baile folklórico, de raíces flamencas, del siglo XVIII y del sur de España, interpretado en un ritmo de 3/4. Al parecer, mezcla de la familia de bailes conocidos como sevillanas y de la contradanza española, el bolero se asocia con la cultura gitana y despliegues de sexualidad jactanciosa que se atemperan con una especie de formalismo de ballet clásico, evidente en la composición de Maurice Ravel con el mismo nombre. Las formas de canciones que acompañaban el baile del bolero en España tenían estrofas de cuatro versos de cinco o siete sílabas. En el proceso del cambio constante de estilos de baile y canción entre España, el resto de Europa y Cuba, el bolero como baile desapareció, de forma gradual, de la isla y el metro de la forma de canción pasó al 2/4 o al 4/4. La tradición del bolero sigue en España, en su mayor parte sin relación alguna con lo que se ha convertido en la tradición lírica más popular en América Latina.

La forma de balada que conocemos hoy como bolero cubano tiene unas raíces que se remontan a la España medieval. A pesar del hecho que la palabra *balada* tiene sus orígenes etimológicos en la definición de un baile; es una forma poética que evolucionó a partir de las canciones que se cantaban durante las interpretaciones del baile de la «balada». La tradición española se apartó de la del resto de Europa, al hacer hincapié en la narrativa épica. La balada española emplea el formato de verso octosilábico, en estilo de décima, y evolucionó en Europa de sus estadios orales hasta las cumbres del siglo XVII del imperio español, cuando escritores cultos añadieron brillo a lo empezó como una forma artística del pueblo.

La balada la hicieron popular los trovadores que empezaron en el sur de Francia y se hicieron populares en la vecina España; la tradición trovadoresca se tradujo a varias lenguas romances. El estilo de vida nómada de los trovadores y el afán por explicar historias que tanto podían ser leyendas como «noticias» tendría una resonancia duradera. El *Cantar de Mio Cid*, que cuenta la historia de un legendario caballero del siglo XI, es citado a menudo como la influencia seminal de la literatura española, y muchas baladas basadas en dicho poema son ejemplo asimismo de la característica épica y narrativa de la balada española, que al cabo, en el siglo XIX, salió a la luz en Cuba.

La forma cubana del bolero se desarrolló en Santiago, a finales del siglo XIX, cuando la tradición de la trova (derivada del trovador español), o canción, una especie de tradición narrativa urbana interpretada por cantantes ambulantes, empezó a interrelacionarse con la explosión de estilos musicales en la isla. Al igual que la mayor parte de la música cubana del siglo XIX, la trova recibió la influencia de los estilos románticos franceses, de la tradición napolitana de comedias musicales divertidas, y por supuesto, de la ópera, formas de música popular a pesar de su aparente pedigrí aristocrático. Interpretada en su mayor parte, por cantantes desconocidos que empuñaban una guitarra y que tocaban en pequeños bares y en la calle, la trova estaba más cerca de sus primitivos orígenes españoles como música folklórica. El exuberante paisaje rural y el ritmo más pausado de la provincia de Oriente, donde estaba Santiago, distante de la comparativamente cosmopolita La Habana, era un campo de cultivo perfecto para la trova.

Aunque algunos autores sostienen que data de principios del siglo XIX, el bolero cubano moderno se inicia con la obra de José «Pepe» Sánchez, cuyo «Tristeza», compuesto en 1885, fue considerado como el primer clásico del género y popularizó el uso del término bolero. Sánchez injertó la tradición trovadoresca dentro de estilos como el danzón, la danza, la habanera y el son, con el ritmo de

Sindo Garay, discípulo de «Pepe Sánchez»
y uno de los más prominentes trovadores
cubanos de todos los tiempos.

cinquillo que jugaba un papel importante, con su yuxtaposición a las letras, a menudo en estilo de décima. Sánchez siguió la tradición de la trova que aludía a los sentimientos de la gente, al introducir en sus canciones un tono político nacionalista, como en «La cubana» y «Cuba, mi patria querida». Se dice que Sánchez enseñó a tocar la guitarra a los primeros trovadores: Rosendo Ruiz, Alberto Villalón, Manuel Corona, Ñico Saquito y al más famoso del grupo, Sindo Garay.

Sánchez y sus contemporáneos tomaron la trova cubana tradicional e incorporaron más pasajes musicales improvisados (inspirados por los montunos del son) en mitad de la canción, casi como el puente del rhythm and blues. A principios del siglo XX, el bolero se desarrolló de manera paralela al son cubano de forma que reconcilió las melodías de guitarra española, las letras, y los ritmos de 4/4 con el ritmo del cinquillo cubano. Pero aunque los aspectos formales de la música cubana fueron fundamentales para los orígenes del bolero, sus mayores progresos los hizo posible el nacionalismo de principios de siglo y los nuevos estilos urbanos que surgían de las calles y fiestas privadas de Santiago.

Sindo Garay siguió la inclinación política de Sánchez, al rescribir «La bayamesa», en origen un poema de Carlos Manuel de Céspedes, que alentó una guerra de independencia contra España a finales del siglo XIX, y en otra canción rindió homenaje al mártir nacionalista, el poeta y ensayista José Martí. El bolero cubano destaca por su capacidad para incluir en las letras, estrofas de poetas conocidos. Como en el caso anteriormente citado, los del poeta Adolfo Utrera se incluyeron en el famoso bolero «Aquellos ojos verdes» del compositor Nilo Menéndez. La canción la grabaron incontables orquestas, y entre las versiones más originales destacan la de Pérez Prado, un mambo con rugido incluido, y la de Nat «King» Cole, de los discos en español con fuerte acento. De «Guajira guantanamera», canción compuesta en 1928 por el bolerista Joseíto Fernández, se hizo una nueva versión en los cincuenta, que tal vez llegaría a ser el bolero más famoso de la historia, con el añadido de los «Versos sinceros» de José Martí: «Yo soy un hombre sincero, / de donde crece la palma, / y antes de morir quiero / echar mis versos del alma». Obsérvese cómo dicho bolero quintaesencial se adapta a la estructura octosilábica de la décima, aunque los diez versos, se queden en ocho, como sucedía con frecuencia.

La trova, en tanto que descendiente de la balada española, es una de las muchas manifestaciones de esa forma que existió en diversas partes de Latinoamérica; en Puerto Rico, existía el pregón, y en México, el corrido. Aunque el destino de la trova estaba en la evolución. La trova rústica se transformó en el sofisticado ambiente urbano de La Habana, cuando el círculo de trovadores de «Pepe» Sánchez empezó a actuar en los entreactos de los teatros en los que se representaban obras y revistas musicales. Influyó en la canción romántica mexicana, en la primera parte del siglo XX, y creó tanto un movimiento de bolero urbano como uno de rural que acabó por conocerse como ranchera.

Cuando uno de los últimos trovadores del viejo estilo, Eusebio Delfín, obtuvo un éxito internacional en 1924 con «Y tú que has hecho», empezó un nuevo período de evolución. Híbridos del bolero como el bolero-son, inventado por Miguel Matamoros, los empezaron a interpretar artistas como Arsenio Rodríguez y Beny Moré. En los años treinta, el bolero se transformó también en estilos diferentes como el bolero beguine (que procedía del ritmo «beguine» en la versión de rumba de salón, de un ritmo de baile sincopado de la isla de la Martinica), el bolero montuno, y el bolero mambo, que se interpretaban con unos patrones rítmicos sutilmente diferentes. (No obstante, la historia de la trova no acaba aquí: sufriría una revisión por parte el movimiento de la nueva trova, cuyos más célebres intérpretes como Pablo Milanés y Silvio Rodríguez cantarían canciones en elogio de la revolución cubana, y reviviría en artistas como Compay Segundo, de Buena Vista Social Club.)

––––––

Si se ha tenido la oportunidad de estar en un país latinoamericano, concretamente en México (o si se ha podido llegar a La Habana, saltándose el embargo, para sentarse en el restaurante del jardín del Tropicana), uno se da cuenta que el formato más ubicuo para el bolero, es el trío, que habitualmente consiste en tres cantantes y, a la vez, guitarristas, o dos guitarras y un percusionista. Normalmente la guitarra solista es un requinto, una especie de guitarra más pequeña con la cuerda de arriba, de registro más agudo. Cuando suenan las tres guitarras, con frecuencia una lo hace como solista, y las dos demás interpretan melodías rítmicas o improvisadas. Los papeles de primera y segunda voz los popularizaron en origen el círculo de Sindo Garay y «Pepe» Sánchez.

Las formas de canciones de bolero y trova de Santiago fueron antecedentes necesarios de los estilos musicales tropicales modernos como la salsa, aunque el bolero siguió también evolucionando por derecho propio, en paralelo al son, en términos de abrir espacio para la improvisación. En los años cuarenta y cincuenta, el bolero llegó a ser algo así como la forma estándar de música pop de toda América Latina. En tanto que estilo musical latinoamericano, el bolero no es más que un crisol de sentimentalismo romántico; a menudo, no tiene ningún impacto a menos que se interprete con emoción salvaje, y casi excesiva, y la inclinación creciente por la improvisación demostraba el despliegue de sentimiento por parte del cantante. La internacionalización del bolero empezó a finales del siglo XIX, cuando se extendió a la península mexicana de Yucatán, a través de los colonos españoles y los independentistas cubanos, ambos huyendo de las consecuencias de la guerra hispanoamericana, cuando Estados Unidos ocupó el poder. El guitarrista y compositor Alberto Villalón viajó a Yucatán en 1908, y el primer bolero mexicano de éxito lo compuso en 1928 el cantautor Guty Cárdenas, natural de la citada península. Seguramente gracias a la obra del mexicano Agustín Lara, uno de los mejores compositores del siglo XX, los boleros gozaron de una gran popularidad en México, donde la mayoría de grupos norteños y mariachis los cantan todavía, e incluso grupos de gente joven, más afines al rock, se los saben de memoria. En Argentina, el cantante Carlos Gardel colaboró a dar forma a la balada del siglo XX, al mezclar elementos del bolero cubano con el tango, en sí basado en el ritmo de la habanera, y se convirtió en uno de los cantantes más populares de América Latina.

Carlos Gardel y el tango

Carlos Gardel empezó a cantar tangos a inicios del siglo XX; revolucionó la técnica del tango, al dar importancia a la voz y, de paso, reinventó la tradición de la balada y el bolero.

Nacido en 1890 en Toulouse (Francia), Gardel se crió en Buenos Aires, adonde llegó con dos años de edad. De adolescente, le atrajeron rápidamente los clubes y cafés de los barrios populares. Empezó su carrera de cantante, en dúo con un cantante uruguayo llamado José Razzano, aunque su decisión de cantar tangos a principios de los años veinte, cambió su carrera. En aquella época, se deshizo su colaboración con Razzano y Gardel se fue a Madrid y a París, donde conoció al compositor Alfredo Le Pera, que escribiría la mayor parte de las letras de sus tangos. En los años treinta, Gardel fue a Nueva York, y apareció en algunas películas rodadas en los estudios Astoria Paramount. Entre las canciones que le concedieron más fama estaban «Tango Bar», «Mano a mano», «Luces de

Carlos Gardel fue el único
cantante de tango que alcanzó
una fama internacional.

Buenos Aires» y «Melodía de arrabal». Su carrera acabó pronto: en 1935, Gardel falleció en un accidente de aviación en las afueras de Medellín (Colombia).

Mientras que, en su mayoría, los cantantes de tango fueron relativamente desconocidos, y apreciados sólo por los argentinos o los aficionados al tango, la voz de Carlos Gardel llegó a los oyentes de todo el mundo, y su trémula emoción causó una gran impresión en fans de toda América Latina. Aunque los latinoamericanos mantuvieron una actitud independentista desafiante frente a España, se sentían vulnerables por la nostalgia de la metrópoli. A inicios del siglo XX, Argentina había sido «invadida» por numerosos inmigrantes italianos, y la ópera y la música popular italiana ya ejercían su influencia. El célebre tenor Enrico Caruso fue una inspiración fundamental para Gardel. Y el ritmo de la habanera, que se introdujo en el tango, junto con otras influencias africanas sublimes, ayudó a que la música de Gardel encantara al mundo latino, desde Ciudad de México a La Habana, pasando por Bogotá.

Gardel sintió más la influencia del bolero, a medida que su carrera se hacía importante. En sus viajes, había conocido la instrumentación del bolero y del bolero-son, y los paralelismos entre el tango como música de fusión y los citados estilos cubanos de fusión se conectaron de manera inevitable. Una de las canciones más famosas de Gardel, «El día que me quieras», de 1932, proporciona una vislumbre interesante sobre lo que sucedió. Varios académicos mexicanos sostienen que la canción, escrita por Le Pera, es una respuesta al poema del mexicano Amado Nervo, de título «El arquero divino», de 1915. La grabación de Gardel incluye una pausa, en la que recita la canción como si fuera poesía (fiel a la estructura de la décima), lo que a su vez introduce un *break* rítmico que refleja la evolución del bolero cubano de la época.

Gardel también influenció a los cantantes de bolero de toda Latinoamérica, porque él era capaz de volar hacia un espacio musical que pocos oyentes habían experimentado, y a la vez, narrar una historia. El pathos del tango —con el adorno típico de unas secciones de metal y cuerda, de sonido triste— fue también algo que se palpó mucho en el resto de América Latina. Y la popularidad de Gardel en Francia, le hizo aumentar el caché en países como México y Cuba, cuya francofilia está bien documentada, ya que tanto Ciudad de México como La Habana se consideraban competidoras en cuanto a la versión latinoamericana de París. La obra de Gardel todavía es parte del acervo urbano y rural en la mayoría de países suramericanos, y el sonido metálico de sus grabaciones sale por los respiraderos de todas las grandes ciudades, a veces incluso en Nueva York.

A principios del siglo XX, la economía argentina era la más desarrollada de América Latina —por ejemplo, estaba por delante de países como Japón e Italia— y la obra de Gardel se escuchó de manera amplia en Latinoamérica, gracias a los mejores sistemas de grabación y distribución argentinos. Gardel se convirtió en una de las primeras estrellas internacionales del disco, cantando en español. El tango no utilizaba una percusión potente, como en la música afrocubana de baile; y aunque es bastante rítmico, la percusión la transmite el bandoneón o el piano. El hecho de ser un baile de una relativa dificultad, animó a que los oyentes, que no formaban parte precisamente del universo de bares de tango del centro de Buenos Aires, a sentarse y escuchar. Los parecidos y los vínculos conceptuales con los cantantes italianos de ópera de finales del siglo XIX, que se convirtieron en estrellas discográficas por derecho propio, hicieron de Gardel un precursor de los posteriores astros latinos del siglo XX.

Agustín Lara y el bolero mexicano

El encantamiento de México por el bolero, de los años treinta y cuarenta, fue crucial para el desarrollo internacional del género, porque se había integrado y modificado en estilos del país como la ranchera, el mariachi, el conjunto y el corrido. Las inflexiones regionales de los citados estilos dieron un sabor al bolero, diferente de los que ya había tenido en Cuba y Argentina. Tal vez los artistas mexicanos más importantes del bolero fueron el Trío Los Panchos y Agustín Lara. El trío, que combinaba intensas líneas de guitarra, de punteo rápido en sus instrumentos de estilo mexicano con armonías sentimentales, engendraron una serie enorme de imitadores, que llega hasta la actualidad con Los Tri-O, un grupo colombiano que combina la apariencia juvenil con el estilo tradicional más antiguo.

Mucho tiempo después de su muerte en 1970, Agustín Lara es una especie de institución en México, donde compuso canciones que captaron el espíritu de un país que estaba creando una sociedad post-revolucionaria, a la vez que se integraba en el mundo moderno. Lara se mostraba experto a la hora de sintetizar diversas influencias externas y crear un bolero urbano y sofisticado; y su boda con la estrella cinematográfica María Félix, que quedó inmortalizada en «María bonita», la canción emblemática del compositor, colaboró asimismo a que México entrara en el mundo moderno de las parejas famosas. Cada año se celebra un festival musical internacional en honor de Lara, con actos que tienen lugar en Veracruz, Ciudad de México, La Habana, dos ciudades francesas, cuatro españolas y Buenos Aires. Junto a su contemporánea, la cantante Chavela Vargas, es recordado por el grupo alternativo latino, Café Tacuba, que grabó un homenaje a su estilo, «Esta noche» en el álbum *Re*, de 1993. Las canciones de Lara todavía estremecen a cualquier mexicano de verdad.

Uno de los seminales compositores mexicanos, durante la época anterior a la Segunda Guerra Mundial, Lara compuso muchos de los estándares de la balada latina del siglo XX, como «Granada», «Solamente una vez», «María bonita», «Farolito» y «Palabras de mujer». Aunque principalmente conocido por su capacidad para componer boleros, que se convertían instantáneamente en estándares, también era experto en gran parte de los demás estilos de canción, como la ranchera, el son y el tango.

Lara nació en 1897 en el puerto caribeño de Veracruz, aunque sus padres se trasladaron pronto a Ciudad de México. Lara tomó lecciones de piano y acabó tocando en un burdel, hasta que su padre le envió a una escuela militar. Después de su paso por el ejército, Lara volvió a Ciudad de México y, en 1928, empezó a componer canciones al piano. El mismo año, grabó su primera canción, «Imposible», con la orquesta de Adelaido Castellada.

Lara fue un éxito de la noche a la mañana y, a primeros de los años treinta, sus canciones las estrenaron en la radio las legendarias cantantes Toña la Negra y Ana María Fernández, y el compositor se convirtió en una gran estrella radiofónica, en una época en la que la radio era el medio de comunicación más importante. Asimismo, Lara compuso para las películas de la era dorada mexicana de los cuarenta. Durante los años cincuenta y sesenta, Lara cimentó su estatus de estrella internacional, de gira por Europa. Se convirtió en un icono del bolero, y sus canciones las grababan las figuras fundamentales de la época, desde los pioneros latinos Xavier Cugat y Desi Arnaz, hasta cantantes de la corriente principal como Nat «King» Cole y Bing Crosby. Más tarde, Lara fue canonizado cuando, en conmemoración del centenario de su nacimiento, Plácido Domingo grabó un álbum entero con composiciones suyas, *Bajo el cielo español*.

A pesar de su residencia en Ciudad de México y su pedigrí mundial, Lara tal vez debía su genio musical a su región costera natal. «Nací con el corazón de un pirata», manifestaba en «Veracruz», y en su interior tenía los ritmos calientes y el espíritu errante del Caribe, e incluso en círculos académicos se discute si no procedería de un linaje africano. La cultura de Veracruz es decididamente diferente de la del resto de México; aunque el país celebra de manera ostensible su cultura indígena, México tiene tendencia a marginalizar su diáspora africana. Veracruz formaba parte de una cultura con influencia africana, que se abasteció con el contacto de ciudades hermanas como La Habana, Nueva Orleans, Tampa, Santo Domingo, Cartagena y San Juan.

En la página impresa, las letras de Lara funcionan como poesía sencilla, y en ocasiones recuerda el verso herido de amor de Pablo Neruda. Compárese los versos de un pasaje de «María bonita», escrito para su esposa María Félix, con uno de «La infinita», un poema que Neruda escribió sobre Matilde Urrutia, su compañera de muchos años:

> Acuérdate que, en la playa,
> con tus manitas, las estrellitas,
> las enjuagabas.
> («María bonita»)

> ¿Ves estas manos? Han medido
> la tierra, han separado
> los minerales y los cereales
> («La infinita»)

Casi al mismo tiempo que Lara, trabajaba el puertorriqueño Rafael Hernández, cuya carrera le llevó de un pueblecito de la isla hasta la capital San Juan y, finalmente, a Nueva York, donde fue fundamental a la hora del desarrollo de la música latina en Estados Unidos. Irónicamente, Hernández logró la mayor fama durante su estancia en México. Aunque siempre se le relacionó con su Puerto Rico natal y su trayectoria neoyorquina, de una influencia enorme, en cierta forma, Hernández fue una figura fundamental en la historia de la música mexicana.

Nacido en 1891, en el pueblo de Aguadilla, Hernández estudió con profesores de música, y aprendió violín, trombón, guitarra y piano en sus años infantiles. En tanto que puerto caribeño en constante conversación cultural con La Habana, San Juan era un punto de entrada de la música afrocubana en la isla. Pero al igual que muchas naciones caribeñas, Puerto Rico, en cuanto a la música latina seguía su propia evolución, apenas paralela a lo que sucedía en Cuba. Entre los géneros folklóricos, que se desarrollaban en la zona rural, figuraban la décima (un término literal para una adaptación musical de la décima), el seis, el aguinaldo, que más tarde se convertiría en una canción navideña típica, y la danza, una variante de la contradanza afrocubana. La bomba era un baile más puramente africano, parecido a la rumba afrocubana, y la plena era una música, al estilo de la trova, que traía las noticias del día, además de narrar historias épicas de los héroes locales, siguiendo la tradición de los romances españoles. Los géneros basados en la décima utilizaban formaciones instrumentales que parecían los primitivos sextetos cubanos, con un énfasis en el cuatro, el equivalente puertorriqueño del tres cubano; y la instrumentación de la bomba y la plena era más parecida a la del conjunto de Arsenio Rodríguez.

De adolescente Rafael Hernández se trasladó a San Juan, en donde tocó con la Orquesta Municipal bajo la dirección de Manuel Tizol. En 1912, compuso su primera canción, una danza llamada «María y Victoria». Con la llegada de la Primera Guerra Mundial, el joven Hernández fue reclutado por el ejército estadounidense, y tocó en la banda del mismo. En 1926, con motivo de su traslado a Nueva York, en busca de mayores facilidades para grabar, fundó el Trío Borinquen, que cantaba canciones patrióticas y románticas, acompañándose a la guitarra, con la utilización de percusión adicional, como las maracas, y de complejos coros a tres voces. Los estudios de grabación electrónicos, de mayor sofisticación, que en la época se fundaron en Nueva York, incentivaron el desarrollo de tríos y cuartetos, gracias a que el sonido de las grabaciones se podía amplificar de manera significativa, y aumentar con instrumentos suplementarios, de cuerda, metal o percusión. Junto al Trío Matamoros, un grupo vocal casi tan popular como la Orquesta de Ignacio Piñeiro, que se fundó casi simultáneamente en Cuba, el Trío Borinquen se convirtió en enormemente influyente. Ayudó a preparar el terreno para el Trío Los Panchos, que se fundaría en México en 1944, y cuya historia se narra más adelante.

El impacto formal de Rafael Hernández en el desarrollo del bolero fue más el resultado del acceso que tuvo a las sofisticadas técnicas de grabación, que de la atención cuidadosa que prestó a los arreglos jazzísticos, al estilo de Duke Ellington, y al hecho de que era experto tanto en música tradicional puertorriqueña como en música afrocubana. Se puede decir que los estilos de la danza y el seis no eran tan evolucionados, respecto a la instrumentación y la ejecución, que sus equivalentes cubanos, lo que les concedía un sabor más rústico. Al mismo tiempo, Hernández estaba pretendidamente preocupado por haber sido encasillado como un músico latino negro, y no era partidario de tanta improvisación como sus homólogos cubanos, y por eso, creó una forma simplificada de bolero. El hecho ayudó a su internacionalización, algo que su popularidad en México parecía confirmar. Hernández insistía en que sus músicos y sus canciones obedecían a firmes estructuras lineales que conservaban la tradición afrocaribeña de complejas armonías mezcladas con ritmos sincopados.

Unos años más tarde, en Nueva York, Rafael Hernández formó el Cuarteto Victoria, y la formación ampliada le permitió tocar estilos cubanos de ritmo rápido, como el son y la guaracha. Aunque fue su habilidad compositiva, y no su grupo de baile extremadamente competente, lo que hizo inmortal al músico en los anales de la música latina. Hernández, que compuso «Lamento borincano», el himno nacional oficioso de Puerto Rico, además de clásicos como «Silencio» (grabado por el Buena Vista Social Club en su álbum de 1998), «Cumbanchero» y «Capullito de alhelí», obtuvo una aceptación extraordinaria, de forma inmediata, como compositor y director de orquesta. Tras haberse sumergido en el swing tropical del momento, y muy influido tanto por el jazz norteamericano como por la música afrocubana, Hernández alcanzó una categoría musical aparentemente sin límites y fue una presencia singular.

Hernández fue un compositor prolífico, y los temas de sus canciones iban del fervor patriótico por Puerto Rico, al argumento dominante del bolero: el amor romántico. Hernández vivía en un mundo de contradicciones fascinantes, creado por él mismo: había adoptado la imagen de un campesino rústico, gracias a sus canciones, cuando de hecho se crió en un San Juan urbano y se convirtió en un gigante musical latinoamericano, e incansable viajero. Una de sus canciones «Linda Quisqueya», un homenaje a la República Dominicana, originalmente fue «Linda Borinquen», un homenaje a Puerto Rico. En sus canciones había un perfil antiestadounidense, aunque realizó muy pocas declaraciones públicas, en las que expresara su nacionalismo puertorriqueño. De hecho, la historia que hay detrás de su composición más famosa, «Lamento borincano», es fundamental a la hora de comprender la transición por la que pasaría la música latina en Norteamérica.

«Lamento borincano» la interpretaba Manuel Canario Jiménez, un clásico cantante de trío, que al final se dedicaría a la plena puertorriqueña tradicional, pero que se inició en el Trío Borinquen de Hernández y colaboró en el establecimiento del trío en la escena neoyorquina de la música latina. Conocida como tal vez la primera canción de protesta de América Latina, «Lamento borincano» narra la historia de un campesino puertorriqueño, en la época de la depresión. Él recoge su humilde cosecha, cultivada en su todavía más humilde trozo de tierra, va a la ciudad a venderla para poder comprarle un vestido a su mujer, pero se encuentra con que no hay compradores, a causa de la devastación económica. La canción que, de manera muy poética, vehicula la mentalidad del puertorriqueño medio en la primera mitad del siglo XX, se compuso íntegramente en Nueva York, mientras Hernández experimentaba las dificultades de un músico negro puertorriqueño que vivía en el frío norte. Se había trasladado allí para unirse a una creciente comunidad de músicos puertorriqueños y latinoamericanos, que llevaron a cabo una emigración en dirección hacia el norte, que a él le había sido más fácil por el estatus de territorio estadounidense de la isla, lo que garantizaba la ciudadanía a todos los puertorriqueños. Con una canción, Hernández supo vehicular no sólo la súplica de la América Latina subdesarrollada, sino también las primeras experiencias de la oleada migratoria, un fenómeno que, en la actualidad, sigue sin resolverse.

A Hernández también le influyeron sus estancias en Cuba, y especialmente, en México. En los años veinte, vivió en La Habana durante cuatro años, antes de regresar a Nueva York, y se produjo un frenesí compositivo, que dio como resultado un gran número de danzones y danzas, además de valses más formales. Durante dicho período, compuso «Cachita», una canción tan impregnada de estilo afrocubano, que con frecuencia se supone escrita por un cubano.

En 1932, Hernández se trasladó a México, con la intención de estar sólo un mes, para realizar algunos conciertos. Acabó por quedarse quince años. Allí compuso varias de sus canciones más famosas y se convirtió en una figura nacional, al componer otro himno, esta vez en honor de México. Trabajó durante mucho tiempo en la industria cinematográfica mexicana, y compuso música para películas clásicas, como *Perfidia* y *Águila o sol.* Durante su estancia en México, se le llegó a identificar de manera muy notable con «Cumbanchero», una canción con ritmo de mambo rápido, que le reportó una fama internacional como «Mr. Cumbanchero», epíteto que, al parecer, utilizó el presidente Kennedy, durante la visita de Hernández a Washington D. C., a principios de los sesenta. La carrera de Hernández tal vez no sea tan celebrada como la de los grandes directores de orquesta y cantantes de boleros afrocubanos de su época, con motivo de su habilidad con diversos géneros y zonas musicales, pero su impacto sobre el bolero es esencial para comprender su popularidad en América Latina.

Influido por Hernández y el cubano Trío Matamoros, el Trío Los Panchos, de México, inició e hizo popular la música de trío en todo el mundo. El estilo de trío que el grupo perfeccionó supuso agudos coros, un regreso a los instrumentos más folklóricos (tres guitarras), y una renovada sensación de romanticismo para el bolero. El Trío Los Panchos tiene uno de los sonidos más reconocibles de cualquier género de la música latina; el trío, que consiste en tres guitarristas que cantan armonías complejas, impacta al oyente de una manera totalmente diferente a la que lo hace un cantante en solitario o un coro mayor. Es como si el coro de registro agudo de una orquesta de charanga se convirtiera en el elemento principal, con una armonía planeadora que proporciona el ardor que tendría el trino de un solo vocal.

El Trío Los Panchos lo fundó en 1944 el cantante solista Hernando Avilés, que hizo equipo con Chucho Navarro (casi siempre como segunda voz) y Alfredo Gil, que tocaba un tres cubano modificado, que en México se conocía como requinto. La formación sufrió diversos cambios en el curso de sus treinta y cinco años de trayectoria, sobre todo el abandono y el regreso de Avilés. La voz nueva más significativa que entró en el grupo fue el cantante puertorriqueño Johnny Albino, que llegó en 1958, y que más tarde obtuvo una fama considerable como cantante en solitario. Se dice que los miembros del grupo se pusieron el nombre por el revolucionario mexicano Pancho Villa, y se inspiraron en la música tradicional mexicana como la ranchera, el mariachi y el corrido. Aunque también adoptaron influencias tan diversas como el tango argentino y la cumbia colombiana, estilos que, junto con otras formas colombianas como el bambuco y el pasillo, los difundieron músicos que viajaron desde sus países natales. Lo que a los Panchos les hizo estrellas internacionales fue la adaptación que hicieron del bolero.

Algunas fuentes señalan la influencia en la evolución de Los Panchos del compositor y director musical argentino Terig Tucci. Aunque las primeras actuaciones y grabaciones las dedicaron casi exclusivamente a la ranchera mexicana y

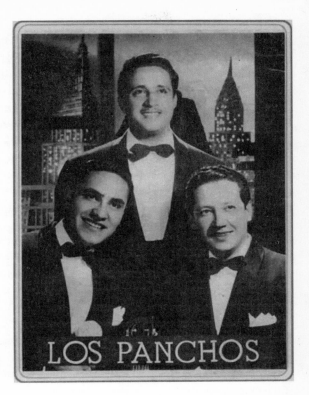

El Trío Los Panchos,
con Moreno, Navarro y Gil.
Lograron la fama internacional
por sus adaptaciones de boleros.

a las tradiciones de trío, Tucci provocó un cambio en el estilo armonizador de Los Panchos y compuso canciones nuevas que reflejaran dichas influencias. Pianista que se convirtió en gran director orquestal y director musical en la radio y el cine, en Nueva York y Los Ángeles, Tucci había trabajado durante años con Carlos Gardel, arreglando canciones como «El día que me quieras». Su habilidad para emplear las técnicas de grabación más sofisticadas y el papel fundamental en la internacionalización progresiva de la música latina, hizo que fuera un colaborador excelente en el éxito en todo el mundo de Los Panchos.

En las canciones de Los Panchos se encuentran melodías característicamente suaves, con letras que se centran en las preocupaciones históricas del bolerista: el amor perdido, el que casi fue, el amor prohibido, y la nostalgia del amor. El repertorio de la «edad de oro» de Los Panchos, de mediados a finales de los cuarenta reflejaba la melancolía de Gardel, especialmente en canciones como «Me castiga Dios», «Perdida», y su clásico emblemático «Sin ti». Alfredo Gil fue uno de los compositores principales, aunque Chucho Navarro era el responsable de «Perdida» y «Sin remedio». La potente influencia cubana la demostraba su admiración por «Me voy pa'l pueblo» de Merceditas Valdés, que representaba una fusión entre la música yoruba religiosa y secular, además de con el son. Rafael Hernández también fue una fuente de la que bebieron Los Panchos, y versionaron canciones del compositor como «Silencio» y «Capullito de alhelí», que se recogen en el álbum Sony de 1990, *Love Songs of the Tropics*.

El estilo emblemático del Trío Los Panchos se basa en gran manera en los coros de gama aguda, y en ser iniciadores del requinto, asimismo agudo. La interpretación que hacen los cantantes de tales notas es tan perfecta que es imposible definirla como falsete, y su energía tan emotiva proviene de sus estribillos resonantes. Aunque sus canciones no están escritas como décimas en un sentido formal estricto, ocasionalmente las letras adoptan un flujo octosilábico, una especie de atenuación de la forma original que siguió con la popularización del bolero. El cultivo que Los Panchos hicieron de los estilos del mariachi, la ranchera y el corrido fue decisivo a la hora de popularizar dichas formas internacionalmente, aunque el éxito del trío se debió principalmente a su adaptación al gusto mayoritario de dichos géneros regionales. Desde 1980 en adelante, el Trío Los Panchos se ha convertido en la esencia de la nostalgia en la programación radiofónica de la radio latinoamericana, e irrumpen en las ondas, cuando los programas de música pop dan paso a los de «nostalgia», habitualmente emitidos los domingos en América Latina. El grupo dio pie a una gran cantidad de imitadores, y su espíritu se mantiene vivo en el grupo contemporáneo colombiano, Los Tri-O.

Los estilos de la ranchera y el mariachi mexicanos significaron una influencia fundamental en la evolución del bolero en México. La ranchera es un género musical, literalmente una canción cantada en un rancho mexicano, que se originó en la época inmediatamente anterior a la Revolución Mexicana. Caracterizada por el trino vocal y las letras directas que, a menudo, expresan el orgullo nacionalista o regional, la ranchera se puede cantar en una variedad de ritmos que han sido populares en México en el siglo veinte, desde el bolero cubano-mexicano al vals o la polca alemanes. El mariachi se refiere más a una serie de estilos musicales, interpretados por orquestas, que se desarrollaron durante muchos siglos. El grupo típico contemporáneo incluye de seis a ocho violines, dos trompetas, la vihuela y el guitarrón, dos guitarras de registro distinto, y el arpa folkórica mexicana. A finales del siglo XIX, las orquestas de mariachi interpretaban diversas formas de son mexicano, que era parecido al cubano, pero que incorporaba más influencias locales e indígenas. Los diversos sones incluían el son jalisco, el son huatesco (o huapango), y el son jarrocho (o veracruzano), que eran todos un reflejo de las regiones que les habían dado nombre. El mariachi que se hizo popular en el siglo XX en el estado de Jalisco es una versión ralentizada del son jarrocho, que es un estilo de bailes que incorporaba influencias africanas e indígenas.

En 1934, la orquesta conocida como Mariachi Vargas se convirtió en esencial a la hora de estandarizar los arreglos del son tradicional y demás géneros, y preparó el camino a estrellas como Pedro Infante y Lola Beltrán, que surgirían en los años cuarenta. Los cantantes de mariachi cantaban también rancheras, corridos, boleros y otras formas de canciones populares. Los característicos glissando y estiramiento del último verso de la ranchera también se han asociado con el mariachi en general; y al tener un significado portador de emociones, dichos atributos, a veces, evocan los estereotipos mexicanos.

El corrido, que deriva de manera más explícita de la balada española y la tradición de la décima, que no la ranchera, estuvo fuertemente asociado a los temas políticos, durante la revolución, y en especial con la tensión étnica en México, en el siglo XIX, tras la incorporación por parte de Estados Unidos, de territorios anteriormente mexicanos. Tras haber evolucionado fuera del contexto de la influencia del bolero, los dos géneros, aun compartiendo la estructura poética de la décima, no tenían relación entre sí. José Alfredo Jiménez fue el gran innovador mexicano del bolero, y llevó a formas tradicionales como la ranchera y el corrido hacia un formato pop más estandarizado. Tomó la emoción de la ranchera y la informatividad folklórica del corrido y creó una clase nueva de voz mexicana, muy identificada con la ranchera, que irónicamente se desarrollaba en las zonas urbanas mexicanas, en la década de los cincuenta y sesenta. Jiménez tenía su trío propio, aunque tal vez fue más conocido cuando colaboró con cantantes como Jorge Negrete y Pedro Infante. Entre sus canciones más famosas figuran «Ella», «Cuatro caminos», «La que se fue» y «Guitarras de medianoche». El astro contemporáneo de la ranchera y el mariachi ha utilizado a Jiménez como inspirador, y ha grabado una gran cantidad de composiciones del autor. Aunque las aportaciones de Jiménez fueron muy significativas, la fama que consiguió palidece frente a la de Pedro Infante, cuya ubicuidad en el cine le convirtió en un icono inolvidable.

Nacido en 1917, en la ciudad norteña de Guamúchil (Sinaloa), Infante aprovechó su destreza con la carpintería, para fabricarse su propia guitarra. Empezó a cantar profesionalmente a los veinte años, y terminó por trasladarse a Ciudad de México, a finales de los treinta, para cantar en emisoras de radio y actuar en salas de concierto. Pedro Infante empezó a grabar, casi al mismo que tiempo que comenzó como actor a inicios de los cuarenta. Infante hizo de protagonista en cincuenta y cinco películas rodadas en México y grabó trescientas sesenta y seis canciones entre 1943 y 1956. Como actor de una amplia variedad de películas, que iban desde la comedia hasta las «películas de amarga pobreza», inspiradas en una especie de *arte povera*, Infante encarnó las esperanzas y frustraciones de las clases bajas mexicanas, de una manera parecida a la del cómico Cantinflas, un astro cinematográfico de la comedia popular que defendía a los pobres con sarcasmo y subversividad. En vez del rebelde sarcástico, el pachuco, Infante interpretaba a un soñador más ingenuo, que también era un mujeriego. Infante tuvo como rival a su colega, cantante y actor, Jorge Negrete, y a principios de los cincuenta llegó a aparecer con él en una película sobre policías motorizados (tal vez, un antecedente desconocido de *CHiPs*, de Erik Estrada), titulada *El gallo Giro*.

Pero la tragedia estaba en el destino de Infante, que primero vio a Negrete morir de hepatitis, luego sufrió dos accidentes de aviación, y en 1957, un tercero, acabó con su vida. Su muerte, como la de la estrella de los noventa Selena, se produjo justo antes que él estuviera a punto de ingresar en la corriente principal estadounidense, desde el momento en que tenía planes para protagonizar películas con actores como Marlon Brando, John Wayne y Joan Crawford.

Portada del semanario chileno *Ecran*, en el que se describe la visita a Santiago de Chile de Jorge Negrete en 1942.

Infante perduró durante años gracias a la reposición continua de sus películas en la televisión mexicana y en los canales en español de Estados Unidos. Donde ejerció una influencia mayor fue a la hora de popularizar la fusión de la ranchera con el bolero en canciones como «Mujer» de Lara y «Contigo en la distancia» de Portillo de la Luz, lo que preparó el terreno para cantantes posteriores como Javier Solís y Marco Antonio Muñiz.

Según la leyenda, el día del fallecimiento de Pedro Infante en 1957, un joven Javier Solís se puso frente a una multitud en Puebla y cantó un homenaje a Infante, con la canción de éste «Grito prisionero». Abrumado durante diez años, por el estigma de ser un imitador de Infante, finalmente, Solís fue capaz, con la intervención del compositor Gabriel Carrión, de desarrollar su estilo propio, un avance del estilo de bolero ranchero, en especial con su grabación en 1949 de «Amorcito corazón». Solís emprendió también una carrera cinematográfica, e intervino en treinta y tres películas, en las que demostraba una variedad espectacular en el canto, aunque sin alcanzar el talento interpretativo para la gran pantalla que tenía Infante. Seguramente su canción más famosa fue «Payaso», aunque en 2001 el Hall of Fame de los Grammy Latinos incorporó su versión de «Sabor a mí».

Algunos intérpretes dominaron la escena vocal, la mayoría de ellos procedentes de Cuba, Puerto Rico y México, cuando el bolero latino entró en la década de los cincuenta. Casi de la misma manera en que sucedió en el caso del pop y los cantantes de jazz en Estados Unidos, la orquesta y el estilo de grabación del bolero llegó a estandarizarse en todo el mundo de habla española. Entre los éxitos de la época figuraron «La dueña del bolero» de la diva cubana Olga Guillot, «Somos novios» del cantante mexicano Armando Manzanero, la obra de la bolerista mexicana Chavela Vargas y dos clásicos de Puerto Rico, «El inquieto anacobero» de Daniel Santos y «El inolvidable» de «Tito» Rodríguez.

Con una carrera que empezó en 1945, en el exclusivo Zombie Club habanero, Olga Guillot se convirtió en la reina del bolero cubano. Nacida en 1925, en Santiago, se mudó a La Habana a los nueve años, y de adolescente, cantó a dúo con su hermana, durante un breve período. Su primer éxito que le valió el salto a la fama fue «Lluvia gris», la traducción que hizo de «Stormy Weather», en 1943. Tal vez gracias a su popularidad enorme entre los exiliados cubanos, en 1964, ella fue la primera intérprete latina que cantó en el Carnegie Hall. Cuarenta años después, aún en posesión de una voz de soprano perfecta que trinaba con emoción, aunque menos dramáticamente que su sucesora, La Lupe, Guillot era casi una joya olvidada del pasado, pero seguía grabando. En su reciente álbum, *Faltaba yo*, triunfó con versiones de «No sigas por favor» de Armando Manzanero, y «Alma adentro» de la cantante puertorriqueña Sylvia Rexach. Acompañada por unos arreglos impecables de jazz orquestal, que incluían apariciones como invitados de Arturo Sandoval y del legendario bajista Israel «Cachao» López, Olga Guillot susurraba furtivamente, y sacaba todo el sentimiento de las canciones.

La obra de Guillot es una prueba más de que, seguramente, la innovación más importante de la época procedió de Cuba. Se le llamó filin, una versión hispanizada de la palabra «feeling». Inspirado por el jazz, el rhythm and blues y otras formas afroamericanas que se filtraron en La Habana desde Estados Unidos, a través del público cubano aficionado a lo estadounidense, el filin añadió un elemento sensual a la interpretación del bolero. A Marcelino Guerra, que cantó en grupos de son como el Septeto Nacional de Ignacio Piñeiro, se le reconoce a menudo como el suministrador de las bases para el filin en Cuba. Su interés por las armonías sofisticadas del jazz rezumó en sus composiciones de bolero y son. En 1944 se trasladó a Nueva York, y cantó con Xavier Cugat, y de forma más importante, con la orquesta de los Afro-Cubans de Machito. Pero aunque nunca volvió a residir en la isla, la influencia de Guerra sobre los músicos cubanos ayudó a la incubación del filin.

Compositores como César Portillo de la Luz («Contigo en la distancia»), Rosendo Ruiz, y el equipo compositivo de Giraldo Piloto y Alberto Vera se basaron en las innovaciones de Guerra y crearon un formato nuevo de bolero, que se haría famoso en el movimiento del filin. Cantantes como Elena Burke y Toña La Negra infundieron una gran expresividad al género. Según el historiador de la música cubana René López, el intérprete decisivo del filin fue el cantante Roberto Faz a principios de los cincuenta, gracias a sus discos con el Conjunto Casino y sus actuaciones en televisión. Una de las más famosas de dichas cantantes,

Omara Portuondo (incluida en Buena Vista Social Club), todavía sigue viva. En los años cincuenta, la influencia del estilo filin se difundió entre los cantantes de bolero por toda América Latina, aunque sólo se oiga de manera sutil, como cuando se dice que se oye a Billie Holiday en el estilo de Frank Sinatra.

En Puerto Rico, el bolero lo difundieron casi todos los cantantes de la isla, que no pertenecían a los mundos del mambo o de la bomba y plena folklóricas. Pedro Flores, que había sido un contemporáneo de Rafael Hernández en Nueva York, había regresado al país y grabó «Perdón» y «Obsesión». Uno de los boleristas puertorriqueños más duraderos fue «Tito» Rodríguez, cuya carrera había llegado al apogeo en Nueva York, como uno de los tres grandes líderes de las orquestas de mambo. Rodríguez, que se pasó al bolero, cuando se acabó la era neoyorquina del mambo, siguió con el formato de orquesta de cuerdas, pero como muchos de sus contemporáneos en Puerto Rico, empezó a incluir algo de instrumentación de rock, como la guitarra eléctrica. Dicha tendencia la continuó Daniel Santos, que incorporó un tono más melodramático con éxitos como «Linda», «Despedida» y «Jugando, mamá, jugando». La primera parte de su carrera, en la que cantó canciones compuestas por Pedro Flores en los años cuarenta, le hizo muy influyente. Pero, al final, Santos le eclipsaron cantantes como Felipe Rodríguez, cuyo apodo de «La Voz», inspiró a Héctor Lavoe a adoptarlo en los años sesenta, y Bobby Capó el autor y cantante de uno de los boleros más famosos del mundo «Piel canela».

Capó, un afropuertorriqueño, dejó una marca en la música puertorriqueña y el bolero que, con el paso del tiempo, parece adquirir una mayor importancia. Nacido en 1922, en Coamo (Puerto Rico), se trasladó a Nueva York en los años cuarenta, para tocar con el Cuarteto Victoria, la orquesta de Cugat, y los Afro-Cubans de Machito. Su tema clásico de los cincuenta, «Piel canela», era una abierta referencia a una negritud estética, y el título llamaba la atención sobre un tema que, a veces, queda enterrado bajo el estribillo de la canción «Tú y tú y tú y nadie más que tú», que es lo que todo el mundo recuerda de la canción. Capó grabó cantidad de canciones con raros efectos de guitarra wah wah, al lado de cuerdas almibaradas. Su homenaje a la negritud influyó en otra cantante de baladas, de inspiración rock, Lucecita Benítez, que en un momento dado se dejó crecer una vistosa cabellera afro para demostrar su compromiso. Pero aunque Capó tomó parte en la experimentación musical de los sesenta, su voz tenía una calidad tan grande que se le debe considerar entre los mejores boleristas latinoamericanos. La obra de Capó la resucitó en 1999 el saxofonista de jazz latino David Sánchez, que en sus álbumes, ha grabado gran cantidad de canciones de Capó.

Nueva trova, nueva canción

Algo extraño sucedió en Latinoamérica en su camino hacia los sesenta: a la música rock se la rechazaba con frecuencia, se la cambiaba en cualquier otra cosa, se la descafeinaba, o se la mutaba totalmente en una cosa irreconocible cuando entró en contacto con el bolero. Algunos citan a Bobby Capó como autor de la mezcla con ciertas formas de ritmo de rock, en especial uno que se conoció como ritmo beguine, para crear una música al estilo del rock, que les sonara bien a los puertorriqueños. En México, el rock se reprimió activamente, por parte del gobierno, una vez empezó a manifestarse (véase el capítulo 10). En Cuba, las innovaciones realizadas por el filin permitieron la creación de un nuevo tipo de música folk, justo a tiempo para las necesidades de la revolución castrista en ciernes.

En el centro de dicho maremoto estaba Pablo Milanés, que nació en 1943 en la ciudad de Bayamo (Cuba), y estudió con el maestro cubano Leo Brouwer. Milanés empezó su carrera como cantante de filin y acabó por ser uno de los artistas esenciales en una nueva forma de canción inspirada en el rock y en el soul, que se conoció como la nueva trova cubana. Tras empezar a cantar en los años sesenta, en cuartetos vocales que interpretaban una música influida por el gospel y el rhythm and blues, Pablo Milanés se dio a conocer primero con su composición «Mis 22 años», de 1965, que grabó la diva del filin, Elena Burke. El movimiento de la nueva trova, que recordaba el nacionalismo de los trovadores de inicios del siglo XX, combinado con los géneros folk de protesta que se desarrollaban en Estados Unidos, Argentina y Chile, floreció en locales como El Rincón del Filin, de La Habana. Era una celebración de la situación difícil del obrero latinoamericano, y de héroes iconográficos como el Che Guevara. En 1967, las suspicaces autoridades castristas enviaron a Milanés a un campo de reclusión para indeseables. Tras ser «rehabilitado», lo liberó del campo Haydée Santamaría, una heroína de la revolución.

Santamaría dirigía una de las instituciones culturales fundamentales de La Habana, la Casa de las Américas, en el interior de la cual organizó el Centro de la Canción Protesta, que ayudó a establecer la nueva trova. El Milanés ideológicamente reformado se convirtió en partidario acérrimo de la revolución, a pesar de su estancia en la cárcel, y compuso muchas canciones del nuevo género.

El aspecto de protesta de la nueva trova dio pie rápidamente a la formación de diversas audiencias que consiguieron que Milanés fuera una estrella en Latinoamérica. En los años setenta, el gobierno izquierdista mexicano impulsó a la trova como antídoto al espantoso rock and roll procedente de Estados Unidos. En los países del cono sur, Chile y Argentina, la nueva canción, anterior a la nueva trova, era popular entre los universitarios izquierdistas, conmovidos todavía por el asesinato del cantante de protesta Víctor Jara, a manos de la policía nacional chilena. La música de Milanés tenía suficientes elementos afrocubanos, como para que gustara a cualquiera que fuera fan de la música latina. Sus canciones seguían una previsible dicotomía entre el amor romántico y la protesta social. Aunque canciones pro-revolucionarias como «Amo esta isla» (1981) e «Identidad» (1993) son conmovedoras, a Milanés seguramente se le conoce más por «Yolanda» (1981), una canción de amor más sensiblera imposible. Milanés es de la clase de cantantes que les gustan a los hippies y a los teólogos de la liberación (cristianos marxistas), pero que atrae poco a los punks.

«Me sumo a tu locura callejera —dice Milanés en "Identidad"—. A tu conformidad con lo ya hecho / y siempre igual que tú pondré mi pecho / para tomar el rumbo que tú llevas.» Quizá más que cualquier otro cantante él ha captado el riesgo valiente y sexy de la revolución, en una época en que muy pocos del resto del mundo sabían exactamente lo que pasaba allí. Asimismo, Milanés posee una voz que transciende los géneros; es extraordinariamente ligera, pero aun así mantiene una especie de autoridad profunda y atronadora. Milanés, como el resto de los cantantes de la nueva trova, utilizaba un tipo de trino en la voz, que luego usaría el cantante pop de la jet set, Julio Iglesias. Aunque el trino de Milanés, al igual que el de su contemporáneo, el cantante Silvio Rodríguez, parecía proyectar una intensidad emotiva que sólo puede sentir un revolucionario, aparte de la experiencia de un bolerista capitalista. Por supuesto, hay algunos a los que el estilo de la nueva trova puede parecerles demasiado melodramático hasta el punto de irritar al oyente, y los teclados metálicos de los setenta, al estilo clavecín, que eran del gusto de dichos cantantes sonaban como la banda sonora de una telenovela.

Aun así, no se pueden pasar por alto las fuertes raíces africanas en la música de Milanés. En una canción como «Homenaje», de 1987, que figura en la colección *Diablo al infierno*, del sello Luaka Bop de David Byrne, los teclados interpretan tumbaos clásicos de son, un coro de voces evoca la rumba yoruba, y el bajo salta con el aplomo de Los Van Van. Milanés también ha colaborado con el miembro de Buena Vista Social Club, Compay Segundo, en una versión de «Chan Chan», que apareció en 1994, años antes que se publicara el álbum de Buena Vista.

A pesar de los aparentes escollos de la nueva trova, hay pocas cosas que sean más conmovedoras para el oyente de música latina que la obra de Silvio Rodríguez. Apenas adolescente cuando se produjo la revolución cubana, a Rodríguez lo reclutó Haydée Santamaría en la Casa de las Américas y se convirtió en colega de Milanés. Silvio trabajó con el pianista Emiliano Salvador, de influencia jazzística, y compuso principalmente en la guitarra, al contrario que Milanés, que era pianista.

El clásico de Silvio Rodríguez, *Días y flores* (1975), se editó el mismo año que *Blood on the Tracks* de Bob Dylan, aunque se trata del *Bringing It All Back Home* de la nueva trova. En este caso, las comparaciones con Dylan son pertinentes: la voz quejumbrosa, ligeramente desafinada de Silvio se emplea en mantener vivo en Cuba el espíritu revolucionario, justo en el momento en que agonizaba en el norte. Las interpretaciones de los músicos, la calidad de las canciones, y el experimentalismo crepitante evocan el sentimiento de que algo está en el aire, de que se trataba de una época de cambio y de innovación. Al canto muy agudo y penetrante de Silvio lo rodean etéreos sonidos de órgano, los vibrantes *riffs* de guitarra de Francisco Amat y la percusión, expertamente en segundo plano, de Ignacio Berroa, uno de los mejores baterías de Cuba. La versión de Rodríguez de la nueva trova es, seguramente, la más familiar en todo el mundo, y representa otro giro en la música cubana hacia lo europeo o norteamericano. Por su carga folk, la música suena como Crosby, Stills, Nash and Young o Joni Mitchell; el acento afrocubano, a pesar de la presencia de Berroa, está amortiguado. Aun así, en tanto que folk-rock, tiene una indiscutible influencia latina; el son del tres cubano le da una sensación

Pablo Milanés, junto con Silvio Rodríguez, el máximo representante de la nueva trova, una nueva forma de canción inspirada en el rock y el soul junto a las raíces cubanas.

folklórica, al estilo de la guajira, y la poesía de Silvio Rodríguez está al mismo nivel que la de los mejores compositores de boleros. «Esta canción es más que una canción —dice él en "Esta canción", de *Días y flores*—. / Esta canción es la necesidad / de agarrarme a la tierra al fin / de que te veas en mí, / de que me veas en ti.»

Aunque aspectos de la nueva trova procedan de desarrollos sobre el bolero cubano y la trova, un antecedente importante de dicho género fue la nueva canción chilena, que difundieron cantantes como Mercedes Sosa, Violeta Parra y Víctor Jara. Sosa, nacida en Tucumán (Argentina), una semana antes del accidente de aviación que en 1935 costó la vida de Carlos Gardel, en los años sesenta cantaba canciones de protesta y en defensa de los derechos indígenas. Su obra se inspira en las tradiciones de la décima española, además de en las tradiciones folklóricas de la Argentina rural; la música de Mercedes Sosa se caracterizaba por la utilización que hacía de la guitarra, la flauta andina y la percusión. Bien conocida por la interpretación de obras de sus contemporáneos, Sosa ha inmortalizado canciones compuestas por Parra, Jara, Milanés, su compatriota Atahualpa Yupanqui, y el cantante brasileño Milton Nascimento.

Violeta Parra, nacida en San Carlos (Chile), en una familia de músicos, empezó a componer y grabar a mediados de los cincuenta, yendo y viniendo entre Santiago, Chile y París. Al igual que Sosa, Parra utilizó su conmovedora voz de contralto para narrar las historias de los desposeídos. El movimiento de la nueva canción estuvo directamente conectado con Pablo Neruda, que formó parte de la intelectualidad chilena reprimida durante el golpe de estado, patrocinado por la CIA, de 1973, y las canciones de Parra son deudoras de la tradición literaria latinoamericana.

Uno de los cantantes folk más carismáticos de cualquier índole, Víctor Jara nació en 1932 en un pueblecito a las afueras de la capital, Santiago. Se crió en un medio pobre, y se convirtió en un izquierdista inquebrantable. Con motivo de su traslado a Santiago, a mediados de los sesenta, tuvo a Violeta Parra como mentora. La canción más famosa de Jara, interpretada en el estilo clásico del folk-rock con guitarra acústica, es «Te recuerdo Amanda», que narra la historia de una mujer enamorada de un obrero fabril, reprimido por la policía. Para contar la historia, Jara usó el nombre de sus padres, Amanda y Manuel. Jara también compuso canciones como «El derecho de vivir en paz» y «A Cuba», en el que animaba al oyente a ir a Cuba, unirse a la revolución, y beber «ron *sin* cocacola». Jara mantuvo sus ideales hasta la muerte, cuando fue detenido en el Estadio Nacional de Santiago de Chile, y ametrallado hasta morir por los militares chilenos, después de haberle destrozado las manos y de que él se negara a dejar de cantar.

Del bolero al rock y al pop

El bolero, al igual que la balada norteamericana, cayó bajo la influencia de la música rock justo antes del desarrollo de la nueva canción y la nueva trova. Aunque se continuaba interpretando con orquestas tradicionales, empezaron a surgir variantes de bolero en las que los cantantes adoptaron instrumentación rock. La adhesión a la estructura de la décima disminuyó, y los tempos de 4/4 del pop empezaron a sustituir a la clave sincopada del bolero. Se trataba del encuentro de dos tendencias de música pop internacional, ambas evolucionadas mediante la adopción de influencias híbridas. La transformación del bolero en contacto con las convenciones pop de los sesenta y setenta, prácticamente crearon el género del pop latino, actualmente en plena evolución.

Como ya se ha dicho, el rock and roll empezó a hacer impacto en el pop latinoamericano a finales de los cincuenta y principios de los sesenta, e influyó en cantantes de todos los países, desde México hasta Argentina. Aunque las primeras muestras de rock en español surgieron en el México de mediados de los cincuenta, dando inicio de una época que tuvo su clímax en 1961 con el dominio de Los Teen Tops, con su estilo adolescente, el rock no empezó a influir en el pop latino, de orientación bolerista, hasta más tarde. En los primeros años sesenta, boleristas puertorriqueños como Bobby Capó, Danny Rivera y Chucho Avellanet comenzaron a alterar ligeramente sus estilos, mediante el uso de instrumentación rock (guitarra eléctrica, bajo, batería, y después teclados eléctricos y sintetizadores) y ritmos rock de 4/4, que en unas ocasiones complementaba y en otras suplantaba el formato de bolero cubano sincopado. Los equivalentes estadounidenses de dichos cantantes fueron Bobby Darin y Paul Anka (que era de ascendencia libanesa y se aprovechó de su imagen mediterránea para convertirse en gran estrella en países latinos como Puerto Rico). La cantante Lucecita Benítez también hizo equipo con Avellanet, Daniel Santos y Daniel Rivera para formar lo que se denominó la nueva ola portorricense, a mediados de los sesenta, impulsada por la llegada de la televisión, en la que aparecían de forma regular. Lucecita, que junto a Rivera desplegó actividad en el movimiento independista puertorriqueño, demostró una temprana simpatía por el régimen de Castro, lo que le concitó las iras de los cubanos anticastristas. Ella fue un símbolo fascinante de su época. Puertorriqueña «blanca», de tez relativamente clara, ella no dudó en creparse el pelo, para conseguir un peinado afro, y hacer ostentación de la identificación con su yo africano.

Coincidiendo con el movimiento del bolero-rock puertorriqueño se produjo la popularidad enorme de Sandro (nacido Roberto Sánchez), un cantante argentino, cuyo estilo era tan emotivo, que se convirtió en una característica, además de un aspecto de su interpretación, objeto de burla. La orientación europea de Argentina, aparte de la relación amor y odio con Inglaterra, que en el siglo XIX ejercía allí casi un poder imperial, supuso un interés por la música rock. Las influencias de Sandro iban de Elvis Presley, a quien le gustaba imitar, hasta los Beatles. Como casi todos los cantantes argentinos de éxito, posteriores a Gardel, a Sandro le influyó, y reinterpretó, el dramático estilo gardeliano. Con canciones como «El trigo», «Penumbra» y «Penas», Sandro, que era coautor de sus canciones se abrió paso hasta los corazones de toda América Latina, además de conseguir en 1969 un concierto, con las entradas agotadas, en el Madison Square Garden neoyorquino. En sus inicios, Sandro cantó en un grupo de rock llamado Trío Azul y en sus canciones siguió utilizando la guitarra de forma importante, lo que las hizo populares en bandas sonoras del tipo de películas, al estilo de James Bond que proliferaron en toda Latinoamérica a finales de los sesenta. Tanto Sandro como su equivalente mexicano José José, cuya carrera ha abarcado unos treinta años tras sus inicios en los años sesenta, fueron objeto de álbumes de homenaje a finales de los noventa. En ellos, estrellas de la alternativa latina como Aterciopelados y Julieta Venegas reconocían la influencia de Sandro en su música.

La Lupe

Nacida en Santiago de Cuba en 1939, La Lupe (Guadalupe Yolí) fue una cantante extraordinaria que, partiendo de unos orígenes humildes, llegó al gran estrellato en Nueva York a finales de los años sesenta. Hija de un cantante, La Lupe empezó su carrera cuando la familia se trasladó a La Habana en 1955, y se hizo famosa por cantar boleros como «No me quieres así» de Facundo Rivero. En 1963, con la revolución cubana en marcha, La Lupe fue a Nueva York y colaboró con Mongo Santamaría y Rafael Cortijo. Aunque sobresalió como cantante de la orquesta de Tito Puente y tiene un lugar en el gran panteón de la salsa, La Lupe fue principalmente una cantante de boleros, una especie de versión picante de Olga Guillot transplantada a la Gran Manzana, que entonces pasaba por convulsiones políticas y económicas.

En tanto que cubana que creció en medio de la escena pop neoyorquina, influida por el soul, el jazz y el rock, La Lupe era una intérprete de filin hecha a medida, incluso sin tener ninguna conexión con dicha escena habanera. Sus actuaciones fueron célebres por ser extremadamente apasionadas, y ella podía convertir un bolero en un ejercicio de emoción desgarradora.

Con sus entregadas interpretaciones, La Lupe no es que transformara demasiado el bolero, sino que más bien se aplicó en acabar con su inocencia. Sus temas clásicos, «La tirana» y «Qué te pedí», grabados a inicios de los años setenta, eran exigentes súplicas femeninas a la busca de respeto, que hicieron de La Lupe un icono feminista, además del modelo a imitar por todos los travestidos latinos. Ella actuaba con pasos de baile frenéticos y sensuales, y recurría a cualquier tipo de suspiro agonizante para producir un fraseo inimitable, que se convirtió en su marca registrada. La Lupe solía quitarse las pestañas postizas, la peluca y los zapatos para lanzarlos al público, o a la orquesta. Incluso se atrevió a enfrentarse con Tito Puente, para decirle que la orquesta no llevaba el compás. Inspirada en Judy Garland, Brenda Lee y Eartha Kitt, La Lupe también era devota de la santería, y cada actuación suya parecía la representación de un ritual de posesión.

Aunque se la recuerda más entre los fans de la salsa dura, que componían la escena de club en los años sesenta e inicios de los setenta, en su momento La Lupe fue un éxito que derribó la barrera de los géneros, y actuó de invitada en los programas televisivos de madrugada, conducidos por Dick Cavett y Merv Griffin. Su canción bilingüe «Once We Loved / Se acabó», interpretada en el programa de Cavett, es el tipo de actuación extraordinariamente apasionada, por no decir afectada, que la situó por delante de su época. Quizá resentida por el sexismo de la industria de la música latina, y corroída por conflictos psicológicos, ella sintió profundamente el pathos del bolero, a la vez que se mofaba de él. Dicha contradicción extraña presente en sus interpretaciones, dicha representación exagerada de la mujer afligida, hace de ella la preferida para un gran número de actuaciones con drag queens contemporáneas.

Al ascenso meteórico de La Lupe a la cumbre de la música latina, le siguió una caída trágica, y tal como había profetizado una vidente santera, La Lupe perdió su fama (el lugar como cantante y colaboradora de Tito Puente) y fortuna (la mansión de Nueva Jersey, tres coches y un armario lleno de visones). Buena parte de las biografías sobre ella indican que el destino de La Lupe, se decidió, al menos en parte por su comportamiento intransigente; en los ensayos se mostraba tiránica y provocaba a los músicos, que esperaban que ella no se tomara tan a pecho la interpretación de una canción. Al final, parecía imposible separar su arte de su agitada vida personal. La Lupe falleció en 1982, sin dinero, debido a complicaciones del sida —que al parecer contrajo por el consumo intravenoso de droga—, a la edad de cuarenta y tres años. Sus canciones han revivido en un álbum de la cantante puertorriqueña Yolanda Duke, aparte de la versión de «Qué te pedí» (escrita por el compositor puertorriqueño Tite Curet Alonso), a cargo de la salsera nuyoricana La India.

En el Puerto Rico de los setenta, y en menor medida en países caribeños como la República Dominicana, el bolero influido por el pop y el rock perdió importancia, a causa de la aparición de la salsa romántica y el merengue. El rock se hizo más popular en México, hasta que el gobierno prácticamente lo proscribió, tras un concierto catastrófico en Avándaro en 1971, en el que la policía mexicana atacó al público, lo que reforzó la idea gubernamental de que el rock era peligrosamente subversivo. (Poco tiempo antes, se había expulsado a la compañía que representaba *Hair*, en plena primera gira latinoamericana, tras una actuación en Acapulco, por la escandalización contracultural de la pieza). Intérpretes mexicanos como José José y Juan Gabriel prosperaron con versiones populares de rancheras y boleros, con alguna incorporación ocasional de la instrumentación rock, lo que llenó el vacío causado por la represión de la música rock mexicana.

Versiones pop del bolero y el tango fueron el alimento principal de la dieta musical argentina, aunque el conflicto de las Malvinas, con la limitación de importaciones inglesas al país, supuso el comienzo del estilo de rock de los años setenta y ochenta. El boicot temporal a las influencias inglesas hizo aumentar la demanda para que Argentina promoviera sus grupos propios de rock, en lo que se convertiría en una de las primeras oleadas de la alternativa latina moderna.

En Norteamérica el clima era otro, y allí comenzó a surgir un centro nuevo para la creación y difusión de la música latina, situado en Miami. Aunque los exiliados cubanos de Miami estaban muy ligados a sus tradiciones, tenían a la vez una gran motivación para dejar atrás el pasado y construir una idea americanizada e internacionalizada de la cultura cubana. Al seguir incorporando influencias formales y rítmicas del pop norteamericano, el bolero volvió a mutar y se convirtió en algo nuevo, en buena parte, gracias a los trabajos y éxito de un cantante español.

Julio Iglesias

Adorado por millones de persones, aunque muchos otros le consideran un símbolo del guaperas pop, mantuvo vivo el bolero en los setenta y ochenta, casi en solitario. Además, y no es casualidad, mantuvo viva la industria discográfica latina, al vender más de cien millones de álbumes en todo el mundo. Su voz sensual, discreta y vibrante fue lo suficientemente seductora para conquistar los corazones de casi todas las mujeres latinoamericanas y de los hombres que querían saber como lo había conseguido él.

La historia de la ascensión de Julio es bien conocida: nacido en Madrid en 1943, primero quiso ser abogado, y en sus años de estudiante jugó de portero con el equipo de fútbol del Real Madrid. Su carrera deportiva la truncó un grave accidente automovilístico a mediados de los sesenta. En plena recuperación, Julio empezó a tocar la guitarra y a componer canciones. Después de obtener la licenciatura en Derecho en la Universidad de Cambridge (en su estancia inglesa cantó en locales versionando a los Beatles y a Tom Jones), se presentó en el Festival de la Canción Española de Benidorm de 1968. Su canción, el bolero pop «La vida sigue igual» ganó el primer premio, con el que iba incluido un contrato disco-gráfico con Discos Columbia, un sello discográfico español.

Aunque Julio Iglesias obtuvo su éxito inicial a través de la composición, se convirtió en una megaestrella cuando versionó varios géneros. En sus canciones resuenan formas populares españolas como el flamenco y se incorporan el bolero afrocubano, la milonga argentina y los ritmos andinos, a la vez que también reflejan el pop internacional que interpretan cantantes como Charles Aznavour y Engelbert Humperdinck. Aun contando con muchos compositores que han colaborado con él, Julio Iglesias ha compuesto de manera sustancial. Las canciones elegidas por él van desde los clásicos de siempre, a las canciones folklóricas populares y, por supuesto, las baladas románticas. Su mayor triunfo llegó al dirigirse al público latinoamericano hispanohablante especialmente con un álbum como *América*, de 1976, en el que versionaba clásicos como «Guantanamera», «Historia de un amor», «Vaya con Dios» y «Moliendo café».

En las giras de Julio Iglesias de los setenta por Europa y Latinoamérica, el cantante consiguió un amplio número de fans con éxito como «Manuela» (1975). En 1978, firmó un contrato con CBS y editó una serie de álbumes entre los que figuraron *A flor de piel*, *América*, *Emociones* y *Hey!* En dichos álbumes Julio reinterpretaba los antiguos boleros clásicos latinoamericanos (como «Obsesión» de Pedro Flores) e incluía algo de material original, lo que acabó por convertirle en el preferido del sector tradicional de la cultura latinoamericana y estadounidense, al que no le gustaban ni la salsa ni el rock. Canciones como «Hey!», «Ni te tengo ni te olvido» y «Milonga», interpretadas con su estilo inimitable, hicieron de él un símbolo de la estética tradicional latina. En 1982, Iglesias empezó a cantar en inglés en el álbum *Moments*, y en 1984 consiguió un importante éxito, rompiendo las barreras de mercados, con *1100 Bel Air Place*, en el que figuraban los dúos «To All the Girls I've Loved Before» con Willie Nelson y «All of You» con Diana Ross.

Aunque la voz de Julio era formidable, su importancia como intérprete tenía que ver más con el marketing que no con su aportación musical. Julio Iglesias demostró que un cantante latino estelar podía vender una cantidad enorme de discos, con un tratamiento correcto en el estudio de grabación y con la máquina publicitaria. Más que su recontextualización pop del trovador, para su personaje incluso era más importante su apariencia de máquina sexual imparable y su capacidad para interpretar al perdedor en el amor o al encantador impenitente con parejo entusiasmo.

Aunque lo mejor de la obra de Julio Iglesias tiende a desvanecerse en la banda sonora de oropel de un asunto sin importancia, el intérprete perdura como una voz clásica con un arsenal de canciones que vehiculan toda la carga emocional y la recompensa del bolero latino. Su único rival en la época dominada por él fue Roberto Carlos (véase el capítulo 7), un cantante brasileño que fue esencial en la evolución de la escena rock del citado país y que se convirtió en un cantante de boleros en español en los años ochenta.

Gloria y Emilio Estefan, y Miami Sound Machine

A mediados de los ochenta, cuando la salsa hizo grandes concesiones al pop, surgía el merengue, y Julio Iglesias ostentaba la supremacía en el mundo del pop latino, el grupo Miami Sound Machine, del célebre matrimonio de Emilio y Gloria Estefan, triunfó con varios éxitos en el mercado mayorista. Tanto Gloria como Emilio habían nacido en Cuba, aunque la revolución castrista los había obligado a emigrar a Miami a inicios de los años sesenta. En 1975, Gloria hizo una prueba para una actuación con los Miami Latin Boys, que dirigía Emilio, y que, en gran medida, actuaba en bodas. Cuatro años después, los Estefan se casaron, y el grupo cambió su nombre por el de Miami Sound Machine.

Miami Sound Machine fue uno de los grupos más importantes de la música latina de los ochenta. El grupo se apoyó en los crecientes lazos entre la interpretación de baladas y el pop latino, que se había desarrollado a lo largo de la carrera de Iglesias, y los combinó con influencias de pop dominante posterior a la música disco. Con una formación al estilo de Santana, que incluía guitarra eléctrica, bajo, batería y teclados electrónicos con una importante sección de percusión latina, Miami Sound Machine dio un paso adelante, al incorporar elementos de la música disco, el funk y el rhythm and blues. El segundo éxito del grupo, «Conga» es, tal vez, el éxito latino más importante desde la versión rock de Santana de «Oye cómo va» de Tito Puente, aunque sólo sea por rimar adecuadamente «conga» con «longer». «Conga», como los demás éxitos de Miami Sound Machine, «The Rhythm Is Going to Get You» y «Doctor Beat», consigue incorporar una sección de percusión latina (que incluye congas y timbales), con los ritmos de bajo eléctrico de la era posterior a la música disco. El grupo pasó por varias etapas en función de quién fuera el compositor. «Doctor Beat», como buena parte de la música del primer álbum, *Eyes of Innocence* (1984), la compuso el batería Enrique «Kiki» García. «Conga», «Bad Boys» y todas las canciones del álbum *Primitive Love*, de 1986, tenían como autor al arreglista Lawrence Dermer. «The Rhythm Is Going to Get You», de *Let It Loose* (1988, con el grupo anunciado como «Gloria Estefan and Miami Sound Machine) marcó el inicio como compositores de los Estefan.

La no disponibilidad de música de la Cuba castrista tuvo dos efectos en la música latina. Ya no se trataba de una música latina experimental que impulsara una música de baile tropical, y Miami tenía un campo virgen para consolidar una nueva estética. Miami Sound Machine, por sí mismo, se hizo fundamental para la idea del futuro de la música latina, y su utilización de la percusión afrocubana, en combinación con la voz adecuada y el aceptable atractivo sexual de Gloria, se convirtió en un triunfo total. Miami Sound Machine y el éxito de los Estefan hizo que Miami se erigiera en capital musical y favoreció la maquinaria de la creación de estrellas al centrarse en el cantante, algo que convirtió a la salsa en un género formulista. Los Estefan coprodujeron a un artista novel, un cantante inspirado en

Gloria y Emilio Estefan, creadores a finales de los años setenta de Miami Sound Machine.

el rhythm and blues, Jon Secada, y se desprendieron del integrante de Miami Sound Machine Willie Chirino, que realizó una serie de discos importantes, de salsa pop, grabados a primeros de los sesenta. Más tarde, Chirino llegaría a ser uno de los pocos intérpretes cubanoestadounidenses que rendía un homenaje declarado a la música que se hacía en la Cuba castrista, y sus discos *Cuba libre*, *Soy* y *Afro-disiac* se adaptaban al gusto purista.

A primeros de la década de los noventa, Gloria Estefan se convirtió en intérprete en solitario, y el matrimonio intentó capitalizar la nostalgia que sentían la primera generación de cubanos criados en Miami. Con la edición de *Mi tierra*, su primera grabación íntegramente en español, Gloria Estefan triunfó al transformar la particular intensidad de la nostalgia cubana en una fiesta de rock con raíces, además de superar su imagen pop algo suave. En vez de hacer un álbum de estándares procedentes de la rica historia de la música cubana, Estefan escogió componer canciones nuevas que se adaptaran a los estilos tradicionales cubanos. Los mejores temas de *Mi tierra* son los sones, guagancós y danzones llenos de energía, que cuentan con el apoyo de distinguidos músicos invitados como el flautista Néstor Torres, el percusionista Luis Enrique, el pianista Paquito Hechavarría, el bajista Israel «Cachao» López, el saxofonista Paquito D'Rivera, el trompetista Arturo Sandoval y el timbalero Tito Puente.

«Cachao» tiene unas intervenciones magníficas, sobre todo en «No hay mal que por bien no venga», un neo-danzón perfectamente realizado, para el que compuso la música. En la pieza que da título al álbum se alcanza un nivel parecido, y se trata de un montuno duro y claro que celebra el amor y la nostalgia por el antiguo país; y también en el saltarín son tradicional «¡Sí señor!» y el asombroso tema final del disco, «Tradición», que utiliza el guaganó como matriz rítmica para los inspirados estallidos de Paquito D'Rivera en el saxo, de Sandoval en la trompeta y de Puente en los timbales. Por desgracia, boleros como «Mi buen amor» y «Volverás» pueden considerarse algo lánguidos. La brillante producción en clave de perfección pop del disco es el único defecto más que se puede encontrar. Emplear la sección de cuerda de la London Symphony Orchestra es algo que no encaja con el swing tropical.

A pesar de las repetidas declaraciones derechistas de Estefan, el único manifiesto abiertamente político de *Mi tierra* no es una diatriba anticastrista genuflexa con Miami. En «Hablemos la misma lengua» Estefan propone que los cubanos, los puertorriqueños, los mexicanos, los colombianos, los dominicanos, etc. entierren sus diferencias.

En 1995, Gloria Estefan triunfó de nuevo con *Abriendo puertas*, un álbum en el que el compositor y productor colombiano Kike Santander tomaba un papel preponderante. Al seguir la pista de las incursiones realizadas por el astro pop colombiano Carlos Vives (véase el capítulo 8), que actualizó el vallenato, un estilo tradicional colombiano, llevándolo hacia el pop, los Estefan se reinventaron una vez más. Asimismo se lanzaron a una época en la que aparecían en casi todas las ceremonias de entrega de premios de la industria musical y Gloria alcanzaría el estatus (aunque no la estatura musical) de divas como Whitney Houston, Aretha Franklin y Chaka Khan. El estilo Estefan, tal como se realizaba en los estudios Crescent Moon de Emilio, que él había construido en Miami, en 1988, dominó la producción del pop latino, y la mayor parte de grandes nombres pedían grabar allí.

Cuando los años noventa cedieron el paso a un nuevo siglo, los Estefan se enfrentaron a una pequeña adversidad. Uno de sus grandes proyectos de futuro, Shakira, les abandonó, y tuvieron que hacer frente a demandas judiciales presentadas por los ex colaboradores Willie Chirino y Kike Santander, por presunta apropiación de sus canciones, debido a acreditaciones falsas como compositores o productores. Los Estefan también anunciaron que boicotearían los Grammy Latinos de 2001 (que al final se cancelaron por los ataques del 11-S), por trasladar el acto de Miami a Los Ángeles en el último momento. Aunque, en 2002, los procesos se habían sobreseído, el álbum nuevo de su pupilo Jon Secada conseguía buenas ventas, y Gloria actuó de copresentadora de los Grammy Latinos del año.

Luis Miguel

El pop mexicano había estado bajo el dominio de cantantes que se referían en cierta forma a las tradiciones regionales de la ranchera y el mariachi, como Vicente Fernández, Juan Gabriel, y la española Rocío Dúrcal. Aparentemente vestido siempre con su atuendo de ranchero, Fernández, junto con su hijo Alejandro, es la figura fundamental de la ranchera popular. Rocío Dúrcal[4] se inclina más por los boleros, aunque se la recuerda más cariñosamente por las rancheras tradicionales, y Juan Gabriel es una especie de hombre del Renacimiento que combina muchos géneros del pop latino. Aunque la nueva escena de pop latino de Miami, que crearon en gran parte exiliados cubanos, en particular los Estefan, dio paso a un ambiente y una infraestructura —con las oficinas de los grandes sellos establecidas allí— propicios para que surgiera una megaestrella como el mexicano Luis Miguel.

En 2003, Luis Miguel era el astro pop mexicano más poderoso y de mayor trayectoria, y lucía un aspecto excelente, además de poseer una voz suficientemente potente para poner en trance a grandes auditorios. A pesar de que la mayoría de sus discos recicla rítmicas canciones de club y baladas sofisticadas, el paso que dio Luis Miguel en 1991 al colaborar con el mejor compositor del bolero moderno, el mexicano Armando Manzanero, en el disco *Romance*, casi por sí sólo revivió el interés por el bolero. Más allá de ser un puro revival, *Romance* y su continuación de 1994, *Segundo romance*, fueron una actualización importante del género, al utilizar las normas de alta producción que estableció el renacimiento de Miami.

Además de clásicos de Manzanero como «Te extraño» y «Somos novios», la serie de discos de *Romance* (en la que figuraban *Romances*, de 1997 y *Mis romances*, de 2001) incluía una colección de boleros clásicos. Entre los que estaban «Inolvidable» de Julio Gutiérrez, un cubano, «Contigo en la distancia», de César Portillo de la Luz, otro cubano; y «La puerta» del bolerista mexicano Luis Demetrio.

El revival de Manzanero que llevó a cabo Luis Miguel trajo de nuevo a la luz a un maestro olvidado del género. Nacido en Mérida (México) en 1935, Manzanero estudió en el conservatorio de Bellas Artes de su ciudad natal. Después de trasladarse a Ciudad de México en 1957, se convirtió en pianista de intérpretes como el maestro chileno del bolero, Lucho Gatica, y el cantante y compositor mexicano Luis Demetrio, y asimismo trabajó con Bobby Capó. En cuarenta años de carrera compuso más de cuatrocientas canciones, la más célebre «Somos Novios», que el crooner estadounidense Perry Como versionó con el título de «It's Impossible».

---

4. La cantante falleció en Madrid el día 25 de marzo de 2006, a los sesenta y un años de edad. *(N. del T.)*

Los principales competidores de Luis Miguel por el estrellato internacional del pop latino son el venezolano Alejandro Montaner y el español Alejandro Sanz. Nacido en Argentina en 1957, Montaner se crió en Caracas (Venezuela), donde cantó en un coro de iglesia y se convirtió en batería de un grupo de rock de nombre Scala. Montaner canta con voz de tenor ligero y utiliza la instrumentación habitual del pop, a menudo empleando una sección de cuerda para aumentar el impacto emocional. En su forma de cantar, brinda una especie de sentimiento country, y mantiene una postura de inocencia, en vez de adoptar la estrategia de ganador de Luis Miguel. Al principio, en plena década de los noventa, Alejandro Montaner se situó en primer plano con una serie de álbumes para Polygram, y consiguió un premio de relieve en el festival chileno de Viña del Mar, un acontecimiento destacado en el mundo del pop latino. En 1999, editó *Con la Metropolitan London Orchestra*, aunque Montaner tiende a favorecer la simplicidad. El álbum *Suma*, de 2002, una colaboración con el pianista y arreglista Bebu Silvetti, es un homenaje al estilo del bolero, todo con canciones originales, un hito en el resurgimiento del bolero que empezó Luis Miguel.

A medida que se acercaba el fin de la década de los noventa, la escena del pop latino estaba dominada por un estilo que había incorporado constantemente influencias estadounidenses y europeas; cada vez más cantantes no hispanohablantes como el italiano Eros Ramazotti y la canadiense francófona Céline Dion grababan en español, ya que sus fórmulas de canción se trasladaban fácilmente al mercado latino.

El español Alejandro Sanz es uno de los pocos cantantes de la escena pop latina que puede reivindicar ser un cantautor por derecho propio. Aunque sus arreglos son típicos del pop ligero, y que Sanz tiene en cuenta los gustos del pop latino, sus canciones gozan de un mayor impacto porque es él mismo que las compone. No es por casualidad, que en su obra exista una potente corriente flamenca subterránea. Sanz nació en Madrid en 1968 de padres andaluces, de Cádiz, centro importante del flamenco. Alejandro empezó a componer a la edad de diez años y, de carácter rebelde, se puso a cantar en la calle de adolescente. A su formación en la severa escuela de la escena flamenca de Madrid se le sumó el aprendizaje con el guitarrista Miguel Ángel Arenas.

Sanz utiliza una instrumentación más sofisticada que buena parte de sus colegas, e incorpora el aire jazz-rock de sus compatriotas del grupo Presuntos Implicados. El álbum con el que consiguió la consagración, *Más* (editado en 1997, el cuarto que hacía para WEA Latina), impuso la marca del pop de Sanz, en el que el flamenco, aunque no de una forma llamativa, ronda por el alma de los sintetizadores. Canciones como «¿Y si fuera ella?» y «Corazón partido» transmiten el habitual sentimiento de amor descontrolado del hombre, presente en el bolero.

Con el empleo de acelerados solos de guitarra eléctrica, Sanz ha incluido siempre un toque potente de rock duro en sus canciones, cosa que le ha proporcionado una mayor credibilidad entre la juventud. Al álbum siguiente de 2001,

El alma al aire, le faltaba la sensación de clásico inmediato de *Más*, aunque la voz áspera y emotiva de Sanz aún estaba en plena forma, y su grupo de acompañamiento era tan preciso e inquieto como siempre. En 2002, con su álbum *MTV Unplugged* arrasando en los premios Grammy Latinos, Alejandro Sanz se mantuvo como el intérprete más poderoso del pop latino. Su dúo con el grupo de rhythm and blues Destiny's Child, emitido en los Grammy de 2002, fue una prueba de sus crecientes popularidad e influencia.

La explosión del pop latino

En Estados Unidos, a mediados de los noventa, los jóvenes ídolos del pop como Enrique Iglesias, Ricky Martin y el cantante puertorriqueño Chayanne, además de algunas estrellas regionales mexicanas como la malograda Selena y La Mafia, obtenían una cantidad enorme de seguidores. El mundo de la música latina se centraba alrededor de Miami, donde la mayoría de grandes sellos montaron sus oficinas, y donde los Estefan estaban a punto para ejercer de descubridores y productores ejecutivos de una nueva generación de estrellas con atractivo para el público mayoritario. En 1998, Ricky Martin, que había conseguido celebridad tanto dentro de Estados Unidos como en el exterior, con una serie de éxitos internacionales y papeles en las telenovelas estadounidenses y en los escenarios de Broadway, se consagró con una actuación memorable en la retransmisión de la ceremonia de los premios Grammy.

Martin ascendió a lo más alto de la profesión a pesar del hecho que, durante la mayor parte de su carrera, sus fans más acérrimas fueron adolescentes latinoamericanas, que no aseguraban el ganarse la vida a la industria musical latina. Nacido como Enrique Martín Morales en 1971, y criado en el área residencial, de clase media, de San Juan (Puerto Rico), Martin se convirtió en estrella infantil en Menudo, un grupo de cantantes adolescentes que precedió a conjuntos estadounidenses como New Edition y New Kids on the Block. Algo más joven y más bajito que el resto de sus compañeros de Menudo, Ricky hacía las veces de Michael Jackson, y dominaba el grupo con su presencia estelar. Con Menudo, Ricky Martin tuvo la oportunidad de girar por todo el mundo y conocer la vida acelerada y traicionera del negocio del espectáculo. El grupo gozó de una trayectoria potente durante la estancia de Martin, aunque a la partida de éste, se desató una plaga de rumores de abusos sexuales a integrantes del grupo por parte de Edgardo Díaz, uno de los mánagers de Menudo. Dicho escándalo se convertiría en la raíz de la interminable obsesión de los medios en torno a las preferencias sexuales de Martin.

Quizá lo más importante para Martin, de su época con Menudo, fue su amistad con su colega cantante Robi Rosa. Éste se crió en gran parte en un área suburbana de Nueva York, en Long Island, aunque se trasladó a Puerto Rico en los primeros años de su adolescencia y se labró una carrera de compositor y arreglista para Menudo, y al final se convirtió en uno de sus integrantes más populares. Robi llegó al estrellato con la película *Salsa*, un desenfrenado remake de *Dirty Dancing*, en clave de baile latino; su personaje bailaba tan bien que parecía estar destinado a una carrera como el líder de la banda juvenil rival, Chayanne. Pero Robi deseaba ardientemente ser un astro del rock a la manera de Jimi Hendrix o Lenny Kravitz. Se cubría el cuerpo de tatuajes, se convertía en un adicto a la heroína, y componía canciones de gran oscuridad y tintes góticos, basadas en poemas de Rimbaud. Cuando Ricky Martin emprendió sus actuaciones en Broadway, luego en las series televisivas («Les misérables», «Hospital general»), y se instaló en Nueva York, llamó a Robi Rosa, con el fin de empezar una nueva carrera discográfica.

Aunque criticado a menudo por ser un típico cantante del pop ligero latino, Martin, con la ayuda de su compositor y coproductor Rosa (acreditado con frecuencia como Ian Blake), se puso a investigar los ritmos basados en el flamenco, que habían animado el género del bolero pop. Asimismo experimentó con sonidos más duros de rock. Los álbumes de Ricky Martin, *Me amarás*, de 1993, *A medio vivir*, de 1995, y *Vuelve*, de 1998, fueron sendas aportaciones a la evolución del sonido contemporáneo del cantante. Los álbumes citados perfeccionaron la fórmula de Ricky, que cada vez más incorporaba adornos de rock, mientras que la capacidad compositiva de Robi Rosa añadía fuerza a las baladas. Con todo, la raíz del éxito de Martin fue la continuada reformulación de temas musicales parecidos en sus canciones triunfales. «María», de *A medio vivir*, engendró «The Cup of Life», de *Vuelve*, y la culminación se produjo en mayo de 1999, con su enorme éxito «Livin' la vida loca», cantado en inglés y español.

El primer álbum en inglés, titulado como la canción, fue algo más que «Livin' la vida loca», y en él figuraban algunos ejemplos más de flamenco pop, como «Spanish Eyes». «Be Careful», el dúo con Madonna, podía considerarse legítimamente, como de vanguardia, en gran parte gracias a los peculiares arreglos pop, rockabilly y funk de Robi Rosa. La propia canción del título captaba a la perfección la afinidad natural del rock latino por el ska, el estilo de calipso acelerado nacido en Jamaica en los sesenta, y adoptado por los rockeros punk británicos a finales de los setenta, aparte de una especie de idea adolescente refinada del aventurerismo sexual. La canción goza de un doble sentido por el uso de la palabra *loca*, que designa a los homosexuales hispanos.

Tal vez por el apresuramiento en lanzar el álbum siguiente de Martin, y quizá por causa de la menor participación de Robi Rosa en el estudio, *Sound Loaded* (2000) fue un ejemplo típico de producto recalentado. Aunque se pueda pensar que Ricky Martin no fue más que una llamada en inglés, no hay duda de que es un intérprete formidable en directo que, al contrario que muchos de sus contemporáneos del pop latino, insiste en utilizar potentes ritmos africanos (como la samba brasileña) y la bomba y la plena tradicionales de Puerto Rico en sus conciertos. Tras la aparente superficialidad amable, la música de Martin evoluciona tanto en referencia a la balada como al sonido pop étnico.

En 2003, Martin regresó con el álbum *Almas del silencio*, cantado en español. Ya se había difundido ampliamente, que Martin había grabado unas treinta canciones en inglés para un álbum nuevo, pero de repente decidió que debía volver a sus raíces. *Almas del silencio* desplegaba una sólida preocupación por los ritmos afrocaribeños y el destacado uso de tambores folklóricos, ya sea en el pseudo-vallenato «Besos de fuego», en la bomba y la plena de «Raza de mil colores», o la samba mutante de «Si ya no estás aquí». Las baladas de Martin demuestran que la cháchara sentimental encaja mejor en una lengua romance. «Tal vez nunca te he dado lo que tú esperabas / y no estaba cuando me necesitabas —entonaba Ricky en "Tal vez", a modo de disculpa—. Tal vez se me olvidó que yo te amaba». Con *Almas del silencio*, una carta de amor al idioma y la cultura de los millones de fans hispanohablantes que hicieron de él una estrella, Ricky Martin parecía rectificar.

––––––––––

Enrique Iglesias, hijo del mundialmente famoso Julio, no tiene el carisma y la profundidad vocal de su padre, aunque sí los trinos marca de la casa, y el pop latino pegadizo que fabrica no se basa en la obra de su padre. Con una voz de tenor un poco más aguda que la de Julio, Enrique tiene más influencias del soul y el pop europeo que no del bolero. En 1999 se integró en la explosión latina con su primer álbum en inglés, *Enrique*. Canciones como «Bailamos» y «Rhythm Divine», a pesar de sonar con un sospechoso parecido, se encaramaron a los primeros lugares de las listas, y Enrique consiguió que la MTV lo considerara atractivo, cosa que coadyuvó al éxito del cantante.

Nacido en 1975 en Madrid y criado en Miami, Enrique ejemplifica las tendencias del pop latino que dominaron la época, al apoyarse en las sofisticadas técnicas de los estudios de grabación y en la utilización cada vez más frecuente de la música disco y los ritmos latinos. Al igual que Martin y Marc Anthony, Enrique Iglesias actuó frente a multitudes de fans latinoamericanas (incluidos los auditorios repletos de latinas chillonas en todo Estados Unidos), y a mediados de los noventa, empezó a tener una gran masa de seguidores.

En un concierto de 1999 en el Madison Square Garden, Enrique Iglesias desmintió inteligentemente las acusaciones de nepotismo, y al presentar «Si tú te vas», su sencillo de gran éxito, insistió en que la suya había sido una historia como la de Cenicienta, ya que varias compañías discográficas ignorantes lo habían rechazado en primera instancia. Los partidarios de Enrique sostienen que al contrario que Luis Miguel, Iglesias ha compuesto aproximadamente la mitad de su obra grabada, y que su voz es apta para locales tan grandes como el Madison Square Garden. Con *Quizás*, de 2002, Enrique Iglesias regresó al estilo forjado en la emoción del pop latino de la corriente principal, aunque siguió incorporando influencias de la electrónica y el trip hop.

––––––––––

La cantante pop-rock Shakira, criada en Colombia, luce una voz explosiva y cargada de emoción que expresa los sentimientos de una nueva generación de la juventud latinoamericana. Su consagración en 1998 con el álbum *¿Dónde están los ladrones?* la ha colocado en posición de tener un papel importante en el renacimiento reciente del pop latino. Aunque comparada con el estilo almibarado habitualmente asociado con el género, Shakira es un ave ardiente de un color distinto. Ella tiene un perfil rockero más duro, y escribe unas letras poéticas y filosóficas, que están muy por encima de la brillantez superficial del pop.

Nacida en 1977 en la ciudad costera de Barranquilla (Colombia), hija de padres libaneses, Shakira se decidió a conquistar el mundo a través de la música, desde su más temprana infancia, con la participación en concursos de canto en radio y televisión. Su padre, William Mebarak, vendedor de joyería, infundió en Shakira el aprecio por la lectura (en sus declaraciones, ella prodiga elogios al novelista Gabriel García Márquez y al gurú de la «new age» Brian Weiss), y por el arte ancestral de la danza árabe, que confiere a las actuaciones de la cantante un sentimiento de Oriente Medio. La familia Mebarak formaba parte de una reducida

La colombiana Shakira es hoy la nueva abanderada del renacimiento del pop latino.

pero influyente comunidad libanesa de Barranquilla, que no tan sólo conserva sus raíces culturales árabes, sino que también ejerce un papel importante en las celebraciones anuales del carnaval de la ciudad. Con trece años de edad, Shakira firmó su primer contrato discográfico con Sony Music Colombia, y en 1991 editó su primer álbum, *Magia*, en el que figuraban canciones que ella había compuesto desde la edad de ocho años.

La efervescencia de Shakira y su voluntariosa personalidad conquistaron la atención del público colombiano. Tras su graduación de la escuela secundaria, se decidió a dedicar su vida a la música, y grabó *Peligro* en 1993, y *Pies descalzos* en 1995. Con el segundo, Shakira se consagró en Latinoamérica, España y en los Estados Unidos de habla hispana, e impuso su estilo folk, neohippy y prosaico, a la vez que rehusaba vestirse como una modelo y componía canciones que reflejaban idealismo en lugar de superficiales baladas amorosas. Aunque en la obra de Shakira hay elementos de reggae, de música folklórica colombiana y de la balada pop, y que algunas de sus canciones recuerdan a la nueva trova cubana de los setenta, Shakira es una de las primeras estrellas del pop latino en proponerse principalmente como rockera. Las canciones de *Pies descalzos*, compuestas en colaboración por Shakira y Luis Ochoa, son semillas de sabiduría que retratan las actitudes de la juventud estudiantil latinoamericana.

Con la instrumentación habitual del rock, y apoyándose en sencillos *riffs* de guitarra, Shakira utiliza su muy flexible gama vocal para impregnar con un extraño poder sus melancólicas canciones de amor. Canciones como «Pienso en ti» y «Te necesito» tienen una calidad obsesionante y tierna. «Un poco de amor» es una alegre celebración de la trascendencia del reggae más allá de Jamaica, y el tema del título, «Pies descalzos, sueños blancos» se introduce en el estado mental de la juventud latina idealista: «Perteneciste a una raza antigua de pies descalzos / Y ahora estás aquí queriendo ser feliz». El álbum vendió millones de ejemplares e hizo de Shakira la estrella latinoamericana más joven y prometedora de los años noventa.

El siguiente álbum de Shakira, *¿Dónde están los ladrones?* (1998), fue la confirmación de lo prometido en sus primeros trabajos. El título del álbum se refiere al robo en el aeropuerto de Bogotá de las partituras para un disco completo, cosa que obligó a Shakira a preparar un material nuevo. Canciones bien manufacturadas y de impacto como «Ciega sordomuda», «Tú», «Inevitable» y «Ojos así» —esta última cantada en árabe, en parte, y con instrumentación de Oriente Medio— atrajeron la imaginación del mercado internacional, con enormes ventas tanto en Latinoamérica como en Estados Unidos.

El primer álbum de Shakira, con dominio del inglés, *Laundry Service* (2001) tal vez sea la primera traslación con éxito de la sensibilidad latinoamericana joven a canciones interesantes en inglés. Mientras que Ricky Martin debía confiar en las excéntricas mezclas pop de Robi Rosa, y Marc Anthony usaba a amables compositores pop para su repertorio, Shakira aprendió inglés lo suficientemente bien para expresar su yo característico. En baladas como «Underneath Your Clothes», ella proclamaba: «Eres una canción / que Dios compuso con sus manos», y en «The One» confesaba «Tengo un motivo para afeitarme las piernas / cada mañana». La frescura de Shakira es una orientación bien recibida en medio del estado de deterioro inconsciente del pop latino, pero aún está por ver si ella podrá mantenerse frente a las numerosas divas del rap y el rhythm and blues que van más allá. A pesar de su formación árabe y latinoamericana, Shakira también muestra una gran preferencia por el rock duro de los ochenta (y llega a interpretar versiones de Aerosmith y AC/DC en sus actuaciones en directo), por encima de formatos más modernos de rock, rap y pop.

Aunque Jennifer López, nacida en 1970 en el Bronx, no hace lo que se considera como música latina, o pop latino, no esconde sus raíces puertorriqueñas, y ella grabó un tema de salsa con Marc Anthony «No me ames», que es algo más que competente. Con una voz que muestra estallidos de intensidad cuando no se reduce a alcanzar una producción a la última, López parece buscar el enfoque de «otra chica sencilla más del vecindario», que también le de éxito como actriz. La música de López, como en su primer álbum *On the 6*, en *J-Lo*, y *This Is Me… Then* es una mezcla ecléctica de influencias musicales con las que creció en el Bronx. El rhythm and blues, el hip hop, el rock, la música house y la salsa se juntan en las canciones de López, quien comparte la autoría con compositores profesionales de rhythm and blues como Corey Rooney.

Al cantar en gran parte en inglés, López expresa un punto de vista nuyoricano; ella empieza con la salsa y le cautiva su inocencia romántica, como en «No me ames», y se identifica enormemente con el hip hop, como lo prueban sus colaboraciones con los raperos Fat Joe, Ja Rule y Jadakiss. López desató una pequeña controversia cuando utilizó la palabra «nigger» en «I'm Real», de *J-Lo*, lo que causó el enfado de algunos afroamericanos, aunque fueron escasos los polemistas que reconocieron que ser puertorriqueño implica, como mínimo, una ancestralidad africana parcial, y ser nuyoricano lleva aparejada con frecuencia la vida conjunta con los afroamericanos. La música de López no difiere demasiado de los experimentos eclécticos de la alternativa latina. El que no se identifique a Jennifer con sus colegas latinoamericanos tiene que ver con el idioma elegido y con el hecho de que no se la distingue de una cantante de pop negro.

En su condición de una de las estrellas del espectáculo más importantes del mundo, López ha coordinado la edición de sus álbumes simultáneamente con el estreno de sus películas: en 2001, *J-Lo* se publicó al mismo tiempo que *Planes de boda*, y en 2002, editó *This is Me… Then* a la par de la película *Sucedió en Manhattan*. López sigue trabajando dentro de su fórmula, y mezcla baladas (a pesar de que su voz no consigue grandes resultados) con números bailables de ritmo acelerado y dúos con raperos famosos. «All I Have», con L.L. Cool Jr., no es tan decisiva como «Jenny from the Block», que coincidió con una gran campaña publicitaria sobre el regreso de López a su hogar ancestral del noreste del Bronx. Lo mejor de Jennifer es la selección de las canciones, un reflejo de sus variados gustos, y la presentación es lo bastante buena como para que sus fans la tomen en serio.

Con *Mi reflejo,* **editado en 2000,** la diva del rhythm and blues adolescente Christina Aguilera conquistó saltar la barrera de las listas de manera inversa, ya que se colocó en los primeros puestos de las listas de música latina de *Billboard,* y obtuvo presencia en los canales de vídeo latinoamericanos, lo que le granjeó la simpatía de las latinas que miraban en dirección al norte en busca de una inspiración expresiva. Nacida en 1980 en Staten Island (Nueva York), creció en Wexford (Pensilvania), y a los seis años empezó a actuar en concursos de cantantes noveles. Ya con doce años, Christina era una invitada habitual en el «Mickey Mouse Club», junto a las futuras estrellas adolescentes Justin Timberlake y Britney Spears. Aguilera, que es mitad ecuatoriana, buscó en sus raíces latinas al grabar *Mi reflejo* (2000), una versión en español de su primer álbum, con su nombre por título, justo un año después de su edición. Aguilera recoge, en gran parte, las influencias como Mariah Carey y Whitney Houston, aunque cuando aborda el bolero, le añade un aroma a rhythm and blues.

Las versiones en español de los éxitos de Aguilera (escritos por compositores profesionales), del estilo de «Come Over», «I Turn to You» y «Genie in a Bottle», parecían madurar con la traducción. Con la ayuda del importante productor de pop latino Rudy Pérez, Aguilera ofrece una inyección a la balada flamenca en «El beso del final» y entrega un vibrante ritmo de salsa en «Cuando no es contigo».

A Marina le gusta el idioma y los ritmos españoles, e incluso la sentimentalidad, y eso la llevará a hacer discos en español durante el resto de su carrera. Su incorporación de influencias del rhythm and blues a boleros como «Contigo en la distancia» y «Falsas esperanzas», éste de Giraldo Piloto, parece una revisitación del filin cubano, salvo que en lugar del descubrimiento del jazz y el rhythm and blues por parte de los latinos, se trata de una cantante de rhythm and blues que descubre la música latina.

El pop rock latino

Desde los años cincuenta, México ha sido un terreno de abono prioritario tanto para intérpretes de rock, como de pop rock. Como veremos más adelante en el capítulo 10, México mantiene una relación extrañamente contradictoria con la música rock. Seguramente fue el primer país latinoamericano en tener grupos de rock. Luego, a mediados de los setenta, el gobierno conservador prohibió en la práctica al rock en México. Tal vez se pueda ver como una personificación de la citada dicotomía entre la adopción y el rechazo del rock, la actual cosecha de cantantes pop femeninas mexicanas que interpretan un pop rock descafeinado e intentan hacerse pasar por cantantes de rock.

Una de las primeras chicas rock de México es la escandalosa Gloria Trevi, que sedujo al público mexicano a finales de los ochenta y principios de los noventa con una imitación diáfana de Madonna, incluidas las medias desgarradas y la consabida exhibición de ropa interior y escotes. Alejandra Guzmán siguió los pasos de Trevi, y evocó una criatura de cantina libidinosamente sin control, que reflejaba la lujuria de los machos empapados de tequila. Más recientemente, Thalía Sodí, la nueva esposa del antiguo ejecutivo de Sony y magnate del pop latino Tony Mottola, ha flirteado con el pop y el baile latino, y con el estrellato del rock. Su álbum de 2001, *Banda*, rinde un homenaje superficial a la música de banda mexicana de la región norteña, con una decantación por las convenciones del rock y la música disco europea, para suavizar el camino hacia los primeros puestos de las listas. En el álbum de 2002, titulado con el nombre de la cantante, figuraban tres temas cantados en inglés, en un intento de lograr una audiencia mayor, pero la colaboración con Estefan, el nuevo mago de la producción pop, le confiere a las canciones en español un atractivo más potente y más moderno.

Otra contendiente más reciente en pos del trono de chica del rock mexicano es la apropiadamente llamada Paulina Rubio, ya que el apellido está en consonancia con el color del tinte de su cabello. Paulina, cuya fuerza reside desde luego en su pose de arpía, fue integrante del mismo grupo de rock adolescente (equivalente al de «Mickey Mouse Club») de nombre Timbiriche, del que surgió Thalía. El álbum de consagración de Paulina Rubio, titulado a su nombre, empieza con los chillidos de guitarra de «Lo haré por ti», aunque ella aminora en seguida al tempo de balada en «Tal vez, quizá». «Y yo sigo aquí», su sencillo de éxito, sigue la tendencia vocal distorsionada por el vocoder, de inspiración europop, que predominaba en la música europea, en connivencia con un ritmo house latinizado. La voz de Paulina es muy agradable, y la cantante evita los excesos de baja estofa de sus predecesoras, aunque todavía está por ver si conseguirá el éxito con sus álbumes en inglés. En 2002, Paulina Rubio editó *Border Girl*, un álbum en su mayor parte cantado en inglés, que le supuso mucha atención pero que no la llevó a nuevos terrenos, muy lejos del estrellato conferido a Shakira después de su *Laundry Service*.

El grupo mexicano Maná se remonta al principio de la oleada de rock mexicano de inicios de los noventa, y se ha presentado en Estados Unidos junto a grupos mucho más progresivos como Café Tacuba. Fundado en Ciudad de México, en 1985, por el cantante solista y nativo de Guadalajara, Fher, y el batería de origen colombiano/cubano Álex González, Maná empezó actuando en pequeños clubes, y editó su primer álbum en 1992. Aunque basado en una sección rítmica competente dirigida por González y la tarea guitarrística de César López (ahora con Jaguares), Maná surgieron como imitadores de Police para los críticos, y aun así consiguieron una gran cantidad de fans. A veces las composiciones de Maná (en su mayoría de Fher y González) eran inspiradas, y el compromiso del grupo por el medio ambiente, como se demostraba en «¿Dónde jugarán los niños?», y el canto sincero de Fher llevaron al grupo a aumentar considerablemente el número de seguidores. *Revolución de amor*, editado en 1992, hizo hincapié en solos

Maná en la entrega de los premios MTV Latinos 2003.

de guitarra más potentes a cargo de Sergio Vallín, en los himnos «Justicia, Tierra y Libertad» y «Ángel de amor», aparte de la presencia como invitados de Rubén Blades en «Sábanas frías» y de Carlos Santana en «Justicia, Tierra y Libertad». El álbum y la gira posterior quedó como uno de los momentos más potentes del año por lo que se refiere al pop rock latino.

Fundado como quinteto en Santiago de Chile, en 1988, La Ley —un trío, integrado en 2003 por Beto Cuevas como cantante, Mauricio Clavería en la percusión y Pedro Frugone a las guitarras— se convirtió en uno de los grupos con mejores ventas de Chile, y logró un sitio como pioneros del movimiento de rock latino. El grupo se trasladó a México a principios de los noventa para aprovecharse de la plataforma que suponía Ciudad de México para los grupos de rock, e inmediatamente obtuvieron un gran éxito y un contrato publicitario con Pepsi.

Los miembros de La Ley son supervivientes, y se las arreglaron para permanecer juntos, a pesar de la muerte trágica de su antiguo guitarra solista, Andrés Bobe, en un accidente de motocicleta en 1994. Unos años después, también superaron la inoportuna fuga, por disensiones creativas, de su bajista, Luciano Roja, horas antes de realizar un concierto ante una multitud de 30.000 personas en Ciudad de México. Muy influenciado por el movimiento de rock moderno de los nuevos románticos, que prendió en Inglaterra a mediados de los ochenta, La Ley hace música con el tipo de figuras de teclado planeadoras y la intensidad eléctrica a la que se adscribían grupos como Duran Duran, Depeche Mode y los Pet Shop Boys. La presencia de Bobe destacaba en su primer álbum *Doble opuesto* (1992), pero *Invisible*, de 1995, lo compuso el colaborador y productor Alfredo Gatica.

En los álbumes del grupo *Vértigo* (1998) y *Uno* (2000), La Ley parecía que se apartaba de las influencias electrónicas y se concentraba más en la composición, una buena idea, ya que Cuevas podía competir con una guitarra y un micrófono. Con todo, aunque a La Ley muchos lo consideran como un verdadero grupo alternativo latino, el giro que han emprendido en los últimos álbumes indica que la música queda definida mejor como pop. Al establecer de manera firme la nueva orientación, Beto Cuevas se convirtió en la energía fundamental del grupo en *La Ley Unplugged*, editado en 2001. De la amable explosión del primer tema, «Animal», hasta «El duelo», un conmovedor dúo con el rockero mexicano Ely Guerra de invitado especial, Cuevas realizó la interpretación de su vida. El formato acústico parece ayudar, al permitir que la esencia de buena factura de La Ley esté al frente y en el centro y no enterrada en una tempestad de sintetizadores pomposos.

El bolero, aunque no siempre una influencia formal estricta en la métrica de las letras o en el ritmo musical, sobrevive hoy como un elemento esencial del poder emocional y melódico del pop latino. A la redacción de este libro no se ha producido una gran transfusión de sangre nueva en el pop latino desde la explosión de 1998. Ricky Martin ha regresado con un potente álbum en español; Enrique Iglesias ha obtenido un éxito considerable con un álbum en inglés, *Escape* (2001), y su regreso al español con *Quizás* (2002); recientes astros pop como Cristian Castro y el pupilo de Estefan, Alexandre Pires, de Brasil, han conseguido unos resultados potentes. El panorama pop también se ha engrosado con varios cantantes de salsa, como los puertorriqueños Luis Fonsi y Frankie Negrón y la colombiana Carolina Laó, que han sustituido su sonido de baile por ritmos pop más sencillos y un mayor éxito comercial. Grupos alternativos latinos como Aterciopelados, de Colombia, y Gustavo Cerati, el cantante solista del legendario grupo argentino Soda Stereo, han jugueteado con la fusión de la electrónica con el bolero. Mientras haya un cantante con el gusto por el romance épico español y la ardiente pasión de La Habana, el bolero no morirá jamás.

El terreno de la alternativa latina, del que se habla en el capítulo 10, también ha producido algunos compositores con fuerza, como Julieta Venegas, de la ciudad fronteriza de Tijuana, cuyo mensaje influido por la ranchera y el bolero, es un poco abstracto en ocasiones, o Juanes, cuyo rock folklórico colombiano cuenta la historia de la realidad pavorosa de la Colombia de hoy en día. El francohispano Manu Chao vive una existencia vagabunda de España a Latinoamérica como un trovador de la modernidad, que intenta evocar la narrativa del emigrante latinoamericano, como muestra en canciones como «Clandestino», que lamenta el destino de alguien sin visado ni cualquier otra documentación.

Tiene que ser interesante ver si el enorme aumento de la popularidad de la bachata dominicana de los últimos años, se convierte en la última encarnación de la balada latina. Aunque buena parte de la producción reciente del género ha tomado una ruta pop, un intérprete como Zacarías Ferreira trata de seguir la verdadera intención poética de la tradición. En la música latinoamericana permanece con fuerza la tradición de contar historias, y la simple presencia de un músico que interpreta sólo con una guitarra y una canción bien construida es algo que parece esencial para el alma latinoamericana.

seis:

El jazz latino

Cuando el brillante *jazzman* cubano Mario Bauzá inició a Dizzy Gillespie y Charlie Parker a los ritmos sincopados de su isla natal, empezó un debate que nunca se ha resuelto. ¿Qué es el jazz latino? ¿Se trata de jazz impulsado por ritmos latinos en 6/8, o puede ser música latina tocada con arréglos jazzísticos o técnica instrumental? ¿Una gran orquesta latina, dirigida por gente como Tito Puente, Eddie Palmieri o Ray Barretto, que improvisa como si fueran Count Basie? ¿O tal vez la reinterpretación de la música latina por músicos de jazz como el brillante bajista Charlie Haden o el joven saxofonista David Sánchez?

A muchos músicos de jazz latino no les gusta dicho término porque creen que diluye el hecho de que tocan jazz de altos vuelos. El calificativo *latino*, en especial en el mercado discográfico mayoritario, puede adquirir automáticamente la connotación de «ligero» o «frívolo» e incluso «bailable». Aunque dejando aparte las consideraciones de marketing, la inflexión latina, habitualmente tomada de las estructuras del son o de otras formas de percusión afrocubana, hace que el jazz latino sea inconfundible. En cierta forma, el jazz latino es más africano que afroamericano; los ritmos y, a veces, las melodías y armonías están más cerca de la fuente y menos ligadas a la estructura melódica y rítmica de la música popular americana. Tras la colaboración entre Dizzy Gillespie y Mario Bauzá en los años cuarenta, el jazz latino está fuertemente ligado a la música latina de big band completamente bailable, algo que conecta con el gusto popular de una forma en que el jazz convencional ya dejó atrás.

La idea estereotipada del jazz latino es la del jazz «por encima» y latino «por debajo», que se refiere a las técnicas de *riff* jazzístico que emplean los instrumentistas de viento, interpretadas sobre un arreglo de percusión latina que suele ser bastante complejo. Con el tiempo, los mundos de la música latina y del jazz se han entremezclado de tal manera que el terreno del jazz latino ha crecido más allá de sus límites previos; el estatus del jazz como música de la diáspora africana ha llevado a los músicos latinos a explorar las influencias africanas, aparte de Cuba, e incluso del Caribe.

La mayor parte de las figuras centrales del jazz latino empezaron tocando música de baile afrocubana influida por el jazz. La destreza musical que les permitía manejar la complejidad de dicha música popular, además de su admiración por figuras legendarias del bebop y demás, les llevó hasta el jazz. En la era posterior a las big bands, la música de baile ya no se consideraba como jazz. Los intérpretes neoyorquinos, como el flautista Dave Valentin, ex integrante del grupo de Tito Puente, el pianista Hilton Ruiz y el bajista Andy González buscaron otras oportunidades para tocar música seria, que se considerara a la altura de los músicos de jazz que ellos admiraban. Otros, como el saxofonista David Sánchez, el pianista Danilo Pérez, y el percusionista Giovanni Hidalgo, llegaron a la Costa Este de Estados Unidos desde Puerto Rico y la República Dominicana, a principios de los años noventa, para estudiar jazz en lugares como la Rutgers University y la Berklee School of Music, tocar con la Dizzy Gillespie Orchestra y formar parte del último vínculo histórico con la época de Bauzá, Gillespie y Parker. Los exiliados cubanos —tales como el trompetista Arturo Sandoval y Paquito D'Rivera— tocaron una música popular a un nivel tan alto que ya se consideraron músicos serios antes de irse a Nueva York, aunque querían tener la oportunidad de tocar jazz, que en Cuba se consideraba como una manifestación de la decadencia capitalista.

En *Latin Jazz*, John Storm Roberts documentó la adopción, por parte de pianistas como Jelly Roll Morton y Scott Joplin, de lo que Morton llamó «el matiz latino» gracias a los intercambios que tuvieron, en Nueva Orleans, con músicos cubanos y mexicanos, a finales del siglo XIX y principios del XX. El piano en los números musicales latinos actuaba como instrumento percusivo e incorporaba las figuras rítmicas hipnóticamente repetitivas, o patrones de bajo, llamados *tumbaos*. El pianista de jazz latino, conjuntamente con la sección rítmica, con una mano establece la estructura rítmica latina de una canción y con la otra puede improvisar. Los pianistas han sido siempre intérpretes fundamentales en el jazz latino; piénsese en Chucho Valdés, Hilton Ruiz, Danilo Pérez, Michel Camilo, Gonzalo Rubalcaba o el artista de big band de salsa y mambo Eddie Palmieri.

Las raíces del jazz latino se plantaron firmemente en Nueva York, gracias a un director de orquesta cubano transplantado, Don Azpiazu, en 1930, con «El manisero», una canción que Duke Ellington versionó en 1931 («The Peanut Vendor»), Gonzalo Rubalcaba en 2002, y muchos otros entre medio. La reinterpretación jazzística de Ellington de lo que podía haber sido la primera canción popular afrocubana en Norteamérica fue un modelo funcional para la dinámica esencial del jazz latino. Aunque las referencias cruzadas de los dos géneros no se convirtieron en un híbrido verdadero hasta que el género que conoceríamos como jazz latino se «inventó» en los años cuarenta. Los clásicos de éxito inmediato de las orquestas de Gillespie y Machito «Afro-Cuban Jazz Suite», «Tanga» y «The Manteca Suite» (coescrita por Gillespie, «Chico» O'Farrill y «Chano» Pozo), todos grabados entre 1943 y 1950, podían haber sido música de baile, pero su incorporación de la técnica y la instrumentación del jazz, hizo de ellos jazz latino. La composición de Gillespie «A Night in Tunisia» fue el primer éxito de jazz convencional que incorporó temas melódicos latinos y percusión, tras unirse el concepto de melodía jazzística, fuertemente influida por una sección rítmica latina.

Luciano «Chano» Pozo, también tuvo un efecto tremendo sobre Machito y Dizzy Gillespie. El hombre que introdujo la conga en la orquesta de jazz, Pozo, era un genio improvisador con su instrumento, y asimismo compuso un buen número de canciones. Nacido en La Habana en 1915, se trasladó en 1946 a Nueva York, donde se convirtió en intérprete indispensable de la síncopa que Gillespie aprovechaba en temas como «A Night in Tunisia». Según Isabelle Leymarie, en su libro *Cuban Fire*: «El concepto cubano de tiempo fuerte difiere radicalmente del del jazz. El acento fuerte de la clave, llamado «bombó»… cae en la segunda negra del segundo compás, y los percusionistas cubanos tienden a pensar en ese tiempo, más que en el primero del primer compás de la clave, como el que realmente empieza la frase musical». Gillespie pensó que Pozo hacía *beep* en vez de *bop*, aunque a la larga Pozo enseñó a la orquesta de Dizzy la manera de obtener un sentimiento afrocubano auténtico.

Otro puente de la corriente principal a terrenos del jazz latino fue el trompetista Arturo «Chico» O'Farrill. En origen músico del cabaret Tropicana de La Habana, O'Farrill fue a Nueva York en 1948 y trabajó con Benny Goodman, Machito, Dizzy Gillespie y Count Basie. Se le contrató como arreglista de la «Afro-Cuban Jazz Suite» y se convirtió en parte integral de las orquestas de Machito y Gillespie.

Mientras que la orquesta de Machito se identificaba más con la grandeza compositiva de Duke Ellington, la de Tito Puente quizá era más análoga con la de Count Basie. Con utilización de *riffs* y percusión destacada, la orquesta de Puente se inclinaba más por la improvisación y por permitir la progresión rítmica para decidir hacia adónde iba la noche. Quizá sean los inicios de Puente como bailarín los que consolidaron su enfoque percusivo; a dicho empuje procedente de los impulsos rítmicos del baile se han referido, una vez y otra, los músicos contemporáneos de jazz latino. Mientras que a Thelonious Monk se le conocía por levantarse del taburete del piano, dar un pequeño giro mágico, y volver a sentarse, Puente imaginaba el complejo patrón de baile de un mambo, un guagancó o un chachachá en su mente, y permitía que eso ocupara la orientación de su toque percusivo.

La orquesta de Tito Puente ejerció un gran impacto en la trayectoria del jazz latino, durante la época de sus grabaciones en la RCA (de 1949 a 1951 y de 1955 a 1960). El aprecio de Puente por la música tradicional afrocubana, e incluso africana, rayaba al mismo nivel que el que sentía por el mundo de la big band de jazz, que le influyó extraordinariamente, hasta atraparle profundamente. La cosa más importante a recordar de la música de Puente, asimismo un tema esencial para comprender el jazz latino, es que su estilo tradicional —el de la big band latina de baile— tocaba música de «jazz», al menos la rama de jazz que empezó con la fusión cubop de los años cuarenta. Cuando Puente publicaba álbumes como *Puente Goes Jazz* y colaboraba con intérpretes de jazz «formal» como Woody Herman y Stan Kenton, no estaba cambiando de estilo, sino que su estilo de big band era una rama complementaria del jazz. Kenton compartió un conguero con la orquesta de Puente, el emigrado cubano «Patato» Valdés, que se convertiría en una figura de leyenda del género.

En ocasiones, la orquesta de George Shearing, otra popular big band de jazz en la escena neoyorquina tras la Segunda Guerra Mundial, compartió cartel con orquestas como la de Machito. Según *Latin Jazz* de Robert, el interés de Shearing por la música latina empezó cuando su orquesta tocó junto a la de Machito en 1949, aunque en realidad no formó un grupo de jazz latino hasta 1953, cuando incorporó al vibrafonista Cal Tjader, además de los percusionistas Willie Bobo y Mongo Santamaría. Dicho trío de músicos se convirtió pronto en los intérpretes fundamentales para el nacimiento de la escena de jazz latino en la Costa Oeste, al trasladarse a Los Ángeles a finales de los años cincuenta. Tjader juntó a dichos intérpretes con un pianista italoamericano, experto en el sonido cubano, Vince Guaraldi (quizá más famoso por ser el compositor de las bandas sonoras de la serie televisiva de animación «Charlie Brown»), y en 1954 grabó *Ritmo caliente*, seguramente el primer álbum de jazz latino de la Costa Oeste. Lo melodioso del vibráfono de Tjader no sólo evocaba California, sino que también suavizaba la intensidad, de trompetas y saxos, de las orquestas de mambo. Los grupos de Tjader ejercieron un impacto duradero sobre una generación de intérpretes, aunque por encima de todo su conguero, Mongo Santamaría, que dejó un legado enorme para el jazz latino, por no hablar del soul, el pop y el rhythm and blues.

Sólo por su talento y su forma de interpretar, Mongo Santamaría podía ser el percusionista cubano más importante de su época. Con Cal Tjader, Mongo inició la fusión de jazz y música latina de la Costa Oeste que influyó a todo el mundo de la música pop, desde la bossa nova hasta Santana, pasando por los Doors. Nacido en 1922 en el epicentro rumbero de Jesús María, un barrio de predominio afrocubano de La Habana, Mongo Santamaría empezó a tocar los tambores, casi al mismo tiempo de aprender a caminar. De adolescente, flirteó con el violín, aunque se decidió a concentrarse totalmente en los tambores afrocubanos como la gran tumbadora, de registro bajo, el compacto bongó, y el timbal, parecido a la caja. Su aprendizaje en Cuba tuvo lugar, en su mayor parte, en el famoso Club Tropicana, bajo la tutela del director musical Bebo Valdés. Al igual que Pérez Prado, con el que tocó brevemente, Santamaría partió para Ciudad de México, aunque fue a Nueva York en 1950, y acabó tocando con la George Shearing Band, y luego con Tito Puente. Después de grabar seis álbumes con Puente, en 1955 se embarcó en una carrera en solitario con un disco llamado *Changó*.

A finales de los cincuenta, se trasladó a Los Ángeles, y en 1957 hizo equipo con el colega percusionista Willie Bobo y con Cal Tjader para grabar *Más ritmo caliente*, el álbum que siguió al ya clásico *Ritmo caliente*. En 1959, despegó su carrera en solitario con un álbum, con su nombre como título, para el sello Fantasy, de San Francisco. El álbum incluía su composición más famosa, «Afro Blue», que se convirtió en un estándar del jazz, siendo uno de los preferidos de John Coltrane. En los siguientes álbumes de su carrera, Santamaría fue incorporando al jazz, de manera gradual y por vez primera, instrumentos rituales yoruba, como el chékere y los tambores batá.

A principios de los años sesenta, Santamaría formó una nueva orquesta, en la que figuraba el joven teclista Chick Corea, y ayudó a que «Watermelon Man», de Herbie Hancock, se convirtiera en un estándar del jazz. Los primeros golpes de Mongo Santamaría en «Watermelon Man» son tan característicos y admirables como cualquiera de los que haya dado un conguero en la historia de la música grabada. Cuando se le une el piano, lleno de *groove*, de Hancock y una burlona sección de saxos, se puede oír cómo se produce un estilo enteramente nuevo. El híbrido de jazz y música cubana que Santamaría inició fue un poco más denso en blues que sus antecesores. El resultado fue un tema pegadizo de rhythm and blues y jazz, que se convirtió en la banda sonora de incontables reuniones enrolladas, y que dio, de forma total, un nuevo sentido al jazz y la música latina.

Mongo colaboró también con la bolerista salvaje La Lupe, los saxofonistas Nat Adderley y Stanley Turrentine, y con Israel «Cachao» López. En los años setenta, Santamaría empezó a grabar para el promotor salsero Jerry Masucci, y realizó varios discos con matiz de salsa. En discos para distintos sellos, a lo largo de los ochenta y los noventa, tocó con músicos de talento como Michel Camilo, Hilton Ruiz, el percusionista Poncho Sánchez y Tito Puente. Su álbum clásico de 1962, *Watermelon Man* simboliza la posición de Santamaría a caballo de la música latina y el rhythm and blues, y fue precursor del bugalú. En una canción como «Bayou Roots» mezcló un solo de saxo bebop con una figura típica de piano latino, con la sección de percusión de Mongo que llegaba a alturas de éxtasis. «Yeh, Yeh» se convirtió en una expresión clásica, que al cabo se convirtió en un éxito de rock and roll del grupo de la «invasión británica de los 60», Georgie Fame and the Blue Flames. La orquesta de Santamaría, en la que figuraba el trompetista Marty Sheller, realizó una versión actualizada de «El manisero» y desarrolló el estilo de fusión del percusionista en «The Boogie Cha Cha Blues». Igualmente sorprendente es el solo de piano de René Martínez y la aparición en varios temas de los legendarios Willie Bobo a los timbales y José «Chombo» Silva, al saxo. En la pieza que da título al álbum, compuesta por Herbie Hancock,

Mongo Santamaría, por su talento y forma de interpretar, quizás sea el percusionista cubano más importante de su época.

se puede oír, si se escucha con atención a La Lupe cómo se le escapa la exclamación «That's right, baby» («Muy bien, muchacho»).

El factor brasileño

Las fusiones jazz latinas empezaron a producir nuevas formas mientras se pasaba de los años cincuenta a los sesenta, y el jazz y la música pop norteamericana seguían floreciendo. La bossa nova, una actualización, influida por el jazz, de la samba brasileña (véase el capítulo 7) tuvo un genio compositivo fundamental, Antonio Carlos Jobim, al que le influyó la manera de componer de diversos estilos de la música norteamericana, desde Cole Porter a la big band de swing de Benny Goodman. Jobim se dejó influir especialmente por la corriente de jazz de la Costa Oeste de Gerry Mulligan, que germinó paralelamente a los trabajos de Cal Tjader en los cincuenta. En la música de Mulligan, la coloración de blues, destilada a partir del jazz clásico, creaban un obsesionante efecto melódico y armónico, que afectó decisivamente al estilo compositivo de Jobim. Mulligan, que tocaba el saxo barítono, se había ejercitado en *Birth of the Cool* de Miles Davis, de 1949, había fundado su famoso cuarteto en el que figuraba el trompetista Chet Baker en 1952, y casi había definido el jazz cool de la Costa Oeste. El guitarrista Charlie Byrd, que en 1961 había realizado una larga gira por Suramérica, descubrió la bossa nova en Brasil. La bossa nova adquirió un alcance internacional gracias a *Jazz Samba*, un álbum de 1962, que reunía a Byrd y el saxofonista Stan Getz, ambos figuras de la Costa Oeste. El primer éxito del género, «Desafinado», compuesto por Antonio Carlos Jobim, estaba en el álbum, además de «One Note Samba». Ambas canciones figuraron también en las sesiones de Verve, de principios de los sesenta que, entre otros clásicos, produjeron *Getz / Gilberto Featuring Antonio Carlos Jobim*, de 1963, un álbum en el que también intervenía el guitarrista y cantante João Gilberto, y que incluía la inmortal versión de «The Girl From Ipanema» de su esposa Astrud. João Gilberto, en cuyo haber figuraba el haber inventado el estilo de bossa nova en la guitarra (véase el capítulo 7), y Jobim fueron fundamentales para el desarrollo de la bossa nova en Brasil. El sonido, basado en un ritmo aminorado de samba, fue rápidamente adoptado por músicos como Herbie Mann y Dizzy Gillespie, que en la bossa encontraron unos interesantes ritmos africanos y un sentido armónico y melódico más desarrollado que el de la música afrocubana.

En Estados Unidos, grupos pop como el del pianista y director de orquesta brasileño Sergio Mendes, conocido como Brasil 66, se inclinaron por el sonido de jazz más ligero de sus colaboradores Clare Fischer y Hubert Laws. El grupo brasileño del matrimonio Airto Moreira y Flora Purim ejerció una gran influencia en los albores de la era de la jazz-fusión, especialmente con *Free*, *Fingers* y *Virgin Land*, publicados a inicios de los setenta. Asimismo fue importante su trabajo con el pianista italoamericano Chick Corea.

Aunque Brasil tenía una escena jazzística propia muy potente, muchos de los músicos que emigraron hacia el norte, siguieron dejando una profunda huella en la escena neoyorquina, tanto tocando un estilo de música de jazz, con influencia del ritmo brasileño, como música afrocubana de la corriente principal. Entre ellos figuran el guitarrista Romero Lubambo (que en 2002 apareció en un álbum a dúo con la cantante Luciana Souza, que fue candidato al Grammy); la pianista Eliane Elias, que rompió barreras al usar *loops* de cinta y un trío de jazz tradicional para modificar su jazz brasileño; y el trompetista Claudio Roditi, que ha tocado con Michel Camilo y Paquito D'Rivera.

Muchos de los intérpretes fundamentales en lo que, a la larga, se convirtió en la escena de la salsa neoyorquina también fueron decisivos en la del jazz latino. Dicho cruce nos lleva a las colaboraciones entre Cal Tjader y Eddie Palmieri en *El sonido nuevo* y *Bamboléate*, de principios de los sesenta. Palmieri, cuyas influencias son tan extremas que van de Claude Debussy a McCoy Tyner, ha estado siempre en el terreno de la vanguardia de la salsa. Ray Barretto y Tito Puente, viajeros del mismo universo, ficharon ambos por el sello Concord Jazz, en el que publicaron una serie de discos de orientación jazzística en los años ochenta y noventa.

El encuentro de la salsa y el jazz

La mezcla de estilos ha sido constante en la escena jazzística neoyorquina desde los años cincuenta. En los setenta y ochenta los conciertos semanales de «salsa-meets-jazz» en el céntrico club del Village Gate presentaban a una orquesta de salsa y otra de jazz latino, que tocaban una detrás de otra, con intérpretes especialmente invitados que actuaban con las dos. En dichos conciertos, un saxofonista de jazz como Chico Freeman tocaba con una orquesta de salsa, las dos orquestas compartían al percusionista Giovanni Hidalgo, y Willie Colón cantaba jazz con el pianista Billy Taylor.

Los Salsa Refugees del saxofonista Mario Rivera pasaban del tema clásico del jazz cool «All Blues», de Miles Davis al estándar de Coltrane «I Want to Talk About You», y luego podía pasar cualquier cosa. La orquesta atacaba un merengue frenético, y de repente todo el mundo saltaba a la pista de baile y la orquesta seguía con un número de timbales.

La serie de conciertos *salsa-meets-jazz* ayudó a crear un clima del que surgieron muchos de los grupos importantes de jazz latino neoyorquinos, a lo largo de los ochenta, tales como la Fort Apache Band de Jerry González; el grupo de Paquito D'Rivera, en el que figuraron Michel Camilo, el también pianista Hilton Ruiz, y el flautista Dave Valentin; y la Orquesta Libre de Manny Oquendo. Buena parte de dichos intérpretes se formaron en las orquestas de Tito Puente o Ray Barretto, y los intérpretes que no fundaron sus propios grupos, se transformaron en músicos de sesión decisivos para todo tipo de proyectos de música latina.

La Fort Apache sigue una fórmula sencilla: tomar un tema de jazz admirado y desarrollarlo, o incluso darle una mayor intensidad, mediante el injerto de conceptos rítmicos latinos. El cofundador del grupo, Jerry González, natural del Bronx, basa la banda en la idea del jazz latino, con él doblando a los vientos y la conga. En un tema concreto, se puede escuchar su trompeta con sordina, un fiscorno extraordinariamente expresivo, y uno de los mejores toques de conga del universo latino. El hermano de Jerry, Andy González, es un virtuoso del bajo, que afianza los complejos cambios de ritmo entre los patrones de la clave, de cinco tiempos, y las figuras de «walking bass» del jazz convencional, y que conforman las características de la banda. La música del grupo suena como los sueños enfebrecidos que hubieran tenido Miles o Monk, si hubieran naufragado en el Caribe de habla española.

Bajo el nombre de Jerry González and the Fort Apache Band, el grupo ha producido diez álbumes, entre los cuales el más considerado es *Rumba para Monk*, de 1988. En una pieza de Thelonious Monk como «Evidence», que González ya grabó en su primer álbum en solitario, los enérgicos solos están emparedados por un peculiar puente de seis notas, tomado del pianista cubano Frank Emilio Flynn, que encaja con el extraño sentido de la melodía de Monk. A González le gusta aprovechar temas yoruba, como indica el título de su siguiente álbum de 1988, *Obatalá*, una referencia a uno de los dioses del panteón yoruba. La versión que el grupo hace de «Nefertiti» de Miles Davis se desliza plácidamente entre un *riff* de percusión yoruba, con la conga y el chékere, un instrumento que se agita y produce un sonido onomatopéyico, y el pianista Larry Willis improvisa, de manera conmovedora, sobre el melancólico tema compuesto por el saxofonista Wayne Shorter. «Obatalá», dedicado a un orisha yoruba, es una rumba frenética, con Andy que puntea una melódica figura de bajo, y luego añade acompañamiento a los cantos de practicante de la santería de Milton Cardona, mientras Jerry y Héctor Hernández llevan las congas a climas múltiples. Después de *Pensativo*, de 1995, el último álbum de la Fort Apache fue el aclamado *Fire Dance*, de 1996, aunque el grupo siguió tocando en directo con cierta regularidad.

La larga historia de amor de la música latina con la flauta se remonta a inicios del siglo XX en Cuba, y a la popularidad del flautista cubano José Fajardo, en plena moda de la charanga de los sesenta. La colaboración de Cal Tjader con Eddie Palmieri supuso para el instrumento una importancia renovada. La carrera del flautista virtuoso Dave Valentin marca un capítulo nuevo en dicha historia. Valentin creció en el Bronx, donde nació en 1954. Ingresó en la High School of Music and Art, en la que estudió percusión, y fue en la universidad donde descubrió la flauta. Aunque estudió brevemente con el flautista de jazz Hubert Laws, es esencialmente autodidacto.

Valentin grabó al menos dieciocho álbumes, y al igual que a Sergio Mendes, le gusta hacer versiones de populares canciones de rock, además de clásicos del jazz, al tiempo que es compositor de muchos temas. En *Live at the Blue Note*, de 1988, el flautista pasa de versionar una canción de los Beatles como «Blackbird» a invocar el sonido de la flauta de pan de los Andes, ya que toca dicho instrumento, tanto boliviano como peruano, y en sus actuaciones se presenta con doce flautas diferentes. Dave Valentin también interpreta a Gershwin, con una versión de «Porgy and Bess», y el danzón cubano, cuyos adornos melódicos y pausados casan a la perfección con el efecto etéreo del flautista. En su versión del característico «Afro Blue» de Mongo Santamaría se exhibía en la improvisación y sirvió de proyección a la carrera del percusionista y conguero Giovanni Hidalgo, con el que se enzarza en prolijos dúos en *Live at the Blue Note*.

El pianista Hilton Ruiz, que debe su nombre a que su madre le dio a luz a la sombra de un enorme hotel de dicha cadena, creció en Nueva York y estudió con las leyendas del jazz Roland Kirk y Mary Lou Williams. Niño prodigio, que realizó su primer recital en el Carnegie Hall, a la edad de ocho años, hizo sus primeras grabaciones colaborando con Jerry González y Paquito D'Rivera. En una noche típica de Salsa Meets Jazz en Nueva York, podía entablar un duelo con Michel Camilo, en plena recreación de «A Night in Tunisia» de Dizzy Gillespie. Ruiz creció escuchando blues y el primer rock and roll, además de música latina, y su toque refleja el estilo *stride* y boogie-woogie de pianistas como Jelly Roll Morton. Ruiz hace algo más que invocar el aspecto más puramente jazzístico del piano *stride*, y no como la mayoría de intérpretes de jazz latino. Le gusta tocar tumbaos con la mano izquierda, lo que crea un efecto hipnótico, mientras improvisa con la derecha. Sus mejores álbumes son *Something Grand*, de 1986, *El camino*, de 1988, y *Hands on Percussion* (del sello Tropijazz de Ralph Mercado), de 1994. En gran parte de sus discos convoca a un «quién es quién» del jazz latino y las orquestas de baile de Nueva York, como Andy González, al bajo, David Sánchez, al saxo, Papo Vásquez, al trombón y Dave Valentin, a la flauta. En 1999, RMM editó un recopilatorio de sus grandes éxitos.

Dos de los músicos cubanos de jazz más famosos, el trompetista Arturo Sandoval y el saxofonista Paquito D'Rivera, de Irakere, se exiliaron en Estados Unidos, a finales de la década de los ochenta. D'Rivera, que llegó en 1981, y Sandoval, que lo hizo en 1990, ficharon rápidamente por grandes sellos discográficos y se embarcaron en unas nuevas carreras, para tocar en una vena de jazz más tradicional, quejándose ambos de que no lo habían podido realizar antes, por culpa del gobierno cubano.

Famoso por su tono refinado y su fraseo evocativo a la manera del gran saxofonista de los sesenta Dexter Gordon, Paquito D'Rivera es uno de los grandes saxos altos de su época. Sandoval es como si fuera a derramar toda su alma por la trompeta en cada actuación. D'Rivera, en cuyo grupo figuró un tiempo el pianista Michel Camilo, toca con la claridad de Sonny Rollins, el alma de John Coltrane y el ansia de descubrir terrenos nuevos de Charlie Parker. La carrera de Pa-

El saxofonista Paquito D'Rivera se ha consagrado como uno de los mejores exponentes del jazz latino.

quito ha sido tan interesante como su manera de tocar. Nacido en La Habana, en 1948, D'Rivera es hijo de un saxo tenor cubano que había tocado con Benny Goodman. Paquito hizo su debut profesional con el soprano con sólo seis años de edad, y a los doce, ingresó en el mismo conservatorio que su futuro colaborador y compañero de grupo, el pianista Chucho Valdés. En 1970, después de un exitoso concierto en el Festival de Jazz de Varsovia, D'Rivera y Valdés fundaron el grupo de fusión experimental de salsa y jazz, Irakere.

En 1980, tras su deserción, D'Rivera puso en pie un grupo denominado conjunto Havana / New York, del que surgieron estrellas como el percusionista Daniel Ponce, los pianistas Hilton Ruiz, Michel Camilo, y Danilo Pérez, y el trompetista Claudio Roditi. En los años ochenta, Paquito colaboró también con otros exiliados cubanos, como Israel «Cachao» López, el legendario bajista al que, a menudo, se le concede el honor de haber inventado el mambo, y Mario Bauzá. Paquito figuró en *My Time Is Now* (1993), el penúltimo disco de Bauzá. En la década de los noventa, Paquito D'Rivera trabajó en varias grabaciones con el padre de Chucho, el pianista Bebo Valdés, McCoy Tyner, Tito Puente, Astor Piazzolla, y Jerry González, entre otros. Actuó con varios grupos propios: la Paquito D'-Rivera Big Band; el Paquito D'Rivera Quintet, un grupo de música de cámara, Triángulo; y un conjunto dedicado a la música de baile afrocaribeña, el Caribbean Jazz Project. Ganó un Grammy en 1996, por *Portraits of Cuba*, una colección de clásicos cubanos, grabada con una big band en la que figuraban los mejores músicos de sesión neoyorquinos, bajo la supervisión del fenomenal arreglista de jazz latino, Carlos Franzetti.

Portraits of Cuba es como una noche en un gran sala de concierto, en el que a la elegancia de la tradición cubana se le suma un sentido del estilo ellingtoniano. Números de baile que todo el mundo conoce como «The Peanut Vendor» se convierten en elegantes ejercicios con apoteosis de big band, con la melodía tensada como un fragmento perfecto de la historia cubana. A piezas como «Drume negrita», de Ernesto Grenet, y «No te importe saber» de René Touzet, se les da un elaborado tratamiento con cuerdas y madera, que recuerda la época de Gil Evans y Miles Davis. En todo el disco, el toque de Paquito es contenido y respetuoso, con estallidos ocasionales de pura emoción jazzística. Dos composiciones de Paquito, el nervioso chachachá «Portraits of Cuba» y el lamento «Song to My Son», demuestran el excelente registro y dominio de su instrumento. Ninguna colección de clásicos cubanos estaría completa sin un vals de Ernesto Lecuona, y el melancólico «Como arrullo de palmas» figura en el álbum, con una gracia sutil. Aunque el punto de mayor sentimentalidad del álbum puede que sea la versión de la pieza «Theme From 'I Love Lucy'», popularizada por el pianista Marco Rizo. La orquesta de Paquito D'Rivera convierte una melodía eternamente relacionada con una serie de televisión más bien estúpida, en un recuerdo que, en cierta forma, es una declaración profunda sobre la presencia de los cubanos en la cultura estadounidense. «Échale salsita», de Ignacio Piñeiro, cierra el círculo completo de la emigración de la música cubana de La Habana hacia Nueva York.

El álbum de Paquito, *Habanera*, de 2002, a pesar del título, es, claramente, un disco de jazz. El mismo año, Paquito D'Rivera apareció también en *Calle 54*, el documental sobre el jazz latino del director español Fernando Trueba, y realizó un álbum con el pianista cubano Bebo Valdés, *El arte del sabor*, una colección de clásicos cubanos (y «Cumbanchero» del compositor puertorriqueño Rafael Hernández). *El arte del sabor* fue uno de los álbumes de jazz latino más líricos de aquel año y se llevó a cabo, gracias a la reunión de Bebo y su hijo Chucho (también de Irakere), provocada por la filmación de *Calle 54*. En 2002, Paquito publicó asimismo *Brazilian Dreams*, en el que dirige una orquesta, en la que entre otros, figura el trompetista brasileño Claudio Roditi, que reinterpreta temas clásicos de Antonio Carlos Jobim y Luiz Bonfá.

La formación de conservatorio del pianista Michel Camilo, tanto en la República Dominicana, donde nació en 1954, como en Estados Unidos, y su refinada presentación en directo le otorgan un aire diferente al de muchos de los demás intérpretes de la escena neoyorquina del jazz latino. Camilo irrumpió en la escena gracias a su trabajo en el álbum *Why Not* (1984), uno de los clásicos de Paquito D'Rivera. El primer álbum del pianista en Estados Unidos, titulado con su nombre (1988), presentaba, de entrada, una personalidad dividida: las primeras canciones pertenecían al jazz convencional, mientras que las últimas estaban empapadas de sudor caribeño. Los temas pasaban de la intensidad hard-bop, al estilo de McCoy Tyner, de «Crossroads» y la acrobática «Suite Sandrine Part I», a la melancolía de «Nostalgia» y «Dreamlight», en el estilo de Keith Jarrett. El virtuosismo técnico de Camilo es asombroso, sin menoscabo de la emoción de las piezas. El fogoso carácter percusivo de su interpretación con acordes es un indicio claro de su personalidad, aunque después de muchas escuchas, también se puede sentir el alma latina del pianista, que se filtra a través de la exhibición a lo Art Tatum, y el estudiado desarrollo melódico.

«Pra Voce (For Tania Maria)» es una samba a punto de estallar que presenta la interacción demoledora entre Camilo, cuyos acordes alcanzan registros cada vez más agudos tras cada estrofa, y su percusionista, que parece irle derribando las puertas al pianista. El estándar de Kenny Dorham, «Blue Bossa» se reconcibe aquí como un dúo entre Camilo y el legendario conguero Mongo Santamaría, un diálogo emocionante entre un virtuoso emergente y un viejo maestro.

Más que limitarse a mezclar la técnica del jazz con los ritmos latinos, Camilo adopta la actitud y enfoque compositivo de tres tradiciones: la del jazz, la afrocubana y la dominicana. «Yarey» empieza con una melodía de jazz funky, para progresar luego hacia una línea de «walking bass», un intermedio de samba, y un tumbao afrocubano. La canción palpita con los crescendos en que desembocan cada uno de los estilos rítmicos. Apropiadamente, el título de la canción procede de una plaza del centro de una ciudad dominicana, cerca de los campos de caña de azúcar, en la que se cuentan todas las historias de la ciudad, de ahí la letanía de cambios rítmicos.

El estilo compositivo de Michel
Camilo aglutina sin grietas tres
grandes fuentes: la afrocubana,
la dominicana y el jazz.

«Caribe» recibe la influencia del estilo del pianista cubano Ernesto Lecuona. En medio de una preciosa digitación folklórica, Camilo inserta intermedios rítmicos expresionistas, lo que da a la pieza un sentimiento agitado e irónico: Uno se imagina a un Scott Joplin latino, que se abre paso entre el tráfico del centro de una gran ciudad. La obra de Camilo juega con la idea de raíces transplantadas, es como si se preguntara a sí mismo, ¿cómo puedo casar los tempos elegantes y amanerados del sonido del danzón cubano con la vida en Nueva York? En sus tríos, y también en quinteto, Camilo incita diálogos entre el piano y la sección rítmica, bien mediante solos del bajo, de la batería y las congas, o bien con cambios internos de tempo.

De los ocho álbumes de Camilo, el que recibió una mejor crítica, fue su segundo, *On Fire*, de 1989. Grabado con diversas formaciones de trío, dicho álbum de canciones originales es, tal vez, el argumento más potente de Camilo para fusionar la estructura clásica, la intensidad del jazz-fusión, y los ritmos afrocubanos. Camilo ha variado la amplitud y el concepto de sus grupos, y ha alternado entre su concepto de música de cámara para músicos de jazz, y los cuartetos y quintetos de jazz tradicional. A pesar de la fuerte influencia del jazz en su manera de tocar, el matiz latino siempre está presente, en especial la tradición del danzón más lento y formal de Lecuona. *Triángulo*, publicado en 2002, regresaba al trío con el fiel bajista Anthony Jackson y el joven batería afrocubano Horacio «El Negro» Hernández, que irrumpió en la escena neoyorquina del jazz latino, a finales de los noventa. Los ejercicios pirotécnicos de Camilo en *Triángulo* se basan en el estilo del jazz, a excepción del estallido latino de «Descarga for Tito Puente».

El trompetista Arturo Sandoval abandonó Irakere poco después que Paquito D'Rivera desertara hacia Estados Unidos en 1981, y fue de gira con su conjunto propio y grabó álbumes en diversos países europeos. De tanto en tanto, el gobierno de Castro permitía que Sandoval se presentara en distintos festivales internacionales de jazz y con orquestas como la Sinfónica de la BBC y la Filarmónica de Leningrado. El trompetista también realizó actuaciones en Europa con la United Nations Orchestra de Dizzy Gillespie, un grupo de instrumentistas jóvenes «internacionales» que Gillespie dirigió un tiempo antes de fallecer. En julio de 1990, durante una larga gira europea, se efectuó la deserción de Sandoval en la Embajada Estadounidense de Roma. Gillespie contribuyó a la deserción de Sandoval, acompañándole a la embajada.

Sandoval firmó un contrato discográfico con la GRP y se estableció en Miami. Su primer álbum estadounidense, apropiadamente titulado *Flight to Freedom* (1991), fue una muestra de su versatilidad en distintos géneros. Después grabó quince álbumes más, y abandonó la GRP, tras *Swingin'*, de 1996. La obra de Sandoval refleja su talento extraordinario, así como el drama político de su vida; se trata de un auténtico virtuoso que, en ocasiones, hace música con una patente deriva comercial. Sus grabaciones abarcan un espectro ecléctico, desde composiciones originales de jazz hasta sus revisiones de los clásicos de Coltrane, pasando por las excursiones latinas, salsa y pop de *Arturo Sandoval and the Latin Train*, de 1995, en el que se registraba una aparición de Celia Cruz, como invitada. En 1998, siguió *Hothouse*, una colección de clásicos afrocubanos interpretados en un marco jazzístico, y un año después regresó con *Americana*, una almibarada antología de clásicos del pop estadounidense, desde Al Green a Stevie Wonder.

Tras establecerse en Estados Unidos, Sandoval ha dedicado una gran energía en grabar los clásicos del jazz norteamericano, la música que el régimen castrista prohibía, según el retrato que del músico se hizo en la película para televisión *For the Love of Country*. En 2002 Sandoval publicó *My Passion for the Piano*, un álbum en el que toca el piano, en vez de la trompeta. Las típicas características de Sandoval están presentes: varias composiciones originales, el tema pop «The Windmills of Your Mind», y un bolero de Armando Manzanero. La calidad del álbum es de primera clase, aunque Sandoval no tenía la intención de abandonar su instrumento original. Aunque, a menudo, eclipsado por sus ex compañeros de Irakere,

Chucho Valdés y Paquito D'Rivera, en cuanto a presencia mediática, a Arturo Sandoval se le reconoce como un maestro de la trompeta que toca, a la vez, con una velocidad increíble y una distinción intencionada. Instrumentista sencillo y serio, Sandoval es tal vez el mejor trompetista de sesión vivo del mundo, y es sumamente capaz de tocar en grabaciones de música clásica. Y tiene verdadero *swing*.

Dos de los licenciados de más talento de la United Nations Orchestra de Dizzy Gillespie son el saxofonista puertorriqueño David Sánchez y el pianista panameño Danilo Pérez. Sánchez forma parte de una generación joven de latinos que luchan para que el transnacionalismo adquiera sentido: el trasiego de patrias y lealtades, la fusión entre el Norte y el Sur. Durante su estancia formativa bajo la tutela de Gillespie, a principios de los noventa, recibió el mandato, por parte de Dizzy, de seguir la pista de las influencias de diversas tradiciones africanas sobre la música de toda América Latina. Sánchez convirtió el mandato en una misión para unir países, aparentemente dispares, desde el Caribe hasta Perú, y concentrarse en sus raíces africanas.

Nacido en Guaynabo (Puerto Rico), en 1968, Sánchez abandonó su isla natal, en 1988, para estudiar música en la Rutgers University de Nueva Jersey, y se vio propulsado a la cabeza de los saxofonistas jóvenes en la escena neoyorquina de primeros de los noventa. Aunque es sumamente capaz de deslumbrar al público con técnica pura y energía emocional, el saxofonista parece obsesionado por descubrir los legados enterrados de la propia música. Aunque su proyecto fundamental es el descubrimiento, antes citado, de la influencia de la diáspora africana, Sánchez también rinde homenaje a las influencias del liberador John Coltrane o de los grandes boleros latinoamericanos. Aunque la composición del grupo de Sánchez cambia en cada uno de sus seis álbumes, ha colaborado, de forma continuada, con Edsel Gómez, el percusionista Pernell Saturnino y el saxofonista Miguel Zenón.

Obsesión (1998), una seductora colección de estándares de baladas latinas, es una destilación de la tarea de Sánchez para recopilar el gran cancionero latinoamericano. El cruce de ritmos, cuerdas y estándares hacen de *Obsesión* un álbum manifiesto: Sánchez ejecuta sus ideas rítmicas en el contexto de una producción de Branford Marsalis que, a veces, recuerda la exuberancia de Gil Evans. Aun sin tener en cuenta la admiración de Sánchez por la música de cámara de Stravinski y por «La noche transfigurada» de Schönberg, unas de sus influencias declaradas, el lenguaje musical del saxofonista cristaliza los elementos básicos del ritmo, los tambores, y el amor por la familia y el país.

Aunque Sánchez es un fan de la bossa nova, la elegancia de Jobim, en ocasiones, amortigua la energía percusiva de su raíz, la samba. A la versión deconstruida que Sánchez hace de la bossa nova de Jobim «O morro não tem vez», el saxofonista le infunde una dosis de sus orígenes de tambores callejeros. Casi una batucada, Sánchez entabla un duelo con el percusionista Pernell Saturnino, que combina el surdo, el repinique y el pandeiro (instrumentos brasileños de percusión), para crear un efecto parecido al trance que se diría el eslabón perdido entre «Orfeo negro» y *Bad Girls* de Donna Summer.

En *Melaza*, de 2000, Sánchez proporciona un catálogo impresionante de momentos tiernos, al tiempo que mantiene la seriedad con respecto a sus ambiciones jazzísticas. Aquí, Sánchez regresa a su proyecto de unir las influencias del jazz tradicional en un complejo núcleo de inéditos ritmos africanos procedentes de Puerto Rico y de Suramérica. La reinvestigación del saxofonista de las posibilidades vanguardistas de los ritmos de la bomba y la plena puertorriqueñas hace que su proyecto sea especialmente interesante. En el sinfónico «Canto a Loiza», y aún de forma más clara en «Centinela», Sánchez se rodeó de dos gigantes de la nueva bomba, el percusionista William Cepeda y Héctor «Tito» Matos, que proporcionan la hechicería rítmica, tras el rápido y punzante estilo de *riff* del saxofonista, a la manera de Wayne Shorter. Dichos temas ofrecen una vislumbre sobre la energía de Loiza, la ciudad en el centro de la cultura africana, en el noreste puertorriqueño, y enlaza con la influencia de Rafael Cortijo, el titán de la bomba de principios de los sesenta y uno de los ídolos espirituales de Sánchez.

Aunque David Sánchez no quiere pronunciar conferencias sobre la antropología social de los ritmos de la diáspora africana, lo que quiere es swingar con lo mejor de la era bop y post-bop. Con su fraseo expresivo, piezas como «Against Our Will» y la culminante «Canción del cañaveral» dan a entender cómo sonarían un nuevo Miles o un nuevo Coltrane. Y en el latir de los solos de Sánchez en «El ogro» y «Centinela» incluso existe la sensación de «perder la cabeza» de un joven Ornette Coleman.

En 2001, Sánchez editó *Travesía*, en el que seguía su colaboración con Saturnino y Zenón. La manera de tocar es aún más innovadora que en *Melaza*, tal vez porque el propio Sánchez hacía de productor. «Paz para Vieques» combina la protesta política con la tradición folklórica puertorriqueña, en esta ocasión con el formato canción de un seis chorreado; «Pra dizer adeus» es una muestra de balada brasileña, y hay una revisión excelente de «Prince of Darkness» de Wayne Shorter.

El grupo de Sánchez hace que los complejos ritmos que sobreviven, de manera más intacta, en el Caribe negro que no en Suramérica, parezcan fáciles. En los ensayos, el grupo montaba una bomba o una plena de Puerto Rico, o un changüí o un guaguancó cubanos, por el método de golpear en cualquier objeto a disposición, en recuerdo de la tradición de los rumberos que tocaban en cajas. Tocar como acompañante en las orquestas de salsa de Roberto Roena o Eddie Palmieri, supuso para Sánchez un retroceso a los intérpretes de jazz que debían tocar en bailes para ganarse la vida; al igual que Tito Puente, el saxofonista parece pensar, primero el baile, que después ya resolverás los ritmos. Cuanto más profundiza Sánchez en la tradición de otros países, se siente más inquebrantablemente fiel a su isla natal, Puerto Rico. El saxofonista pone en primer plano figuras como la del compositor Rafael Hernández, al versionar su eterno «Lamento borincano», realiza versiones de boleristas clásicos como Bobby Capó, y como se ha mencionado anteriormente, se puso a la cabeza de una reactivación vanguardista de la bomba y la plena.

A través del Festival de Jazz de la Habana, de Chucho Valdés, Sánchez estableció una serie de contactos con músicos cubanos y formó parte del grupo Crisol de Roy Hargrove. En 1996, Sánchez tocó en Cuba con orquestas de baile y jazz, como Bamboleo y Klímax, a caballo del territorio entre el folklore afrocubano y Earth, Wind and Fire, además de tocar con Isaac Delgado, uno de los cantantes cubanos de salsa más importantes. La mayor parte de dichas colaboraciones se realizó en actuaciones en directo, y no se grabó.

Danilo Pérez, que nació en 1966, se crió en la República Dominicana, y en 1985 fue a estudiar a Estados Unidos, es un maestro de la fusión y la interpretación experimental, dentro del contexto del jazz latino. Su trayectoria en el conservatorio de la Berklee School of Music lo empareja con muchos de sus contemporáneos cubanos y le aparta un poco de la escuela neoyorquina de la salsa y el jazz latino. Su estancia en la United Nations Orchestra de Dizzy Gillespie afianzó a Pérez en un círculo de intérpretes jóvenes en el que figuraban el trompetista puertorriqueño Charlie Sepúlveda, David Sánchez y el percusionista Pernell Saturnino. Aunque sus primeros álbumes eran parecidos a los de su colega

Danilo Pérez, un pianista
que recoge la tradición
y la reinterpreta; un maestro
de la interpretación
experimental y la fusión.

dominicano Michel Camilo, Pérez ayudó a instaurar un nuevo capítulo del jazz latino, con *Panamonk*, un álbum repleto de estándares de Thelonious Monk.

El disco *Motherland*, del año 2000, mostró a Danilo Pérez en una senda parecida a la de su amigo David Sánchez. Al igual que éste, el pianista emprendió un viaje para recoger y reinterpretar la diversidad de ritmos africanos que se encuentran en América Latina, más allá de Cuba. Como escribió Alejo Carpentier en su libro *La música en Cuba*: «En Cuba hay grandes intérpretes, pero hay un número limitado de ritmos». En *Motherland*, Pérez utilizó varios ritmos tradicionales, desde el tamborito panameño hasta la samba y el baião brasileños (véase el capítulo 6).

El cubano Gonzalo Rubalcaba es un maestro del piano de jazz, que enfoca el proceso de la interpretación musical, a partir de tantas vías diferentes, que su obra es imposible captarla por entero en una primera escucha. Nacido en 1963 en La Habana, y tras haber estudiado piano desde los ocho años de edad, Rubalcaba no tenía nada en contra de lo que se conoce como sonido popular cubano, ese célebre swing del son que ha hecho famosa a La Habana. Su abuelo Jacobo, trombonista y compositor, fue el líder de la Charanga Rubalcaba, de inmensa popularidad, y Gonzalo figuró en cinco de los discos del guapetón de la salsa, Isaac Delgado. Aunque a Rubalcaba se le conoce principalmente como músico experimental, con incursiones frecuentes en el terreno de la improvisación libre, hasta el punto de esconder casi por completo sus raíces cubanas, por ejemplo, *Flying Colors*, su dúo con el saxofonista Joe Lovano, de 1997, se dirige a un público entendido en jazz. Sus devaneos experimentales, a veces, están desprovistos de swing, y son deconstrucciones de las tradiciones jazzísticas desde Nueva Orleans hasta La Habana. Rubalcaba parece decidido a demostrar que la propia música cubana va más allá de una noche de baile.

En *Antiguo*, de 1998, le acompañan sus compañeros cubanos Julio Barreto a la batería, Felipe Carrera al bajo y Reynaldo Melián a la trompeta, aunque dicho cuarteto cubano actúa más como un conjunto de cámara que como un grupo de baile. La interpretación es tan vigorosa y meticulosamente angular, como sus trabajos anteriores, aunque se presta una atención especial a la espiritualidad cubana. En temas como «Circuito III», «Circuito IV» y «Desierto», Rubalcaba salta de una melodía a un ritmo frenético, apoyándose en uno de los diversos sintetizadores Roland, en una línea parecida a lo que hacía Chick Corea en los años setenta, con Return to Forever. «Coral negro» tiene una impresionante cualidad etérea, aumentada por la voz de la cantante dominicana, de formación clásica, Maridalia Hernández. Aunque *Antiguo* alcanza sus cotas más altas de swing en «Elioko» y «Eshun Agwe», con el impulso de los ritmos que inducen al trance de los bailes espirituales yoruba, con la presencia del patriarca de la santería Lázaro Ros y el legendario percusionista puertorriqueño Giovanni Hidalgo.

En *Supernova*, de 2001, un álbum que insinúa sus posibilidades explosivas, Rubalcaba se deleita con admiración, de forma robusta y plena de autoridad, con su jazz y sus influencias clásicas. En la tradición de la cultura afrocubana, él utiliza su piano como instrumento de percusión, aunque no se muestra tan fiel a las melodías afrocubanas, como sí al deseo de irrumpir en un nuevo terreno de vanguardia. En «El cadete», un danzón clásico compuesto por su abuelo, en el que Gonzalo inserta «Stars and Stripes Forever» («Barras y Estrellas») en el puente, el efecto no es tan irónico como catártico, y recuerda la época anterior al mambo, cuando era típico que muchas orquestas cubanas, influidas por lo estadounidense, incorporaran una marcha militar, o incluso «Round Midnight» de Monk, en una especie de versión primitiva del sampling en el jazz.

El batería y percusionista Ignacio Berroa despliega el ritmo tradicional de la clave en «Alma mía», un bolero clásico de la compositora mexicana María Grever, y lo interpreta con las escobillas, como si fuera un estándar de jazz. Berroa está tan implicado en la tradición afrocubana que revolotea por distintas versiones de la clave del son y la rumba, como si ello fuera el fundamento de su propia existencia. Aunque su anhelo más profundo es el de ser un jazzista, y con Rubalcaba, el percusionista se ha encontrado con el líder perfecto. La versión que Rubalcaba hace de «El Manisero», en la que también figuran los hermanos Quintero, que tocan los timbales para el astro de la salsa Oscar D'Leon, está perfectamente recontextualizada como una fusión entre la improvisación discordante, el cambio de estructuras rítmicas, y los *riffs* de tumbao, que inducen al trance.

En «La voz del centro», en vez de tocar en 2/4, Rubalcaba acentúa el tercer tiempo. Es como si dijera que en vez de tener que elegir entre la idea de una voz «estadounidense» y de una «cubana», él habla con la del medio. Como en buena parte de la obra de Rubalcaba, el pianista despliega tipos de virtuosismo, aparentemente contrarios: la caótica agresión de un Art Tatum, y los colores melancólicos de la paleta de un Bill Evans. Aunque en la interpretación no existe la contradicción. La capacidad de Rubalcaba para abarcar dichos polos opuestos deja que su espíritu vuele de una forma que nadie podía haberse ni imaginado anteriormente.

Cuando se está en presencia del pianista cubano de jazz Chucho Valdés, se puede sentir un cierto sentido de lo majestuoso. Y ello es cierto, porque Valdés nació en plena realeza musical cubana. Su padre, Bebo Valdés, era el líder de la orquesta titular del cabaret Tropicana, la orquesta más importante de La Habana de los años cincuenta. Como si su linaje y su porte regio no bastaran, Chucho mide 1,93 de altura. Tras una larga lucha para establecerse en Estados Unidos, después de que la grabación estadounidense de Irakere, de finales de los setenta, se olvidara y de que el Buena Vista Social Club revitalizara la música cubana tradicional a costa de los innovadores del momento, Chucho se convirtió en el pianista del jazz latino más decisivo. Chucho Valdés, que todavía vive en Cuba, estuvo en disposición de entablar acuerdos con sellos estadounidenses y europeos para distribuir su obra en Estados Unidos y lanzó seis álbumes, en plan de solista, entre 1997 y 2003, además de *Yemayá*, que se editó en 1999, bajo el nombre de Chucho Valdés e Irakere.

El definir a Chucho como un maestro del piano es casi una obviedad, él interpreta con unas manos rápidas como el rayo, y con una técnica increíble, y parece dominar la historia completa de la música cubana. Chucho Valdés pasó treinta años desenterrando y reinterpretando las raíces. Irakere se hizo célebre por su extravagante experimentación electrónica, haciendo hincapié con la guitarra eléctrica solista y el bajo en los temas cubanos de baile, aunque la última obra de Chucho se concentró más en la sencillez de los orígenes rústicos de la música cubana. El pianista prosigue su investigación para poner en primer plano los instrumentos tradicionales como los tambores batá africanos.

Chucho Valdés reconoce sin dudar la influencia de su padre, Bebo, a quien define como un genio. Bebo escribió arreglos para los cantantes clásicos cubanos como César Portillo de la Luz, Celia Cruz, y la orquesta Sonora Matancera, y de niño, Chucho se codeó con todos los grandes, de Ernesto Lecuona a Arsenio Rodríguez.

El estatus y la popularidad de Chucho Valdés tienen mucho que ver con su posición de director del Festival de Jazz de La Habana, cargo que ostenta como el estadista decano de la nueva música cubana de los setenta, sobre todo después de que sus compañeros de grupo Paquito D'Rivera y Arturo Sandoval se exiliaran en los años ochenta. Desde mitad de los noventa, David Sánchez y Roy Hargrove, al que sus visitas a Cuba le inspiraron para crear su proyecto Crisol, se han enfrascado en unos conocimientos nuevos de la música afrocubana, facilitados por el festival de Valdés. Chucho asimismo sigue supervisando, con la ayuda de su hijo, Chuchito Valdés Jr., la versión actual de Irakere, que se dedica cada vez más a la resurrección de las raíces africanas de la música cubana. Chucho interpretó también un dúo inolvidable, «La comparsa», con su padre, en la película de Fernando Trueba, *Calle 54*, y su álbum de temas clásicos, *Unforgettable Boleros*, fue candidato al Grammy de 2001.

De *Calle 54* en adelante

***Calle 54* (2001), una notable película** del director español Fernando Trueba, registró a muchos de los grandes del jazz latino. A Trueba le vino la idea para la película, cuando estaba rodando la *jam* de jazz latino para la escena final de *Two Much*, una comedia romántica, de mediados de los noventa, con Antonio Banderas, destinada a promover a su director fuera de su España natal. Las actuaciones de *Calle 54* son estimulantes. Durante la mayor parte del tiempo, Trueba deja que intérpretes como Paquito D'Rivera, Jerry González and the Fort Apache Band, Michel Camilo, Tito Puente, y Chucho Valdés hablen sólo mediante sus interpretaciones. A menudo se les ve bañados en colores primarios en neutros decorados de estudio, lo que da la impresión de que son intérpretes eternos. La técnica funciona mejor cuando Jerry González parece arder en medio de llamas rojas en pleno solo de fiscorno y la formación de all-stars de Tito Puente brilla con sus uniformes de blanco espiritual. La película muestra también parte de las últimas imágenes de Puente y «Chico» O'Farrill, que fallecieron antes del estreno.

El jazz latino sigue proliferando en las grandes ciudades de Estados Unidos, como Los Ángeles, San Francisco y Miami, y en las principales capitales de Europa. Grupos como Ascensión, de Bobby Sanabria, (cuyos tres álbumes, y en especial *Afro Cuban Dream: Live and in Clave*, de 2000, anuncian el futuro del género) y la obra de Conrad Herwig (su disco, *The Latin Side of Coltrane*, fue uno de los mejores lanzamientos del género, en 1999) es de una vitalidad enorme. El antiguo acompañante de Rubén Blades, Ralph Irizarry mantiene viva la escena neoyorquina. La pianista brasileña, residente en Nueva York, Eliane Elias, que aparece en *Calle 54*, publicó un álbum progresista en 2002, *Kissed by Nature*, y por supuesto, la música cubana contemporánea rebosa de talentos jazzísticos como el saxofonista Yosvani Terry y el bajista Yunior Terry, hermanos que han actuado como acompañantes en álbumes del guitarrista Juan Carlos Formell y del percusionista «Patato» Valdés. En 2002 se registró un revival del jazz latino en Nueva York, y diversos locales pequeños acogieron a músicos nuevos procedentes de Cuba, como los percusionistas Dafnis Prieto, Horacio «El Negro» Hernández y Juan Carlos Formell, hijo del fundador de Los Van Van, Juan Formell. Ellos forman parte de una escena que hace hincapié en las formas híbridas del jazz, más que en las del jazz latino tradicional afrocubano o de base brasileña.

Uno de los astros del jazz del futuro es Omar Sosa, cuyo fraseo disonante y característico fluye pulcramente en medio de versiones manieristas del danzón cubano. Nacido en Camagüey en 1965, empezó a estudiar música a los cinco años de edad, en el conservatorio de su ciudad natal. En 1995, se fue de Cuba hacia Ecuador, para trasladarse poco después a la zona de la bahía de San Francisco, y ahora reside en Barcelona. La forma de tocar de Sosa es tan emocionante y atractiva en todo momento, como la de los pianistas del momento: Chucho Valdés, Michel Camilo, Gonzalo Rubalcaba y Eddie Palmieri. Sus pasajes abstractos son tan desafiantes como su amor por el son, el danzón, el chachachá y el blues, y todo se expresa con swing y regocijo.

El álbum de Omar Sosa, *Sentir* (Otá Records), de 2002, es una construcción deslumbrante de fuego, ritmo, improvisación y colores vivos. Sigue un patrón parecido a los otros ocho álbumes de Sosa, y forma parte de un proyecto para combinar la música de la diáspora africana en países tan variados como Cuba, Venezuela, Estados Unidos y Marruecos. Aunque a Sosa se le conoce por su habilidad para sintetizar los ritmos y sensibilidades que comparten el hip hop y los países afrocaribeños, la incorporación que el pianista hace de la cultura gnawa de Marruecos, tan sólo está presente en *Sentir*, y en su álbum anterior, *Prietos*.

En reconocimiento de la inevitable implicación con Estados Unidos, Omar Sosa utiliza al rapero Terence Nicholson (alias Sub-Z), como una especie de coro griego urbano contemporáneo. Cuando las energías se arremolinan en un tema como «Azul Yemayá», las fuerzas dispares parecen mezclarse, como por arte de magia, con la forma de tocar de Sosa haciendo de pegamento. Seguidor de la religión afrocubana de la santería, Omar Sosa toma la base espiritual de una antigua religión de la tierra y realiza un jazz latino de los más contemporáneos de la actualidad.

siete:

Repropuesta de Brasil

La música brasileña, desde la samba y la bossa nova al pop progresivo brasileño de hoy en día, es una historia tan rica como la que más en el mundo latino. Como la música afrocubana, la brasileña es una fusión afroeuropea, aunque existen diferencias fundamentales. El ritmo de la samba, un arrastrado ritmo de 2/4, resultó de una fusión entre diferentes ritmos africanos y no concuerda con la clave afrocubana, aunque es un patrón de dos compases. La abundante serie de estilos de baile de pareja que se encuentran en la música afrocubana, no impera de igual forma en Brasil. Y por último, la música brasileña toma prestado del pop y el jazz norteamericano de manera más omnívora.

Por varios motivos, que principalmente tienen que ver con la diferencia que hay entre el español y el portugués, con frecuencia Brasil queda fuera de la argumentación sobre la música latina. Aunque de forma irónica, la música brasileña fue una de las primeras músicas latinas en obtener un público masivo internacional con una estrella propia, la diosa de la samba de los años cuarenta, Carmen Miranda. De hecho, por un período breve, Miranda vino a simbolizar toda la música latina, para un público estadounidense que no alcanzaba a comprender la diversidad de América Latina. El siguiente momento importante de la música brasileña, que surgió en la decadencia de la era del mambo, a finales de los cincuenta, fue la bossa nova de Antonio Carlos Jobim y João Gilberto. Fue un sonido pop latino arquetípico, que en Estados Unidos llegó a ser malinterpretado como un estilo de «escucha fácil». Cuando llegó la década de los sesenta, el lugar de la bossa nova lo ocupó una nueva forma de pop (la Música Popular Brasilera, MPB) y un rock de la contracultura (el tropicalismo), que se convirtió en la banda sonora de la inquietud social alimentada por una represiva dictadura militar. En los años setenta, el jazz-fusión influyó a las estrellas de la MPB, y una continuada polinización cruzada entre los estilos tradicionales y el pop dinámico hizo de Brasil uno de los mercados musicales más grandes del mundo, con una cantidad asombrosa de géneros musicales.

El antepasado más importante de la música brasileña es la samba, que evolucionó de primitivas versiones como el choro (género instrumental, al estilo del jazz dixieland) y el frevo (música de marcha sincopada, de ritmo rápido) hasta la pagode, una derivación contemporánea (se trata de una samba, con aún más acento en la percusión). Entre otros géneros principales figuran la bossa nova, la tropicália y el rock, el baião (el estilo rítmico y baladístico del norte, que se caracteriza más por el uso del acordeón que de la percusión), y su vástago, el forró, el soul y el funk, y música con una inclinación más africana, la capoeira, el axé, la batucada y el mangue-beat, sonidos todos ellos, con dominio de la percusión, de la región norestina de Bahía. La categoría amplia de Música Popular Brasilera, se refiere a cualquiera de los géneros citados, interpretado en un formato más pop.

La música se desarrolló en Brasil de manera paralela a la forma en que lo hizo en el resto de América Latina, con la música de las tribus africanas que se mezcló lentamente con las formas europeas traídas de la Península Ibérica. El lundu, estilo africano original, lo llevaron a Brasil los esclavos procedentes de la región bantú, del África Central. A finales del siglo XIX, el lundu empezó a mezclarse con estilos que habían llegado a las ciudades brasileñas, desde Latinoamérica y Europa, como la polca, la habanera y el tango. Dicha confluencia dio como resultado lo que se conocería como maxixe, un híbrido sensual de polca, lundu y habanera cubana, al que con frecuencia se define como el primer baile brasileño urbano. A inicios del siglo XX, el maxixe evolucionó hacia la piedra angular de la música brasileña de la citada época, la samba.

La samba como significante

Los portugueses llegaron a Brasil en 1500, con motivo de una disposición papal, que figuraba en el Tratado de Tordesillas de 1494, y que les concedía tierras en la zona este de Suramérica. A mediados del siglo XVI, los portugueses habían establecido una economía basada en la plantación, y al igual que los españoles, intentaron reducir a la esclavitud a la población indígena (llamados *guaraníes*). Dicha población resistió, con la ayuda de los jesuitas, y empezaron a morir en cantidades enormes, por culpa de las enfermedades contagiadas por los portugueses y demás europeos. Durante trescientos años, de 1580 a 1880, el comercio de esclavos llevó a Brasil a centenares de miles de africanos, y en zonas del norte como Bahía, a menudo sobrepasaban a los colonos portugueses en proporción de tres a uno. A principios del siglo XIX, cuando el resto de América Latina se separó de España, Portugal instituyó una monarquía constitucional con un emperador de la familia real lisboeta, que había huido de la invasión napoleónica. La república portuguesa no se estableció hasta 1889.

Como en el resto de Latinoamérica, la sociedad brasileña se estructuró en un sistema de clases que, con frecuencia, correspondía a categorías por el color de la piel, del negro al blanco, con gran parte de población mestiza, que formaba una clase intermedia. En la creación tanto de la música afrocubana, como de la música afrobrasileña, incidieron características parecidas, aunque en Brasil, la samba se convirtió en un símbolo de la sociedad que sufría las consecuencias de la depresión económica mundial de finales de los veinte.

Según *La historia de la samba*, de Hermano Vianna, la samba se convirtió en una música nacional brasileña, fundamental para la identidad nacional del país. Una serie de obras académicas, sobre todo *Amos y esclavos* de Gilberto Freyre, que se publicó en los años treinta, homenajearon el gran mestizaje racial que predominaba en Brasil. En un momento en que el nuevo pensamiento político anhelaba adoptar unas características nacionalistas específicamente brasileñas, la filosofía de autores como Freyre, que celebraban la mezcla de razas, coincidió con la popularidad creciente de los desfiles de samba, que se celebraban en carnaval. En la sociedad brasileña seguía existiendo un racismo acusado, tal como demostraba la desigual distribución de la riqueza entre razas, además de la represión policial sobre la juventud de tez oscura, por lo que el sincretismo de la identidad nacional puede considerarse una manera de enmascararlo. No obstante, la retórica de adoptar la africanidad como fuente de fuerza interior, incluso por parte de los brasileños que eran «blancos», de manera clara, ayudó a que la forma más puramente africana de la samba se introdujera en la corriente principal de la música brasileña.

Aunque está en discusión cuál fue la primera samba grabada, en general, se considera que es «Pelo telefone», grabada por la Banda de Odeon en 1917, en Río de Janeiro. El advenimiento de «Pelo telefone» fue una manifestación temprana de la música de fiesta, que se creó en el centro de Río, en las casas de los influyentes integrantes de una comunidad afrobrasileña, que había emigrado del estado norteño de Bahía, una vez se abolió la esclavitud en 1889, con la creación de la república. Con el tiempo, dichas casas se conocieron con el nombre de «escolas de samba». Parecidamente a los cabildos de La Habana, las escuelas de samba, se regían como fraternidades, protegían las costumbres africanas y proporcionaban adiestramiento musical. A finales de los años veinte, la policía reprimió la samba, algo ciertamente irónico, a la vista de la rápida aceptación que tuvo el género, apenas unos años después. Escuelas como las de Portela, Imperio Serrano y Mocidade Independente, que representaban estilos ligeramente diferentes, aunque paralelos en gran parte, echaron potentes raíces en la urbana Río. Según Hermano Vianna, la aceptación de la samba se alimentó de la participación de residentes en Río, de las clases media y alta (incluido Ary Barroso, estudiante de derecho), en las fiestas de samba, además del advenimiento de la radio, a inicios de los años treinta, medio de comunicación controlado por personas afines al nuevo proyecto nacionalista difundido por los que celebraban el mestizaje, como Freyre.

En la década de los treinta, la samba evolucionó de sus orígenes en fiestas caseras, a través de los compositores que modernizaron el sonido, y lo distinguieron del maxixe y de la forma de marcha, anterior a la samba. Cantautores como Ismael Silva y Armando Marçal colaboraron para fundar la escuela de samba seminal, Turma do Estácio. Orlando Silva, el primer cantante que tuvo su programa propio en la radio nacional, se convirtió en uno de los cantantes más populares de Brasil, con canciones como «A jardineira». Asimismo fueron influyentes compositores como Arturo Alves y cantantes como Moreira da Silva que, a menudo improvisaban «poesía» recitada en descansos improvisados.

El resultado de la mezcla de la clase media con la alta en la época de las escuelas de samba fue el surgimiento, en los años treinta, de sambistas como Noel Rosa, Braguinha (Carlos Braga, acreditado como compositor de la versión original de «Yes, We Have No Bananas») y Ary Barroso. A este último, nacido en 1903, se le recuerda de manera especial, por «Aquarela do Brasil», legendaria canción de la época. Aunque el que más popularizó la samba, desde los primeros tiempos, fue Dorival Caymmi, cuya obra abarca siete décadas, desde la de los años cuarenta. Además de poseer una voz de barítono, comparada a menudo con la de Bing Crosby, Caymmi es, seguramente, el compositor de música popular más prolífico. El primer tema clásico de Caymmi, «Samba da minha terra», formaba parte del subgénero de samba de exaltaçao, unas sambas especialmente destinadas a exaltar el ideal brasileño. Aunque su aportación principal, quizá fueran las canciones que compuso para la portuguesa de nacimiento, transplantada a Río, Carmen Miranda. Él la enseñó incluso a bailar.

Nacida en 1909, como María do Carmo Miranda da Cunha, en Marco de Canavezes (Portugal), Miranda se mudó de niña a Río de Janeiro, y se educó como una «carioca» (apodo de los residentes en la ciudad). Mala estudiante, Miranda se convirtió en una estrella de la noche a la mañana, cuando, trabajando de dependienta, se descubrió su talento como cantante, y se puso a cantar en clubes. Aparentemente en un sólo día, Miranda se estableció como una de las mejores atracciones del circuito de clubes de Río, y cuando fichó con la RCA en 1928, se convirtió en una estrella de masas en todo Brasil. En 1930, obtuvo un triunfo con «T'ai», de Joubert de Carvalho. Luego grabó una serie de sambas de éxito compuestas por Caymmi, a quien conoció en la emisora de Radio Nacional de Río de Janeiro, y por otro grande de la samba, Ary Barroso, entre otros. Cuando Miranda empezó a interpretar las sambas de Caymmi, como «Roda piao» y «O que é que a baiana tem», ya era protagonista de grandes revistas musicales en Río, así como de algunas películas brasileñas.

Acompañada por la Banda da Lua, un grupo de samba orquestal supervisada por Aloysio de Oliveira, el espectáculo de Miranda, con sus elaborados decorados y vestuario de sambista, era el último grito en Río, en 1939, cuando el productor de Broadway Lee Schubert fue a Brasil a descubrir talentos. Miranda fue arrebatada rápidamente, como parte de la Política de Buena Vecindad (un programa de intercambio cultural, diseñado por el gobierno estadounidense para promover las relaciones con América Latina) de la década de los cuarenta. En parte gracias

Dorical Caymmi, un compositor
y cantante en activo durante casi
setenta años, y probablemente
el autor más prolífico de música
popular de la historia.

a las sambas de Caymmi, la imagen sonriente de Miranda se convirtió en emblemática, en Estados Unidos al menos, de todo el continente latinoamericano, justo antes de la llegada del mambo. Carmen Miranda fue un éxito vertiginoso en Nueva York, y pronto, además, una de las estrellas cinematográficas más grandes de la época. Era la mujer mejor pagada en Hollywood a finales de los cuarenta y, aunque protagonizaba los musicales a gran escala de Busby Berkeley, encarnaba la caricatura de la carioca, portando los famosos tocados rebosantes de frutas tropicales, una señal de opulencia en tiempos de racionamiento de guerra.

El repertorio interpretado por Miranda era un mosaico de samba, mambo y son cubano que, en realidad, tenía que ver más con la América Latina de expresión española que con la de Brasil. Buena parte del citado repertorio estaba compuesto por el equipo de Tin Pan Alley, que formaban Mack Gordon y Harry Warren, los autores de «Chattanooga Choo-Choo», aunque Carmen Miranda se las arregló para interpretar sambas clásicas de compositores como Robert Ribeiro y Silas de Oliveira, tales como «O passo do kanguru» y «Rebola a bola».

Miranda había alcanzado el estrellato que muy pocos brasileños, o latinoamericanos, ni tan sólo esperaban lograr, aunque el asunto tuvo un precio. Cuando regresó a Brasil, se encontró con un público escéptico ante su americanización. En respuesta, compuso una canción «Disseram que voltei americanisada», una samba en la que reivindicaba firmemente sus raíces, a pesar del rumbo que había tomado su carrera. A finales de los cuarenta, un período en el que había desaparecido la amenaza del Eje sobre América Latina y en el que las comedias musicales ligeras que reconfortaban a un público amenazado por la guerra dieron paso a las películas de temática social, Miranda desapareció de Hollywood. En los últimos años de su vida, sufrió graves depresiones. Regresó brevemente a Brasil en 1954, aunque volvió pronto a Estados Unidos para tratar de salvar lo que quedaba de su comercialidad. Mientras grababa un episodio de *The Jimmy Durante Show*, en agosto de 1955, sufrió un ataque de corazón en su domicilio de Beverly Hills. Falleció a la mañana siguiente a la edad de cuarenta y seis años. Su cuerpo se trasladó en avión a Brasil, donde fue llorada por todo el país; en Río se construyó un museo en su honor. A pesar de sus relaciones de amor y odio con su país, se la reverencia como una figura de enorme importancia histórica.

La herencia principal de Miranda lo puede constituir el hecho que las cantantes de samba Clara Nunes, Alcione y Beth Carvalho fueran las intérpretes más populares de la década de los cincuenta. Canciones como «Canto das tres raças», y «Brasil mestiço, santuario da fe», compuestas por Paulo César Pinheiro, celebraron la identidad mestiza brasileña. La evolución constante de la estrategia percusiva de la música, con tempos más rápidos y acentos diferentes en tambores concretos e instrumentos de percusión, le otorgó a la samba el estatus que el jazz tenía en Norteamérica. De hecho, en términos de destreza y refinamiento en la interpretación, la samba era un fenómeno de mucha mayor proyección popular que el jazz.

El baião, la música del norte

Brasil es un país enorme, con una extensión total mayor que la de Estados Unidos. Aunque la samba era la música del Brasil urbano y, de manera clara, el género más importante, hubo estilos regionales que a la larga ejercieron una gran influencia en el desarrollo de la música en los centros urbanos. Uno de dichos géneros era el baião, la música del norte.

Al contrario que el resto de Brasil, las provincias de la costa norte del país tenían una cultura que, como mínimo, está tangencialmente relacionada con las culturas caribeñas de la Latinoamérica de habla española; su proximidad con el Caribe permitía algún tipo de intercambio cultural, y la concentración de africanos se asemejaba a las poblaciones parecidas de Cuba, la Hispaniola y las Antillas. De hecho, en el período entre 1580 y 1640, cuando el rey Felipe II tomó el trono de Lisboa, los españoles ejercieron una influencia considerable en la región. Las escenas musicales actuales de Salvador, y otras ciudades norteñas como Recife, que se analizarán después, son algunas de las más dinámicas y fluidas en el Brasil de hoy en día. Sin embargo, el ritmo de la música original de la región, el baião, tiene un lugar antiguo en la historia musical brasileña y es quizá la música más importante surgida del norte.

El baião (o «bahiano»), que incluye melodías sincopadas, un ritmo bucólico y amable, y un acordeón melodioso, es relativamente desconocido fuera de Brasil, cosa sorprendente si se considera su influencia enorme en la música moderna brasileña. Las letras del baião típico son comparables a las de la trova cubana; generalmente cuentan historias, y a menudo describen las luchas del pueblo. En los años treinta, los grupos originales de baião, encabezados por cantantes, utilizaban pífanos (pequeñas flautas de bambú hechas a mano), una zabumba, un gran bombo y otras formas de percusión. El patrón rítmico del baião lo establece el tambor zabumba, con parches en ambos lados, y que recuerda a la tambora usada en el merengue. Un lado se usa para los tonos graves y el otro para un registro más agudo, en general interpretando un ritmo sincopado. El ritmo de 2/4 se basa en bailes de salón de origen europeo, aparte de en un baile africano en círculo que se realizaba en las zonas áridas e interiores del noreste.

Gracias a la proximidad de la región con el Caribe, el baião se puede relacionar con la variación francoafricana de la contradanza, que en Cuba, a la larga, evolucionó en el danzón. Los instrumentos que se usan en el género son diferentes de los usados en el Caribe, seguramente influidos por la artesanía folklórica congoleña, opuesta a la instrumentación yoruba que dominó en Cuba. El baião rural se acercó a las masas urbanas, a finales de los años treinta e inicios de los cuarenta, gracias a un carismático acordeonista llamado Luiz Gonzaga. Su canción emblemática, «Baião», compuesta en 1946 con el abogado Humberto Teixeira, formalizó las distintas tendencias del género, para crear un estilo de música popular con un fácil ritmo bailable.

A Gonzaga le siguió en los años cincuenta, el cantautor Jackson do Pandeiro, que incorporó más ritmos costeros, en especial el coco, otro baile africano en círculo con largas raíces en la historia brasileña. Al usar el coco, Jackson se reveló esencial en el desarrollo del forró, un versión más urbana, más animada, del baião, y que sigue encantando a los oyentes brasileños gracias a intérpretes como Chiquinho do Acordeon y Jacob do Bandolim. Aunque, como consecuencia de la invasión de géneros musicales norteamericanos, y en especial el jazz, el baião fue relativamente olvidado en los años cincuenta. La obra seminal de Gonzaga la revitalizó el movimiento «tropicália», usando instrumentación rock en los años setenta, con mención especial para la grabación que Caetano Veloso hizo en 1971 de «Asa branca».

El baião ejerció también una influencia modernizante e hibridizante en la evolución de la música popular brasileña del norte. Buena parte de la descendencia del baião, como la embolada (una versión, con letra más compleja que el coco), el desafío (una embolada para un duelo de poetas, que recuerda las controversias cubanas), el axé (samba mezclada con ritmos caribeños como el reggae, el calipso y el merengue), incluso la lambada, creación híbrida de los noventa, y los populares discos de Elba Ramalho, una de las primeras cantantes pop de la región, en los años ochenta, está enormemente influida por la obra precursora de Gonzaga.

La bossa nova

La bossa nova fue la primera música auténticamente panhemisférica del continente americano. Su primera manifestación de importancia fue la música compuesta por Antonio Carlos Jobim y Vinicius de Moraes para una obra de teatro de 1956, llamada *Orfeo negro*. La bossa nova era una samba más lenta, más calmada que fluía perezosamente como el sonido Costa Oeste de Chet Baker y Gerry Mulligan, que la influenció directamente. Aunque Jobim, que compuso una de las canción más famosas del siglo XX, «Garota de Ipanema» («La chica de Ipanema»), estuvo en el núcleo fundador de la bossa nova, fue el impecablemente cerebral tenor João Gilberto a quien se acreditó como inventor del estilo de guitarra de la bossa. Gilberto convirtió composiciones de Jobim, como «Corcovado» y «Desafinado», en temas clásicos del pop panamericano y en éxitos en todo el mundo.

En ocasiones, a la bossa nova se la toma erróneamente como música ligera, gracias a que parece poner en sordina la potente tradición percusiva de Bahía que creó la samba, desmontándola hasta lo imprescindible, y conservando la síncopa. Los obsesionantes acordes de la bossa nova se escuchan mejor en la guitarra. Las variaciones armónicas que Gilberto usa en «Desafinado», fue una de las estratagemas revolucionarias de la bossa nova. Aunque sonaba desafinado, Gilberto utilizaba una modulación melódica, que fue poco menos que un shock para los oyentes acostumbrados al estilo habitual de canto operístico. La canción va de un chico imperfecto enamorado de la chica perfecta, con Gilberto que demuestra que su «imperfección» vocal era extraordinariamente seductora.

La música de Jobim mezcló el experimentalismo de compositores como Ravel y Debussy con el compositor nacionalista brasileño Heitor Villa-Lobos, que combinaba las formas clásicas europeas con música y ritmos folklóricos, acentuando líneas melódicas aceleradas y de gran cromatismo. La obsesión de Jobim con dichas armonías, ya sea en los cuadros tristes de Debussy, las progresiones gitanas transformadas de Ravel, o las notas con la quinta disminuida del bebop, dieron forma a su creatividad compositiva.

Nacido en Río de Janeiro, en 1927, Antonio Carlos Jobim (referido, a menudo, cariñosamente como «Tom», su apodo), en principio quería ser arquitecto. Poco después de cumplir los veinte años, empezó a tocar el piano en los clubes nocturnos. Su colaboración en, 1956, con el poeta Vinicius de Moraes en la obra *Orfeo do Carnaval*, una revisión brasileña del mito de Orfeo, que dos años después dio pie a la película francesa *Orfeo negro*, le estableció como un compositor que sabía tomar unas letras ingeniosas (más tarde, él mismo escribiría la mayor parte de sus canciones) y ponerlas en un contexto romántico y melancólico.

El guitarrista João Gilberto nació en 1931, en Juazeiro (Bahía), y empezó a tocar la guitarra a la edad de catorce años. A los dieciocho, se mudó a Salvador, la mayor ciudad de Bahía, y actuó en programas de radio en directo con un grupo llamado Garotos da Lua. Al trasladarse a Río, un par de años después, Gilberto entró en un período improductivo, que muchos consideran causado por un consumo excesivo de marihuana, pasando diez años sin producir un álbum. Con el tiempo, se mudó a Porto Alegre, una ciudad más pequeña, en donde perfeccionó su estilo vocal y su toque de guitarra únicos. En 1959, cuando grabó su primer álbum, *Chega de saudade*, una colección clásica de canciones de bossa nova, en su mayoría composiciones de Jobim, su estilo nasal de canto se convirtió en la voz de una nueva generación.

El estilo interpretativo de João Gilberto, en *staccato*, que sugiere una especie de fuego inquieto, tras las tranquilas melodías musicales, fue el responsable, en solitario, de la forma en que la bossa nova se interpretó a la guitarra. A finales de los cincuenta, Jobim se convirtió en su colaborador más fundamental, componiendo y acompañándole con el piano. Los demonios personales de Gilberto —sufrió constantes ataques de depresión— quizá colaboraron a que él expresara el sentimiento de *saudade* de la bossa nova. La palabra portuguesa *saudade* es intraducible, con un significado aproximado al de nostalgia melancólica, o añoranza de la tierra natal, y es fundamental en la estética de la bossa nova. La tristeza de la *saudade* tiene raíces evidentes en el duro trabajo de los colonos portugueses, que se internaron en la vasta y semiárida extensión del interior brasileño, la súplica de un esclavo africano desplazado y la experiencia más reciente de los emigrantes europeos en una tierra relativamente aislada del resto del mundo. Tal vez su expresión más definida esté en la canción «A felicidade», la melodía principal de la película *Orfeo negro*: «La tristeza no tiene fin —dice el narrador de la canción—. La felicidad, sí».

Aunque la bossa nova también expresó el aspecto «atrévete a ser diferente» de la psique brasileña. Adelantado respecto al resto de América Latina, Brasil se sitúa a sí mismo como otro país en el continente americano con una historia lo bastante potente y un desarrollo cultural, que le ponen al nivel cultural de Estados Unidos. A pesar de la ironía subyacente en su interior, la bossa nova es la creación de hombres y mujeres con el corazón en la mano. João Gilberto, el mascarón de proa del movimiento, escribió a su casa desde Nueva York, después de oír el éxito de 1967, «Up, Up and Away» del grupo Fifth Dimension, que era una de las canciones más hermosas que había escuchado jamás. El misterio de la bossa nova es cómo se las arregla para ser fenomenal, con lo sentimentales que son la gran mayoría de sus letras. Difícilmente se puede llegar a ser más cursi de lo que es la letra de «Corcovado», de Jobim: «Y yo que estaba triste / decepcionado del mundo, / al encontrarte conocí / lo que es la felicidad, / oh mi amor». Y aun así, la canción es una obra maestra.

Con sus melodías asequibles, las armonías seductoras, y un aire de elegancia tropical, la bossa nova viajó bien lejos de Brasil. En Norteamérica se convirtió en una alternativa muy bienvenida a la exagerada intelectualización del jazz posterior al bebop; a Thelonious Monk se le citaba declarando que la bossa nova «dio a los intelectuales neoyorquinos del jazz lo que [encontraban a] faltar: el ritmo, el swing y la calidez latina». A través de músicos norteamericanos que interpretaron bossa novas, como el flautista Herbie Mann, el saxofonista Cannonball Adderley, el trompetista Dizzy Gillespie, y el pianista Horace Silver, la bossa nova proporcionó una oportunidad al aficionado al jazz de escuchar una música improvisada, que no les amenazaba con la carencia de melodía o de la estructura clásica de la canción. Era como si la bossa nova manifestara que dejaran de tomar notas y disfrutaran sin más.

Antonio Carlos
Jobim, a finales
de los cincuenta,
encarnó uno de los
momentos más
importantes de
la música brasileña
con la bossa nova.

En 1963, una colaboración entre Jobim y João Gilberto con el saxofonista Stan Getz y el guitarrista Charlie Byrd produjo uno de los mejores álbumes de jazz de toda la historia, *Getz/Gilberto*. Astrud, la esposa de João, suscitó una grata impresión, acreedora de un éxito a escala internacional con su clásica y susurrante versión de «The Girl from Ipanema», incluida en el álbum. Las tendencias de la Costa Oeste, que Getz se había apropiado de Gerry Mulligan habían encontrado cantantes para esa peculiar variedad de jazz, equiparables a Ella Fitzgerald o Nat «King» Cole. La bossa nova se popularizó, de manera más amplia, fuera de Brasil, gracias a Sergio Mendes and Brasil 66, una especie de grupo de jazz brasileño con unos coros que cantaban unas armonías agudas, que no estaban lejos de las de Fifth Dimension. A finales de los sesenta, la popularidad de la bossa nova empezó a declinar. Aunque cuando la cantante Elis Regina y Jobim grabaron «Águas de março», incluida en *Elis & Tom* (1974), parecía que la bossa nova hubiera regresado brevemente a gobernar el mundo de la melodía y la armonía. Durante varios años los Gilberto realizaron grabaciones y siguieron actuando en conciertos, pero en 1994 Jobim murió repentinamente en Nueva York, de un ataque al corazón, y la bossa nova ya no volvió a recobrar su importancia. João Gilberto pasó por períodos de reclusión hasta finales de los noventa, cuando volvió a grabar y a actuar, viajando a Nueva York, en 2001. Su álbum de 2000, *João Voz e Violão*, fue una aclamada colección de temas clásicos brasileños, con producción de Caetano Veloso, cuyo «Coração vagabundo» figura en el álbum.

En años recientes, entre los defensores de la bossa nova, en su forma pura, o de manera ligeramente actualizada, figuran cantantes como Joyce, que ha grabado veintiún álbumes, Vinicius Cantuária, que forma parte de la creciente escena brasileña de Nueva York y Celso Fonseca, cuyo álbum de 2003, *Natural* (Six Degrees), emprende un enfoque minimalista para revitalizar el género y alude a Gilberto y Veloso como muy pocos han hecho.

Tras los años de apogeo de la bossa nova, de mediados a finales de los sesenta, una nueva música brasileña empezó a tomar forma, que fue parcialmente
marcada por la imposición de la dictadura militar de 1964. Una gran variedad
de intérpretes, desde pioneros del rock en el programa televisivo del cantante
Roberto Carlos, hasta cantantes como Djavan, Elis Regina, Chico Buarque,
Milton Nascimento, Gal Costa, y los revolucionarios tropicalistas Caetano Veloso y Gilberto Gil, entran en la categoría llamada Música Popular Brasilera
(MPB). En este caso, popular se define informalmente como no demasiado experimental o étnico, muy parecido a la idea estadounidense de música popular.
La MPB es uno de los géneros de mayores ventas en el continente americano,
en gran parte porque Brasil, el país más populoso de Suramérica, creó de manera más eficaz cantidades mayores, al eludir la regionalización; la música de
cualquier zona del país se promociona como «brasileña». El resto de la música
latinoamericana se puede fragmentar en categorías regionales que no superan
las diferencias nacionales, excepto lo afrocubano, el tropical y el pop. La MPB
vino después de las épocas de la bossa nova y la samba, aunque a pesar de su popularidad esencial, es una de las músicas populares más innovadoras y eclécticas
del mundo.

Una biografía reciente sobre la cantante Nara Leão, citada a menudo como
una de las cantantes de la bossa nova, reivindica que la escisión de la bossa nova
en su primer álbum (*Nara*, 1964) fue el momento fundacional de la MPB. No
obstante, el auge de los festivales musicales televisados, que empezó en 1965,
contribuyó en gran manera a establecer a las estrellas del género. En un clima
ensordecedor, con abucheos y ovaciones, los jóvenes cantantes y compositores
competían uno contra otro en un formato precursor de otros concursos más recientes. El nacionalismo y la autenticidad se valoraban más que la imagen y el co-
mercialismo, y protestar contra las injusticias estaba a la orden del día. La canción que ganó el premio del primer festival, celebrado en Guarujá, una ciudad
playera cerca de São Paulo, fue «Arrastão», interpretada por una joven cantante
llamada Elis Regina. La canción, compuesta por Vinicius de Moraes y Edu
Lobo, hizo de Regina una estrella a la edad de veinte años, y asimismo hizo de
Lobo uno de los compositores más significativos de la época; Lobo combinaba
aspectos de la música folklórica tradicional con las innovaciones armónicas y melódicas de la bossa nova.

Chico Buarque

El estilo de canto de Chico Buarque era cálidamente seductor en sus mejores momentos y, en los peores, abiertamente sentimental, aunque su carácter
provocador y su figura heroica lo convirtieron en uno de los primeros astros de
la MPB en los años sesenta y setenta. Gran parte del público lo consideraba

como un defensor de los valores folklóricos nacionalistas frente al rock adolescente de Roberto Carlos y los tropicalistas transgresores. Buarque nació en Río de Janeiro en 1944, y en sus primeros años estuvo muy influenciado por su padre, un historiador que escribió sobre el concepto emergente del nacionalismo brasileño de manera parecida a la de Gilberto Freyre. A los veintiún años, Buarque grabó «Pedro Pedreiro», una bossa nova, su canción emblemática. Precursora y tal vez influencia directa de «Pablo Pueblo» de Rubén Blades, la canción es la historia de un campesino medio y expresa un realismo social acorde con la estética desarrollada por el «cinema novo» del director Glauber Rocha en los años sesenta.

En 1968, con veinticuatro años y ya famoso, escribió y compuso la música de una obra de teatro existencialista, absolutamente deprimente, con el título de *Roda viva*, una crítica sin concesiones de la adoración obsesiva por parte de los fans; al final, la estrella protagonista era despedazada y su carne devorada. De hecho, se invitaba al público a comer carne de pollo como si fuera la carne del artista. A la conservadora dictadura militar brasileña le ofendió la pieza y se produjeron diversos incidentes cuando la policía militar la prohibió y detuvo a los integrantes de la compañía teatral. Buarque se convirtió en una persona non grata de la noche a la mañana.

Aunque la música de Buarque era considerablemente más convencional que la del movimiento tropicalista, con el que el propio cantante estaba enfrentado, el gobierno brasileño le obligó a exiliarse. Cuando regresó en 1970, Buarque pu-

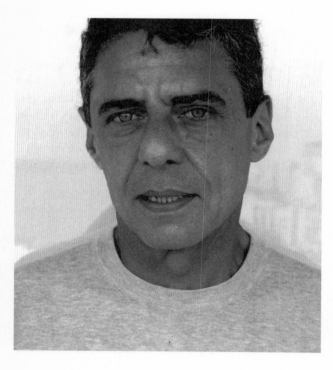

Chico Buarque, un cantante con un estilo cálidamente seductor y defensor de los valores folklóricos tradicionales.

blicó *Construçao*, que rompía con el estilo de bossa nova de su primera etapa. La censura de las letras de las canciones de Buarque se recrudeció. Cuando los tropicalistas Caetano Veloso y Gilberto Gil regresaron de su propio exilio, hicieron las paces con Buarque, y éste grabó, con Veloso en 1972, uno de sus discos más penetrantes, *Caetano e Chico juntos e ao vivo*.

La carrera de Buarque, posterior al exilio, estuvo marcada por intentos de captar su energía original. Entre los momentos álgidos cabe destacar «Cálice», un dúo con Milton Nascimento en un álbum de 1978 de idéntico título, y nuevas colaboraciones con Caetano Veloso y la hermana de éste, Maria Bethânia. Su álbum de 2000, *O sambista*, era una especie de regreso, que incluía una nueva versión de «Samba de Orly», de *Construçao*, aunque no obtuvo eco fuera de Brasil. Considerado aún como una especie de héroe nacional, gracias a su popularidad inmensa y a su compromiso político, Chico Buarque representa la gloria de los inicios de la MPB.

Tropicália

El movimiento musical y cultural que a la vez se oponía y sintetizaba las tendencias nacionalistas y el rock de la época de los festivales de la MPB, llamado Tropicália, parece moderno incluso hoy en día, treinta y cinco años después de su eclosión. Los tropicalistas se propusieron una revisión radical del formato de rock adolescente que aparecía en los programas televisivos de mediados de los sesenta, «Jovem Guarda», presentado por el cantante pop Roberto Carlos que, al igual que la nueva ola puertorriqueña en su país (véase el capítulo 5), difundía un rock ligero (a veces llamado *ye-ye-ye*, por el «She loves you, yeah, yeah, yeah» de los Beatles). Discordantes, iconoclastas y rebeldes porque sí, las primeras grabaciones tropicalistas recogían la energía juvenil de «Jovem Guarda» y actualizaban la seriedad adulta de la bossa nova. Encabezada por los cantautores Caetano Veloso y Gilberto Gil, Tropicália, que anteponía el punto de vista híbrido brasileño a la idea europea de la vanguardia, fue la expresión definitiva de la versión brasileña de los contraculturales años sesenta.

Con estallidos de guitarra eléctrica psicodélica distorsionada y carrerillas de teclados metálicos, los tropicalistas se adhirieron al *Manifiesto caníbal*, un documento redactado en 1928 por el antropólogo, poeta y autor teatral brasileño Oswald de Andrade, que anticipó un modelo para «devorar» críticamente las influencias culturales extranjeras. De Andrade pensaba que la mejor manera que tenían los brasileños de hacer arte era tragarse las influencias extranjeras (en su mayor parte europeas y, sólo en algunos casos, estadounidenses) para luego escupirlas en un tipo nuevo de guisado. La música que produjo Tropicália en la senda de dicha filosofía parecía predecir todos los clichés postmodernos utilizados en relación con el hip hop, el *sampling* y el reciclaje continuo de la cultura pop del siglo XX. Cantantes como Veloso, Gil, Gal Costa, Jorge Ben, Maria Bethânia y Tom Zé se atrevieron a cuestionar la autoridad de la dictadura militar que subió al poder en 1964. Muchos de sus integrantes, sobre todo Veloso y Gil, se vieron obligados a exiliarse en Europa por su insistencia en el lema de la canción de Caetano, de 1968, «É proibido proibir».

Caetano Veloso

Nacido en 1942, en Santo Amaro (Bahía), Veloso adoptó el acervo musical de la región, que tenía más influencias caribeñas, africanas y de la música pop norteamericana que la del resto del país. En sus memorias, *Verdad tropical*, señalaba asimismo una gran influencia del cine de la Nouvelle Vague francesa, si bien fue el sonido de la bossa nova de su predecesor y connatural bahiano, João Gilberto, lo que lo llevó a convertirse en un cantante pop. Al mismo tiempo que su hermana menor, Maria Bethânia, se convertía en una cantante estrella, de la noche a la mañana, en 1965, Veloso, entonces con veintitrés años, ganó un concurso de letras de canciones con su tema «Um dia» y firmó un contrato discográfico con Philips. Después de mudarse de Salvador a Río, conoció a Dorival Caymmi, quien le escribió arreglos para guitarra, y a Gal Costa, quien solía cantar haciendo coros. Caetano se implicó de inmediato en resolver las contradicciones de género entre pop y rock, la samba tradicional y la bossa nova, y entre la música folklórica y la moderna de Brasil. Al lado de Gilberto Gil, que también venía de Bahía, Veloso planeó el proyecto tropicalista como algo que pudiera utilizar el atractivo comercial del rock para transmitir lo que ellos creían que eran ideas revolucionarias.

Veloso es, asimismo, uno de los músicos brasileños más dotados gracias a una rara combinación rara de un talento vocal increíble —su aterciopelada voz de tenor sube a registros agudos operísticos con sorprendente facilidad— y unas dotes poéticas y compositivas magistrales. Además, quizá es la encarnación más asombrosa del giro postmoderno que Latinoamérica ha emprendido en la última mitad del siglo pasado. Habiendo madurado a finales de los cincuenta e inicios de los sesenta, Veloso y sus contemporáneos tropicalistas desarrollaron un acercamiento irónico al rock y la contracultura de los sesenta desde la perspectiva del Brasil subdesarrollado, salvajemente rítmico y místico. Se trataba de un conocimiento doble, paralelo al que los africanos utilizaron para crear el jazz y posteriormente el hip hop.

Los primeros pasos de Tropicália se dieron en un espectáculo cuya organización se encargó a Veloso en 1965, cuando todavía residía en Salvador, y que se llamó «Nova Bossa Velha, Velha Bossa Nova» y en el que intervinieron Veloso, Gil, Gal Costa, Maria Bethânia y Tom Zé. Como implicaba el título, el grupo se debatía en ir más allá de la bossa nova al tiempo que trataba de rendirle homenaje. El objetivo contradictorio de conservar la tradición, para destruirla a la vez, fue esencial en Tropicália. Cuando los tropicalistas realizaron los primeros conciertos, sus revisiones modernas del tradicionalismo brasileño corrían paralelas con el desafío de Bob Dylan al tocar con guitarra eléctrica en el festival de folk de Newport.

Cuando eclosionó en 1967, Tropicália causó escándalo. En uno de los primeros conciertos del grupo, que Veloso y Gil montaron para promocionar su rebeldía extravagante, el público expresó su unánime aversión por el himno «Alegría, alegría», compuesto por Caetano, y que no se parecía a nada de lo que habían oído antes. Sin embargo, «Domingo no parque», que se desarrollaba sobre un ritmo afrobrasileño de capoeira, se recibió con entusiasmo por parte de los fans nacionalistas, obsesionados por la autenticidad de Brasil. «Alegría, alegría», como escribió Caetano en *Verdad tropical*, «dice mucho sobre las intenciones y la posibilidades del movimiento tropicalista. En contraste intencionado y notable con el estilo de la bossa nova —una estructura formal en la que los acordes alterados se mueven con una fluidez natural— en este caso los acordes mayores perfectos se yuxtaponen de manera extraña. Esto procedía en gran parte de la forma en que habíamos escuchado a los Beatles».

Caetano Veloso
aunó en sus obras
las influencias
caribeñas y africanas
con la música pop
americana.

La primera selección de dichas canciones apareció en el álbum de 1968, *Tropicália ou panis et circenses*, con el título que hacía una referencia evidente al «pan y circo» usado por el imperio romano para distraer a los ciudadanos de la corrupción. El álbum incluía canciones de Veloso, Gil, Gal Costa, Os Mutantes y Nara Leão. Muchos cantantes de la época, como Chico Buarque, ya habían reaccionado contra la dictadura militar, por lo que las letras cáusticas y de lucha de la tropicália no eran algo precisamente nuevo. El escándalo auténtico, según me explicó Caetano un día, fueron las guitarras eléctricas, la vestimenta, el pelo y la mezcla salvaje de estilos que caracterizó al tropicalismo. No obstante, en cuanto los tropicalistas se atrevieron a cuestionar a la autoridad, se encontraron con la represión secreta del gobierno.

La dictadura militar que gobernó Brasil a finales de los sesenta y principios de los setenta castigó a los artistas que se mostraron críticos con el régimen. Veloso y Gil fueron objetivos distinguidos, ambos sufrieron dos meses de cárcel por «actividades antigubernamentales» y cuatro meses más en arresto domiciliario. El gobierno los «invitó» a abandonar el país y, ya que los dos no disponían de dinero que cubriera los gastos, montaron un concierto desafiante, en 1968. En el exilio londinense, cada uno de ellos grabó dos álbumes casi olvidados; otro álbum de Veloso, publicado en 1971, con su apellido como título, estaba totalmente cantado en inglés, salvo una versión de «Asa branca» de Luis Gonzaga. Después de su regreso a Brasil en 1972, incitado por la presencia de un gobernante militar menos intransigente, las carreras de Veloso y Gil cayeron en el declive. Caetano alcanzó su punto comercial más bajo en 1978, con la edición de *Muito*. Entre la extraña serie de canciones tristes y dispersas del álbum, estaba «Terra», que David Byrne incluiría en su primera e influyente compilación de música brasileña, *Beleza tropical*.

Veloso se las había arreglado para mantener al mismo grupo, A Outra Banda da Terra, durante el período, y empezó a adquirir tanto impulso en su carrera que, a la larga, se fue a Nueva York, donde debutó en el Public Theater en 1983. Entre los espectadores del concierto se encontraban Bob Hurwitz, director general de Nonesuch Records, y Arto Lindsay, un músico *downtown* que se había criado en Brasil, al que habían influido los tropicalistas y cuya mayor fama en la época se debía al hecho de ser uno de los fundadores del movimiento radical jazz-punk No Wave. Arto quedó fascinado con Veloso y Hurwitz le preparó un contrato discográfico. El resultado fue un álbum, grabado en directo en el estudio, en 1985, con producción de Hurwitz y titulado con el nombre del cantante. El siguiente fue un álbum experimental, *Estrangeiro*, editado en 1989, con Lindsay y su socio Peter Scherer, con quien había fundado en 1984 el dúo de avant-rock Ambitious Lovers.

La portada de *Estrangeiro* es una pintura para un decorado de una obra de Oswald de Andrade. El proyecto de Veloso en *Estrangeiro* estribaba en hablar de la imagen que los extranjeros tienen de Brasil y cómo dichas perspectivas pueden ser más importantes para los brasileños que para los propios extranjeros. En la canción principal, «O estrangeiro», Veloso reconocía su panoplia de influencias externas además de una festiva estética autocontradictoria. En medio de una cacofonía de guitarras arañadas, improbables ritmos bahianos y el rasgueo de la única cuerda del berimbau, Caetano revelaba un catálogo de su evolución filosófica. La favorable acogida crítica que consiguió *Estrangeiro*, permitió a Veloso montar conciertos en Estados Unidos, casi cada año, iniciando una segunda carrera como intérprete en solitario.

Después de *Estrangeiro*, Caetano editó tres álbumes más, muy ambiciosos, para Nonesuch, además de diversas colaboraciones (una con Gilberto Gil), bandas sonoras cinematográficas (la más destacada, *Orfeu*, una nueva versión de *Orfeo negro*) y algunos homenajes (al bolero latinoamericano, *Fina estampa*, y al cineasta Federico Fellini, *Omaggio a Federico e Giulietta*). Uno de los citados tres álbumes, *Circuladô* (1991), meditaba, de manera ambiciosa, sobre la naturaleza circular de la existencia. Con una cadencia extrañamente italiana, base latina y regusto eslavo, el portugués-brasileño de Veloso se insinuaba amablemente a sí mismo, en las neo bossa novas, las sambas deconstruidas o los panoramas funk al estilo *downtown* con los que encuadraba sus canciones. Un ejemplo es «Santa Clara, padroeira da televisão» («patrona de la televisión»), con su ondulante guitarra portuguesa, sobre el ritmo de las barras de percusión maculele (parecidas a las claves afrocubanas), para predicar «el vídeo es una laguna en la que Narciso / será un dios que asimismo sabrá resucitar». Buena parte de las letras de Veloso son asombrosas proezas de poesía pura. Canciones sencillas y hermosas como «Itapuã» —aderezada con un cuarteto de cuerda y que hace referencia a una playa de Bahía, el centro del Brasil negro— resuenan de manera tan potente como las más complejas del disco, a saber «Fora da ordem», que afirma que hay algo que no funciona en el «nuevo orden mundial» del presidente George Bush padre.

Fina estampa, de 1994, es uno de los mejores álbumes de canciones populares tradicionales, en español, de toda la historia, aunque hay algunas cuyo idioma original es el portugués. Las versiones, por parte de Caetano, de «Lamento borincano» de Rafael Hernández, y de «María bonita» de Agustín Lara, a menudo asociadas con Julio Iglesias, estaban modernizadas, desmontadas, y adornadas gracias al acompañamiento discreto del cellista y arreglista Jacques Morelenbaum. Los tres álbumes siguientes de Caetano: *Livro* (1998), *Omaggio a Federico e Giulietta* (1999) y *Noites da norte* (2001) siguieron ampliando su obra con Morelenbaum y cubrían diversos temas, desde las películas de Fellini al legado de la esclavitud en Brasil.

Gilberto Gil

En términos de la energía y la fuerza melódica de su música, al cantautor, guitarrista y líder de grupo, Gilberto Gil, se le puede comparar tanto con Stevie Wonder como con Bob Marley, aunque no hay ninguna comparación que transmita el impacto del bahiano. Así como Veloso parece encerrarse en una habitación y salir de ella con cuadros abstractos de ejecución difícil, Gil parece saltar de la cama directamente a la genialidad. Cuando sus canciones consiguen el éxito, se convierten en himnos instantáneos. Como cantante, su imponente voz es imperturbable, maleable y fácil.

Nacido en 1942 y criado en Salvador de Bahía, Gil tocó de niño el acordeón, a los dieciocho años fue a una academia a estudiar el instrumento y desde su primera madurez ya componía canciones. Como Caetano, sintió la influencia enorme de João Gilberto, a quien escuchó por vez primera en la radio a finales de los cincuenta y de este modo aprendió a tocar la guitarra. En 1965, después de componer algunos *jingles* televisivos, Gil consiguió su primer éxito cuando Elis Regina grabó su canción «Louvaçao».

Durante muchos años, Gilberto Gil parecía ser el alter ego de Caetano Veloso. Desde su juventud en Bahía hasta la época vertiginosa del movimiento de la tropicália en Río, que desembocó en su encarcelamiento, exilio y regreso a Brasil, las carreras de ambos estuvieron indisolublemente ligadas. El primer álbum de Gilberto Gil, *Louvaçao*, de 1967, influido por la bossa nova, contenía elementos de forró. Le siguieron dos álbumes titulados con el nombre del cantante. El primero, una colaboración con el principal grupo tropicalista, Os Mutantes, incluía «Domingo no parque» y supuso la introducción de Gil en el mundo de la música brasileña enormemente psicodélica. En el segundo de los dos, editado en 1969, figuraba su canción emblemática «Cérebro Eletrônico». Su álbum en

Gilberto Gil, un cantautor enérgico y melódico, en la actualidad es ministro del gobierno de «Lula» da Silva.

inglés, *Gilberto Gil 1971*, incluía una versión de «Can't Find My Way Home», de Stevie Winwood. Al regreso a Brasil, Gil hizo resurgir la obra de Jackson do Pandeiro y realizó una versión de su clásico «Chiclete com banana». La obra tal vez más potente de su época anterior a los ochenta fue *Refazenda* (1975), en la que revitalizaba el forró, llevándolo a una era post samba-funk, con un sonido muy influido por la fusión eléctrica. Aunque en las letras de sus canciones había mucho contenido político, la música en sí, a menudo, era menos experimental que la de Veloso, y se basaba en ritmos de sencillo baile funk.

A finales de los setenta, Gil se convirtió en una especie de intérprete de jazz-fusión, con álbumes como *Nightingale* y *Realce*. La versión en portugués de «No Woman, No Cry» de Bob Marley, incluida en el segundo álbum, dio inicio al romance de Gil con la música reggae. A principios de los ochenta, tras el final de la dictadura brasileña que le obligó a exiliarse, Gil se convirtió en concejal del ayuntamiento de Salvador. También se ha destacado durante muchos años, como un activista medioambiental. Hubo momentos de brillantez en la obra de Gil de los siguientes años, tales como «Andar com fe» de *Um Banda Um*, «Quilombo», de la banda sonora de la película del mismo título —una celebración del momento de la historia brasileña, cuando los esclavos fugados fundaron su propio país, dentro de Brasil—. Hacia finales de los ochenta, inspirado por la búsqueda de las músicas de la diáspora africana, empezó a incorporar más reggae, retomando su versión de «No Woman, No Cry» en *A gente precisa ver o luar,* de 1989.

En su colaboración con Caetano Veloso en *Caetano e Gil: Tropicália 2*, la grandeza de la época del tropicalismo primitivo resucita ampliada por la madurez de ambos intérpretes. En «Tradiçao», cantando a dúo con Caetano, deja su huella como cronista de las vidas cotidianas en un álbum ampliamente dominado por la gran calidad de la poesía de Veloso. Gilberto Gil interpreta «As coisas» del compositor Arnaldo Antunes, con un estilo de «*downtown* industrial», y revive el baião en «Baião temporal».

Quanta, editado en 1998, renovó el interés por Gil, sobre todo fuera de Brasil, restableció sus dotes compositivas y acentuó el vínculo con Marley. En *Sol de Oslo*, de 1998, y *Eu, tu, eles*, una banda sonora de 2000, Gil abandonó el disco-pop y reinsertó las influencias folklóricas y, en especial, el acordeón. Concretamente, *Eu, tu, eles* es una oda a Luis Gonzaga y la tradición del forró. La presencia del venerado acordeonista Dominguinhos recuerda la ebullición de *Refazenda*. En todo el álbum, la calidez generosa de Gil y la revigorización del poder compositivo indican que, finalmente, el artista encontró su camino. En 2001, fue candidato al Grammy por la banda sonora citada. Entre otros álbumes figuran *Gil and Milton* (2001), un álbum de dúos con Milton Nascimento; *Kaya N'Gan Daya* (2002), un homenaje a Bob Marley, y *Z: 300 anos de Zumbi* (2002), un homenaje experimental a Zumbi, el héroe rebelde de los esclavos.

Tras el modesto éxito del dúo de Gil y Milton y su homenaje a Bob Marley, *Kaya N'Gan Daya*, Gil se embarcó en una etapa vital completamente nueva después de que, en 2003, fuese nombrado ministro de Cultura del gobierno del presidente izquierdista Luiz Inácio «Lula» da Silva, por lo que se vio obligado a compaginar el cargo con su carrera musical. Más de treinta años después de haberse exiliado, formaba parte del poder.

Os Mutantes

Os Mutantes fue la formación más psicodélica e irreverente de Tropicália. Fundada en 1965, en la industrial São Paulo, el grupo estaba en el núcleo de lo que Caetano definió como el contingente «paulista» del movimiento. El nombre de *mutantes* se lo pusieron porque se sentían extraños en la sociedad brasileña. La cantante Rita Lee procedía de un linaje de emigrantes que habían llegado desde Estados Unidos tras la Guerra Civil y los hermanos Sérgio y Arnaldo Baptista se alternaban en las guitarras, teclado, bajo y batería. Os Mutantes era el ala radical tropicalista y su proyecto original consistía en derribar las convenciones musicales brasileñas, sin tener ninguna piedad por las tradiciones del país.

Fue la audacia de Os Mutantes lo que animó a los colaboradores ocasionales Caetano Veloso y Gilberto Gil a enfrentarse a un público de estudiantes universitarios de izquierda en un festival cultural de 1968 y tocar guitarras eléctricas. Los álbumes del grupo son ruidosos y decadentes, deslavazados e introspectivos. Eran, además, innovadores muy extraños. En una actuación en directo, usaron una lata de aerosol de un popular insecticida a modo de charles de la batería. Cuando Sérgio distorsionó su voz a través de una goma conectada a una lata de chocolate caliente electrificada, lo llamaron la Caja de Voz.

A Os Mutantes no les preocupaba ni la *africanidade* de Gil ni la investigación para proteger los ideales nacionalistas de Chico Buarque. Aunque el gobierno brasileño nunca los prohibió formalmente, a principios de los setenta los tres integrantes del grupo se exiliaron voluntariamente en Gran Bretaña y Francia. Su rechazo de las preocupaciones nacionalistas y el fetichismo por artículos de consumo de desecho podía haber hecho de ellos el emblema de la postmodernidad latinoamericana, si bien su influencia musical se puede escuchar en intérpretes de hoy como Stereolab y Beck. También se les recordó por las versiones pop-bossa de «Baby» de Caetano Veloso, a cargo de Rita Lee, y por su clásico tema propio «Ando meio desligado», al estilo de los Electric Prunes. Con todo, su implacable parodia de los estilos tradicionales latinos de gran importancia, como en «Cantor de mambo» —una juerga afrocubana— y «Adeus Maria Fuio» —una sátira del baião— no parecía tener sentido y los relegó a un estado secundario, por detrás de sus colaboradores ocasionales Veloso, Gil y Jorge Ben.

Rita Lee abandonó el grupo en 1972 y emprendió una carrera en solitario que prolongó su estatus como reina del rock brasileño y durante la cual produjo catorce álbumes, incluido *Bossa'n'Beatles*, un disco de versiones de los Beatles (algunas en portugués, y otras en inglés). Aunque el grupo decidió ir hacia un sonido de rock progresivo inglés, la influencia más duradera de Os Mutantes en la música brasileña seguramente recae en Liminha, quien tocó el bajo con ellos a mitad de su carrera y luego, desde mediados de los ochenta en adelante, se convirtió en productor y colaborador de Gilberto Gil.

En 1993, los fans del rock estadounidenses descubrieron al grupo, cuando Kurt Cobain solicitó que se reunieran para un concierto, oferta que no aceptaron. Cuando en 1999, el sello Luaka Bop de David Byrne publicó un recopilatorio de su obra de 1968 a 1972 (*Everything Is Possible! The Best of Os Mutantes*), el grupo fue reconocido por la prensa norteamericana como una piedra angular de la psicodelia, a la misma altura que el álbum *Pet Sounds* de los Beach Boys.

Las mujeres de la MPB

Tres de las cantantes brasileñas más importantes, a partir de los años sesenta —Elis Regina, Gal Costa y Maria Bethânia— desarrollaron carreras que abarcaron evoluciones en las eras de la bossa nova, el tropicalismo y la MPB. Regina, que nació en 1945 en Porto Alegre, fue famosa por su personalidad tempestuosa, su voz ronca y una brusca presencia escénica. Su estilo apasionado le ha valido que la comparen con Janis Joplin, aunque su voz, a pesar de una cierta dureza, es mucho más matizada. Elis pasó los años sesenta y setenta interpretando canciones de los mejores compositores brasileños, como Edu Lobo, Milton Nascimento, Caetano Veloso y Chico Buarque. Durante el período de conflicto político con la dictadura militar, Elis se granjeó muchas críticas de los grupos nacionalistas por cantar el himno nacional en una ceremonia de celebración de la independencia brasileña, aunque hasta muchos años después no se reveló que la cantante lo había hecho bajo amenaza de encarcelamiento.

En la historia de la música brasileña hay pocos momentos tan impresionantes como el de Elis Regina cantando «Águas de março» con Antonio Carlos Jobim, en su álbum conjunto de 1974 *Elis & Tom*. Con sus arreglos, influidos por el jazz, suena a música de cámara con voz. Una cascada de tristes cellos y violines rodean sus decididamente hermosas interpretaciones de «Modinha» y «Corcovado». En *Transversal do tempo* (1978) y *Elis, Essa Mulher* (1979), entregó unas interpretaciones extraordinarias y maduras que parecían captar el éxtasis y la melancolía del sentimiento brasileño, si bien los altibajos en los que incurrió como cantante pudieron con ella. Se rumoreó que a finales de los setenta se había vuelto adicta a la cocaína. En 1982 murió de forma trágica por una sobredosis de alcohol y cocaína.

Gal Costa y Maria Bethânia tienen, de algún modo, carreras entrelazadas, ya que fueron dos de las primeras estrellas de la MPB y de la época de los festivales, y estaban muy involucradas con Caetano Veloso y los tropicalistas. Costa y Bethânia tienen un legado de grabaciones que abarca treinta y cinco años. Desde la intervención de Gal en el primer álbum de Bethânia, en 1965, cantando «Sol negro» de Caetano Veloso, hasta su colaboración en una de las canciones más estimulantes de la MPB, «Sonho meu», de 1978, han estado indisolublemente ligadas.

La versión de Gal Costa del himno tropicalista «Baby» (con letra en inglés y portugués) es la más memorable. Con una poderosa voz de soprano de mucho cuerpo, ha grabado la obra de todos los grandes compositores brasileños, como Lobo, Veloso, Gil, Dorival Caymmi y Jorge Ben. Su carrera incluso creció en los ochenta y los noventa, especialmente con el éxito de *Aquarela do Brasil*, de 1984, un álbum de homenaje al sambista Ary Barroso. Dio giras por todo el mundo en la última década del siglo XX interpretando una especie de revista que presentaba una recopilación de grandes éxitos de la bossa nova, la tropicália y la MPB.

Maria Bethânia, que comenzó su carrera antes que su hermano Caetano Veloso, y que en muchos sentidos fue decisiva en el lanzamiento de la carrera de éste, ha grabado unos cuarenta álbumes, tras destronar a Nara Leão, una cantante de bossa nova muy popular en los años sesenta, como reina de la escena de Río. Al igual que Costa, Bethânia grabó la mayoría del repertorio de los mejores compositores brasileños además de dedicarse también a revisar la era de la samba. Asimismo grabó dos álbumes clásicos de dúos con Chico Buarque (1975) y, en 1978, con su hermano Caetano Veloso. Su último gran éxito de más importancia fue *Ambar*, de 1997, y el siguiente álbum en directo, que retomaba las mismas canciones: *Ambar, imitação da vida*, editado un año después. Una perspicaz selección de canciones, ya sean de nuevos compositores como Carlinhos Brown como de viejas sambas de Ary Barroso, el álbum presenta un estilo más introspectivo que el de Gal Costa, con una preferencia por una instrumentación acústica de corte minimalista.

Jorge Ben

El cantautor y guitarrista Jorge Ben fue contemporáneo de los tropicalistas, pero su individualismo le puso aparte de ellos. Como la mayoría de músicos brasileños de su época, a Ben le inspiró João Gilberto, aunque más que tratar de copiar el punteo lírico del guitarrista, él reinterpretó la bossa nova desde la perspectiva del bajo eléctrico. Intérprete ecléctico que rehusó ligarse a un género concreto, Ben fue uno de los precursores de las tendencias folk del pop brasileño y se deslizó fácilmente entre la samba, el rock, la bossa nova y el reggae.

Jorge Duílio Ben Zabella Lima de Menezes nació en 1940 en Madureira, un barrio bajo de Río de Janeiro. De joven, desde mediados a finales de los años cincuenta, Ben, como otros de su clase y de sangre africana, acabó en las escuelas de samba de Mangueira y Salgueiro. Ben, que cambió su nombre por el de Jorge Ben Jor en los años noventa —supuestamente porque en una ocasión el guitarrista estadounidense George Benson recibió ingresos a cuenta de una gira europea del cantante brasileño—, hace una música muy influida por el funk estadounidense. Al igual que la música de sus herederos, los raperos del siglo XXI del estilo contemporáneo del manguebeat (véase más adelante) —aparte del mundillo hip hop de Río—, la de Ben tiene el matiz *bluesy* y *funky* que se nota en la música afroamericana, desde Robert Johnson hasta Sly Stone.

Jorge Ben empezó cantando en bares del barrio de Río del que salió la bossa nova, aunque él estaba firmemente identificado con las escuelas de samba de los desfiles de carnaval. A Ben se le reconoce ser de los primeros en interpretar la samba con guitarra eléctrica y fue un precursor del movimiento tropicalista, con el que participó esporádicamente. Sus inclinaciones políticas no eran tan radicales, por lo que se las arregló para huir de la opresión que cayó sobre ellos; de manera simbólica, su canción «Mas Que nada» fue un gran éxito del grupo pop convencional Sergio Mendes & Brasil '66. «Mas Que nada» y «Balança pema», posteriormente revitalizadas por la diva de la MPB de los noventa, Marisa Monte, entresacaron del álbum de 1969, *Samba esquema novo*, que oscilaba entre la bossa nova y la samba.

Aunque al igual que las grabaciones de los tropicalistas, los álbumes de Ben de los setenta, en especial *A tábua de esmeralda*, (1974) y *África Brasil*, de 1976, se convirtieron en clásicos de la música pop brasileña. El primero incluye «Zumbi», una balada en homenaje al héroe y liberador de los esclavos del siglo XIX, y «Os Alquimistas estão chegando», un himno de samba que postula la *africanidade* como una fuerza mística liberadora. *África Brasil* contiene «Umbabarauma», una canción de funk, con dominio del bajo, a la que se dio nueva vida en la recopilación *Beleza tropical*, de David Byrne, y «Taj Mahal», una canción de la que Rod Stewart tomó prestada la línea melódica básica para su «Do Ya Think I'm Sexy». El sonido soul y funk de Ben estaba avanzado a su tiempo, aunque a veces se le minusvalora por el declive del tropicalismo y la indiferencia general, fuera de Brasil.

Aunque seguramente más conocido por el pop asequible de «Mas Que nada», una samba frenética y de melodía pop, con unos coros exuberantes, las dos canciones que definen a Ben son «Caramba!… Galileu da Galiléia», del álbum *Ben*, de 1972, y «Umbabarauma», de *África Brasil*. En «Caramba!», Ben defiende una especie de teología de la liberación popular, no lejos del sentimiento gangsta rap de Tupac: «si una puta supiese / lo bueno que es ser honesta, / lo sería sólo por putería». Dicho de otra manera, la supervivencia es la única verdad. «Umbabarauma», un animado homenaje a un astro brasileño del fútbol, ha conocido un buen número de versiones, ya que los músicos se enamoran del ritmo propulsor, los adornos de guitarra cortante y la urgencia de Ben, en plan «ahora viene la fiesta».

Tras los años noventa, Ben se mantuvo en segundo plano, tocando en algunos conciertos ocasionales y produciendo unas cuantas grabaciones. En 1997 editó *Músicas para tocar em elevador*. Al contrario de su título, que sugería música de ascensor, el álbum reúne a un número de músicos pop brasileños contemporáneos (Carlinhos Brown, Funk 'N Lata, Paralamas do Sucesso) para reinterpretar algunos de los temas clásicos de Ben, con la libertad característica de gran parte de los álbumes homenaje de rock de la actualidad. En 2002 Ben Jor editó dos álbumes en directo que fueron el resultado de una sesión *unplugged* que realizó para la

MTV latinoamericana en la que se revisaron éxitos como «Balança pema», «Mas Que nada» y «Taj Mahal» en una grabación en directo de gran calidad.

Tom Zé

El pionero de la art-samba Tom Zé fue un miembro fundador del tropicalismo de los sesenta y los setenta, y en cierta forma, ayudó a estimular al movimiento en general. Aunque mientras sus contemporáneos siguieron carreras estelares, él permaneció bastante desconocido hasta que David Byrne lo redescubrió a finales de los ochenta. Zé nació en 1936 y, al igual que Veloso y Gil, pasó su infancia en Bahía. Entre 1964 y 1965 actuó en revistas musicales montadas por Veloso, con Gil, Gal Costa, y Maria Bethânia. La canción de Zé «Parque industrial», que reflejaba la alienación del mundo moderno —un tema recurrente—, se incluyó en el álbum manifiesto *Tropicália ou panis et circenses*, editado en 1968. Zé grabó ocho álbumes durante los años sesenta y setenta, siendo el primero *Tom Zé*, en 1968. Sufrió los mismos conflictos con la censura que sus compañeros y llevó a cabo la extraordinaria proeza de recitar la transcripción de sus sentencias judiciales por censura en mitad de sus actuaciones en directo.

No se conserva mucha de la primera obra musical de Zé y, evidentemente, su experimentalismo molestó a los oyentes acostumbrados a la meliflua música brasileña. Una vez construyó un instrumento que era un armario con licuadoras, aspiradoras, enceradoras y otros aparatos, y tocó con un «teclado» hecho de timbres para llamar a la puerta. Actuó en el reducido circuito universitario, tomó parte en el montaje brasileño de «The Rocky Horror Picture Show» e incluso volvió a su pueblo para trabajar en la gasolinera de su hermano.

Los recopilatorios *Brazil Classics* de David Byrne fueron decisivos para la reactivación del interés por la música brasileña en los años ochenta. Cuando Byrne escuchó a Tom Zé por vez primera, en 1986, quedó impresionado. Con la combinación de meditaciones dadaístas, baladas poéticas, minimalismo excéntrico, guitarra rugosa de rock y pop brasileño Zé era una figura de culto, que esperaba su descubrimiento. Con la ayuda de Byrne, Tom Zé se puso a componer parte de la música más importante de su carrera. Al excéntrico pero festivo Zé, conocido en ocasiones como el Captain Beefheart de Brasil, le gusta mitificar su educación brasileña rural. Según su relato, creció rodeado de gente iletrada aunque deslumbrantemente musical. Las canciones de Zé explotan la ironía de su naturaleza esencialmente medieval que choca con la repentina modernidad que conlleva la globalización. La respuesta de Zé a dicha cuestión es la paradoja. En «To», del primer álbum patrocinado por Byrne, *Brazil Classics 4, Massive Hits (O Melhor de Tom Zé)*, canta: «Os confundo para que las cosas se vean claras. Yo ilumino de modo que puedo cegar. Me ciego de modo que puedo guiar».

Para Zé, los colonos de la zona interior del noreste de Brasil, la cuna del baião, desarrollaron una especie de forma europeizada de la tradición oral africana y, en vez de registrar la cultura y tratar de ella en academias, su pueblo la vivió, la recitó y la bailó. Aunque tal vez no sea demasiado afortunado que llame a eso *ignorancia*, de todas formas lleva a una interesante verdad sobre Brasil y Latinoamérica.

El tema instrumental «Toc», de *Brazil Classics 4*, es traviesamente discordante, con irregulares tic-tacs de reloj que compendian el experimentalismo abrasivo de Zé. En los temas primero y último del álbum, «Ma» y «Nave Maria», se utilizan cavaquinhos, pequeñas guitarras brasileñas de maneras extrañas, no tradicionales. La excentricidad de Tom Zé se extiende incluso a la deconstrucción de «A felicidade», de Antonio Carlos Jobim y Vinicius de Moraes. Las extrañas estructuras de tempos y las estrafalarias progresiones de acordes son una de las señas de identidad de la tropicália.

El segundo álbum de Tom Zé patrocinado por Byrne, *Com defeito de fabricaçao*, editado en 1998, es más lúcido y melódico, con menor intención de demostrar su experimentalismo. Aunque su alegre sarcasmo cala aún más profundamente, ya que el cantante sigue manteniendo que los «defectos» de los brasileños de la clase obrera son su humanidad resistente frente a la globalización. En 2001, y para el sello brasileño Trama, editó el álbum *Jogos de armar*, en el que emplea el businorio, un instrumento casero que, en esencia, es una bocina. Versiona «Asa branca» y sigue por el mismo camino característico, aunque se cuida de ampliar sus influencias y prestar atención a los coros y las melodías rítmicas.

Milton Nascimento y el pop de Minas Gerais

Nacido en 1942 en Río de Janeiro y criado en un pueblo del estado sureño de Minas Gerais, el cantautor Milton Nascimento fue coetáneo de los tropicalistas, aunque no formó parte de dicho movimiento. Su voz, que alcanzaba registros agudos sin necesidad de llegar al falsete, hizo que, en 1967, se fijara en él Eumir Deodato, un pionero del jazz de fusión con residencia en Estados Unidos y Europa. Dicho encuentro, con el tiempo, llevó a Nascimento a colaborar con el saxofonista Wayne Shorter en el disco de fusión de jazz y música brasileña de mayor éxito de la historia, *Native Dancer*, de 1974.

En su música, Nascimento, el hijo negro adoptado de una familia blanca, reflejó la zona bucólica y rural en la que creció. La bossa nova le causó una gran impresión al escucharla por vez primera a finales de los cincuenta y, cuando se trasladó a Belo Horizonte, la capital de la región, pasó de ser un cantante de pop-rock para adoptar las complejas armonías y progresiones de acordes del jazz. Allí formó parte también de un grupo informal de músicos llamado Clube da Esquina en el que figuraban artistas como los compositores Lô Borges y Beto Guedes, el guitarrista y compositor Toninho Horta, y los percusionistas

Naná Vasconcelos y Robertinho Silva. Dicha colaboración se celebró en dos discos, *Clube da esquina* y *Clube da esquina 2*, editados en 1972 y 1978, respectivamente. Estos álbumes, además del experimento con Wayne Shorter y de *Courage*, un álbum que Milton Nascimento grabó con Herbie Hancock, Airto Moreira y Deodato en 1968, causaron una gran impresión en los practicantes estadounidenses de la música de fusión.

Nascimento grabó once álbumes en los años ochenta, todos ellos radicalmente diferentes, que le granjearon una fama de intérprete ecléctico e impredecible. Se atrevía con todo, desde una misa basada en las tradiciones de los esclavos huidos (*Missa dos quilombos*, 1982) hasta discos que incluían colaboraciones con el grupo folklórico Uakti, Caetano Veloso y Elis Regina (*Anima*, 1982), y *Yauaretê* (1987), en el que intervenían Paul Simon y Herbie Hancock. El único tema constante en su música, dentro de dicho período, fue el comentario sobre la vida en el Brasil posterior a la dictadura y sobre las posibilidades de esa libertad recobrada.

En los años noventa, Nascimento siguió produciendo álbumes potentes, en especial *Txai*, de 1990. Milton mantuvo su compromiso con el sencillo acoplamiento del cantante con la guitarra acústica, y la luminosidad e intensa melancolía de su voz ha sido motivo de inspiración para el canto de Virginia Rodrigues, de Salvador, y de Cesaria Evora, de las islas de Cabo Verde, de habla portuguesa.

La MPB contemporánea

Aunque la Música Popular Brasileira hunde sus raíces en intérpretes como Chico Buarque, Elis Regina y Gal Costa, fue a finales de los años setenta cuando se convirtió en el género fundamental del pop brasileño, tras la desaparición de las eras de la bossa nova y el tropicalismo. La MPB, la música pop estándar del sexto mercado musical mayor del mundo, investigó de nuevo y revigorizó el pop brasileño y una serie de música étnica regional con estilos estadounidenses desde el folk-rock hasta el hip hop, pasando por el acid jazz. Para intérpretes como Zélia Duncan —cuya voz gutural es equivalente a la de Bonnie Raitt para los norteamericanos—, la MPB es una oportunidad de incorporar influencias estadounidenses sin perder su base tradicional. En la MPB todos encuentran su sitio, desde la extravagante samba-pop de Daniela Mercury —con sus conciertos, que parecen carnavales— a la discreta elegancia bahiana de Margareth Menezes o a la fusión de batucada y Funkadelic de Carlinhos Brown, y en general, cumple una función un poco parecida a la del rhythm and blues norteamericano. Como siempre, los intérpretes llevan la samba en su corazón, aunque han escuchado las texturas más frías de la música europea y estadounidense y no tienen necesidad de asumir la presión de seguir a los tropicalistas de la «vieja guardia» como Caetano Veloso, Gilberto Gil y Gal Costa.

Marisa Monte

Nacida en 1967, en Río de Janeiro, Marisa Monte es hija de Carlos Monte, miembro de la junta directiva de la escuela de samba de Portela. Empezó con la percusión a edad temprana y estudió lenguaje musical. A los dieciocho años fue a Italia para estudiar ópera. Un año después regresó a Brasil y se convirtió en una especie de *chanteuse* de soul y jazz bajo la supervisión del pionero del soul brasileño Nelson Motta. En 1989, con el lanzamiento del primer álbum en directo de la cantante, se convirtió casi inmediatamente en la nueva estrella de la MPB.

Aunque Marisa Monte lleva una melena leonada de largos tirabuzones negros, luce un elaborado vestuario de escena y es la encarnación de una sensualidad iberobrasileña, tachar a la cantante de diva, sería limitarla. Marisa sabe adentrarse en un elegante espacio erótico cuando canta canciones de amor compuestas por hombres sobre mujeres, sin cambiar el género en la letra, aunque los cantantes brasileños lo hacen siempre. Un concierto de Marisa Monte es una revista musical soñada por una Carmen Miranda absolutamente moderna, en la que colaboran amigos como Lou Reed, Philip Glass y Arto Lindsay. Los cuatro álbumes de Marisa, *Mais* (1991), *Rose and Charcoal* (1994), *A Great Noise* (1997) y *Memories, Chronicles, and Declarations of Love* (2000), se han editado tanto en Estados Unidos como en Brasil. Realizados bajo la supervisión de Lindsay, han convertido a Monte en la reina de la art-samba, una estética neobossa que conecta el ambiente del Downtown con Río. Aunque *Mais*, de 1991, definió elegantemente el lugar ocupado por Marisa, *Rose and Charcoal* consolidó su resolución, al volver a acentuar sus raíces. A los relevantes músicos de sesión del Downtown neoyorquino, como Marc Ribot, John Zorn y Ryuichi Sakamoto, les sustituyen Gilberto Gil y el bahiano *funky* Carlinhos Brown, un africanista al estilo de Jorge Ben, y colaborador durante años del

Los trabajos discográficos de Marisa Monte siguen una estética neobossa que conecta el ambiente del Downtown neoyorquino con Río de Janeiro.

estilista del pop Sergio Mendes. El efecto es una nueva sensación de lo *cool*, orientado, aunque apenas lo alcance jamás, hacia un hip hop impregnado de jazz.

La estrategia de Monte en *Rose and Charcoal* —el título se refiere al carácter multirracial de la gente y la cultura brasileña— es la de mezclar varias tendencias modernas y tradicionales. La producción de Lindsay, de un increíble vigor y desnudez, le permite a Marisa cristalizar las variadas tendencias en un estilo definitivo. Con la colaboración de Nando Reis y Arnaldo Antunes, de Titãs, el mejor grupo de avant-rock de São Paulo, Monte canta sus letras, que en ocasiones proceden de la poesía concreta que inspiró a los tropicalistas, sobre una samba airosa y prolongada. En «O céu» («El cielo»), en alas de la acústica punteada de Gilberto Gil y del órgano Hammond de Bernie Worrell, entona de manera fantástica: «el cielo paracaídas tacones altos / nadie puede atrapar al cielo», mientras que en «Bem leve» finaliza abruptamente con «una palabra de madera cae al suelo. / Ataúd. / Así».

La versión incluida por Marisa en *Rose and Charcoal* de «Pale Blue Eyes» de la Velvet Underground es una broma extraordinaria, pues convierte la canción en una especie de lamento gitano. Por otra parte, a pesar de que mezcla a Lou Reed con Philip Glass —que realiza los arreglos de cuerda de «Ao meu redor»— y Laurie Anderson —cantante invitada en «Enquanto isso»—, las reverencias de Marisa Monte hacia Norteamérica son puramente de escaparate. Monte es más una Gal Costa postmoderna que una Sergio Mendes femenina.

Tras mirar a la esquina noreste del Brasil en busca de raíces africanas más profundas, Monte contactó con el antiguo integrante del conjunto de Mendes, Carlinhos Brown, que en *Rose and Charcoal* proporcionó un ritmo bahiano acelerado y con percusión rústica. «Segue o seco», impulsado por el músculo percusivo y los coros de Brown, y que se apoya cautelosamente en el berimbau y su única cuerda vibrante, es la apoteosis de raíces del disco, una rogativa para que llueva en una tierra azotada por la sequía, que se convierte en una celebración. En «Maria de Verdade», compuesta por Brown, se logra una epifanía parecida, aunque el momento de éxtasis más puro del álbum tiene lugar en el dúo de Marisa con Gilberto Gil, «Dança da solidão», una bossa nova de 1972, de Paulinho da Viola.

Brown también figuró de manera destacada en *A Great Noise*, de 1997, con cuatro canciones de su autoría, tocando el órgano y la guitarra, y aportando coros. El espíritu del tropicalismo se revive mediante versiones de «Cérebro eletrônico» de Gilberto Gil, y una versión en directo de «Panis et circenses» que incluye guitarras resonantes y coros relucientes. Aunque el núcleo del álbum está en las composiciones de Brown como «Maraçá», un vehículo para el éxtasis airoso de Marisa, con un impulso funk llevado por un fuerte bajo. En el álbum *Memories, Chronicles, and Declarations of Love* figuraba la cadencia nostálgica del cavaquinho que adorna «Para ver as meninas» de Paulinho da Viola, y la interpretación aplastante y matizada de Marisa crea una especie de catarsis, al estilo de «My Funny Valentine», en «Gotas de luar». El álbum publicado por Marisa Monte en 2003 fue *Tribalistas*, una colaboración con Carlinhos Brown y el compositor Arnaldo Antunes. Pop sencillo y eficaz realizado con una instrumentación acústica escasa (con algún ambiente electrónico de acompañamiento), las canciones del álbum son MPB a la última, con indicios de poesía surrealista, de la samba deconstruida de Tom Zé y del movimiento tropicalista. El tema del título es una especie de manifiesto que proclama a los «tribalistas» como un «antimovimiento» que «no tiene que ser nada».

Carlinhos Brown

El *babyface* de la MPB es el cantautor Carlinhos Brown, cuya adaptación ultramoderna de los ritmos bahianos y de las composiciones a lo Gilberto Gil se muestra brillantemente en su segundo álbum, *Alfagamabetizado*, de 1997. Brown proporciona el ímpetu del axé y la batucada bahianos —músicas directamente procedentes de la percusión afrobrasileña— para crear un sonido para los nuevos aficionados al funk de América del Norte y del Sur. Nacido como Antonio Carlos Santos Freitas en Salvador de Bahía, en 1963, Brown se cambió el nombre por el del hombre más trabajador del mundo del espectáculo (James Brown) y ha hecho honor al apodo. Ha colaborado con todo el mundo, desde la leyenda de la bossa João Gilberto hasta Caetano Veloso, pasando por Gal Costa, Marisa Monte, Gilberto Gil, Daniela Mercury, el grupo de reggae-ska Paralamas e incluso con sus compatriotas del thrash metal, Sepultura. Asimismo ha compuesto cinco de las doce canciones del álbum *Brasileiro*, de Sergio Mendes, ganador del Grammy.

Con el espíritu despreocupado de un percusionista callejero, Carlinhos compone canciones que tratan emociones sencillas con estribillos alegres y pegadizos, cantados a voz en grito en estilos que recuerdan a Fela, Gilberto Gil y Maxwell, *crooner* de rhythm and blues. Aunque por cada neosamba carnavalera como «A namorada», de *Alfagamabetizado*, con su estructura funk, al estilo de Prince, y un coreado estribillo jubilatorio, se encuentra una guitarra chillona o una arenga gruñida, al estilo de Chico Science. Carlinhos se aprovecha de su estatus como *griot* urbano, tal como lo haría el rapero Science, de perfil más duro, pero en *Turn* convierte los reveses y tribulaciones de los proletarios descamisados en un alborozado coro de resistencia, de regusto pop.

Alfagamabetizado se proclama a sí mismo como un experimento lingüístico, salpimentando varias canciones con letras en inglés, algunas en francés y un alegre dialecto privado que hace pensar en la híbrida Torre de Babel a la que nos abocamos. «I'm all right! All right!» vocifera Carlinhos en inglés. Su gimnasia poética aparece, en la mayoría de ocasiones, en sus baladas, que a veces fluyen sin esfuerzo y a veces son más gratuitas, como en el melancólico estribillo de «Argila»: «E zuzue / e zum zum zum».

La innovación más crucial de *Alfagamabetizado*, y del propio Carlinhos Brown, es la yuxtaposición de una energía tribal nueva con un ambiente *cool* de estudio minimalista. En «Cumplicidade de armário», Carlinhos acumula capas de sonidos, sordos y fantasmales, de dos ritmos de tambores bahianos diferentes, con guitarras percusivas y cortantes, además de una sección de metal de jazz, al completo.

El posterior álbum de Carlinhos Brown, *Omelette Man* (1999), mostraba un eclecticismo cada vez mayor. Como si inventara un sonido de Sergio Mendes con más *funky*, la pieza que da título al álbum, rebosa con diversos clímax. «Vitamina ser» es una canción reggae de gran impulso; «Soul by soul», una balada rockera, al estilo de los Beatles y, con ellas, hay sambas despojadas puntuadas por fragmentos celebratorios de saxo y por supuesto, potentes ritmos de batucada. En el álbum de 2001, *Bahia do mundo*, se ve a un Carlinhos Brown realizado por completo: los tambores surdo y las guitarras con *wah wah* luchan cuerpo a cuerpo por dominar el terreno y «Cavalo da simpatia» capta la habilidad de Carlinhos para gozar de la melodía y la emoción.

Manguebeat

Muchos estadounidenses interesados por Brasil oyeron hablar por vez primera de Recife, la capital de la provincia noreste de Pernambuco, gracias a los álbumes del malogrado Chico Science, un rapero visionario que estuvo en la raíz de la escena de fusión conocida con el nombre de *manguebeat*, en la segunda mitad de los noventa. Chico Science y Nação Zumbi, un grupo de percusionistas que actualizaron los géneros norestinos tradicionales con rap, funk, reggae y rock, captaron la ansiedad de la clase obrera urbana brasileña. Sus dos álbumes, *Da lama ao caos* (1996) y *Afrociberdelia* (1997), marcaron momentos decisivos en la creación de una nueva sensibilidad musical brasileña. El manguebeat, al igual que gran parte de las música latinoamericana, es una mezcla postmoderna de varios estilos norestinos, como el forró, el coto, y el maracatú, que iniciaron en los años cincuenta astros como Luiz Gonzaga y Jackson do Pandeiro. Los experimentadores del manguebeat como el DJ Dolores Mestre Ambrosio, Sheik Tosado y Otto, muy influido por la electrónica, que figuran en el álbum *Baião de Viramundo: tributo a Luiz Gonzaga* (2000), son una muestra de otro nuevo renacimiento musical brasileño.

Otto, que fue percusionista de Chico Science, es una figura principal del manguebeat. Su álbum emblemático, *Samba Pra Burro* (1999), era una odisea rítmica y melódica de manguebeat, influida por la cultura DJ, tan influyente que fue rápidamente deconstruida por varios DJ underground brasileños, entre los cuales Apollo 9, DJ Dolores y Andre Abujamra. La ubicación de Recife en el borde del desierto norestino, conocido como *sertão*, había hecho de la ciudad un lugar obviado por los músicos brasileños en gira aunque, gracias al movimiento encabezado por Nação Zumbi, se está convirtiendo en un lugar de moda. Chico Science murió trágicamente en un accidente automovilístico en 1997, pero

Nação Zumbi siguió actuando, con el percusionista Jorge Dupeixe en la voz. Con una fuerte base en las tradiciones de la batucada, el axé y la capoeira, la versión actual de Nação Zumbi mezcla la percusión africana con una sensibilidad speed-metal, y editó *Radio Samba* en 2000.

Nueva York, Brasil

Arto Lindsay, el muchacho estadounidense que se crió en Brasil y luego fue a Nueva York a colaborar en el invento del sonido *downtown*, tuvo como influencia principal la tropicália de la corriente principal. En sus orígenes formó parte del movimiento punk neoyorquino de la no wave, caracterizado por un noise-rock poderosamente atonal y abstracto. A mediados de los ochenta, regresó a sus raíces brasileñas a mediados de los ochenta, gracias al concierto de Caetano Veloso en el Public Theater, el primero que dio en la ciudad de los rascacielos. Arto se alió rápidamente con Caetano, quien le produciría a partir de aquel momento, además de hacerlo con Marisa Monte. A finales de los noventa, Lindsay editó una trilogía de tristes álbumes en solitario, *Corpo sutil / Subtle Body*, *Mundo civilizado* y *Noon Chill*, que incluían muchas canciones escritas en portugués, en un registro que recordaba al de Veloso y Tom Zé. También ha trabajado con el revivalista de la bossa nova Vinicius Cantuária, cuyos solemnes y despojados recitativos encajan en el vínculo de Lindsay y Byrne con el *downtown*.

Otra intérprete brasileña que se ha beneficiado de la alianza entre el *downtown* y Brasil es la cantante Bebel Gilberto, hija del fundador de la bossa nova João Gilberto, nacida en 1966. Bebel dio vueltas en torno a la escena de música brasileña de Nueva York, durante una década, actuando con los músicos de sesión Romero Lubambo y Claudio Roditi y tratando de aprovechar el interés por la bossa-jazz brasileña, que habían alimentado en los setenta Airto Moreira y Flora Purim. Bebel Gilberto hizo una versión de la MPB, con sus actuaciones en directo que combinaban un poco de estilo samba pop, a lo Daniela Mercury, y otro poco de cabaret brasileño, a lo Gal Costa.

En el año 2000, Bebel supo capitalizar la creciente fijación neoyorquina por la música de ambiente *cocktail lounge*, una ramificación de la escena de dance club que se centró en remezclas drum and bass de temas brasileños. En colaboración con maestros de la música de club, como Suba y Thievery Corporation, Bebel Gilberto se metió en el sector de vanguardia del emergente movimiento de música electrónica brasileña. En su álbum *Tanto tempo* (2000), de inmensa popularidad, Bebel Gilberto da una nueva vida a clásicos del compositor brasileño Baden Powell («Samba da bençao») y de Chico Buarque («Samba o amor»), además del clásico de la bossa-pop en inglés «So Nice», compuesto por Norman Gimbel, que había colaborado con Antonio Carlos Jobim en la letra en inglés de clásicos como «The Girl from Ipanema».

La sensación de la voz de Bebel Gilberto es parecida a la lograda por la mayoría de grandes de la MPB, aunque en el espíritu de la bossa nova, ella establece un clima que no se impone a la música de fondo, sin querer dominarla. Dicha nueva orientación para la música brasileña es natural, por varias razones: el patrón rítmico de la samba se duplica fácilmente con veloces secuenciadores y samplers; la bossa nova introdujo un sesgo cosmopolita en la música brasileña hace ya tiempo; y encaja en el nuevo ansia por la modernización de la música étnica, iniciada por Fela y Peter Gabriel en los setenta, y que cobró un gran impulso a inicios del siglo XXI.

Desde el nuevo siglo, la música brasileña ha seguido evolucionando de forma rápida, con nuevos intérpretes como Zuco 103, exploradores de la electrónica residentes en Holanda, y el álbum *Condom Black* (2001), de Otto, que ensancha las fronteras del manguebeat. Una colaboración del guitarrista, pionero de la bossa nova, Roberto Menescal, con su hijo Mario, ha producido dos álbumes de bossa y electrónica, bajo el nombre de Bossa Cuca Nova. El segundo, *Brasilidade*, fue candidato al Grammy en 2001, con su reinterpretación de clásicos como «Agua de beber» y «The Girl from Ipanema». El álbum de 2003 de Celso Fonseca, *Natural*, presenta la sutil obra vocal de este colaborador de Gilberto Gil, que va por encima de una instrumentación despojada, en su mayor parte acústica. En cierta forma, oculto tras casi todas las realizaciones vanguardistas citadas, se halla el ritmo constante y seguro de la samba. Aunque los distintos caminos de la melodía, la armonía y los ritmos brasileños han convergido y divergido desde «Pelo telefone», hay una integridad tan fuerte en lo que la samba ha forjado, que no parece que se vaya a borrar jamás por el salvaje experimentalismo que acompaña la impetuosa zambullida de Brasil en el futuro tecnológico global.

ocho:

Otros ritmos latinos de México, Colombia y la República Dominicana

En la música latina, además de la música cubana, la brasileña, y en menor grado, la argentina y la puertorriqueña, así como el jazz, el rock y el rhythm and blues norteamericanos, han dejado su marca los estilos musicales de otros tres países: la República Dominicana, Colombia y México. Al igual que Brasil, cada uno de ellos dispone de varios géneros relacionados con regiones diferentes. La música de la República Dominicana, en especial el merengue, y de Colombia, por lo que respecta a la cumbia, ha superado las fronteras nacionales y se ha convertido en música latina «de la corriente principal». En la actualidad quizá haya más grupos de merengue con éxito comercial en Puerto Rico que en la República Dominicana, y hay tantos grupos mexicanos que interpretan variaciones de la cumbia que muchos latinos no se acuerdan de su origen colombiano, aunque aún es la música nacional de Colombia. Mientras que los estilos folklóricos mexicanos —el corrido, la ranchera y la música de conjunto tejano— permanecen como fenómenos regionales que no han traspasado la frontera mexicana en dirección al resto de América Latina, han influido poderosamente en la música norteamericana, en concreto al rock tejano y californiano, y son populares en toda la región fronteriza del Suroeste.

En este capítulo hablaremos del origen del merengue y la cumbia, de su difusión dentro y fuera de la República Dominicana y de Colombia, de algunos de los demás géneros de dichos países (incluido el desarrollo de la salsa en Colombia), y repasaremos los influyentes estilos de la música regional mexicana. Cuando hablemos de estilos concretos figurarán intérpretes de otros países que se dedican al merengue y la cumbia.

La República Dominicana: el merengue, el perico ripiao y la bachata

El merengue, como gran parte de los ritmos afrocaribeños de baile, como el danzón cubano o la danza puertorriqueña, provienen de la fusión de la contradanza europea con las tradiciones percusivas africanas. Incorpora la utilización fundamental del ritmo de cinquillo, de cinco tiempos, el que fue base de la habanera cubana y del tango argentino y que se encuentra también en la samba brasileña. La estructura del merengue es parecida a la del son cubano, por la forma en que presenta un tema que desemboca en una parte improvisada, y por la incorporación de la llamada y respuesta. Aunque, en cierto modo, su sonido es más visceral, el baile se centra más en movimientos de cadera que en pasos complicados, y el tambor que impulsa la música, la tambora, lo hace de una forma más primordial que sutil. En 1849 el baile se consideró tan licencioso que se prohibió en Puerto Rico.

Con motivo de la identificación con Europa por parte de la elite de la República Dominicana, los estudiosos isleños negaron el reconocimiento de los orígenes africanos del merengue hasta la década de los setenta del siglo XX. En realidad, el merengue dominicano se originó a partir del mereng haitiano, más lento, y cruzó la frontera hacia la República Dominicana a mediados del siglo XIX, poco después de la guerra de independencia del país de 1844. La fusión del merengue entre las músicas africana y europea fue un proceso social muy parecido al de Cuba. La chica y la calenda africanas, dominadas por el tambor, se mezclaron con la bailable contradanza, por medio del ritmo de cinquillo. Aunque en vez del estilo de baile en línea de la contradanza, las parejas bailaban libremente, de una forma que gran parte de las autoridades consideraban lasciva.

Aunque los estilos rurales y folklóricos del merengue evolucionaron con el tiempo, los conjuntos de merengue original interpretaban el género en salones de baile, para la elite dominicana. La formación incluía varios o todos los instrumentos siguientes: flautas, violines, guitarras, mandolinas, cuatros, y por lo que respecta a la percusión, el timbal, el güiro y el tambor característico del merengue, la tambora (de doble membrana, y que se toca de lado) y la pandereta. En algunos salones de baile rurales se prohibió el merengue, pero la música se desarrolló en ambientes de menor formalidad. Se utilizaba a menudo en los festivales en honor del santo patrón, reuniones anuales que simbolizaban la unión de la cultura africana y el catolicismo, de una manera parecida a la santería cubana y el candomblé brasileño.

Con motivo del recelo suscitado por la colaboración de la elite de la isla con Alemania, a través de un intercambio comercial importante en plena Primera Guerra Mundial, los Estados Unidos ocuparon la República Dominicana de 1916 a 1924. Cibao, la región al norte y al oeste de la capital, Santo Domingo, emprendió una guerra propagandística en contra de la ocupación. Como parte de la campaña, la alta burguesía terrateniente y otras familias ricas utilizaron la música folklórica del campesinado, una especie de merengue abreviado, que interpretaban grupos con acordeón, tambora, güiro y saxo, que se conocería como merengue típico cibaeño, o merengue de Cibao. Dicho merengue con influencia folklórica tenía un ritmo arrastrado, de cuatro tiempos, fácil de bailar, y se convirtió en el merengue de salón de baile que atrajo a todos los niveles de la sociedad. El merengue cibaeño rechazaba la influencia musical africana, algo que podía parecer absurdo en un país en el que la población mestiza se acerca al ochenta por ciento, pero que se explica en parte por el temor a la asociación con Haití. En dicho contexto social y político, el tipo cibaeño de merengue fue el primero en convertirse en una música nacionalista. Los acordeonistas Francisco Lora «Nico», y Antonio Abreu «Toño», fueron los directores de orquesta más destacados de la época.

El merengue cibaeño preparó decididamente el camino para la siguiente era del merengue, que estableció el género de manera firme como *la* música nacionalista dominicana. Dicho merengue de la era moderna lo impulsó la llegada al poder de Rafael Trujillo, uno de los últimos hombres fuertes latinoamericanos, de mayor duración en el poder, ya que gobernó de 1930 a 1961. Trujillo, un militar de origen obrero, quería consolidar la identidad nacional de la República Dominicana en su propia imagen. La remodelación del merengue como un baile de salón cortés fue la manera en que Trujillo vio que la música dominicana se podía distinguir de la cubana o la puertorriqueña.

A la orquesta de Luis Alberti, que gozó del favor de Trujillo porque introdujo las cualidades rústicas del merengue cibaeño en una presentación sofisticada y de influencia jazzística, se la obligó a trasladarse a Santo Domingo y a cambiarse el nombre por el de Orquesta Presidente Trujillo. El estilo de Alberti se basaba en el de la big band de jazz norteamericana, con el concurso adicional de instrumentos locales como la tambora, el güiro y el acordeón. Entre las demás estrellas pioneras del merengue de la era Trujillo figuraban la Super Orquesta San José, bajo dirección de Papo Molina, los Hermanos Vásquez y el Trío Reynoso.

A mediados de los treinta, se produjo también el desarrollo de una variación importante del merengue, el perico ripiao, que potenciaba los solos de acordeón. Del origen del citado nombre, que significa «loro destripado», se tienen dos versiones. Una dice que era el nombre de un burdel, y que el apelativo era el eufemismo de un pene en acción. Y la otra, en que el nombre se refería a los pobres intérpretes que tocaban la música, ya que sólo podían permitirse una comida tan exigua como la de un loro destripado. El perico ripiao ha llegado a significar las formas más rústicas del merengue, interpretadas hoy como un género de merengue alternativo.

El asesinato de Trujillo, en 1960, acabó con su reinado de terror y de intimidación, y una enorme ola de euforia barrió la República Dominicana. Con el nuevo gobierno democrático no cambió la forma del merengue, aunque las letras hablaban sin complejos de dicha felicidad. Uno de los primeros astros que surgieron en el clima de los sesenta fue Johnny Ventura, que empezó en la orquesta de Luis Pérez, aunque con el tiempo, en 1964, montó su propio grupo, Johnny Ventura y su Combo-Show. Aunque la palabra *combo* reflejaba la influencia de formato de combo compacto del puertorriqueño Rafael Cortijo, lo de *show* indicaba absolutamente otra influencia. Famoso por vestirse de manera tan brillante como Elvis Presley y por hacer hincapié en los bailes de sus acompañantes, Ventura presentaba un merengue que tenía una cierta influencia del rock and roll norteamericano. Gran parte de sus primeros éxitos, como «Ah yo no sé yo» y «Un poquito para atrás», se encuentran en un recopilatorio de 1987, *Johnny Ventura y su combo*, en el sello Kubaney Records.

Aunque a finales de los setenta, Ventura llegó a incorporar influencias disco, su título de rey del merengue lo usurpó el merenguero predominante en los setenta y ochenta, Wilfrido Vargas, que fue un hibridizador magistral, y que convirtió al merengue en la música internacional que es hoy. Vargas llevó el tempo del merengue hacia velocidades suicidas y a la hora de incorporar influencias musicales externas fue más lejos que Ventura, ya que incluían la konpa haitiana (parecida a la bomba puertorriqueña), la cumbia colombiana y, con el tiempo, el hip hop estadounidense. Asimismo Vargas inició la tendencia de versionar baladas latinoamericanas de éxito, en un intento de abrir el merengue ante un público internacional más amplio. Su primer lanzamiento discográfico, en 1974, lo hizo bajo el nombre de Wilfrido Vargas y sus Beduinos, el nombre de su duradero grupo. Acabó por grabar diecisiete álbumes en el sello Karen. El pianista y compositor Sonny Ovalle fue un colaborador fundamental, ya que ayudó a desarrollar el sonido característico del grupo. «El barbarazo», incluido en *¡Punto y*

Johnny Ventura, uno de los primeros astros que surgieron en el clima de los sesenta. Su estilo podría definirse como merengue con influencias del rock and roll norteamericano.

aparte!, de 1978, fue clave en la popularización internacional del merengue, y Vargas siguió grabando varios álbumes de éxito con el cantante Sandy Reyes. En 1989, Vargas fue candidato al Grammy por *Animation*, y el triunfal álbum de 2002, *El jardinero*, incorporaba música rap.

Como narraba Paul Austerlitz en su libro *Merengue: Dominican Music and Dominican Identity*, en los años ochenta el estilo del merengue pasó por una transformación importante. El mangue beat, conocido asimismo como maco beat, que en los sesenta había iniciado Cheché Abreu, empezó a ejercer una influencia significativa en el merengue de la corriente principal, a inicios de los ochenta. Al oscilante ritmo de cuatro tiempos del estilo de merengue cibaeño le sustituyó el ritmo de dos tiempos del maco beat, más primitivamente africano, uno de los muchos ritmos secundarios de la República Dominicana y de otras islas caribeñas. Con el maco, que era paralelo al ritmo de marcha de la música disco, el merengue fue aún más fácil de bailar, lo que condujo a una explosión de interés en el merengue, fuera de la República Dominicana. El merengue se convirtió en un elemento básico de las pistas de baile desde Santo Domingo a Miami, pasando por Nueva York, y el género empezó a venderse tanto como la salsa, y superándolo en ocasiones. Las estrellas de este nuevo movimiento maco fueron Pochi y su Coco Band, Jossie Esteban y la Patrulla 15, y los Hermanos Rosario, grupos que empezaron a hacer giras por Estados Unidos a mediados de los ochenta.

Asimismo fue en los ochenta que se produjo el surgimiento de Juan Luis Guerra, que procedía de la tendencia maco y que en sus grabaciones incorporaba elementos de trovador y una producción de primera calidad, lo que indujo a una generación de fieles de la salsa a adoptar el ritmo del merengue. Nacido en Santo Domingo en 1957, e influido por los boleros, el movimiento de la nueva canción y los Beatles, Guerra abandonó su país en 1980, para estudiar en la Berklee School of Music de Boston. Juan Luis se alejó de las versiones del merengue acelerado, para el mercado masivo, y rindió homenaje a las raíces más folklóricas del género, y en concreto a la bachata. Una especie de estilo de cantautor, y trovador rural, la bachata se interpreta con guitarras tradicionales o un requinto parecido al utilizado en la música de trío.

Tradicional y, a la vez, defensor de la africanidad (la canción «Guavaberry», del álbum *Mientras más lo pienso*, de 1987, era un homenaje a los africanos, anglófonos de un rincón desconocido de la República Dominicana, Juan Luis Guerra es asimismo un exponente del rigor occidental. Su grupo, fundado en 1984, llevaba el nombre de Juan Luis Guerra y 4:40, con la cifra que representaba su coro de acompañantes vocales, y cuyo apodo se refería al número del registro habitual de la nota la: 440 ciclos por segundo. Los coristas ayudaban a Guerra a fusionar la perfección armónica de Manhattan Transfer con influencias de la música étnica africana y brasileña, y estilos nativos como el merengue, y la variante, más lenta y folklórica, de la bachata. Sus letras, poéticas y conmovedoras, y la preocupación evidente de continuar la tradición de protesta social de la bachata, han hecho de Juan Luis Guerra una de las figuras musicales del Caribe más aclamadas. En 1990, el grupo 4:40, consiguió su primer éxito cuando la pieza «Ojalá que llueva café», compuesta por Guerra en 1988, una súplica en pro de mejores condiciones para los pobres de la isla, consiguió una gran fama al ser incluida en el anuncio televisivo de una marca local de café. El álbum del mismo título supuso la celebración de una gira internacional en la que el público abría y movía los paraguas en plena interpretación del tema. El álbum siguiente de Guerra y 4:40, *Bachata rosa* (que se editó más tarde, en 1990) fue el primer Grammy que ganó un grupo de merengue.

Con *Bachata rosa*, Guerra se convirtió en un creador de música de baile sexy e inteligente, con excelentes arreglos musicales que prestaba mucha atención a los coros de registro perfecto. El álbum está bien estructurado en cuanto a los ritmos, que van de la bachata a medio tiempo, a las piezas de merengue más frenéticas. Lo que otorga a Guerra un atractivo notable como intérprete discográfico es la manera en la que sus bachatas incorporan frases de trompeta al estilo del bolero cubano y en la que sus merengues se mezclan con los ritmos flexibles del son. Canciones rítmicas y bailables como «Rosalía» y el grandioso éxito «La bilirrubina» nos muestran a Guerra en su punto más contagioso, mientras que boleros más lentos del estilo de «Como abeja al panal» y «A pedir su mano» pueden apoderarse del cuerpo como una fiebre romántica. En todo el álbum, Guerra mantiene la calidad poética de las letras, como lo demuestra el tema del título, que es una décima, cuyos cuatro primeros versos son una cita del *Libro de las preguntas* de Pablo Neruda. Aunque tal vez el registro más poderoso de Guerra esté en el tono periodístico, como en «Carta de amor», en la que suplica a una amante que está lejos: «Como puedes ver, sólo pienso en ti. / No me interesa ni la perestroika / ni el baloncesto / ni Larry Bird». Los coristas de Guerra poseen un excelente nivel y a menudo colabora el pianista cubano de jazz Gonzalo Rubalcaba.

En la tradición del movimiento de nueva canción de Silvio Rodríguez, Víctor Jara y Pablo Milanés, Guerra siguió con sus letras socialmente concienciadas y con innovaciones musicales en álbumes como *Fogaraté* (1994) y *Ni es lo mismo ni es igual* (1998). Sus canciones presentaban temas metafóricos sobre la inmigración, el comienzo de la alta tecnología, y la conservación del pasado cultural de la isla y su entorno. Guerra, un personaje algo solitario, podía tardar cuatro años en lanzar un álbum. Después de *Ni es lo mismo*, editó *Colección romántica* (2000), un recopilatorio de grandes éxitos, con canciones de amor.

El estilo de merengue y bachata de Guerra refleja la influencia de la bachata desde la época de los años sesenta del movimiento de la nueva canción chilena. Las letras de la bachata expresan a menudo la protesta social que coincidió con la presidencia de Joaquín Balaguer, que a pesar de sus pretensiones democráticas, fue calificada a menudo de segundo régimen de Trujillo. La bachata es uno de los estilos musicales latinoamericanos de más claro sonido rústico, y se le relaciona con la pobreza del campo. Con un estilo de punteo de guitarra peculiar, repetitivo y oscilante, es un bolero ruralizado, con largas estrofas que expresan un poético desencanto a causa de las condiciones socio-políticas, así como lamentos de amor. Un cantautor como Raulín Rodríguez, por ejemplo, puede sumirse en el desamor en una canción como «Anoche» y Blas Durán puede criticar indirectamente a Balaguer con su canción «Ojo pelao». Buena parte de los cantantes de bachata de los setenta y los ochenta siguieron la senda del cantante de merengue Cuco Valoy, comprometido políticamente, y que una vez se retrató a si mismo (aunque con cierto humor) como víctima de la brutalidad policial en la portada de su álbum *No me empuje*.

Muchos de los grandes astros de la bachata, como Álex Bueno, Antony Santos, Elvis Martínez, Francis Deo, Joe Veras, y Luis Vargas, conocido como «El rey supremo de la amargura», hicieron sus carreras penosamente, en medio de un desconocimiento relativo. (El álbum de Vargas *Volvió el dolor*, de 1997, está considerado como uno de los mejores del género.) Juan Manuel es uno de los pocos bachateros recientes en cultivar una imagen no tan anónima. En *Corazón de bachata*, de 1998, consigue dar un toque de glamour a las guitarras metálicas de la bachata, con una música carismática, influida por el son cubano, y que a veces evoca a los grandes del blues norteamericano como Robert Johnson. En «Para que me mate un hombre que me mate una mujer», Juan Manuel, como un borracho irredento, propone que la «Casa del Sol Naciente» está en Santo Domingo. «Asesina de amor» fue un paso más del cantante a la búsqueda de la emoción violenta (la canción trata sobre una mujer infiel, una asesina de amor) en el contexto de un feliz crescendo de guitarras que recuerdan al guitarrista africano King Sunny Adé y al estilo de vagamente tonal de la guitarra hawaiana.

Recopilatorios como la colección Bachata Hits del sello J&N-Sony, pueden facilitar una rápida instrucción para el neófito en la bachata. La edición de 2003 incluía alguno de los grandes éxitos del año anterior de Monchy & Alexandra, Álex Bueno, Raulín Rodríguez y Vanessa. En el álbum también figuraba una versión en merengue de «Tus ojos mexicanos lindos» del cantante mexicano Juan Gabriel, seguramente en un intento de cimentar el interés de dicha comunidad en la bachata. El álbum de Bueno, *Pídeme* (J&N-Sony), de 2002, fue uno de los mejores del año del género. Bueno tenía una de las mejores voces de la bachata, poseía un carisma parecido al de Victor Manuelle y los músicos de estudio eran superiores. *Aquí conmigo* (Sony Discos), de Andy Andy, es un experimento de bachata pop aún más ambicioso, con tres boleros del cantante mexicano Marco Antonio Solís y uno de Ricardo Montaner. Aunque si se quiere algo con un poco más de aire de autenticidad (sin sacrificar las técnicas modernas de grabación), *Adiós* (2001) y *Novia mía* (2002), de Zacarías Ferreira, son de lo más avanzado. Ferreira, escribe sus propias canciones y se acerca a lo que se entiende como un poeta verdadero.

La diáspora del merengue: de la República Dominicana hasta Puerto Rico y Nueva York

En la década de los noventa, el merengue ocupó una posición central en el mundo de la música tropical. Después de alguna resistencia inicial —los bailarines encontraban que el merengue era demasiado simplista— el público neoyorquino acabó por aceptar el género y menudearon los carteles dobles que combinaban números de salsa y merengue. Asimismo, el merengue ayudó a refinar la interacción entre la música house y el tipo de música que alternativamente se definía como *freestyle* o *hip hop latino*, músicas de club populares entre los jóvenes latinos urbanos, procedentes de diversos países de origen. El freestyle y el hip hop latino lo interpretaban cantantes de club como Brenda K. Starr, Lisa Lisa y Safire (y a la larga, asimismo, La India), cuya producción discográfica encajaba bien en un formato que mezclaba la salsa con el merengue influido por la música disco.

En los años noventa surgieron varias estrellas llamativas, como Jossie Esteban y La Patrulla 15, un grupo intenso y concienciado, cuyas canciones parecían ensamblarse. Pulidos, y con una popularidad constante y enorme, son «El Gran Combo» del merengue. Entre sus álbumes sobresalientes figuran *Noche de copas*, de 1986, *El cantinero*, de 1990, y *La colota*, de 1997, todos con una intensidad rítmica implacable. La imagen de estrella de telenovela y el elaborado vestuario de Sergio Vargas, junto a refinadas interpretaciones de baladas, y sus incursiones en la música étnica y africana, han hecho de él una figura duradera del merengue. Vargas editó veintisiete álbumes entre 1988 y 2001, con momentos álgidos como el primero para Sony Discos, de 1992, y con su nombre por título, *Brillantes*, de 1994, y *A tiempo* (RCA) de 1999.

Bonny Cepeda, que editó quince álbumes entre 1985 y 2003, y que consiguió la primera candidatura a un Grammy para un álbum de merengue, es uno de los cantantes más excéntricos del merengue. A menudo viste a su grupo con trajes coloniales franceses y prepara complicados números de baile. La música de Cepeda es tersa y estimulante, cambia los tiempos a los bailarines experimentados y se ríe del encanto frenético del merengue. Lo mejor de Cepeda está en el álbum *A nivel internacional*, de 1992, en el que figuraba la alegría en espanglish de «Baby, Say Yes»; «La isla del encanto», un homenaje turístico a Puerto Rico; y el frenesí murmurador de «La chica de los ojos café».

Las Chicas del Can, en el que figuraban cuatro cantantes atractivas con voz de registro agudo, se presentaron primero como una atracción excéntrica, y en los vídeos se las retrataba a todas tocando instrumentos de metal y la batería con vestidos ajustados y tacones altos. El grupo, fundado y supervisado por Wilfrido Vargas, es formidable en directo y las componentes son unas grandes instrumentistas. Su versión de «Juana la cubana» (compuesta por el director de orquesta de cumbia mexicano, Fito Olivares), que figura en *Caribe*, de 1990, fue uno de los momentos más estimulantes del merengue de los años noventa. Integrantes originales como Belkis Concepción se separaron del grupo a mediados de los noventa, aunque Las Chicas siguieron editando álbumes con componentes diferentes.

Quezada es una de las cantantes con más talento del merengue, y una de las pocas cantantes solistas. Con su presencia carismática y su poder emocional, hizo por el merengue lo que Rocío Dúrcal por las rancheras. Quezada fue líder de Milly y los Vecinos, uno de los primeros grupos de merengue en establecerse con éxito en Nueva York, lo que sucedió a finales de los ochenta. En su álbum *Vive*, de 1999, Quezada, que no compone sus propias canciones, desplegó su amplio y fluido talento para la improvisación con una colección de canciones de merengue pop, en la tradición de Juan Luis Guerra. Ella impuso su acercamiento sensual y velado en el primer tema, «Para olvidarte», que al igual que «Si piensas en mí», evoluciona hasta un merengue a **tiempo medio**, tras un inicio de balada. Un dúo con el megaastro puertorriqueño Elvis Crespo, «Para darte mi vida», es tan atractivo como curioso, y aquí Crespo se muestra más como un cantante formal, que no como el improvisador percusivo y rítmico que es en sus canciones propias. El álbum de Quezada, de 2002, *Pienso así*, mezcla baladas con canciones de estilo salsa, con «Tanto que te dije», compuesta por el salsero Gilberto Santa Rosa.

El merengue puertorriqueño

En los años noventa, tras un proceso largo y a veces rencoroso, el merengue conquistó finalmente Puerto Rico. Proscrito por lascivo en el siglo diecinueve, el merengue más tarde se topó con la salsa en una lucha entre clubes y promotores musicales que se desencadenó con la coexistencia de inmigrados dominicanos recientes en la Nueva York de dominio puertorriqueño. En el Harlem español y en el resto de la ciudad, los empresarios dominicanos fueron adquiriendo, poco a poco, la mayoría de bodegas puertorriqueñas, y acabaron por alcanzar algo así como un equilibrio con la salsa, en las pistas de baile y en las emisoras de radio.

Mientras que los puertorriqueños neoyorquinos se rendían ante el baile, su isla ancestral empezaba a desarrollar sus estrellas propias del merengue, algunas de las cuales llegaron a ser más importantes que las de la República Dominicana. Gran parte de los intérpretes principales de merengue, en relación a la cifra de ventas totales de música latina en Estados Unidos y América Latina, de la actualidad son puertorriqueños. Dos de las estrellas en solitario más importantes del merengue intentaron entrar en la ruta del pop-rock, un camino que sólo siguen cantantes con un éxito comercial considerable.

Olga Tañón

Nacida en 1967 y criada en Cataño (Puerto Rico), Olga Tañón no sólo popularizó triunfalmente el merengue en una isla dominada por la salsa, sino que también se estableció como una de las escasas estrellas femeninas del género. Con deseos de ser bailarina, ella cantó en el coro de la iglesia y abrigó el sueño de una carrera de cantante. A finales de los ochenta, Tañón obtuvo su primer trabajo como cantante profesional, con Las Nenas de Ringo y Jossie, un grupo de merengue absolutamente femenino. Poco tiempo después, recibió una oferta para formar parte de otro grupo de mujeres, Chantelle. El éxito desenfrenado del grupo le supuso a Olga Tañón la oportunidad de firmar como intérprete en solitario con la WEA Latina. Con una serie de compositores profesionales que proporcionaban las letras y la música, *Sola*, el primer álbum de Olga, de 1992, fue disco de platino en Estados Unidos y en Puerto Rico. El siguiente álbum, *Mujer de fuego*, de 1993, en el que ella debutó asimismo como productora; y *Siente el amor*, de 1994, superaron ambos al álbum anterior.

Aunque su formato preferido es el merengue, en la agresiva voz de contralto de Tañón resuena el estilo gitano andaluz, que desata un aullido interior apasionado y lo deja flotar sobre una muralla de ritmo. Su interpretación sexy sin concesiones, en piezas como «Vendrás llorando» y «Muchacho malo» hicieron de ella un fenómeno de la música tropical. Con el siguiente álbum, *Nuevos senderos*, con producción del célebre cantante y compositor mexicano regional Marco Antonio Solís, Olga empezó a ampliar su estilo e incluyó baladas. *Llévame contigo*, producido por la propia cantante y editado en 1997, era un regreso al merengue; el ál-

Olga Tañón en los Premios Lo Nuestro de música latina, en los que consiguió cuatro galardones.

bum obtuvo una candidatura al Grammy a la mejor interpretación tropical. *Te acordarás de mí*, de 1998 y producido por Rudy Pérez, siguió la experimentación de Olga con variaciones sobre el merengue y la ocasional incursión en la salsa, e incluía un dúo con el cantante pop Cristian Castro.

Yo por ti, editado en 2001, seguía en la citada vena, y combinaba arreglos que recordaban a Juan Luis Guerra con la interpretación emotiva de una reina del pop. También había espacio para la salsa, en «Pegadito», y un son, «Me gusta», con matiz guitarrero a lo Santana. De *Sobrevivir*, de 2002, se extrajo un sencillo de gran éxito, «Así es la vida», muy parecido al pop de baile latino internacional, al estilo de Miami, que fusiona el merengue con ritmos de estilo disco.

Elvis Crespo

Elvis Crespo es algo más que otro puertorriqueño cualquiera que se sube al vagón del merengue. Con su pelo negro liso, y largo a la moda, ojos andaluces, y una actitud distante, es el ídolo perfecto para que las fans cuelguen sus fotos en el dormitorio. Aunque su voz de tenor, de una seducción extraña, matizada con un lamento de estilo flamenco, es fundamental para su popularidad.

Elvis Crespo fue integrante del mítico grupo infantil Menudo, donde también estuvo Ricky Martin, y posteriormente del Grupo Manía. A partir de 1998 ha emprendido una carrera en solitario.

Nacido en Nueva York en 1971, Crespo se crió en Puerto Rico, y a los catorce años realizó una prueba para el grupo infantil Menudo. Su primer empleo fue con una orquesta de salsa y merengue liderada por Willie Berrios, aunque también cantó con Toño Rosario, un cantante de merengue que se trasladó de Puerto Rico a la República Dominicana en 1991. Primeramente Crespo fue cantante del seminal Grupo Manía, su estancia en dicho conjunto duró de 1994 a 1996, y obtuvo el mayor éxito con el álbum *Está de moda*. Crespo editó su primer álbum en solitario, *Suavemente*, en 1998.

El sencillo, de gran éxito, con el mismo título tenía la resistencia de un éxito clásico de pop o salsa. Impulsado por una sección rítmica hiperkinésica y la histeria controlada del acompañamiento de viento, Crespo centraba el foco en el cantante, sin dejar que el oyente se distraiga del ritmo de baile insistente del merengue. Un álbum posterior, de escasa espectacularidad, de remezclas de baile que incorporaba partes cantadas en inglés en algunos estribillos y un dúo con la cantante argentina Giselle D'Cole («Come Baby Come») no fueron tan satisfactorios, y supusieron para Crespo perder la oportunidad de formar parte de la explosión pop latina. *Urbano*, de 2002, fue un regreso en forma, e incluía una versión de «Bésame en la boca», del cantante español Lorca, poderosas composiciones originales como «Ojos negros», una versión acústica de «Cómo fingir», y un dúo con Sergio Vargas.

A pesar de perder uno de sus intérpretes más dinámicos con el abandono de Crespo, el Grupo Manía siguió siendo uno de los principales suministradores del merengue tropical, de dos tiempos. Fundado a principios de los noventa, por los hermanos Henry y Omar Serrano, el Grupo Manía triunfó al combinar su atractivo juvenil con la aportación de un sentimiento puertorriqueño al merengue. Con la utilización de un formato con cantante solista y un trío de coristas de acompañamiento, los cuatro integrantes del grupo se alternaban en el puesto de cantante solista. El mejor de los cuatro seguramente era Alfred Cotto, pero los otros tres miembros, los hermanos Serrano y Reynaldo Santiago, gozaban todos de su oportunidad. La interacción rítmica entre la formación instrumental típica del merengue contemporáneo con viento, piano, y percusión era enormemente satisfactoria. Canciones como «Pa'l bailador» y «Cómo baila» avanzan por un cantidad de cambios de tiempo que alegraban las fiestas de baile. Sin embargo, el Grupo Manía no se encasilló en un clima de merengue. Se desviaron ingeniosamente hacia un rhythm and blues al estilo de los ochenta, en «Tú y yo», el minimalismo de baile con reggae improvisado en «Ragga manía», y en «Lloro por ti», hacia una sincopada experimentación de salsa. Los últimos álbumes del grupo, el de 2001, *Grupo Manía 2050* y *Latino*, de 2002, se decantaban hacia los géneros híbridos del meren-house y el reggaetón, enormemente populares en la actualidad entre la juventud puertorriqueña, tanto en la isla como en Estados Unidos. Haciendo *toasting* y rapeando sobre un ritmo bailable jamaicano, e incorporando las frases de teclado sintetizado de la música house, el Grupo Manía mantuvo su atractivo juvenil, con frecuentes regresos a su sonido básico de merengue.

El merengue, al igual que la música afrocubana en los años cuarenta y cincuenta, evolucionó un poco cuando entró en contacto con la sensibilidad urbana de Nueva York. Fulanito, un término callejero, es un grupo excéntrico de caribeños transnacionales con raíces isleñas, cinco cantantes y raperos con trajes y sombrero hongo, y el músico de más edad, El Maestro, con un acordeón pintado con la bandera dominicana, y un timbalero con una camiseta con la inscripción *www.fulanito.com.* Cantan a voz en grito odas encendidas a las playas y montañas de la República Dominicana, y lamentos sarcásticos sobre las mujeres que les engañan. El carismático Dose y sus compañeros de grupo dominicanos y puertorriqueños, que provienen del Upper Manhattan y de Nueva Jersey son una antigua formación escolar de hip hop, con raíces en mitad de los años ochenta, disfrazados de orquesta de merengue. Fundados a mediados de los noventa, pueden presentar una canción como «Baile del cepillo» con un chapurreo hiphopero bilingüe, pero El Maestro siempre trae la música de vuelta a casa con su acordeón y la tambora.

Fulanito nos recuerda la naturaleza multinacional de la música tropical, ya que el grupo no sólo surge de la experiencia dominicana, aunque sus integrantes vivan en Nueva York, sino que ellos consideran el atractivo multinacional de las formas rústicas del merengue. Al revivir el perico ripiao, demuestran que puede sonar como el vallenato colombiano tocado a 78 revoluciones por minuto en un carnaval de Port Au Prince. Dose y su compañero Winston Rosa editaron discos de house latino como *2 in a Room* y *740 Boyz*, y produjeron éxitos de pista de baile como «Wiggle It» y «El trago», una explosión house en espanglish. A pesar de ser un grupo «underground», Fulanito obtiene un nivel impresionante de popularidad y, aparte de Nueva York, realiza conciertos en todo el Caribe, y consigue cifras moderadas de ventas. El álbum del grupo de 2001, *Americanizao*, mostraba una modernización continuada y una perfección del concepto, con una mayor utilización del espanglish en las letras, y una profundización del perico ripiao como fondo de acompañamiento.

Los ritmos de Colombia: la cumbia, el vallenato y otros

Con las regiones costeras a caballo del Pacífico y del Caribe, aparte de las diversas zonas del interior —en cada una de las cuales se desarrollan formas diferentes de música—, Colombia es uno de los ambientes musicales más dinámicos de Latinoamérica. La música colombiana evolucionó bajo condiciones diferentes de las naciones isleñas del Caribe. Colombia es mucho más grande y tiene una población indígena mucho más numerosa, y hasta cierto punto más avanzada que la de sus homólogos caribeños, que fue barrida rápidamente, mediante las enfermedades propagadas por los conquistadores españoles. Y al contrario que México, la población africana de Colombia no fue confinada, en gran parte, a una zona costera. Se establecieron numerosas comunidades de esclavos huidos y en las ciudades del interior vivían en cantidades considerables. Así pues, las condiciones en Colombia alimentaron una hibridación musical tricultural, que no se produjo en la mayoría de países latinoamericanos.

En cuatro regiones de Colombia se han producido estilos musicales característicos. La costa atlántica logró una mezcla extraordinaria de influencias entre sus habitantes españoles, indígenas y africanos, y produjo géneros rítmicos como el porro, la gaita, el mapalé, el bullerengue, el paseo, y el más importante de todos, la cumbia, y su derivación, el vallenato. Los ritmos de la costa del Pacífico, el currulao, la jota, la juga, el aguabaja y el potacore han conservado intacta la cultura africana y la de los esclavos huidos, mezcladas con alguna influencia indígena. La región andina produjo el bambuco, el torbellino, la guabina, el pasillo, el bunde y la danza, músicas que combinaban las influencias españolas con las indígenas procedentes de las tribus chibchas. Los estilos musicales de las llanuras, o región llanera, el joropo, el gallerón, el pasaje, el corrido y el seis, tienen un gran sentimiento flamenco, aunque con rastros de influencia indígena.

Dichas influencias diversas se manifiestan de varias maneras, aunque en general la utilización de la guitarra y la estructura de la canción tienen sus raíces en España, las grandes flautas gaita y algunas influencias percusivas y rítmicas son indígenas, y las estructuras de percusión, el baile y algunas técnicas corales proceden de África. Tanto las influencias indígenas como las africanas contienen asimismo en su interior, un significado mágico o religioso, ya que su propósito original era la comunicación con las divinidades.

La cumbia: el pasatiempo nacional colombiano

La cumbia se hizo popular en Colombia alrededor de la década de los veinte del siglo XIX, en plena lucha por la independencia, cuando se convirtió en una canción y un baile de resistencia nacional, en una evolución de su historia como diversión para campesinos y esclavos africanos e indígenas. Los elementos esenciales, el tambor y las enormes flautas gaita, se combinan para conceder a la música un ritmo de 2/4, oscilante y pegadizo, como si fuera una fusión entre el merengue y el reggae, con una parecida acentuación en el tiempo débil, que lo hace avanzar. El baile de la cumbia se basa en el vaivén de las caderas, de una manera mucho más sutil que en el merengue.

La cumbia difería de la música afrocubana porque el elemento africano, al igual que en la samba brasileña, se derivaba principalmente de las culturas Congo más que en las Yoruba. Además, la cumbia es diferente de la salsa, el merengue y la música afrocaribeña porque no contiene tan sólo influencias africanas, sino también indígenas, aunque la flauta gaita tiene un equivalente africano y el propio baile de la cumbia se cree que es una danza de cortejo entre un hombre africano y una mujer indígena. John Storm Roberts sugiere que, mientras las tribus indígenas colombianas fabricaban gaitas desde hace mucho tiempo, el «instrumento y el nombre parecido se encuentran tanto en España como en África occidental, y son muy similares a los instrumentos de lengüeta que se expanden por casi todo el mundo islámico». El tempo de la cumbia hace hincapié en el ritmo acelerado, lo que permite a la cumbia «flotar», lo que le da una especie de sensación de optimismo perpetuo.

Quizá gracias a la complejidad y variedad, la música colombiana ha permanecido relativamente desconocida fuera del país, aún y compartiendo el mismo nexo cultural caribeño con ciudades como La Habana, San Juan, Santo Domingo y Caracas. A pesar de la evolución de la cumbia de una forma paralela a la del son cubano y el tango argentino, por ejemplo, los extranjeros han tenido dificultades a la hora de interpretar los ritmos cruzados sutilmente complejos que se intercambian los miembros de la sección rítmica. Con un sincretismo incomparable entre los elementos africanos e indígenas, la cumbia no se propagó en los salones de baile fuera de Colombia.

Con el tiempo, a inicios de la década de los veinte, en la ciudad portuaria de Barranquilla, las orquestas de baile colombianas empezaron a tocar la cumbia, con el añadido de viento, bajo y otros instrumentos a la formación tradicional de tres tambores africanos, el llamador, el allegro y la tambora, y dos gaitas. En la década de los treinta, cuando los directores de orquesta colombianos intentaron llevar la cumbia a Nueva York para grabarla, no pudieron lograr llevarse las orquestas consigo. En vez de ello, tuvieron que grabar con orquestas como las que dirigía el legendario puertorriqueño Rafael Hernández, que interpretaba la cumbia a manera de contradanza, lo que le daba una mayor sensación de salón de baile.

La cumbia tuvo tendencia a quedar sumergida en sus interacciones con los estilos musicales de otras partes de América Latina. En Nueva York, en donde las influencias principales eran la tradición del jazz afroamericano, o bien el mambo afrocubano, la cumbia se convirtió en una variante del son, y en Texas y México, en donde ejercía una gran influencia la tradición folklórica alemana, la cumbia se convirtió en una especie de polca. Cuando la revolución de la música de baile de los cincuenta llevó a Colombia el mambo, el chachachá y el rock and roll, las orquestas del país incorporaron tambores afrocubanos, pero no los colombianos (grandes tambores parecidos a los de la República Dominicana). En 1955, con la canción «Cosita linda», el director de orquesta Pacho Galán, residente en Barranquilla, inventó el merecumbé, fusión entre el merengue y la cumbia, y durante los cuarenta años siguientes, músicos colombianos como Lucho Bermúdez llegaron a ser imitadores muy buenos del sonido salsero de la corriente principal.

La base para el desarrollo de la cumbia moderna colombiana fue Discos Fuentes, una compañía discográfica fundada en 1934 por un ingeniero de sonido llamado Antonio Fuentes. Discos Fuentes fue la casa de la mayoría de grandes estrellas discográficas de la cumbia, como Rodolfo y su Típica R. A. 7, Gabriel Romero, Adolfo Echeverría, Pastor López, y La Sonora Dinamita. Acordeonistas como Lisandro Meza fueron, tal vez, los únicos instrumentistas importantes del género, aunque en la década de los cincuenta la trompeta llegó a ser el instrumento improvisador más importante y el acordeón se convirtió en más característico del vallenato (véase Carlos Vives más adelante). Un recopilatorio doble, *Cumbia Cumbia* volúmenes 1 y 2, editado por World Circuit Records en 1989 y 1993, respectivamente, es una introducción excelente a la cumbia colombiana. En el recopilatorio figuran clásicos como «La piragua» de Gabriel Romero, «La pollera colorá» de Los Inmortales y «La colegiala» de Rodolfo y su Típica R.A. 7.

La evolución de la música colombiana en los últimos cincuenta años ha estado ligada a las zonas urbanas y costeras, como la ciudad portuaria de Barranquilla, situada en la desembocadura del río Magdalena. Barranquilla es una ciudad modernista con un centro urbano pobre, rodeado de kilómetros de alojamientos residenciales, y algunas estructuras modernistas que recuerdan a las de la South Beach de Miami. Se ubica en el centro de una región que comprende otras tres ciudades que han ejercido una gran influencia en la tradición musical colombiana: Cartagena (sitio de intercambio cultural con el resto del Caribe hispanohablante), Mompós (ciudad del interior, en torno a un río, en la que se desarrollaron tradiciones africanas y folklóricas) y Santa Marta (un lugar con una fuerte presencia indígena). Durante la rápida industrialización de la Colombia del siglo XX, y en los años siguientes a la Segunda Guerra Mundial, Barranquilla experimentó una llegada de inmigrantes europeos, especialmente italianos y judíos, que ayudaron a desarrollar la economía de consumo de posguerra. Trajeron al país la moda europea, el teatro, la música clásica, el rock and roll y la aviación moderna. Durante los años cincuenta y sesenta, Barranquilla fue la capital musical del país, gracias a dos factores: el fenómeno de la tienda y el carnaval anual.

Las tiendas de Barranquilla son colmados pequeños, con bancos de madera en la fachada, en donde la gente se deja caer para beber cerveza, escuchar la radio, y practicar los últimos pasos de baile. Para triunfar de verdad en Colombia, un intérprete tiene que llegar a la gente que pasa el tiempo en las tiendas, y por lo tanto tiene que hacer una música bailable y pegadiza que se difunda en las emisoras radiofónicas.

Los carnavales anuales son lugares para escuchar ritmos locales desconocidos, que provienen de zonas de los alrededores de Santa Marta, Malambe y Soledad. Siguen siendo una oportunidad para Barranquilla, no sólo de demostrar su clima social urbano, sino también para celebrar sus aportaciones a la escena musical internacional, a través de competiciones entre orquestas internacionales invitadas y grupos locales. En el año 2000, el famoso cantante colombiano de salsa «Joe» Arroyo hizo entrega del galardón de Reina del Carnaval a la cantante pop colombiana Shakira.

La salsa colombiana

En muchos sentidos, los colombianos son fans más ardientes y entendidos de la salsa, que la mayoría del resto de América Latina. Al igual que los japoneses, que compran todos los discos famosos de blues y jazz afroamericano, los colombianos, en especial los de la región del valle de Cauca, en la que están las ciudades de Medellín y Cali, se conocen la era de Fania como la palma de la mano. Aunque en Colombia se interpretaron variantes del son cubano mucho antes, el país pareció volverse loco por la salsa en los años sesenta. Después que los salseros neoyorquinos Richie Ray y Bobby Cruz obtuvieron éxito en Barranquilla, en 1968, empezó un nuevo movimiento de salsa en Colombia. Las actuaciones de los salseros neoyorquinos como Willie Colón y Rubén Blades, en plena era de Fania de los setenta, supusieron la creación de una gran masa de seguidores entusiastas entre los colombianos.

Fundada en los sesenta, Discos Fuentes contrató como productor de la casa a Julio Ernesto Estrada Rincón, conocido también como «Fruko». Estrada había formado parte de un grupo llamado Los Corraleros (en el que figuraba el acordeonista Lisandro Meza), que proporcionó un estilo de conjunto o típico alternativo a las orquestas dirigidas por Lucho Bermúdez. Con el tiempo, Estrada dirigió una orquesta que versionó son cubano y piezas de orquestas de mambo, pero cuando tocó en Nueva York, a principios de los setenta, empezó a utilizar las innovaciones de la era de Fania. Cuando regresó a Colombia, se puso a grabar con un nuevo grupo, Fruko y los Tesos. Dicha banda, además de los Latin Brothers y La Sonora Dinamita, fue una creación de Fruko, que de hecho creó una escena de salsa en Colombia.

También ayudó a afianzar la fama de Colombia, al producir parte de la salsa más auténtica del mundo, Álvaro José «Joe» Arroyo, uno de los tenores más dinámicos de la salsa. Nacido en 1955 en Cartagena, empezó a cantar a los ocho años, tanto en coros de iglesia, como en casas de mala fama. Arroyo empezó su carrera formal a mediados de los setenta, con diecisiete años, como cantante de un grupo dirigido por «Fruko» Estrada. A finales de la década, Arroyo abandonó a Fruko y los Tesos y fundó su propio grupo, La Verdad, en 1981. Durante un año, los problemas de salud impidieron que pudiera crear música, pero regresó para participar en el carnaval de Barranquilla de 1984, en lugar del salsero venezolano Óscar D'León. Tras ganar seis veces el premio «Congo de Oro» de Cali, la capital colombiana de la salsa, se creó para él un nuevo galardón, el «Super Congo».

Con su estilo vocal muy agudo, que recuerda al de la leyenda cubana Beny Moré, Arroyo ha sido uno de los mejores cantantes de salsa colombianos. Su ampliación del catálogo de ritmos salseros al incorporar la increíble diversidad de influencias que se filtraban en su ciudad natal, también hizo de Arroyo uno de los renovadores más importantes del género. Tras explorar ritmos nativos colombianos como la cumbia, el vallenato y el porro, e influencias antillanas como el compás y la soca, Arroyo diseñó sus propios estilos rítmicos híbridos: el cumbión y el autorreferencial Joesón.

Muchas de las canciones de Arroyo contienen un comentario social y político, sobre todo su gran éxito «Rebelión» (1988), que se refería de forma directa al legado de la esclavitud en toda la franja costera suramericana («Un matrimonio africano, / esclavos del español. / Él los trató muy mal / y pegó a la mujer negra», dice una estrofa, a la que el coro responde: «¡No pegues a la mujer negra!»). Enormemente popular en Colombia, Arroyo grabó unos diez álbumes para los sellos Sonotone Latin colombiana y Discos Fuentes, además de varios en los noventa para Sony International. La mayoría de su producción musical está disponible en Estados Unidos, mediante ediciones originales, o reeditada en formato de recopilatorio. Arroyo siguió experimentando con diversos ritmos, en especial del Caribe de habla inglesa y francesa, de África, usando tanto arreglos tradicionales y electrónicos en sus imaginativas combinaciones de estilos rítmicos. En álbumes como *Cruzando el milenio* (1999) se hacían abundantes referencias a las religiones espirituales de procedencia africana.

Con unos arreglos ambiciosos que recordaban al Willie Colón de la era de la Fania, y letras que se enfrentaban a la historia de revueltas de esclavos en Colombia, «Rebelión», que figura en diversos recopilatorios de grandes éxitos como *32 cañonazos* (Discos Fuentes, 2002), combinaba la autoridad vocal de Arroyo con la energía irresistible de su orquesta en plena forma. *Fuego en mi mente* (1990) es uno de los mejores álbumes de Arroyo. Impulsado por las ornamentaciones de escalas menores al estilo de Eddie Palmieri, «Por ti no moriré» es otro triunfo de la sabiduría de Arroyo al contar historias y del «muro de sonido» construido por su agresiva sección de metal. «Te quiero más», interpretada con un arreglo de Arroyo, en su estilo propio Joesón, es una soca (calipso-soul) con aroma de son, con la presencia de los metales traqueteantes asociados con el merengue y con teclados eléctricos minimalistas al estilo del pop africano, sobre un saltarín ritmo de calipso-soul. Se saluda de nuevo al merengue en «Echao pa'lante», aunque Arroyo prefiere calificar la canción como Joesón. La gran atención que «Joe» Arroyo dedica a los ritmos nativos colombianos, como el refinado porro de «Vuelve» y la cumbia jovial de «Suave bruta», es en buena medida lo que le convierte en un tesoro nacional. Aunque él puede swinguear con lo mejor de los triunfadores de la salsa, como lo hace en *Fuego en mi mente*, con alusiones tanto a la era del mambo de los cincuenta como a la de Fania.

Los recientes álbumes de Arroyo, *En sol mayor* (2000) y *A dúo: los reyes del trópico* (2001) no disminuyeron ni un ápice su popularidad duradera, aunque no descubren demasiado terreno nuevo. El segundo, un dúo con el baladista pop

Juan Carlos Coronel, fue una empresa importante para Arroyo, cuya voz de tenor es lo suficientemente fresca para pasar con comodidad al género del bolero.

El Grupo Niche, uno de los grandes conjuntos de salsa de Colombia, lo fundó el cantante y arreglista Jairo Varela en 1980 con la edición de «Al pasito». A pesar de varios cambios de formación, el Niche fue siempre uno de los preferidos de los fans de la salsa más partidarios de lo que se conoce como salsa dura, que de la salsa romántica. Canciones como «Mi negra y su calentura» y «Listo Medellín» recordaban a las colaboraciones de Johnny Pacheco y Willie Colón de los setenta. Con una sección de viento especialmente potente y una serie impecable de congueros, el Niche encabezó la escena colombiana, que asimismo contaba con atracciones como La Sonora Carruseles, una orquesta de salsa brava a la antigua usanza; el Grupo Gale, una orquesta de nueve miembros con tres cantantes solistas, al estilo de El Gran Combo, en la que figuraban ex integrantes del Niche y La Sonora Carruseles; y grupos más jóvenes como Los Titanes, que incorporaban partes de trombón potente y guitarra eléctrica.

El Grupo Niche, una de las mejores bandas de salsa colombianas y la favorita de muchos amantes de la salsa dura.

Carlos Vives y el vallenato

Como en buena parte del resto de Latinoamérica, la costa colombiana fue tierra de una serie de romances, trovas y décimas, una tradición oral que procedía directamente de España. Según *Music, Race, and Nation: Música Tropical in Colombia*, de Peter Wade, el género del vallenato sigue dicha tradición. En una ocasión, Gabriel García Márquez definió *Cien años de soledad*, su novela más célebre, como un vallenato de 350 páginas. Aunque Wade señala que hay discusiones sobre si el género empezó a finales del siglo XIX, o era más bien un producto de la comercialización de la música en la radio en los años cuarenta, el vallenato es una especie de remota y romántica música vaquera que gustaba a los rancheros mestizos y a los campesinos, porque suponía un reportaje en directo de la vida de las gentes alejadas de las elites urbanas.

En opinión de Wade, el vallenato tiene un origen «mítico» en la zona del Valle de Upar, en el noreste colombiano, una región llana de riqueza agrícola, que empieza en la costa caribeña del norte y sigue el río César hacia el interior. Mientras las semillas de la música que llegaría a ser el vallenato llegaban de la cadena montañosa de Santa Marta, en la costa atlántica, se añadieron gaitas hechas de bambú que tocaban la población indígena y tambores africanos hechos con madera hueca y pieles de cabra sujetas con cuerdas y anillas de madera. Aunque hay pruebas de que el acordeón se introdujo en las regiones costeras de Colombia en el siglo XIX, Wade cita a diversos etnomusicólogos colombianos que sostienen que el tipo de acordeón moderno relacionado con el género no llegó a aparecer en el Valle de Upar hasta finales de los años treinta del siglo XX. Con sus sencillas letras sobre los sufrimientos y las tribulaciones de la gente corriente, que son un eco de la tradición de la décima, el vallenato se ha conocido como la música de los pobres, aunque Wade presentaba pruebas de que las elites locales se lo apropiaron de una manera parecida a la de la samba brasileña. Un vallenato clásico, «Los caminos de la vida», empieza con esta estrofa:

> Los caminos de la vida
> no son como yo pensaba,
> como me los imaginaba.
> No son como yo quería
> los caminos de la vida:
> son muy difíciles de andarlos,
> difícil de caminarlos,
> y no encuentro la salida.

Llamado en un principio música provinciana, el vallenato se ha usado como término colectivo para una amplia gama de estilos. En el vallenato contemporáneo, al igual que la cumbia, incluye elementos tanto africanos como indígenas: la gacharaca indígena, una especie de güiro cubano, y la caja vallenata africana. Al

Carlos Vives, un ex actor de telenovelas, consiguió a mediados de los noventa revivir
y modernizar un género rural, el vallenato.

acordeón, que caracteriza el sonido, se le unen las flautas gaita españolas e indígenas, y el clarinete. Sus diversos cambios comprenden ritmos nativos colombianos, con métricas distintas, de nombre paseo, son, merengue (sin relación con el dominicano) y puya. Cuando se interpreta el ritmo de paseo, se hace más hincapié en la armonía. El merengue se toca con un patrón de dos tiempos; y tanto el son como la puya son más complejos rítmicamente, con ritmos de 6/8, y con un cierto parecido a la guaracha cubana. La utilización del acordeón distingue al vallenato de la cumbia. Los músicos del Valle de Upar adaptaron el acordeón para interpretar los diferentes estilos rítmicos del vallenato. Se convirtió en una música grabada que se escuchaba en el resto de Colombia en los años cincuenta y sesenta, cuando la defendían compositores como Rafael Escalón y el acordeonista Alejandro Durán. En los sesenta surgió una escuela de vallenato más moderna, que incorporó tambores afrocubanos, y estaba encabezada por el prolífico compositor Gustavo Gutiérrez Cabello. En la actualidad las estrellas del vallenato tradicional son los Hermanos Zuleta, Jorge Oñate y Diomedes Díaz.

El vallenato ha gozado siempre de unos fieles seguidores en la zona rural y en algunas ciudades norteñas, pero a principios de los noventa, una figura increíblemente carismática creó una pequeña explosión en la popularidad de la música. En 1994, un ex astro de las telenovelas, Carlos Vives, reunió a un impresionante grupo de intérpretes folklóricos de la vieja guardia, con algunos de los mejores músicos jóvenes de la costa, en la capital, Bogotá. Entre ellos estaban el cantautor Iván Benavides, el guitarrista José Ocampo, «Teto», y la flautista Mayte Montero.

Con la reproducción meticulosa de gran variedad de estilos de vallenato en álbumes como *Clásicos de la provincia* (1994) y *Tierra del olvido* (1995), el grupo transformó una música rústica en el ritmo étnico tropical de éxito, de gran calidad, con la incorporación de instrumentos típicos como la caja vallenata y la guacharaca, aparte de un lote completo de instrumentos de percusión tropical y la descomunal flauta gaita interpretada por la chiquita Mayte Montero. Con *El amor de mi tierra*, de 1999, y *Déjame entrar*, de 2001, Vives cimentó la relación con el imperio productor de Emilio Estefan, con base en Miami, sin menoscabo de la calidad de su música. De hecho, la colaboración de Vives y el compositor y productor colombiano Kike Santander supuso un argumento decisivo de la capacidad del «sonido Miami» para establecerse como una potencia en el pop latino internacional.

———————

Los músicos colombianos contemporáneos han llegado a ser bastante influyentes en la escena del pop latino, desde la modernización del vallenato por parte de Vives, a la penetrante presencia de Santander como productor en Miami. Intérpretes de rock y de pop como Shakira, Aterciopelados, Juanes y Cábas (véase el capítulo 10) han recorrido un largo trecho a la hora de derribar las fronteras entre la alternativa latina y el pop de la corriente principal. Aunque la música tradicional colombiana también sigue siendo famosa, en especial por parte de la cantante Totó la Momposina. Nacida, a mediados de los años cuarenta, en un pueblecito a las afueras de Mompós, se ejercitó con una afamada cantante local, o cantadora, de nombre Ramona Ruiz. Cumplidos los veinte años, Totó empezó a viajar por toda la costa atlántica del país, parándose en viejos pueblos, llamados palenques, o en comunidades de esclavos huidos que conservaban intactas las tradiciones. A mediados de los ochenta, empezó a grabar y se convirtió en una intérprete muy solicitada, hasta el punto de actuar en la ceremonia de homenaje a Gabriel García Márquez, con ocasión de la recepción del Premio Nobel de Literatura.

Totó se convirtió en una especie de intérprete y etnomusicóloga, y siguió cantando distintos géneros de la costa atlántica y estudiando baile en la Sorbona de París. Después de intervenir, a principios de los noventa, en el festival WOMAD de Peter Gabriel, ella obtuvo un contrato discográfico con el sello del cantante, Real World, y la oportunidad de acceder a un público internacional. El primer álbum de Totó, *Cantadora*, de 1983, se reeditó en 1998 en el sello MTM. Totó se lleva al oyente a una gira por el porro festivo («Aguacero de mayo»), el chandé, parecido a la plena puertorriqueña («El tigre»), el arrastrado bullerengue («El piano de Dolores») y un fandango («Le la le la») que, a pesar de ser un palenque, muestra una influencia arábiga y andaluza en las voces.

La popularidad creciente de la música tradicional colombiana en ciudades como Nueva York, de la que son ejemplo intérpretes rurales como Cumbiamba (grupo que toma el nombre de una fiesta con cumbia), la cantante Lucía Pulido (que colabora con músicos de jazz de la escena *dowtown*), y cantantes pop-rock como Cábas y el ex integrante del conjunto de Vives, Iván Benavides, es un signo que la música colombiana sigue esforzándose en pos de la modernidad, aunque se conserva en toda su autenticidad. Es una forma de autopreservación que crece, como lo prueba la revitalización del interés en la bomba y plena puertorriqueñas, a cargo de grupos como Plena Libre, Yerba Buena, y la orquesta de William Cepeda y la resurrección de diversos ritmos costeros venezolanos por parte de la cantante Irene Farrera, residente en Eugene (Oregón).

México: corrido, tejano y norteño

La música mexicana sigue una vía paralela a la del resto de Latinoamérica en la medida en que surge esencialmente de la mezcla de culturas indígenas, ibéricas y africanas. La influencia española se hace evidente en el uso de instrumentos de cuerda y en la supervivencia de la tradición de la décima en las estrofas, y la africana aparece en ritmos que se parecen a los afrocaribeños, además de la presencia de la marimba, una especie de xilófono, que a veces se cree erróneamente de origen indígena. La influencia indígena está más escondida que en, digamos, la música colombiana, aunque en los grupos pequeños y orquestas figuran flautas indígenas.

Con fecha de la primera colonización de México en el siglo diecisiete, lo que incluye una considerable cantidad de esclavos africanos, el son mexicano empezó a surgir en diversas formas que correspondían a las diferentes regiones. Estaban el son calentano, el son Río Verde, el son Costa Chica, el son istmeño y, los más importantes, el son jalisco, el son huasteco y el son veracruzano. Tal como se ha dicho en el capítulo 5, dichos sones presentaban variaciones rítmicas, utilizaban versiones locales de guitarras y arpas, y en sus estrofas expresaban las inquietudes de cada región. La participación africana en los sones es muy clara en el son veracruzano, y Veracruz es la última región en la que los africanos permanecieron en gran número, tras que el experimento mexicano con la esclavitud se acabara en el siglo XIX.

La tradición de la música de corrido, tejano y norteño, a lo largo de la frontera entre México y Estados Unidos en el siglo XIX supuso otro crisol para el desarrollo de la música mexicana. Gran cantidad de musicólogos insisten que el corrido mexicano es producto de la confrontación entre Estados Unidos y México, que siguió a la guerra mexicana de la década de 1840. Aunque indudablemente hay un vínculo con el romance español, que se llevó a México a inicios de la conquista, en los siglos dieciséis y diecisiete. Los versos octosilábicos del corrido y la capacidad de relatar historias están claramente ligadas a los primeros romances españoles, y el lirismo épico se refiere asimismo a las características del trovador español. Sin tener en cuenta su origen, el corrido se convirtió en enormemente popular a lo largo de la frontera de México y el suroeste de Estados Unidos a finales del siglo XIX.

Una tercera corriente de la música mexicana surgió de la evolución del mariachi y la ranchera en el estado de Jalisco (véase el capítulo 5). En la década de los cincuenta del siglo XX, el país entero parecía bailar con el mambo y cantar el bolero. En cuanto al predominio de los ritmos afrocaribeños en América Latina, es significativo destacar que en diversos momentos el danzón, el bolero y el mambo, géneros nacidos en Cuba, fueron géneros musicales nacionales de México. Debido a la singular posición de proximidad de México respecto a los medios de comunicación y la industria discográfica norteamericana y al éxito de su economía a la hora de desarrollar una potente industria discográfica y cinematográfica, el país se convirtió en un terreno de prueba para muchos géneros latinoamericanos, de una manera parecida a como Chicago y Nueva York sirvieron de plataforma para el jazz, que empezó en Nueva Orleans.

El dominio de la música mexicana en el mercado de consumo norteamericano es resultado del poder adquisitivo de la comunidad mexicano-estadounidense, que suma un 66,9 % del total de la población latina de Estados Unidos. Pesos pesados como Los Tigres del Norte y Los Ángeles Azules rondan en los primeros puestos de las listas latinas de la revista *Billboard*, aunque la música mexicana y tejana, que incorpora géneros como el tejano, el norteño, la banda, la ranchera, el conjunto y demás, no parece trascender de la comunidad mexicana y mexicano-estadounidense para captar una atención importante por parte del resto de latinos, latinoamericanos y no latinos en Estados Unidos.

El género tejano y la música regional mexicana: a caballo de la frontera

La constelación de estilos que caracterizaba a la música mexicana se mutó en algo nuevo en los años posteriores a la ocupación norteamericana de amplias zonas de México, como resultado de la guerra entre Estados Unidos y México de la década de 1840. Los géneros norteño y tejano abarcan estilos que van desde la ranchera, la polca, el corrido narrativo, y estilos estadounidenses como el blues, el pop y la música country. El género tejano surgió de un estilo de big band hasta su encarnación moderna, en el momento en que el rock and roll se hacía popular en Estados Unidos. A mediados de los cincuenta, el director de orquesta Isidro López coadyuvó en dicho cambio, cuando empezó a utilizar el acordeón en primer plano y dio al género tejano un sonido más funky. Dichas innovaciones llevaron a la institucionalización del conjunto mexicano, que al igual que el conjunto cubano era un estilo de grupo estándar, que presentaba una instrumentación que evolucionaba. Desde los años sesenta, el género tejano ha ido incorporando influencias del rhythm and blues, el rock, la música disco y el hip hop. Equivalentes a los conjuntos del género tejano, había los «gruperos» del género norteño, grupos que hoy en día están representados por Los Bukis y Los Temerarios. Casi al mismo tiempo, el género norteño se desarrolló en los estados mexicanos del norte, como Sonora y Sinaloa, mezclando la cumbia colombiana y el corrido con otras influencias pop mexicanas y estadounidenses.

Las estrellas modernas del género norteño como Los Tigres del Norte y el Grupo Límite, a menudo comparten la popularidad con fans del género tejano interpretado por Intocable, Michael Salgado, Joel Nava y Jay Pérez. Los géneros tejano y norteño no tiene demasiada audiencia fuera del norte de México, el suroeste estadounidense, o las amplias comunidades mexicanas de California, Illinois y Nueva York, aunque una vez en Colombia conocí a un taxista al que le gustaban Los Tigres del Norte. El género produjo una intérprete decisiva a principios de los noventa, la cantante tejana Selena. Ella estuvo a punto de conseguir que el género fuera una música latina internacional, algo que podría haber cambiado la historia de la música latina para siempre.

Selena

Nacida en Corpus Christi (Texas) en 1971, Selena Quintanilla Pérez, en su breve vida, se convirtió en una de las figuras más celebradas de la historia del género tejano. En 1989, Selena y sus hermanos fundaron un grupo de tejano, incitados por su padre, Abraham Quintanilla, un rocanrolero mexicano-estadounidense frustrado. El grupo hizo sus primeros pasos tocando en restaurantes locales, clubes y festivales al aire libre, y se mantuvo en el circuito hispanohablante, aunque los integrantes eran mayoritariamente anglófonos. Tras ganar los premios del género tejano de 1987 a la mejor cantante e intérprete del año, Selena fichó con la discográfica EMI y editó su primer álbum en 1989. Su hermano, Abraham Quintanilla Jr., componía la mayor parte del repertorio del grupo, que también hacía versiones de cantantes como Juan Gabriel. Con poco más de veinte años, Selena grabó dos álbumes, *Entre a mi mundo* (1992) y *Amor prohibido* (1994), que fueron discos de oro, mientras que el tercero, *Live* (1993) alcanzó el platino.

Selena se había criado oyendo el pop estadounidense (ella sentía una gran afinidad con Donna Summer y Diana Ross), y a ella no le satisfacía la mera reproducción del sonido de cumbia de contemporáneos como La Mafia. Selena se puso a insuflar un acento diferente a su obra, como lo demuestran canciones como «Techno cumbia» y su reinterpretación de «Back in the Chain Gang» («Fotos y recuerdos») de los Pretenders, en *Amor prohibido*. Selena estudiaba español para comunicarse mejor con sus fans hispanohablantes, y antes de su muerte, empezaba a dominar el idioma en ruedas de prensa en México. El 31 de marzo de 1995, dos semanas antes de su vigésimocuarto aniversario, cayó abatida a tiros a manos de Yolanda Saldívar, la presidenta de su club de fans. Establecida ya como la reina indiscutible del género norteño, Selena había montado lo que hubiera sido su consagración. Editado en el verano posterior a su muerte, *Dreaming of You* era una obra ecléctica que incluía rhythm and blues, música disco, flamenco y una colaboración con David Byrne. En 1996 se estrenó *Selena*, una película basada en su vida, con dirección de Gregory Nava, y Jennifer López de protagonista, que irónicamente alcanzaría luego el sueño de traspasar mercados de Selena.

Gran parte del último álbum de Selena en español, *Amor prohibido*, se grabó en el típico estilo tejano minimalista de principios de los noventa, aunque hay indicios de una evolución sutil en su música. El tema del título es un clásico éxito de mercado de masas, que se queda en la memoria, flotando fácilmente al viento del verano desde las radios de la calle. Es pegadizo, y también una parábola sobre el amor y la clase social, que refleja las tendencias inmigratorias en el barrio, a la vez que en él resuena Romeo y Julieta. Aunque hay una tradición en el pop latino, análoga a la del rhythm and blues de los cincuenta y los sesenta, de tomar éxitos masivos y rehacerlos para las minorías, «Fotos y recuerdos» tiene tanta personalidad, que casi mejora el éxito de los Pretenders, «Back in the Chain Gang», inscrito en la línea de rock adulto. La interpretación de Selena hace que canciones como «Bidi bidi bom bom» y «Techno cumbia», que serían pegadizas, aunque para usar y tirar en manos de un intérprete medio, alcancen una visceralidad total. Llevando algo más allá su registro, Selena se convierte en una rockera arrojada en «Ya no», una canción que asimismo incorpora un avance del sonido que su novio Chris Perez utilizaría a finales de los noventa para obtener un Grammy a la mejor interpretación latina alternativa. La única cosa desagradable de *Amor prohibido* es saber que sólo significaba un paso hacia la mejor obra de Selena, que ya no pudo hacer.

Selena Quintanilla Pérez, una de las grandes figuras de la música tejana. En la imagen, recogiendo un disco de oro y otro de platino por su trabajo *Live*.

Tras la muerte de Selena, su hermano A. B. Quintanilla III, encabezó una fusión entre tejano, pop y hip hop, que se basaba en una oportuna postura de cultura fronteriza bilingüe. Con *Shhh* (2001), grabado con su grupo A. B. Quintanilla y los Kumbia Kings, y *4*, éxito de ventas en 2003, llegó más lejos de lo que Selena había conseguido en sus dos álbumes postreros. Tambaleándose entre el tema del título, con sabor rap matón y el baladismo pop adolescente de «Me enamoré», A. B. and the Kumbia Kings proyectan una actitud «dura por fuera» y «blanda por dentro». Más afines a grupos de merengue y hip hop como Fulanito, ya citado en este capítulo, que a sus equivalentes del género tejano, los Kumbia Kings tal vez alcancen algún día un público urbano en toda la nación. En *4*, de 2003, el grupo es aún más ecléctico, con un sencillo de éxito, «No tengo dinero», en el que figuran el grupo alternativo El Gran Silencio y el cantante pop Juan Gabriel.

Tex Mex, corridos, narcocorridos y banda

En el suroeste estadounidense, las historias de bandidos llegaron a ser una raíz importante de la híbrida cultura fronteriza mexicana de principios del siglo XIX. Ya que a los mexicano-estadounidenses se les había negado el derecho de adquirir propiedades y de establecer poder político, el bandidaje representaba, a la vez, un forma legitimada de protesta social y un símbolo del espíritu de un pueblo oprimido. Hombres como Gregorio Cortez, que asesinó a un magistrado a principios del siglo XX, y Joaquín Murrieta, un californio (mexicano residente en California cuando fue ocupada por Estados Unidos), fueron alabados en los corridos, o canciones populares, de inicios del siglo XX. Los corridos mexicano-tejanos sobreviven en el género tejano de Texas, y en el formato norteño del norte de México, y en general vehiculan algún tipo de mensaje antisistema que magnifica a la clase obrera y sus inquietudes.

Los «narcocorridos» son una forma contemporánea del corrido, canciones sobre el contrabando de droga y los peligrosos cruces por la frontera que han conformado la vida latina en California y el suroeste desde los años ochenta hasta la actualidad. Combinan de forma típica las animosas narraciones de pistoleros con ritmos festivos y coros tiernos que sonarían más adecuados en una boda con mariachi incluido. Fonovisa es la casa de las estrellas del corrido como Los Tigres del Norte, el Grupo Exterminador, y Luis y Julián. En un recopilatorio editado en 2001, *Corridos y narcocorridos*, el sello incluyó algunas de las canciones más importantes del género.

La recopilación de Fonovisa la inicia el tema «Contrabando y traición», grabado en 1972, y con toda probabilidad el primer narcocorrido. Bajo la dirección de los miembros fundadores Jorge, Raúl y Herman Hernández, que son hermanos, Los Tigres han estado juntos durante unos treinta y tres años, han vendido unos treinta y dos millones de discos y han sido candidatos a doce premios Grammy, siete de los cuales en años seguidos. Con las guitarras de ritmo jovial y los acordeones en primer plano, «Contrabando y traición» empieza la narración con un coche que cruza la frontera, con los neumáticos repletos de marihuana, y termina con una traición y un asesinato. No obstante, no toda la producción de Los Tigres canta las actividades ilegales. En *La jaula de oro*, de 1988, el narrador describe a un inmigrante que ha trabajado duro durante diez años y ha conseguido una vida estable, pero se enfrenta a la decepción de que sus hijos rechacen el español y nieguen su identidad mexicana. Los Tigres han cosechado un gran éxito con álbumes como *Unidos por siempre* (1996), *Así como tú* (1997) y *Herencia de familia* (1999).

En 2003, Los Tigres disfrutaron del raro beneficio de la sincronía comercial, cuando su álbum *La Reina del sur* se editó al mismo tiempo que una novela del mismo título, del escritor español Arturo Pérez-Reverte, encabezaba la lista de los libros más vendidos. En la primera página de la novela de Pérez-Reverte figura La Reina, una mujer dedicada al narcotráfico, que reflexiona sobre la muerte mientras escucha la famosa canción «Contrabanda y traición» de Los Tigres y el álbum del grupo se inicia con otra en homenaje a La Reina.

Lupillo Rivera es uno de los intérpretes que más vende en la escena de la música latina contemporánea. Nacido y criado en Long Beach (California), Rivera se destacó en 1992, con la pegadiza canción impulsada por la tuba, «Sustancias prohibidas», en la que el narrador se jactaba de que el gobierno no le podía atrapar por vender droga, porque había sobornado a la judicatura entera. Más tarde, Rivera prefirió cantar canciones con la bebida como tema: en *Sufriendo a solas* (2001) figuran «Siempre, siempre borracho» y «Nací borracho». En *Despreciado* canta «Copa tras copa». Con el acompañamiento de agitados arreglos de metal, el ligado estilo vocal de Rivera parece como si saliera de la mesa del fondo de una cantina repleta. En su álbum de 2002, *Amorcito corazón*, Rivera da un paso hacia la corriente principal, al incluir una versión de Juan Gabriel, «Se me olvidó otra vez».

Lupillo es el hijo de Pedro Rivera, y a decir de muchos, el productor del cantante, Chalino Sánchez, es la figura fundamental en la popularidad reciente de los corridos. En los conciertos del grupo de techno Nortec, residente en Tijuana, en ocasiones se puede ver la imagen de Sánchez en carteles serigrafiados. Nacido en Sinaloa (México), en 1961, Sánchez se vio obligado a trasladarse a Los Ángeles a los quince años de edad, tras asesinar al violador de su hermana, en una fiesta de la ciudad. En el sur de California, tuvo que pasar por trabajos mal pagados. Al final, en Tijuana asesinaron a su hermano, lo que hizo que su trágica vida pasara a la versos del narcocorrido.

Con un enfoque sin adornos, en contraste con el estilo interpretativo consagrado por Los Tigres, las canciones de Sánchez cuentan una historia en el lenguaje llano de la clase obrera, con acompañamiento de guitarras vibrantes y el ritmo binario de la polca alemana. Uno de sus temas clásicos, «El crimen de Culiacán», narra el sangriento final de dos hombres que habían asesinado a otro, por causa de una mujer. Pero el sino, al estilo de un corrido, de su propia vida desembocó en el final violento de Sánchez. En 1992, cuando empezaba a alcanzar cierta fama en California, se vio envuelto en una pelea a tiros, en plena presentación en un club. Cinco meses después, al parecer víctima de un asesinato inducido, se le encontró muerto en un canal de riego cerca de una autopista de Los Ángeles, en dirección norte.

Como si se tratara de demostrar el atractivo del narcocorrido entre la generación más joven, Los Tigres fueron protagonistas de un álbum titulado *El más grande homenaje a Tigres del Norte* (Fonovisa), en el que una nueva generación de rockeros mexicanos rendían homenaje a los citados héroes norteños. Maldita Vecindad ofrecía una versión, en ska acelerado, de «El circo», La Barranca desplegaba una guitarra atmosférica en una adaptación de «La banda del carro rojo», y Ely Guerra hacía gorgoritos en una interpretación, al estilo grunge y con tuba sampleada, de «La tumba falsa». También figuran los rapero-rockeros Molotov y el grupo de technodance Titan, y los astros alternativos latinos Café Tacuba entregan una vertiginosamente original «Futurismo y tradición».

La audaz nueva ola de la banda

Seguramente el más notorio y brillante de los géneros actuales de música de origen popular es la banda, un estilo que, al igual que el tejano, incorpora otros diversos géneros mexicanos. Fundamentalmente una música de baile, la banda la interpretan orquestas con mucho metal que provienen del estado norteño de Sinaloa. Aunque su origen está en las bandas militares, las características más destacadas de la banda son la utilización picante de las tubas, de un modo percusivo y los adornos abundantes por parte de los trombones, las trompetas y, en ocasiones, los clarinetes. Dichas orquestas, a menudo, cuentan con unos doce integrantes e interpretan la cumbia, el corrido, el bolero y son huapango. El grupo más famoso de la banda es seguramente la Banda El Recodo.

Fundada en 1951, la Banda El Recodo tuvo como primer director al clarinetista autodidacto Don Cruz Lizarraga. Después de trasladarse a Mazatlán (Sinaloa), firmó contrato con la RCA-Victor. Aunque grabó sus dos primeras canciones, «Mi adoración» y «El callejero» con un quinteto, no tardó en fundar la Banda El Recodo con su formación clásica de dos clarinetes, dos trompetas, dos trombones, caja y bombo. Lizarraga siguió al frente de la banda hasta su fallecimiento en 1995. El grupo continuó yendo de gira por México y Estados Unidos, bajo la dirección de sus hijos clarinetistas, Germán y Alfonso. Los discos de más éxito de la orquesta fueron *De parranda con la banda*, de 1997, y *No me sé rajar*, de

2002, en los cuales figuran aromas a ranchera y mariachi (el grupo grabó un homenaje a Juan Gabriel en 1997), además del realzado ritmo de tambora, esencial en el sonido del estilo de banda.

En los años noventa, un baile popular asociado con la banda, llamado quebraditas, consiguió un éxito enorme entre la comunidad mexicana de Los Ángeles. El baile incorpora unos pasos extravagantes, con un vaivén heterodoxo de la pareja, que parecen influidos por la lambada brasileña. Los éxitos mayores del estilo de banda son «Provócame» de la Banda Vallarta Show, y «Al gato y al ratón» de la Banda Machos. El CD de este último grupo, *Machos también lloran*, editado en 1993, destaca por la revitalización de los boleros-ranchera de Javier Solís. Los grupos del estilo banda se reconocen fácilmente por el uso del prefijo banda en su nombre, como la Banda El Limón y la Banda Maguey.

El de banda sigue siendo uno de los géneros más populares de la música regional mexicana, particularmente en la zona de Los Ángeles. La escena de baile de banda es tan competitiva e intensa como la escena neoyorquina de baile de salsa y sus seguidores realizan grandes esfuerzos para vestirse con sombreros enormes, vaqueros ajustados y botas, que representen el estilo de vida vaquero de Sinaloa. La popularidad del estilo de banda junto con el narco elegante que domina en el norte de México y que se refleja en el sur de California sigue alimentando la música mexicana y su escena.

Desde la primera edición de los Grammy Latinos en el año 2000, cuando el sello mexicano Fonovisa hizo una llamada al boicot a causa de la ausencia de intérpretes mexicanos en el espectáculo de entrega de premios, ha habido cierta polémica sobre la representación de la música mexicana, o sobre cuál es el lugar de la música mexicana en el marco general de la música latina. El boicot fue un desafío a la percepción de que para que se considere música latina de la corriente principal debe ser o bien «tropical», es decir, una variante de la salsa o el merengue, o bien «pop», según la definición de los creadores de éxito, con sede en Miami, como Emilio Estefan.

Aunque la música mexicana tiene unas ventas que suman algo más de la mitad del valor total en dólares de todas las importaciones de música latina a Estados Unidos, todavía no ha conseguido figurar en las categorías principales de Álbum Latino del Año o Disco del Año de los Grammy Latinos. Aunque el hecho pueda ser un reflejo de los prejuicios de los ejecutivos discográficos, los productores y creadores de opinión de la música latina, el hecho es que la música mexicana no ha traspasado sus fronteras nacionales para convertirse en una música latina internacional. Con todo, la creciente inmigración mexicana a nuevas zonas, como los estados sureños de Alabama, Oklahoma y las dos Carolinas, además de la ciudad de Nueva York, seguirá aumentando la popularidad de la música. No se sabe qué híbridos musicales futuros surgirán de dicho desarrollo continuado de la población mexicana, seguramente en el horizonte habrá otra Selena que pueda hacer de la música regional mexicana una potencia cultural que traspase las barreras de géneros.

nueve:

La historia oculta de los latinos y la influencia latina en el rock y el hip hop

El rock abarca música desde el soul, el final del espectro del rhythm and blues, hasta el rock de *riff* basado en la guitarra, que evolucionó desde el hard rock hasta el metal, el punk y la música alternativa, a menudo interpretada con una especie de energía en bruto, que algunos pueden calificar de sexual. Pero aunque a menudo se da por hecho que el rock es una creación puramente norteamericana, en casi cada capítulo de la historia y desarrollo del rock and roll ha habido una influencia latina. Podría ser algo tan intrínseco a la música como el ritmo, o simplemente una cuestión de preferencias por parte del consumidor, como fue el caso cuando la fidelidad chicana ayudó a conformar el mercado del rock en California en los años cincuenta y sesenta. Mucho antes de que existiera un movimiento como el rock latino, ya había músicos latinos en varios grupos de rock. Hoy en día mucha gente tan sólo tiene una vaga idea de la influencia latina en el rock y ninguna sobre las raíces latinas del rock, así que bien se puede hablar del asunto como la historia oculta de los latinos en el rock.

La influencia de la música latina en el rock se puede rastrear en diversas fuentes, principalmente de África, algunas procedentes del mundo islámico, y otras de las tradiciones afrocaribeñas y mexicanas fundadas en el Nuevo Mundo. Generalmente se asume que la música rock es una síntesis del blues afroamericano y el blues campestre, así como de tradiciones country y folk europeas y estadounidenses. Como sostenía John Storm Roberts en *Black Music of Two Worlds*: «no parece que en los tipos de blues haya la misma cualidad africana que de forma clara se ve en buena parte de la música caribeña». Para Roberts, el blues tiene una estructura armónica basada en la teoría europea, y la llamada y respuesta que caracteriza la música africana se transforma de un diálogo entre instrumentos rítmicos a una interacción entre el cantante y la guitarra. Si forzamos un poco las cosas, una influencia afrocaribeña directa sobre el rock deriva de la manera en que la interpretación de piano en boogie-woogie, un tipo de técnica *stride*, fue la base del blues pianístico. El rasgueado rítmico de la guitarra, característico del rock, parece reflejar la influencia islámica sobre la manera africana de tocar, aparte del evidente componente marroquí en la técnica de la guitarra española.

Aunque los citados son elementos básicos que, a través de las tradiciones africanas, pasaron a los afroamericanos, que crearon el blues, elementos fundamentales de la música latina, en especial el bajo afrocubano y los patrones percusivos, además de las técnicas de los tambores afrobrasileños y las armonías de la bossa nova brasileña, se incorporaron de forma directa a la música rock. Finalmente, las influencias mexicanas sobre la música country and western, la estructura del conjunto tex mex, y la formación de los mexicanoamericanos como un público masivo para el rock and roll tuvo un impacto considerable en el género, en los años cincuenta y sesenta, una época crucial para su evolución hacia una música hegemónica en el mercado de la música.

Las raíces latinas del rock and roll

Los orígenes del rock and roll se hallan, de manera diversa, en músicas populares estadounidenses de mitad del siglo XX, como el blues, el jazz, el jump blues y el rhythm and blues. Tras pasar a ser, a finales del siglo XIX, un mecanismo de enfrentamiento a las dificultades que entrañaba la vida de los afroamericanos de la época posterior al esclavismo, el blues es una forma única y original de música popular. Hay varios elementos del blues que lo apartan de la música latina o afrocubana: la estructura de doce compases, el uso de la repetición de los versos y el fenómeno de la *blue note*, con una disminución hacia la escala menor que no existe en la música afrocubana tradicional. Con todo, la mitología yoruba está presente en el blues primitivo, al menos en «Crossroads», la canción emblemática de Robert Johnson, que es una referencia, apenas velada, a Eleggua, el orisha que domina los cruces de caminos.

Aunque a casi cada paso de la evolución del blues desde su encarnación primera hasta el rock and roll, dicha música hereda una influencia latina o afrocaribeña significativa. La mezcla del blues con el ragtime y el jazz, iniciada por el pianista de Nueva Orleans, W. C. Handy, se logró en parte gracias al uso que hizo del ritmo de la habanera, que había estado presente en composiciones de ragtime desde la obra de Scott Joplin. El estilo de piano boogie-woogie o barrelhouse desarrollado en el Sur, en los años veinte, básicamente es un espejo del estilo de piano *stride* de Nueva Orleans, en el que dominan los ritmos cruzados, y los patrones de bajo paralelos a los tumbaos afrocubanos, se tocan con la mano izquierda, mientras que la derecha improvisa. El jump blues iniciado por Big Joe Turner y Louis Jordan tiene cimientos potentes del rhythm and blues y el boogie-woogie de Nueva Orleans, y la influencia del swing en el jump blues contenían las aportaciones de los músicos latinos como Mario Bauzá y Tito Puente.

Los antecedentes directos del rock and roll acusaron la influencia, en diverso grado, de la evolución de la música latina en Estados Unidos. El sonido del gigante del rhythm and blues, Fats Domino, tenía el sabor de Nueva Orleans, y el rockabilly, uno de los principales filones de la música de Elvis Presley, contenía un vestigio persistente del ritmo de la habanera. El ritmo de Bo Diddley, aunque muy probablemente derivado de los vestigios de las tradiciones musicales africanas en Suramérica, básicamente es una clave de son, y Buddy Holly también utilizó dicho ritmo en «Not Fade Away».

Se puede argumentar que la dinámica que creó el rock and roll es típica de la dinámica que creó la música afrocubana, en la que la influencia europea se mezcla con la tonalidad menor y las tendencias rítmicas en las tradiciones africanas para crear un tipo nuevo de música. De hecho, a través de su conexión con el piano *stride* de Nueva Orleans y el paralelo entre el acento fuerte en el tiempo débil —el segundo y cuarto tiempo del blues afroamericano— y la síncopa afrocubana, el rock and roll y la música afrocubana son primos lejanos.

En Latinoamérica, los híbridos entre la música africana y europea se filtraron ya desde el siglo XVII, especialmente en Cuba. Aunque en Norteamérica, la influencia de los afroamericanos sobre la música popular no se dejó notar hasta los inicios del jazz a finales del siglo XIX. (Las canciones populares de Stephen Foster, con su evocación de los *minstrels* y las canciones de trabajo derivadas de la esclavitud, y las canciones de bluegrass, influidas por el gospel, como las que se pueden escuchar en la banda sonora, ganadora de un Grammy, de la película *O Brother, Where Art Thou?*, adaptan las influencias africanas, principalmente en términos de melodía y de armonía más que de ritmo, de modo que dichas fusiones entre culturas no tienen tanto dramatismo, en comparación con la música afrocubana.) En dicha época las dos influencias mayores en la música popular de Estados Unidos eran el jazz y el blues.

Los ritmos afrocaribeños y el blues fueron tan fundamentales para el desarrollo del jazz, como lo fueron para el rhythm and blues y el rock and roll. Historiadores de la música teorizan que el fraseo y los patrones rítmicos afrocaribeños los adoptó rápidamente la música popular estadounidense, después que se extendieran desde Nueva Orleans hacia los estados sureños circundantes. Como señalaba el malogrado crítico musical Robert Palmer en un artículo de la revista *Spin*, aparecido en 1989, las influencias afrocubanas fueron un factor decisivo en cada una de las transiciones principales por las que pasó la música estadounidense, después de la Segunda Guerra Mundial, del swing al jazz moderno; del rhythm and blues al rock and roll, y del rhythm and blues al funk; de la convención musical con estrofas y estribillo a los desarrollos abiertos sobre un acorde. Cuando, a través del mambo, el bebop y el cubop, la síncopa de la música cubana aumentó el flujo regular del swing, dicha nueva sensación marcó un cambio en el pensamiento musical estadounidense.

Robert Palmer citaba las consideraciones que efectuó Mario Bauzá sobre la influencia que los Afro-Cubans de Machito y él habían ejercido en la música estadounidense, cuando Dizzy Gillespie aprendió las técnicas de ellos.

Hicimos cambios empezando por el fondo: el bajo, y la batería —declaraba Bauzá en una entrevista con Palmer—. Antes de que se pusieran a escucharla [a la orquesta de Dizzy Gillespie] en los cuarenta, todos los contrabajistas [de jazz] estadounidenses no tocaban más que el *walking bass* del dum-dum-dum, 1-2-3-4. Luego escucharon los tumbaos cubanos que tocaba «Cachao» y se pusieron a hacer da-da-*dat*, pausa, da-¡*dat!* Y los baterías [de jazz] estadounidenses igual. Tocaban ese swish-swish-swish-swish uniforme en el platillo *ride*, ¿sabe? Luego nos escucharon y la caja y los tom-tom se pusieron a hablar para adelante y atrás, como las congas y los bongós cubanos. Cuando se introdujo el bajo eléctrico, allá por 1957, el estilo que la gente desarrolló para dicho instrumento, el patrón, todo el sentimiento, era cubano.

El impresionante cambio en la base rítmica de las orquestas de jazz, que Bauzá describe en esencia —del ritmo cuadrado en 4/4 a la síncopa estratificada, que es la base de la música cubana— a la larga se infiltraría en el rhythm and blues y el rock. Y aunque en el jazz ya había influencias de la «llamada y respuesta» africana, gracias a sus orígenes en el blues, la influencia afrocubana conquistó la música afroamericana, convirtiéndose esencialmente en el ritmo por excelencia tras el rhythm and blues. Dicha combinación de música cubana con pop estadounidense, una mezcla afroeuropea, ya evolucionada, de estilos, llegó a crear híbridos aún más nuevos.

Iniciado por el guitarrista B. B. King, Otis Rush, y el pianista emblemático de Nueva Orleans, Professor Longhair, el estilo de *son-blues*, como lo denominaba Palmer, se identifica como un antecedente directo del sentimiento del bajo al estilo latino en las grabaciones de Little Richard, e incluso James Brown; los bajistas de ambos admitieron estar influidos por los discos de mambo. Con el término *son-blues*, Palmer alude a la manera en que un patrón de bajo de son en tresillos, básicamente una habanera que se remonta a la época del Septeto Habanero, se fusionó con el blues para formar un sonido nuevo, que se puede hallar en «Hey Little Girl» del pianista neorleanés Professor Longhair. Cuando el director de orquesta y compositor Dave Bartholomew traspuso la línea de bajo al saxo, en su grabación «Country Boy», de finales de los cuarenta, se formó la base de un estilo de jump blues, al que se denominó «the Big Beat». Los principales beneficiarios del Big Beat de Bartholomew fueron Fats Domino y Little Richard, que muchos consideran como los astros originales del rock and roll.

Los patrones de bajo con tresillos, que destacan de forma característica en «Blue Monday» de Fats Domino, «Lawdy Miss Clawdy» de Lloyd Price, la versión de 1954 de «Shake, Rattle, and Roll» de Bill Haley, y en «Slippin' and Sliddin'» de Little Richard, según Palmer, son en esencia los mismos patrones que se hallan en los discos de son de los años treinta y cuarenta. Palmer indicaba que «For Your Love», una canción compuesta por Graham Gouldman, de los Yardbirds, que luego versionaron los Bluesbreakers de John Mayall, incluía un ritmo de clave dominante, y acentos de batería, derivados de patrones de la conga cubana y el bongó.

El musicólogo Roy Brewer, en un artículo publicado en 1999, en la revista *American Music*, destacaba el uso del patrón rítmico de la habanera en el rockabilly. Brewer definía el rockabilly como «el híbrido de blues y country que se convirtió en rock & roll» o «el primerísimo estilo de rock-and-roll blanco, que mezcló el blues con la música country». Brewer asumía que muchos músicos de rockabilly no eran conscientes de la herencia afrocubana de la habanera, ni tan sólo de su misma definición, sino que más bien lo relacionaban con números, eróticos y exóticos, de striptease, fuente de aprendizaje del ritmo para ellos, junto con la influencia general de las orquestas de baile de Nueva Orleans, el boogie-woogie y el jump blues. En rockabilly, además del boogie-woogie y el jump blues, en general era la mano izquierda del pianista la que tocaba la habanera en tresillos, o si no el contrabajo o el saxo.

Brewer señalaba que Elvis Presley empezó a utilizar un ritmo de habanera sincopada como el patrón rítmico fundamental y continuado en la sesión de grabación para la RCA de «Hound Dog», en 1956, en Nashville. La canción, que empezó a difundirse como una canción excéntrica, pero que al final se convirtió en una de las canciones más solicitadas en las actuaciones en directo de Elvis, fue una interpretación a tumba abierta por parte del grupo del cantante, tras que éste les estimulara para que encontraran nuevas formas de tocarla. Brewer observó que durante la actuación de Presley en el programa televisivo de Milton Berle, de junio de 1956, el guitarrista, Scotty Moore, el bajista Bill Black y el batería D. J. Fontana, interpretaron una figura de habanera a un tempo muy lento y provocador que animó a Elvis a exagerar sus contoneos de cadera, lo que escandalizó a la mayor parte del público espectador de más edad. «Tal vez a causa de su controvertida aparición televisiva —sostenía Brewer—, los productores de Presley no siguieron aprovechando el patrón de habanera en sus posteriores grabaciones, a pesar del éxito arrollador de "Hound Dog".»

En discos posteriores, la habanera empezó a desaparecer de los temas de Elvis. El éxito que vino tras «Hound Dog» fue «Jailhouse Rock», que estaba «impulsado a base de subdivisiones formales de corcheas, más que por ritmos de boogie-woogie o latinos». Como observó Brewer: «la habanera la interpretaba Scotty Moore (en un registro de cuerda disminuida) en la introducción de "Don't Be Cruel", aunque el impulso rítmico del resto de la grabación cambiaba a un ritmo de *shuffle*, a cargo del piano y el coro de acompañamiento». A finales de los cincuenta, a los rastros de habanera los sustituyeron otros ritmos de forma total, y Moore y Black desaparecieron progresivamente del influyente grupo de Presley. Cuando el rock surgió del fin del auge del rockabilly, sus músicos prefirieron una estructura rítmica más convencional, que finalmente quedó codificada en los ritmos formales de «The Twist» de Chubby Checker, en 1960.

Aunque a pesar de esta aparente huida de la síncopa, la influencia latina en el rock persistió. Uno de los ambientes más importantes en los que se mantuvo viva fue el de las muchas canciones compuestas por los autores del Brill Building de Nueva York. Entre los mejores compositores del Brill Building, influenciados por Tin Pan Alley, que estuvieron en pleno auge en los sesenta, figuraban Gerry Goffin, Carole King, Barry Mann, Cynthia Weil, Jerry Leiber, Mike Stoller, Jeff Barry, Ellie Greenwich, Doc Pomus y Mort Shuman. Dichos autores compusieron canciones para conjuntos como los grupos femeninos de las Shangri-Las, las Ronettes y las Dixie Cups, y para Connie Francis, Neil Sedaka, los Drifters y los Righteous Brothers. Como indicó el crítico Ken Emerson en el *New York Times*: «los compositores del Brill Building enriquecieron el rock'n'roll, en principio la música de mestizaje entre los negros y los protestantes blancos, con un toque judío, un ritmo latino y una voz chillona para las mujeres». El Brill Building estaba a algunas manzanas de distancia del Palladium, la capital del universo de la música latina de los años cincuenta.

Según Emerson, el *baião* brasileño fue la base de las canciones que Jerry Leiber y Mike Stoller produjeron para los Drifters y Ben E. King, tales como «Under the Boardwalk» y «Stand by Me». Canciones de los Isley Brothers (el *vamp* de piano de «Twist and Shout») y de las Dixie Cups (las palmas y la percusión de fondo de «Iko Iko») tenían una clara influencia de los ritmos latinos. Carole King, una compositora del Brill Building, que posteriormente se convirtió en estrella por derecho propio, puso unas influencias latinas evidentes en «Will You Still Love Me Tomorrow?», grabada por las Shirelles y compuesta en colaboración con su marido, Gerry Goffin. Los compositores y arreglistas del Brill Building llegaron a influenciar incluso a los Beatles, que versionaron «Twist and Shout» y utilizaron ritmos latinos en «And I Love Her». Y la época actual de la música rock y pop sería difícil de imaginar sin la presencia de los Beatles.

A mediados de los sesenta, las raíces africanas del rock se reafirmarían con el funk, resultado de la mezcla entre el jazz, el rhythm and blues y el rock. Originado tal vez por los clásicos de jazz afrocaribeño «Watermelon Man» y «Afro Blue» de Mongo Santamaría, el funk llegó a ser importante en el rock, principalmente gracias a que adaptó las técnicas latinas, como la polirritmia sincopada en el bajo eléctrico y fomentó las estructuras rítmicas libres y la improvisación amplia. El término funk sugiere un contacto terrenal y una autenticidad rústica que evoca un enfoque afrocéntrico del rhythm and blues, el jazz y el rock. Las grandes estrellas de la música funk, James Brown, Sly Stone y los grupos Parliament y Funkadelic de George Clinton, se abonaron a dichos elementos esenciales del funk. Son los mismos elementos que del funk pasaron a lo que muchos consideran como el hijo bastardo: la música disco.

La presencia latina en el rock and roll

Aunque es evidente que, en el rock and roll, existió una adopción de elementos de la música latina, de manera muy notable, los latinos que vivían en Estados Unidos, también participaron en el género de forma directa. La influencia de los latinos en el rock and roll empezó prácticamente al mismo tiempo que la propia música empezaba a desarrollarse, allá por los años cuarenta. En la Costa Oeste, los grupos mexicanoamericanos, sobre todo los Pachuco Boogie Boys de Don Totsi, y Lalo Guerrero y Sus Cinco Lobos, se enfrascaban, de manera activa, en fusiones de mambo y boogie-woogie, en canciones como «Pachuco Boogie» y «Muy sabroso Blues». En los primeros años cincuenta, los puertorriqueños de Nueva York compartían las mismas esquinas con los afroamericanos y demás grupos étnicos que colaboraron a crear la música doo-wop; por ejemplo, en Frankie Lymon and the Teenagers figuraban dos integrantes puertorriqueños, Joe Negroni y Herman Santiago.

Los chicanos de la Costa Oeste adoptaron a intérpretes afroamericanos de doo-wop como Johnny Ace y los Drifters y formaron grupos propios, que mezclaban rhythm and blues, doo-wop y rock and roll, entre los que destacó el cantante de doo-wop Little Julian Herrera. La fusión cultural que produjeron los mexicanoamericanos en California y el Suroeste conduciría a la escena de rock dominada por latinos, de mayor duración en Estados Unidos, y dio como resultado varios grupos chicanos, e influyó de manera decisiva el desarrollo del rock de garaje californiano en los sesenta, y el punk rock de Los Ángeles de finales de los setenta.

El aprecio del doo-wop y el rhythm and blues por parte de los chicanos, es uno de los factores en la creación del público rocanrolero en la California de los cincuenta. El libro de David Reyes y Tom Waldman *Land of Thousand Dances* narra la historia de los grupos raciales mixtos del Sur de California que, a veces, estaban liderados por chicanos. Según Reyes y Waldman, los grupos afroamericanos de doo-wop como los Penguins, los Five Satins, y los Brothers of Soul atrajeron el apoyo del público chicano de manera decisiva, y cantantes solistas como Tony Clarke y Brenton Wood convocaron, de forma activa, a seguidores mexicanoamericanos. «Hey Señorita», de los Penguins, y «Pachuko Hop», de Chuck Higgins, grabadas ambas por intérpretes afroamericanos, eran canciones que se referían a la cultura e idioma chicanos.

El obvio punto de partida de la historia del rock latino de la Costa Oeste es el sencillo de éxito de 1957, «La Bamba», que catapultó a Richard Valenzuela, o lo que es lo mismo, a Ritchie Valens, al éxito. Valens fue un rockero relativamente americanizado al que, más que nada, le interesaba el rock de la corriente principal, el doo-wop y el country and western, hasta que descubrió su yo mexicano en un viaje a Tijuana. Tras desenterrar, de la tradición folklórica mexicana, los orígenes de «La Bamba», Valens incorporó el elemento básico de la música latina, el tumbao afrocubano en la música pop estadounidense, además de cantar en español. «La Bamba» se basa en el son jarrocho mexicano, originario de Veracruz, una de las pocas zonas de México que tienen una influencia africana y afrocubana significativa. «La Bamba» tiene el mismo *vamp* que se puede escuchar en «Twist and Shout».

Valens fue el primer cantante latino, nacido en Estados Unidos, que grabó un éxito de rock de la corriente principal en español, y reflejó los gustos políglotas de los mexicoamericanos en la California de los años cincuenta. Una canción de Valens como «Come On, Let's Go» era el tipo de rockabilly, entrelazado con habanera, todavía popular en la época; las versiones que realizó Valens de «Framed», de Leiber y Stoller, (grabado primero por los Coasters) y «Bluebirds Over the Mountain» (del cantante de country and western Ersel Hickey) constatan un amplio registro de influencia musical. Bob Keane, propietario del sello para el que grababa Valens, tuvo en cuenta que Ritchie era el único intérprete de la época, que podía incluir dichos géneros, aparentemente contrarios, en un mismo álbum. «La Bamba» no hubiera tenido el éxito enorme que tuvo, si los fans de Valens no le hubieran seguido escuchando, por culpa de sus primeros éxitos «al estilo doo-wop», como «Donna». Ritchie Valens falleció en un accidente de aviación, en 1959, tras ofrecer un concierto con dos de los astros del rock más grandes de la época, Buddy Holly y The Big Bopper, que también murieron en el accidente. Tras la desaparición de Valens, la discográfica Del-Fi, de Keane, se convirtió en uno de los sellos principales para el desarrollo de la música surf; el empresario discográfico también promovió la carrera de Bobby Fuller, natural de El Paso (Texas), cuyo «I Fought the Law» incorporaba un poco de ritmo de habanera, además de influencias de tex mex y country and western.

Los mexicanoamericanos ejercieron un efecto sutil en la evolución de la música rock. La tradición del corrido en Texas dio vida a la condición narrativa de los intérpretes de folk y country and western. Woody Guthrie compuso sus *Dust Bowl Ballads*, en pleno viaje por Texas y el Suroeste, a finales de los años treinta. A finales de los cincuenta, los «conjuntos» tejanos empezaron a utilizar el órgano Farfisa en lugar del obligado acordeón. Entre los éxitos representativos de los cuarenta principales, producidos por grupos chicanos de rhythm and blues, a finales de los cincuenta y principios de los sesenta, el mejor fue la versión de «Land of Thousand Dances», de Cannibal and the Headhunters, una canción compuesta por Fats Domino y Chris Kenner que hizo célebre el ídolo del rhythm and blues, Wilson Pickett.

Cannibal and the Headhunters eran de Los Ángeles Este, el crisol indiscutible de la cultura rock chicana y mexicana de California. Constituidos por los cantantes de clase obrera, Robert Jaramillo (alias «Rabbit»), Richard López («Scar»), Jaramillo («Yo-yo») y Frankie García («Cannibal»), los Headhunters se inspiraron en grupos de rhythm and blues como los Miracles, el prototipo de la Motown de primeros de los sesenta. La enorme popularidad que consiguieron

Una fotografía de Ritchie Valens
en 1959, poco antes de su
fallecimiento en un accidente
de tráfico ese mismo año.

los Headhunters les llevó a ir de gira en un espectáculo de la Motown, actuaciones en populares programas televisivos como «Hullabaloo» y «Shindig», y a actuar de teloneros de los Beatles, en 1965, en su gira estadounidense más célebre, iniciada en el Shea Stadium de Nueva York y terminada en el Hollywood Bowl. Sin embargo, eso fue a lo máximo que llegaron los Headhunters, y a finales de los setenta, quedaron relegados al circuito de viejas glorias.

Los rockeros chicanos de California, Chan Romero y Chris Montez también jugaron un papel en los primeros años del rock and roll; sus canciones «Hippy Hippy Shake» y «Let's Dance» las grabaron y versionaron figuras fundamentales de la historia del rock. A Romero, que era de Billings (Montana), y se había trasladado a Los Ángeles de niño, se le empujó al escenario, en la estela de la muerte de Ritchie Valens, porque los promotores le vieron como un sustituto posible. Bob Keane, el manager de Valens, hizo firmar a Romero un contrato discográfico, y el cantante terminó por grabar en el mismo estudio, con los mismos músicos y en el mismo sello que su ídolo. En 1960, Chan Romero realizó una importante gira nacional con Jerry Lee Lewis, y su canción «Hippy Hippy Shake» la grabaron los Beatles durante su estancia en Hamburgo, en 1962.

El sencillo de éxito de Chris Montez, «Let's Dance», llegó al cuarto puesto de las listas pop nacionales en 1962, y disfrutó de un nivel de éxito parecido al de los temas pop de inicios de los sesenta, como «Land of Thousand Dances» y «The Twist», en la época anterior a las discotecas. Nacido en Los Ángeles, en

1943, estudió en la Hawthorne High School al mismo tiempo que Brian Wilson, de los Beach Boys. Montez salió de gira en 1961, junto a grandes figuras del rhythm and blues como Sam Cooke, los Drifters, Smokey Robinson y Screamin' Jay Hawkins, y en 1963, estuvo de gira en Inglaterra, al lado de los aún relativamente desconocidos Beatles. La versión que, en 1976, hicieron los Ramones de «Let's Dance», fue una de las más influyentes del punk rock jamás grabadas, en gran parte porque lograba la misión del punk de recobrar las raíces del rock.

Otro grupo chicano del sur de California fueron Thee Midniters, una banda de rock y soul de Los Ángeles Este, que también triunfó con una versión de «Land of Thousand Dances». Formados en torno al guitarrista George Domínguez y el carismático canto de Little Willie G., Thee Midniters tenían un sonido ronco, entre los Rascals y los Beach Boys, el doo-wop y el rock de garaje. El grupo se dejaba influir por todo, del jump blues, el jazz y el rock, hasta la guitarra clásica española y los boleros mexicanos. «Whittier Boulevard», el himno de una célebre avenida, para pasear en coche, de Los Ángeles Este, tenía todas las características de la época: guitarras gimientes que evocan a quienquiera que sea, de los Yardbirds a la Velvet Underground y la música rock indie de la actualidad; un órgano Vox psicodélico; y una sección de metal completa al estilo del rhythm and blues de Wilson Pickett. Tras unos cuantos álbumes y una interesante desviación hacia la conciencia social con el sencillo «Chicano Power», el grupo se disolvió a principios de los setenta, aunque su legado (en parte sentido comunitario, en parte rock and roll) se nota en la obra de los Lobos.

Thee Midniters y otros grupos chicanos como los Blendells, los Premiers, Tierra y El Chicano tuvieron un impacto relativamente menor, y consolidaron el público de la música rock en el sur de California, en una época en que las escenas regionales tenían gran número de seguidores. El mismo público no tardaría en dar apoyo a la música surf (en algunos grupos del género, como los Champs, figuraban integrantes latinos), aunque no se produjeron muchas conexiones musicales formales, aparte de los elementos latinos del rockabilly que, junto con la invasión británica, fue el precursor fundamental del sonido evolucionado del rock de los sesenta.

«Louie, Louie», una canción citada, frecuentemente, como portadora de la esencia de la energía primitiva del rock, fue otro momento fundamental en la historia del género, gracias a las influencias latinas de la misma. La versión más famosa de la canción la realizó un grupo de Seattle llamado los Kingsmen, en 1963, aunque la composición está acreditada a Richard Berry, un afroamericano licenciado de la Jefferson High School, de Los Ángeles Centro-Sur, a principios de los cincuenta. Berry era un cantante de doo-wop y rhythm and blues, que fue el solista no acreditado de «Riot in Cell Block # 9», de Leiber y Stoller, grabado por los Robins, un grupo que después se convertiría en los Coasters. En entrevistas publicadas, Berry ha declarado que, en 1956, en pleno proceso de componer «Louie Louie», se basó en la progresión armónica de «Loco Cha Cha» del cubano René Touzet. De hecho, en el plan original de Berry para grabar la canción se incluía el uso de timbales y congas, pero el productor se lo desaconsejó.

La mezcla étnica del grupo de rock de Berry, los Soul Searchers —negros, latinos y filipinos— no era tan extraña en el sur de California. El desaparecido rockero vanguardista, Frank Zappa, cuyo álbum de 1968, *Cruising With Ruben and the Jets* es un homenaje a la escena de doo-wop del sur de California, empezó su carrera en varios de dichos grupos. Uno de ellos eran los Soul Giants, en el que figuraba el bajista mexicanoamericano Roy Estrada y el baterista indioamericano Jimmy Carl Black, ambos presentes en *Cruising* y en *Freak Out!*, el primer álbum de Zappa, editado en 1964 y reconocido como el primer disco de rock de vanguardia. Asimismo se rumorea que Zappa le había robado dinero a su padre para comprar una entrada para el concierto de Ritchie Valens en El Monte Legion Stadium. En las notas de contraportada de *Cruising with Ruben and The Jets*, se encuentra impresa la frase: «El Pachuco de hoy en día se niega a morir».

El legado dejado por Ritchie Valens y los rockeros chicanos de principios de los sesenta, está en la raíz de toda una rama de la historia del rock estadounidense, la que muchos consideran como el estilo «hágalo usted mismo» más auténticamente «americano». El rock adoptó la música afrocubana a través del rockabilly, el rhythm and blues y el funk, en gran parte sin la participación de auténticos músicos latinos. Aunque los géneros que se popularizaron de principios a mitad de los sesenta, como el frat rock, el party rock y el rock de garaje y, posiblemente, la música surf, todos los estilos que precedieron o siguieron inmediatamente a la época de los Beatles y la invasión británica estaban, al menos en parte, basados en la cultura híbrida mexicanoamericana que ya había adoptado la música afrocubana a través de la época del mambo en México, en los años cincuenta.

Un ejemplo clásico de los primeros tiempos de la influencia mexicanoamericana se produjo en la forma de «Tequila» de los Champs, que llegó a la fama nacional en 1958. El grupo incluía al saxofonista Chuck Rio (cuyo nombre verdadero era Daniel Flores), un músico natural de Texas, cuya característica cualidad tex mex o «tejano», que no era más que la interpretación de un tumbao afrocubano, era la esencia de la canción. La asociación de «Tequila» con el actor cómico Pee Wee Herman, hizo al tema sinónimo del frat rock (o «rock de fraternidad»), un género rock muy poco exigente, relacionado con las fiestas de las fraternidades universitarias, que suprimía la esencia latina que fue más apreciada en los sesenta, cuando la música rock tenía una audiencia más amplia. La asociación de la música latina o tropical con el frat rock seguramente surge de la popularidad de sitios como Tijuana y Cancún, en México, como lugares de descanso, en primavera e invierno, de las fraternidades universitarias.

Ya que canciones como «La Bamba» y «Come On Let's Go» de Valens versionadas por los Ramones, y «Let's Dance» de Chris Montez y «Hippy Hippy Shake» de Chan Romero son el elemento principal de lo que los puristas de las raíces del rock consideran como esencial, lo que se conocería como rock de garaje habría sido inconcebible sin la influencia mexicanoamericana. No hay más que analizar los participantes de la antología *Nuggets*, considerada como la biblia del rock estadounidense de garaje, para encontrar lo siguiente: The Chocolate

Watch Band, que aporta «Let's Talk About Girls», tenía dos miembros latinos, Dave Aguilar y Bill Flores; los Five Americans, que consiguieron un éxito entre los cinco primeros de las listas con «Western Union», tenía dos mexicanoamericanos, Mike Rabon y John Durrill, como compositores principales; y el Syndicate of Sound, que hizo «Little Girl», tenía un bajista latino, Bob González.

En el panteón del rock de garaje existe una participación mexicana y latina. A «You're Gonna Miss Me» de los Thirteenth Floor Elevators, la propulsaba un ritmo de clave y el grupo incluía un bajista mexicanoamericano, Dan Galindo. En 1966, Los Bravos, un grupo español, obtuvo un éxito casi monstruoso, de la noche a la mañana, con el seminal «Black Is Black». Una recargada voz de estilo pop y rhythm and blues, un órgano metálico y unas guitarras arrolladoras afianzaban a los Bravos, que en Estados Unidos fueron tomados por error, frecuentemente, por un grupo de la invasión británica, debido a su residencia en Europa. Otro grupo que se convirtió en uno de los preferidos de los aficionados al garaje fue Los Mockers, que procedían de Montevideo (Uruguay), y que interpretaban lo que parecían parodias sin manías de los Beatles y los Rolling Stones. El álbum de 1996, con el nombre del conjunto por título y primero de su carrera, se reeditó en 1994 por Get Hip, un sello estadounidense.

El rock de garaje no se puede entender fuera de sus orígenes sencillos, precisamente en garajes, interpretado con los instrumentos que se tuvieran a mano. Aunque los mexicanoamericanos no tenían el monopolio de la situación económica desventajosa, su relativa incapacidad para comprar instrumentos caros les puso en el mismo terreno que la clase obrera estadounidense. Tradicionalmente la música mexicanoamericana se caracteriza por una flexibilidad para, de todas formas, utilizar los instrumentos más a mano. En los años posteriores a la Segunda Guerra Mundial, los conjuntos de corridos de Tejas y el norte de México empezaron a aumentar el instrumento básico del corrido, el acordeón, con el órgano. En aquella época, los conjuntos se ampliaban, e incorporaban instrumentos adicionales eléctricos y de metal, en un intento de parecer modernos y escapar del estigma de pobreza ligado al acordeón, que empezó a figurar en contextos «tejanos» en los cincuenta y sesenta.

Por el contrario, el uso generalizado del órgano en la música mexicanoamericana, bien podía haber conducido a su uso en el rock de garaje. Los conjuntos mexicanoamericanos utilizaban órganos Farfisa que tenían un sonido metálico y pegadizo, que al final llegó a identificarse con el rock de garaje y que, hoy en día, se ha elevado a un estatus de exaltación entre los rockeros.

Dos de las primerísimas superposiciones entre la música de conjunto de Texas, la invasión británica y el rock de garaje están implicados Doug Sahm, un anglosajón residente en San Antonio, líder de un grupo en el que figuraba el legendario acordeonista tejano Flaco Jiménez, y ? and the Mysterians, un grupo de la zona de Detroit, que grabó el primer clásico del rock de garaje. El grupo de Sahm, llamado The Sir Douglas Quintet, lanzó una canción en 1965 llamada «She's About a Mover», con un característico *riff* de órgano, de sonido pegadizo, proporcionado por Augie Myers. El nombre extravagante que Sahm eligió para su grupo, indujo a muchos a pensar que se trataba de un grupo de la invasión británica.

Un año después, «96 Tears», de ? and the Mysterians, con su órgano estridente en primer plano, que dominaba la melodía, se convirtió en un clásico al instante. Los Mysterians, que se llamaban así por una desconocida película de ciencia ficción, eran mexicanoamericanos, hijos de campesinos emigrantes, que se habían trasladado a Michigan, desde Texas y el norte de México. El grupo grabó «96 Tears» para un sello de música en español, Pa-Go-Go, aunque al final consiguieron una distribución nacional, a causa de la enorme popularidad local y de su ritmo contagioso y propulsor. El cantante solista del grupo, ? (alias de Rudy Martínez), todavía seguía en activo en 2003, y con frecuencia, actuando con máscara y gafas de sol, por su carácter excéntrico. El grupo lo formaban Frank Rodríguez Jr. al teclado, Larry Borjas a la guitarra, el batería Robert Martínez, y el guitarra solista Bobby Balderrama. «96 Tears» utiliza el órgano como instrumento de percusión, al igual que la música afrocubana, y construye una apoteosis melancólica y de otro mundo, en especial cuando se combina con el canto misterioso de Martínez. La música de los Mysterians parecía decir que, en tanto que mexicanoamericanos, se sentían como extranjeros.

Otros defensores del sonido Farfisa eran Sam the Sham and the Pharaohs,[5] que estaban a caballo entre el rock de garaje y el tex mex. Dirigido por el cantante Domingo Samudio, el grupo fue célebre por el impacto de su «Wooly Bully», de 1965, lo que colaboró en la introducción de los ritmos tex mex en el rock and roll de la corriente principal. Samudio definió su estilo interpretativo como mitad español y mitad anglosajón, y buena parte del resto de integrantes del grupo eran angloamericanos. Con la introducción de Sam, que contaba «uno, dos, tres, cuatro», «Wooly Bully» es otra canción, con dominio del órgano eléctrico, cuyo ritmo latino, transferido al teclado, creaba un sonido de boogie-woogie, que era una irresistible música de baile. Después de disolver el grupo en 1967, Domingo Samudio decidió cambiarse el nombre por el de Sam Samudio, y tuvo un éxito más modesto con la maliciosa «Li'l Red Riding Hood». Más tarde colaboró con Duane Allman, de los Allman Brothers, en un fallido proyecto en solitario y compuso la música para la película de Jack Nicholson, *La frontera*, antes de convertirse en un predicador callejero en Dallas. A finales de los noventa, Samudio regresó a los escenarios para giras de revival con los miembros supervivientes de los Pharaohs.

El sonido de San Antonio estuvo a caballo del rock and roll y una música más tradicional, cuya punta de lanza fueron el Sir Douglas Quintet y Sam the Sham and the Pharaohs. El estilo lo revitalizó, en los ochenta, Joe «King» Carrasco, que tuvo sus quince minutos de fama, al tocar junto a conjuntos punk del CBGB neoyorquino, como los Ramones y Television. La rama tex mex de Sham también abarca a intérpretes mexicanoamericanos como el cantante y guitarrista Freddy Fender y Flaco Jiménez, que a finales de los noventa grabaron álbumes

---

5. A los que en España se les cambió el nombre por el de Pharaons, seguramente por ser de pronunciación más fácil. *(N. del T.)*

nostálgicos con los rockeros mexicanoamericanos Los Lobos (véase más adelante) bajo el nombre de Los Super Seven.

El *Flor Power*

Cuando el rock llegó a su fase psicodélica, de mediados a finales de los sesenta, no parecía sintonizar con la influencia latina, y si lo hacía, era de forma disimulada. Éxitos de pseudo-bugalú como «Hey Leroy, Your Mama's Callin' You», de 1967, de Jimmy Castor, de modulación afrocaribeña, y la versión de los Blues Magoos de «Never Goin' Back to Georgia» de Tito Puente, de 1969 tuvieron mucho éxito. (El álbum entero de los Blues Magoos, *Never Goin' Back to Georgia* abrió un nuevo sendero para el sonido psicodélico impulsado por el órgano Farfisa del grupo, representado por «(We Ain't Got) Nothin' Yet», de 1967. Tenía un potente sentimiento afrolatino, y en los créditos se mencionaba a un «director» llamado «Tito».)

De los armónicos de flamenco de «Back Again» de Love (que Chris Perez, el marido de la malograda Serena, versionó en un álbum de 1999) hasta «Break On Through (To The Other Side)», de los Doors, una extraña superposición de bossa nova y ritmo afrocubano, los músicos de la contracultura estadounidense de finales de los sesenta se apropiaron de elementos latinos, con vistas a efectos superficiales o sintéticos. La lujosa y frenética introducción de órgano (un vestigio del sonido de órgano Farfisa del rock de garaje) de «Light My Fire» componía lo que parecía ser un tumbao afrocubano. La versión blues, con inflexiones de bolero, por el cantante puertorriqueño ciego, José Feliciano, exploraba las raíces latinas enterradas de la canción. (En 1968, en la Serie Mundial de Béisbol de Detroit, Feliciano fue el primer músico, mucho antes que Jimi Hendrix, en interpretar una versión controvertida y con tintes rockeros de «The Star-Spangled Banner».)

Una rama importante del pop de los sesenta que acabó por influir enormemente tanto en la psicodelia como en el folk-rock fue el movimiento folk de los cafés de Greenwich Village, a principios de los sesenta. La escena de la que salieron cantantes como Bob Dylan recibió una gran influencia por parte del matrimonio compuesto por Richard y Mimi Fariña, ambos con parciales raíces hispánicas. Richard era el hijo de un emigrante cubano y una irlandesa, y Mimi, que era hermana de la cantante, y en una época compañera sentimental de Bob Dylan, Joan Baez, tenía ascendencia mexicana y escocesa. Aunque pueda parecer que no haya influencias latinas en la música del matrimonio, su estilo compositivo, que desarrollaron juntos en 1964, era polirrítmico e incluía improvisación entre la guitarra y el dulcimer, características que aluden a las raíces hispano-arábigas de la cultura latina. Un artículo de la revista *Rolling Stone*, de 1971, citaba a Brian Jones, el integrante de los Rolling Stones, declarando que utilizó el dulcimer en el sencillo de éxito «Lady Jane», inspirado por Fariña.

La cultura hippy de la contracultura californiana expresó su nostalgia por los indios norteamericanos, aunque rara vez conectó con el movimiento chicano de los sesenta, en pro del reconocimiento de las raíces indígenas. Sin embargo, fue constantemente fiel a Jerry Garcia, de los Grateful Dead. Nacido en San Francisco, en 1942, Garcia sólo era mitad español, pero el simbolismo de su grupo reflejaba las raíces mexicanas de California (el Día de los Muertos es uno de los días del calendario mexicano, de mayor importancia espiritual). Si se juzga por el primer álbum del grupo, de 1967 y titulado con su nombre, el sonido de los Grateful Dead tiene sus raíces en el rock psicodélico y de garaje que floreció en el Oeste y el Suroeste; en muchas de las canciones del álbum figura el frenético sonido de órgano metálico de dicho ambiente. Aunque la mayor parte de la obra de los Dead, desde su primitiva improvisación psicodélica, hasta el giro de los setenta hacia un country y bluegrass electrificado, se basaba en estilos norteamericanos, varias de las canciones más populares del grupo (y en especial las preferidas en directo) tenían fuertes influencias latinas. La versión de «Not Fade Away» de Buddy Holly, saca claramente a la superficie el ritmo de clave de Bo Diddley, y canciones como «Good Lovin'», «Uncle John's Band» y «Sugar Magnolia» se basan en ritmos afrocubanos.

Santana llegó a ser un grupo de rock psicodélico quintaesencial del San Francisco de los sesenta, gracias a la comprensión del blues por parte del guitarra solista Carlos Santana, y al potencial psicodélico de la guitarra eléctrica. Aunque Santana fue más allá, gracias a la amistad de Carlos con partidarios de la música afrocubana, residentes en Oakland, como Pete Escovedo, padre de la intérprete pop y ex acompañante de Prince, Sheila E., y «Chepito» Areas, que incorporaron con éxito los ritmos afrocubanos en la música del grupo. Carlos Santana nació en 1947, en el pueblecito de Autlán. En 1955, su familia se trasladó a la ciudad fronteriza de Tijuana, en donde Carlos aprendió la guitarra de blues. En 1961, se mudó a San Francisco, donde llegó a formar parte de la escena rock emergente, y donde formó la Santana Blues Band en 1966. El descubrimiento de Santana llegó en 1969, con su primer álbum, en el que figuraban éxitos como «Evil Ways», de tinte bugalú, y «Jingo», con sabor de rumba. Tras su legendaria aparición en el festival de Woodstock de 1969, Santana se colocó a la altura de los héroes de la guitarra Jimi Hendrix, Eric Clapton y Frank Zappa. La versión de Santana del mambo «Oye cómo va», de Tito Puente, un sencillo que se colocó entre los veinte primeros en 1969 y una de las canciones más célebres de Santana, llevó de manera brusca uno de los sonidos dominantes de los cincuenta al corazón de los setenta. Santana no tan sólo tuvo éxito entre los públicos del rock ácido y del pop, sino que también entre los latinos estadounidenses atrapados entre el destino malogrado del bugalú y el comienzo de la edad de oro de la salsa.

Santana estuvo asimismo en el centro de otra revolución musical de los setenta: el jazz-fusión. Como Hendrix, Santana gravitó hacia ex integrantes de los grupos clásicos de Miles Davis, como el guitarrista John McLaughlin, el teclista Herbie Hancock y el saxofonista Wayne Shorter. Mientras que las rumoreadas sesiones de

Hendrix con Miles Davis no se materializaron nunca, la versión de Santana del tema del título del álbum de Miles Davis, *In a Silent Way*, que se publicó en el compilatorio de 1972, *Fillmore: The Last Days*, es un clásico de la época. Su colaboración de 1972, con el ex miembro del grupo de Davis, John McLaughlin, *Love Devotion Surrender*, inspirada por la pertenencia de los guitarristas a la secta del místico hindú Sri Chinmoy, ayudó a la eclosión del movimiento *new age*.

Un popular tema de discusión de los años setenta, fue el de si el grupo Malo —una máquina pop de tintes menos ácidos, jazzística, y de alma latina más pura—, liderado por Jorge, el hermano de Carlos, era en realidad mejor que Santana. «Suavecito», del primer álbum de Malo, de título idéntico al del conjunto, fue el estándar distinguido del momento, pero el grupo no duró, y grabó su último álbum en 1974. La propia estrella de Carlos empezó a declinar en los años ochenta y los noventa. Su fuerte implicación en el budismo y el movimiento *new age* le apartaron de la atención pública. Aunque en 1999, Santana escenificó uno de los regresos más importantes de la historia del pop, cuando el álbum *Supernatural*, con producción de Clive Davis, arrasó en los premios Grammy de 2000. En vez de proponer un refrito del estilo mediocre de soul, jazz y rock, que llevaba realizando desde hacía años, Santana armó de cualquier manera varios géneros populares para consumidores de edad universitaria (rock alternativo, hip hop) y montó un álbum, cuyo único hilo conductor era su guitarra. *Shaman*, editado en 2002, no es más que un *Supernatural* ampliado, incluso con menos espacio para los solos de guitarra. Con todo, los dos álbumes citados incluyen interpretaciones enérgicas a cargo de estrellas emergentes (Rob Thomas, Michelle Branch), y amplían, en muchos sentidos, el concepto que el público mayoritario tiene de la influencia latina (o como al propio Santana le gusta recalcar, afrocubana) en la música pop.

Grupos como Santana y Malo, además del peculiar sencillo «Spill the Wine» del ex cantante de los Animals, Eric Burdon, contribuyeron a mantener la influencia latina de manera muy viva, en el paso de los sesenta a los setenta. «Sympathy for the Devil» de los Rolling Stones fue una canción emblemática, sobre el clima apocalíptico de los sesenta y un presagio del desdichado concierto del grupo en Altamont (California), en el que un espectador fue golpeado hasta morir por un integrante del grupo motero de los Hell's Angels, empleado como servicio de orden. «Sympathy for the Devil» podía tratarse de un intento de invocar a las fuerzas ocultas mediante ritmos de la «jungla» (a destacar el aullido, parecido al de un mono, con el que la canción empieza), aunque en realidad el grupo interpreta la canción en una especie de tempo de mambo modificado, sección rítmica de conga y bongó incluida.

En un estilo más amable, el ex compañero de giras de los Stones de principios de los setenta, Stevie Wonder, grabó el tema «Don't You Worry 'Bout a Thing» (incluido en *Innervisions*, de 1973), en el que utilizó un tumbao de piano afrocubano, usado con frecuencia en el chachachá y el bugalú. Asimismo improvisó algunas palabras de argot hispano, incluida *chévere*, el equivalente espanglish del *groovy* de la época. En 1974, cuando Steely Dan grabó «Rikki Don't Lose

Carlos
Santana,
el primer
«guitar
heroe»
latino,
combina
el blues con
las raíces
afrocaribeñas.

That Number», que se inicia con una frase de piano afrolatino, compuesta por el pianista de jazz Horace Silver, oriundo de Cabo Verde, dicha frase parecía formar parte integrante del vocabulario pop de la corriente principal.

La influencia latina también estuvo presente en el pop rock de los setenta. El grupo Redbone, de principios de la década, que tuvo un éxito, «Come and Get Your Love», de derivación soul, se presentaban con frecuencia con vestuario indio, aunque sus miembros, en realidad, eran chicanos. En 1976, Bob Dylan publicó *Desire*, en el que incluía «Romance en Durango», y varios solos de la violinista Scarlet Rivera. Tony Orlando, que es mitad puertorriqueño, consiguió su oportunidad, dejándose caer por el Brill Building, y logrando una audición de prueba con el promotor Don Kirshner. Los primeros sencillos de éxito de Tony Orlando and Dawn, «Candida» y «Knock Three Times», publicados en 1970, se mecían sobre una especie de son, con ritmo mexicano de marimba.

En la época que surgió el punk estadounidense y británico a finales de los setenta, la influencia latina empezó a expresarse a sí misma en forma de revivalismo rock, que rescató éxitos del rock del pasado, con influencia latina, y la participación activa de miembros latinos en algunos de los grupos seminales del género. El primer batería de los New York Dolls, Billy Murcia, que murió y fue sustituido por Jerry Nolan en el primer álbum del grupo en 1973, era un emigrante de Medellín (Colombia). El primer cantante solista de Black Flag, que se convirtió en uno de las principales contribuciones de Los Ángeles al punk hardcore, era Ron Reyes (alias «Chavo Pederast»), uno de los pocos puertorriqueños residentes en Los Ángeles, mientras uno de los baterías originales del grupo fue «Robo» (alias de Roberto Valverde), de origen colombiano. (En la página web de Black Flag se afirma que Ron Reyes dejó al grupo colgado, tras hacer dos canciones en una de las primeras actuaciones, y que el grupo compensó la ausencia del cantante con una versión instrumental de «Louie Louie» de una hora y media). «Blitzkrieg Bop», una de las canciones emblemáticas de los Ramones, es una copia de «Come On Let's Go» de Ritchie Valens. Hasta el encargado de diseño de los Ramones, el hombre que diseñó el famoso logotipo pseudo-militar era Arturo Vega. Dos grupos de rock de Los Ángeles, los Zeros y Oingo Boingo se formaron con músicos mexicanoamericanos. El guitarra solista de Roxy Music, uno de los seminales grupos londinenses de rock moderno post-glam, era Phil Manzanera, de ascendencia colombiana, que se crió en el Reino Unido.

Un guitarrista puertorriqueño llamado Carlos Alomar merece, como mínimo, un crédito parcial por ayudar a resucitar la carrera de David Bowie, después de que el ídolo rockero británico disolviera su grupo de los Spiders of Mars. En 1975, Alomar fue el coautor, junto a Bowie, de la canción «Fame», incluida en *Young Americans*. Alomar había tocado antaño con James Brown y cuando ingresó en el grupo de Bowie, en el álbum *Young Americans* colaboró en la creación de una versión de disco-rock que precedió a la obra de los Bee Gees en *Saturday Night Fever*. Asimismo, Carlos Alomar también afianzó la trilogía de *Low*, *Heroes* y *Scary Monsters* y, a finales de los setenta, trabajó con Iggy Pop, en canciones como «Lust for Life».

Aunque muchos latinos que han estado implicados en el desarrollo del rock alternativo y el heavy metal puede que no hayan añadido una influencia de música latina a dichos géneros, su presencia debe ser señalada. Mia Zapata, cantante solista de las Gits, fue asesinada trágicamente en 1993, en Seattle. Sus colaboraciones con grupos locales (era buena amiga de Babes in Toyland, entre otros), además de contactos fugaces con Courtney Love y Kurt Cobain pudieron constituir una raíz para la «rrriot girl». El álbum, *Viva Zapata*, grabado en homenaje suyo por Seven Year Bitch, fue de escucha obligada para grupos como Bratmobile. Mazzy Star, un de los grupos post-punk más influyentes de Los Ángeles, lo lideraba Hope Sandoval, una chicana de Los Ángeles Este. Sandoval sirve de modelo para muchas cantantes de rock alternativo que vinieron después de ella, e incluso para cantantes de la corriente principal como Gwen Stefani. En el mundo del heavy metal, buena parte de la actual escena thrash se compone de grupos con una representación latina considerable: Incubus, Suicidal Tendencies, Downset, Fear Factory, y Puya tienen a latinos en papeles fundamentales. Dave Navarro, chicano de Los Ángeles, tal vez haya sido el guitarrista de hardrock más poderoso de los noventa, con su obra clásica tanto en Jane's Addiction como en los Red Hot Chili Peppers. Y, por si sirve de algo, el bajista de Metallica Robert Trujillo, anteriormente en Suicidal Tendencies, se unió al grupo en el álbum *St. Anger*, de 2003.

A principios de los ochenta, la música latina, en casi toda su variedad, no gozaba de ninguna popularidad en la corriente principal. Aunque los álbumes de Rubén Blades y Seis del Solar atrajeron un cierto interés, gracias a su contenido político, la descafeinización de la salsa y la desaparición de géneros populares como el chachachá, el mambo y el bugalú, además de la metamorfosis de la postfusión del jazz en música «histórica», hizo de la música latina un fenómeno puramente étnico. El grupo más importante del rock latino de los ochenta y los noventa fue el formado por un grupo de amigos de Los Ángeles Este, Los Lobos. El grupo hizo su debut con un EP, *And a Time to Dance*, en 1983. Aunque la música derivaba principalmente del blues y el rock psicodélico, Los Lobos incorporaron música de raíces como rancheras mexicanas, música de «conjunto», y cumbia; en ocasiones el grupo ha invitado a veteranos del tex mex, como Flaco Jiménez, para que toquen con ellos.

Tanto en *And a Time to Dance* como en *How Will The Wolf Survive?*, el primer LP de Los Lobos, editado en 1984, figuraban canciones típicas del grupo, de rock-blues, además de canciones de «rock con raíces», como «Come on Let's Go» de Ritchie Valens y estándares norteños como «Ay te dejo en San Antonio». Su versión de «La Bamba» de Ritchie Valens, para la banda sonora de la película, dirigida en 1987 por Luis Valdez, era inspirada, aunque no añadía gran cosa al legado de la canción. Los estándares de rock-blues predominaron en álbumes como *By the Light of the Moon* (1987) y *The Neighborhood* (1990), que emparedaban un álbum de canciones tradicionales de estilo «norteño», *La pistola y el corazón* (1988). En 1992, Los Lobos editaron un álbum atrevido, *Kiko*, que resultó vanguardista y psicodélico, y que evocaba antecedentes tan dispares como Tom Waits y Captain Beefheart. La utilización en el álbum de excéntricos solos de acordeón y patrones rítmicos, muy funky, del blues del Delta se dice que ejerció influencia sobre la rockera de Tijuana Julieta Venegas.

Instrumentistas excelentes, los líderes del grupo, David Hidalgo y César Rojas saben componer una buena canción, y sus corridos y rancheras son homenajes duraderos a su tradición heredada. *This Time* se editó en 1999, con aclamación crítica, al que siguió *Dose*, del mismo año, a manera de proyecto adicional, los Latin Playboys (que tomó forma en 1994 para proseguir la experimentación sobre la textura, insinuada en *Kiko*). A inicios del siglo XXI, a los integrantes de Los Lobos, se les vio con más frecuencia con Los Super Seven, un supergrupo en el que figuraban los veteranos del tex mex Freddy Fender y Flaco Jiménez, que se dedicaba a las versiones de temas clásicos latinoamericanos y tex mex.

Hip hop a lo latino

Hoy en día, el hip hop se considera como una creación de los afroamericanos. Pero en general no se sabe que los latinos hicieron aportaciones significativas a los orígenes del género. Se suele convenir en que el hip hop nació en el Bronx del Sur, en donde las fiestas de baile que organizaba el DJ Afrika Bambaataa eran una alternativa a la guerra de bandas callejeras que, en la época, tenía lugar en Nueva York. Al igual que el graffiti, utilizado para marcar el terreno de las distintas bandas, se convirtió en una forma de expresión artística para la juventud urbana, el breakdance llegó a ser una forma de exteriorizar un comportamiento violento —los que lo practican siguen llamándolo «combate»—, y el rap una manera de crear música, a partir de la jactancia confrontativa.

En este clima, el primer astro del hip hop fue el DJ, o el pinchadiscos, y no el MC (abreviatura de «maestro de ceremonias»), como en la actualidad. Las primeras figuras del giradiscos de la época eran afroamericanos o de ascendencia caribeña, Kool DJ Herc (Jamaica) y Grandmaster Flash (Barbados). Los citados DJ demostraron su habilidad para alternar entre dos ejemplares del mismo disco para ampliar breaks instrumentales. Dichos breaks, a menudo, eran improvisaciones de percusión de sabor afrocaribeño de temas como «It's Just Begun» del Jimmy Castor Bunch, y con frecuencia, los preferidos eran los breaks de timbales. Así que, la improvisación con dos giradiscos, y la consolidación del hip hop como estética musical, empezó con breaks que eran análogos a la descarga afrocubana y las improvisaciones en montuno de percusión de la salsa.

La música latina se ha sampleado desde la primera época del hip hop, desde un *riff* de Tito Puente en «I'm Still # 1» de Boogie Down Productions, hasta remontarse a la primera época de Sugar Hill, en los ochenta, en el que las orquestas de estudio tenían congueros y timbaleros. En «The Breaks» de Kurtis Blow, editado en 1980, había un break de timbal. En el documental de 1982 sobre el hip hop, *Wild Style*, del cineasta Charlie Ahearn, Charlie Chase (alias de Carlos Mandes) de los Cold Crush Brothers daba testimonio de una presencia latina. Pero, aunque el artista graffitero Lee Quiñones y varios de los breakdancers que figuraban en la película también eran latinos, los veinte años y pico de historia del hip hop ha producido pocas estrellas latinas. La mayoría de raperos latinos han preferido evitar el idioma de sus ancestros: «Yo no hago rap en español —afirma Fat Joe Cartagena en su página web—. Tan sólo soy un rapero que resulta ser hispano». Aunque luego, Cartagena ha cambiado dicha manera de pensar, gracias a la presión de la propia comunidad que equipara la latinidad con la marginación, muchos latinos neoyorquinos trataron de no llamar la atención sobre su origen. Y a muchos de ellos, como los Beatnuts, naturales de Queens, se les ha ignorado.

Los Beatnuts, que han ido lanzando álbumes desde 1993, son uno de los grupos favoritos del hip hop underground. Aunque su única incursión abiertamente espanglish es «Se acabó (It's Over)», a partir de la melodía de una famosa canción de desamor de La Lupe, lo que asegura a los Beatnuts un lugar en la tradición del hip hop, es el break de bajo jazzístico que propulsa *Props Over Here*. Se requiere tolerancia por las letras brutales para apreciar su primer éxito «Off the Books», en el que figuran el malogrado Big Pun y Cuban Link, ambos raperos latinos de un grupo llamado The Terror Squad.

La historia sobre cómo el rap se difundió en América Latina (véase el capítulo 10) y adopta un sabor de idioma español empezó en California. Cuando los Cypress Hill, de Los Ángeles, debutaron en 1991, se convirtieron en los primeros triunfadores del hip hop de la corriente principal, en hacer alarde de su latinidad, con canciones como «Latin Lingo». El hermano del rapero de Cypress Hill, Sen Dog, que se llama Mellow Man Ace, triunfó con un sencillo de título «Mentirosa». La afinidad de los Cypress Hill con los oyentes latinos, a la larga incitó al grupo a editar en 1999 *Los grandes éxitos en español*, un álbum entero con versiones en español de sus canciones. Dicho álbum incluía una colaboración con el rapero Fermín Caballero, de Control Machete, grupo residente en Monterrey (México), cuya historia analizaremos en el capítulo próximo.

A finales de los noventa, gracias al contacto creciente entre latinos y afroamericanos en Nueva York y en otras zonas del país, el hip hop de la corriente principal empezó a incorporar la música latina y el argot español en sus fórmulas de éxito. En «What You Want», de los Ruff Ryders, Eve y Nokio rapean sobre un fondo de sigiloso piano sincopado, el ritmo de rumba afrocubana llamado guagancó. El sabor latino empezó a surgir en canciones como «Got Beef», de East Sidaz, «Respect

Cypress Hill, el primer grupo que triunfó en la corriente principal del hip hop y que alardeaba de su latinidad.

Us», de Lil' Wayne, y «No Matter What They Say», de Lil Kim, que contenían un montón de ritmos complicados y unas letras con trabalenguas en espanglish.

El chaparrón de ritmos latinos de finales de los noventa, que también se puede atribuir al aumento comercial de ventas creado por la explosión latina, lo alimentaron las colaboraciones de Wyclef Jean con Celia Cruz y Santana, el sencillo de 1998, «Señorita», de Puff Daddy, y el productor Swiss Beatz. Black Rob, pupilo de Puff Daddy triunfó con el sencillo «Dame espacio». En *My Story*, describía su educación «echando pestes de los emigrantes hispanos» y diciendo «bendición a mi madre». El sencillo de Lil' Kim' «No Matter What They Say» incluye un sample de una vieja canción del cantante de salsa Cheo Feliciano «Esto es el guagancó».

En los primeros años del siglo XXI, la inclusión de letras en español en el hip hop ha disminuido, en cierta forma, aunque los latinos han participado en algunas de las últimas tendencias en dicho campo. En la Costa Oeste, en grupos como Dilated Peoples y Jurassic 5, que están a la cabeza del movimiento en pro de regresar a los valores antiguos del hip hop, y apartarse del imperativo gangsta, figuran algunos integrantes latinos. DJ Rob Swift, en el centro de un movimiento para restablecer la importancia de el DJ en la música hip hop, es un colombiano con raíces africanas. Y, tal como se detalla en el siguiente capítulo «La alternativa latina» el hip hop ha echado raíces profundas en todos los países de América Latina, y en España.

La influencia latina en el rock y el hip hop abarca influencias directas de música latina en dichos géneros, así como la participación directa de latinos. El vínculo de las culturas africanas de Latinoamérica y Norteamérica en rock y hip hop es fundamental a la hora de entender lo que sucede, y la propensión latina a mezclar estilos colabora en el objetivo. Aunque el proceso actual de los latinos, que se convierten en estadounidenses, con una participación activa en la cultura norteamericana, aunque añade elementos conscientes o inconscientes procedentes de su origen étnico es, tal vez, el elemento más fundamental del asunto.

diez:

La alternativa latina

Un día de verano de 1997, miles de jóvenes latinos llenaron un pequeño teatro al aire libre del Central Park neoyorquino. Desde el escenario, Rubén Albarrán, el cantante solista del grupo de pop alternativo mexicano Café Tacuba, se dirigía a un mar de rostros jóvenes, esperanzados y en su mayoría de tez morena: «Desde la ventana de mi casa de Ciudad de México, veía un volcán, el Popocatépetl, cómo entraba en erupción ante mí —gritaba mesiánicamente Albarrán—. Y me pregunté: si el volcán se despierta, ¿por qué no lo hace la gente latinoamericana?». El público, que había estado aplaudiendo con fuerza todo el rato, pareció pensar en ello un momento y luego estalló en un rugido ininterrumpido.

Ya sea por haber huido de gobiernos hostiles o situaciones económicas desastrosas, o por haber luchado por tener voz como parte de una menospreciada inmigración americana, un creciente número de latinos están tomando parte en una cultura juvenil rebelde, con sus propios ídolos musicales contraculturales. Grupos como Café Tacuba, Jaguares y Los Fabulosos Cadillacs atraen a cantidades importantes de público en las mayores ciudades estadounidenses, pero en Latinoamérica las cifras son aún mayores. Aunque la música rock ha tenido presencia en Latinoamérica ya desde los años cincuenta y sesenta, la penetración cada vez mayor de la cultura juvenil norteamericana al sur de la frontera en los últimos cincuenta años ha creado un fenómeno nuevo.

En la actualidad, el término preferido en Estados Unidos es el de *alternativa latina*, porque incluye también a los grupos de hip hop o de fusión salsa-rock que han surgido, pero en América Latina, a la música todavía se la denomina, a menudo, sencillamente como rock, o *roc*.

Aunque el desarrollo del rock en América Latina se inspiró de forma clara en las realizaciones de Estados Unidos, el surgimiento de la alternativa latina se prefiguró en Londres, a inicios de la década de los ochenta. El ska, una música que, en la Jamaica de los sesenta, precedió al reggae, renació en Londres como resultado de un fenómeno cultural híbrido entre inmigrantes antillanos y blancos de clase obrera al alba de la era de la primera ministra Margaret Thatcher. El ska, en origen la música de fiesta de los *rude boys* del centro de Kingston (Jamaica), se convirtió en una forma de protesta política contra las disposiciones del gobierno *tory* que significaban el fin del estado del bienestar británico. La adopción del ska por parte de grupos mexicanos y argentinos fue una evolución clave en las escenas rock de dichos países, que hasta entonces habían sido imitadoras serviles del rock anglosajón. La carga política que dominaba la escena londinense del ska era de fácil traslado a México y Argentina, en donde los antagonismos de clase eran tan pronunciados como en Europa. Las universidades latinoamericanas, que incluyen una educación artística idéntica a la del estilo europeo que fue el telón de fondo de la música punk británica, fueron también semilleros de activismo juvenil, factores que contribuyeron a estimular la explosión de rock en español de mediados de los ochenta.

La música rock en sí —es decir, el formato habitual con guitarra eléctrica, bajo y batería— llegó de importación a América Latina en los años cincuenta y sesenta, y el hincapié del rock sobre la guitarra significa que no era enteramente ajeno a una cultura de base española, ya que España es fundamental en la evolución de la guitarra. Lo que sonaba nuevo a los oídos latinos era las progresiones de acordes, basadas en el blues, que procedía de las vivencias posteriores a la esclavitud de los afroamericanos. El rock arraigó en México gracias a la música vaquera country and western, de predominancia guitarrística, que se desarrolló en el suroeste estadounidense, en parte como resultado del contacto con la cultura mexicano-estadounidense; en Argentina, donde las modas europeas ejercen una gran influencia, produjo imitadores de los Beatles. Al rock le costó más entrar en naciones caribeñas como Cuba, Puerto Rico y la República Dominicana, por la gran aceptación popular de los ritmos de la salsa y el merengue. La música rock que se tocaba en dichos países estaba más cerca del pop-rock y los cantantes tenían más importancia que el sonido instrumental.

En Argentina, los imitadores del rock and roll empezaron a actuar poco tiempo después de los balbuceos iniciales, de mediados a finales de los años cincuenta. Los primeros grupos, como Los Shakers, Los Gatos Salvajes y Los Beatniks grabaron sencillos y tocaron en clubes de Buenos Aires. En un club céntrico, de nombre La Cueva, brotó una especie de escena, a inicios de los setenta, que después se amplió en festivales de rock a gran escala, que incluían a los que los historiadores del rock argentino definen como los tres grandes: Almendra, Manal y Los Gatos Salvajes. Buena parte de estos grupos cantaban en inglés, como

Los Mockers (véase el capítulo 9); y algunos lo intercalaban con el español. Pero en los ochenta, todo cambió.

Aunque muchos de los que vivieron los ochenta, los recuerdan por el reavivamiento, seguido por la disolución, de la Guerra Fría, además de la horrible matanza en Centroamérica, para la alternativa latina, el acontecimiento más decisivo puede que haya sido un incidente que todos parecen haber olvidado. Con motivo de la ruptura de relaciones diplomáticas de 1983 entre Inglaterra y Argentina, dos países con una gran relación, se desató una guerra entre ellos sobre un archipiélago del Atlántico Sur conocido como las Islas Malvinas (Falkland, para los británicos). El conflicto de las Malvinas, una de las guerras más estúpidas del siglo XX, tuvo una gran repercusión en la música de Argentina; al margen de un sentido renovado de nacionalismo aislacionista, los argentinos sintonizaron con el rock inglés y estadounidense y se pusieron a crear su propia música rock.

En Buenos Aires, la capital argentina, los porteños (así se llama a los nacidos en la ciudad), habían adoptado siempre la moda, la música y la literatura de Londres, París, Madrid y Roma, aunque en aquel momento se embarcaban a crear sus propios grupos de blues-rock, psicodélicos y de art-rock. A principios de los ochenta, un compositor de blues-rock progresivo de pelo alborotado, y de nombre Charly García, cofundador de los influyentes grupos de los setenta Sui Generis y Seru Giran, emprendió una carrera en solitario. Él convirtió a Buenos Aires en un telón de fondo para un Sargento Pepper hispanohablante, con álbumes como *Clics modernos*, *Piano bar* y *Cómo conseguir chicas*. Luis Alberto Spinetta surgió como su alter ego guitarrero, en su tarea como músico de acompañamiento para García y el incontenible cantautor Fito Páez.

En España, los años posteriores al fallecimiento del generalísimo Francisco Franco, fueron de una rabia inimaginable y de una gran tolerancia, ya que los españoles se sacudían de encima cuarenta años de represión patriarcal agobiante. Como demostración máxima de la repentina explosión artística española figuró el cine, que hizo de Pedro Almodóvar y Antonio Banderas héroes nacionales. Aunque en menor escala, la escena española del rock, integrada por grupos de rock progresivo y pseudoimitadores de los Clash, aparte de los dedicados a la fusión flamenca, produjo grupos como Héroes del Silencio, Seguridad Social, Ketama y El Último de la Fila. Dichos grupos tenían estilos que iban del *art rock* británico hasta el punk, pasando por el reggae y el flamenco-rock. Lo más importante fue que galvanizaron a un público para el rock en español desde mediados a finales de los ochenta. Esta explosión de rock en España también vendió discos en México y Argentina, y fue cuando los promotores y los integrantes de la industria musical empezaron a hablar de un género con el nombre de *rock en español*.

El rock en español se define principalmente por el idioma de las letras, aunque no hace gran referencia a los ritmos tradicionales de los países natales de los grupos. Aunque el rock en español se difundió en México, un país en el que el rock se había prohibido desde inicios de los setenta, con motivo de la desaprobación

Charly García,
el gurú argentino del
blues-rock, el art-rock
y la psicodelia.

gubernamental, y siguió creciendo en Argentina, la música no se diferenciaba demasiado del rock habitual de guitarra estadounidense y europeo. En México eran populares grupos como Dangerous Rhythms y Three Souls in My Mind, que versionaban canciones de rock en inglés, y se apoyaban en el público de los años cincuenta y sesenta que bailaba con Los Teen Tops, con los peinados crepados y la moda de dicha época.

El nuevo rock mexicano

El nuevo rock mexicano nació de las cenizas de la muerte de cerca de doscientos estudiantes que protestaban contra la represión del gobierno, abatidos por disparos de la policía, el verano de 1968, en un intento de hacer presentable la ciudad, con motivo de los Juegos Olímpicos de ese año, y asimismo de la represión que siguió a un concierto al estilo de Woodstock, en el suburbio de

Avándaro en 1971. La matanza de Tlatelolco, como se llamó al incidente de 1968, siguió a una época en la que los social conservadores mexicanos se vieron amenazados por el creciente movimiento jipi (hippy) entre los adolescentes. Las protestas continuadas centradas en la UNAM (la Universidad Nacional Autónoma de México) inquietaron también a un gobierno que quería presentar un ambiente carente de conflictos de cara a los Juegos Olímpicos, en un año en el que los disturbios abundaron en las calles y ciudades de todo el mundo.

El concierto de Avándaro provocó una potente reacción por parte tanto de los social conservadores, que estaban en contra de las posturas liberadoras en lo referente a la sexualidad y el aspecto personal, como de los izquierdistas, que estaban en contra de la norteamericanización de México a través del rock y de la cultura juvenil. Relegado al *underground*, en toda la década siguiente, el rock sobrevivió en la periferia proletaria de la ciudad con conciertos callejeros improvisados y una serie de actuaciones en cuchitriles a los que se denominaba *los hoyos fonquis*.

En dicha época de mediados de los setenta predominó la estética de banda de *chavos*, gracias a las exhortaciones de Álex Lora, un fornido rockero motorista que lideraba Three Souls in My Mind. Cuando Lora saludaba a una multitud de jóvenes de clase obrera, a los que decía que se fueran a tomar por culo, para ellos era una señal de aprecio, al igual que para los punk británicos cuando Johnny Rotten de los Sex Pistols les escupía. Sus antiguos discos, cantados en inglés, con sus diseños de portada con parodias de la psicodelia, aún son notables artículos de coleccionista en El Chopo, un enorme mercado discográfico al aire libre, que a pesar de su ilegalidad, se celebra cada sábado por la tarde en el centro de Ciudad de México. Cantar en inglés significaba en parte una forma en la que los mexicanos imitaban a los norteamericanos y europeos, y en parte una rebelión en contra de la cultura nacional oficial del Partido Revolucionario Institucional (PRI) mexicano. La citada cultura oficial sentía escepticismo, si no menosprecio por la cultura estadounidense, que era un reflejo de la vieja crítica izquierdista de la «decadencia capitalista». La música de las canciones de protesta de la «nueva canción social» la promovía el gobierno de forma oficial, que a pesar de su conservadurismo social, prestaba apoyo a la revolución cubana y a los movimientos izquierdistas de toda América Latina.

Como que el rock estaba restringido a los hoyos fonquis de los vecindarios pobres, entró en contacto directo con las inquietudes, y se hizo cómplice, de su público de clase baja. Los grupos de versiones que cantaban en inglés desaparecieron. Dangerous Rhythms se cambiaron el nombre por *Ritmos Peligrosos* y Three Souls in My Mind se convirtió en El Tri, un grupo que en la actualidad es el abuelo del movimiento, y que obtiene una lealtad a toda prueba entre la juventud mestiza y obrera. Al estar acostumbrados a no entender las letras en inglés (para ellos, «Be-bop-alula» era tan incomprensible como «La Bamba» para la juventud anglófona), dicha juventud recibió con buenos ojos la evolución. Un recopilatorio, editado por Comrok, un sello independiente, en el que figuraban El Tri, Ritmos Peligrosos, y Kenny y los Eléctricos se internó en los suburbios, y se convirtió en un gran éxito en las fiestas adolescentes. La música de dichos grupos la mamaron grupos como Café Tacuba, cuyos integrantes empezaban a imaginar un futuro cultural pop tan enrollado como el del norte, aunque matizado con un sabor mexicano.

A mediados de los ochenta, un conjunto de acontecimientos conmocionó a los mexicanos hasta el punto que cambiaron la manera en que se veían a sí mismos. El gran terremoto de Ciudad de México de 1985 desencadenó un nuevo activismo de base que contribuyó a organizar la reparación de los barrios, cuando se produjo el fracaso o la respuesta tardía del gobierno o de otras fuerzas al margen. Uno de los héroes del momento, El Súper Barrio, fue una figura icónica vestida como un superhéroe que llevó a que los activistas prestaran atención y ayudaran a los barrios. Tras haber sido relegado a la periferia obrera y lumpen de los hoyos fonquis, el rock ya no era más una imitación patente de la decadencia imperialista, se le había inoculado la ansiedad obrerista, parecido al caso de Inglaterra, con respecto a la era punk de mediados a finales de los setenta, y ya no se cantaba en inglés. La economía impulsada por el petróleo, y el paso de unos quince años después de la represión de la cultura juvenil de 1968, propiciaron un potente deseo de crear una nueva cultura mexicana alternativa.

Aunque algo más pasaba con la juventud mexicana. Los jóvenes se habían puesto cada vez más a ver televisión americana, y en tanto que mirones de la hinchada y ensimismada cultura televisiva que miraba hacia el norte, desarrollaron un saludable sentido de la ironía respecto al estrellato. Sirva de ejemplo, Botellita de Jerez, un grupo de Ciudad de México que por sí solo revolucionó el rock mexicano tanto por su música como su actitud. El activismo que prosperó en la época posterior al terremoto se había convertido en un proceso presente en los campus y en los locales sindicales urbanos, y Botellita llegó a ser el grupo emblemático de dicha escena. Trío, escueto y gamberro, integrado por Francisco Barrios, Armando Vega-Gil y Sergio Arau, en 1983 Botellita fue el inventor del *guacarrock* (de «guacamole rock»), que empezó como una broma modesta, pero llegó a convertirse en prototipo de un tipo nuevo de rock mexicano que seguirían muchos grupos. Al dirigirse a los intelectuales pequeño burgueses, cultivados en la canción nueva y la folklórica, con canciones absurda y extrañamente inteligentes, Botellita ayudó a crear un circuito nuevo de rock en clubes y cafeterías que estaban alrededor de la inmensa universidad del sur de la ciudad.

El tercer álbum del grupo, editado en 1986, *Naco es chido* (algo así como «la estética de la masa es guai», «la basura mola» o «lo moreno es hermoso»), fue su punto álgido. Los músicos empleaban la estética naco como una forma de expresar la solidaridad con la clase obrera. *Naco*, en ocasiones una palabra vulgar que se refiere a los mexicanos con rasgos indígenas y piel de color, se utiliza para designar un gusto encantadoramente cursi en cuanto a muebles, decoración del hogar o vestimenta. Es simplemente una postura vital sin pretensiones, típica de la clase obrera. Que los universitarios de Ciudad de México adoptaran la estética naco no está lejos de la devoción que sentían algunos puertorriqueños de Nueva York por los estuches de plástico transparente o los objetos de equipación de la

Botellita de Jerez, un grupo de Ciudad de México que por sí solo revolucionó el rock mexicano, tanto por su música como por su actitud.

cerveza Rheingold o, pongamos por caso, la afición por las chucherías usadas que mantiene en funcionamiento tiendas como la White Trash del East Village.

Sin embargo, la época de *Naco es chido* también indicó el principio del fin de Botellita. Su tradición de ironía hiperbólica y el enraizamiento en el humor de carpa ambulante era difícil de mantener a un nivel popular amplio. Al encargarse de reivindicar los gustos de la clase obrera, Botellita animaba al mismo tiempo a una reintegración de las clases media y baja en un contexto rockero. Pero asimismo entraban en una contradicción con la que se tropezaron los punk rockers británicos The Clash: ¿Qué credibilidad pueden tener los intelectuales burgueses a la hora de defender una clase a la que no pertenecen? Aunque Botellita infundió a la clase media una renovada dosis de lo que los miembros del grupo definían como «mal gusto mexicano, expresiones con doble sentido y grosería», a la larga se pusieron a parodiarse a sí mismos. Botellita nunca alcanzó la fama de sus sucesores inmediatos, Caifanes, Maldita Vecindad, y Café Tacuba, y se disolvieron a finales de los noventa.

La época de Botellita coincidió con un goteo de rock procedente de España y Argentina, como Radio Futura, Charly García y Soda Stereo. El grupo de pop-rock español La Unión grabó una canción, «Lobo hombre en París» (1984), que parecía una versión española de «Werewolves of London», de Warren Zevon, y el mundo hispanohablante la coreó. En 1987, Héroes del Silencio, un melenudo cuarteto que cantaba baladas de rock gótico sobre amores adolescentes, editó su primera grabación, un mini LP llamado *Héroe de leyenda*, con la utilización de una especie de sonido progresivo inglés que les supuso una amplísima masa de seguidores.

Volviendo a México, Caifanes, un grupo con una imagen y un sonido que recordaba a Héroes, aunque componía canciones más políticas, empezaba a despegar. Caifanes, fundado en 1986 por el cantautor Saúl Hernández, el guitarrista Alejandro Marcovich, y el batería Alfonso André, se formó a partir de un grupo anterior, Las Insólitas Imágenes de Aurora. El primer álbum, del mismo nombre que el grupo, publicado en 1988, presentaba a los músicos luciendo unos extraños peinados, inspirados en el grupo británico de enorme popularidad, The Cure. El primer sencillo de dicho álbum, «Viento», se promovió con un vídeo involuntariamente divertido, en el que se utilizaban varios ventiladores que despeinaban las melenas de los integrantes de la banda. Pero el segundo sencillo «La negra Tomasa» consiguió ser un éxito enorme. Era una recuperación en rock de una cumbia tradicional y el éxito que consiguió fue un presagio de lo que siguió, ya que el futuro del rock español incorporaría cada vez más ritmos sincopados.

Caifanes integraron los aspectos místicos, mágicos y espirituales de la cultura mexicana (reuniones rituales, adoración de semidioses y de la madre tierra) en el rock mexicano, de manera muy parecida a la que emplearon antaño los rockeros ingleses al incorporar leyendas medievales en sus canciones de finales de los sesenta y principios de los setenta. Caifanes estaban a favor de los fenómenos míticos como la autotransformación, en las canciones «Metamórfeame» y «Nos vamos juntos», de su tercer álbum, *El silencio*, editado en 1992, la reencarnación del jaguar y el guerrero, y los mensajes que supuestamente emanaban de volcanes que se encontraban alrededor de la periferia de Ciudad de México. Un concierto de Caifanes es una celebración de la vida oculta a plena luz del día, en la que los temas paganos, habitualmente relacionados con grupos de metal misteriosamente negativos, estadounidenses y británicos, se convirten en una forma de consuelo y protección para la angustia adolescente: la esencia del rock and roll. El cantante solista y compositor principal, Saúl Hernández, se proyectó como una figura de tranquilidad para la juventud mexicana, y ofrecía su interpretación de las leyendas indígenas como un tipo de orientación espiritual.

Tras editar su disco de más éxito en cuanto a ventas, *El nervio del volcán*, en 1994, Caifanes hizo el gran estallido. Con el sencillo de éxito «Afuera», inspirado en el brit pop, y el medio tiempo con guitarra folk «Detrás de los cielos», una alusión a los pobres indígenas sin derecho a voto, Caifanes se impusieron finalmente en la corriente principal de la música mexicana y consiguieron una considerable atención por parte estadounidense. Aunque con motivo de la rivalidad soterrada entre el guitarrista Alejandro Marcovich y Hernández y el batería Alfonso André, Caifanes se disolvieron en 1995. En su lugar, Hernández fundó Jaguares, que en 1996 editaron su primer álbum, *El equilibrio*, con el guitarrista Jorge Manuel Aguilera y André. Con Jaguares, Hernández incrementó sus charlas en el escenario y las referencias líricas a la transformación del hombre en animal (muy probablemente en alusión a un antiguo culto maya que utilizaba hierbas y raíces psicodélicas para celebrar rituales en los que el chamán se transformaba en un jaguar), la proyección astral, el uso de talismanes protectores, y la presunción general de que lo espiritual reina sobre lo material. En 1999, el CD doble, *El azul de tu misterio* triunfó con sencillos, en la línea pop, como «Fin» y «Hoy».

Cuando la sangre galopa, el álbum de 2001 de los Jaguares, supuso algunos cambios en su estrategia musical. En medio álbum, Hernández, que siempre había tocado la guitarra solista o rítmica, se pasó al bajo, dejando la tarea solista a César López, «Vampiro». La química entre los dos y el batería André dio como resultado unas de las interpretaciones más densas y con más carga de imágenes de toda la obra de Caifanes y Jaguares. Temas como «El momento», «El secreto» y «Viaje astral» captan el romanticismo etéreo de Hernández. La síncopa tropical de los sencillos «Como tú» y «La vida no es igual» también supuso una innovación, que sacó a Jaguares de la categoría de rock progresivo. La incorporación de Chucho Merchán, veterano bajista de origen colombiano que había tocado con los Eurythmics y residió en Londres durante varios años, hizo de Jaguares un grupo alternativo latino de primera.

El álbum del grupo, de 2002, *El primer instinto*, es una serie de revisiones acústicas de canciones clásicas de Hernández. Aunque el álbum también incluye dos composiciones originales, «Arriésgate» y «No importa», y una versión de «Te lo pido por favor», de Juan Gabriel, la magia principal del disco reside en descubrir la esencia de las canciones de Hernández. La estrategia desnuda es igualmente efectiva a la hora de resaltar la solemnidad de «Antes de que nos olviden», sobre los espíritus incorpóreos de los jóvenes manifestantes asesinados por la policía en 1968, un incidente que todavía causa conmoción política en México. *El primer instinto* desarrolla también subrayados latinos en «La célula que explota» con vientos y cuerdas de mariachi, e incluye la conga afrocubana y arreglos de piano en «Como tú».

Si Caifanes representaban la actitud psicodélica y *art rock* de la escena mexicana, Maldita Vecindad era su parte más vulnerable impulsada por el ritmo. Son a los Rolling Stones lo que los Caifanes a los Beatles y la discusión sobre quién es mejor se basa casi en la misma lógica de la de los Beatles contra los Stones. Fundados en 1985, Maldita Vecindad son una mezcla de ska, punk y funk que se apoyan en su imagen de muchacho normal del barrio. Eran mestizos y evidentemente procedían de barrios pobres; su nombre entero, Maldita Vecindad y los Hijos del Quinto Patio hacía referencia explícita a la estructura clasista de los planes de la vivienda en Ciudad de México. Ellos procedían de los planes malditos, hijos del quinto nivel de dichos proyectos, el nivel reservado para ciudadanos con los ingresos más escasos. Aunque en vez de la rabia sin adulterar del gangsta rap, Maldita Vecindad eligió destacar el difícil estatus económico de los estudiantes, además de hacer un homenaje a la estética hortera de los domicilios de la clase obrera. Aunque el objetivo se parece al de Botellita de Jerez, los integrantes de Maldita Vecindad eran más auténticamente obreros, y usaban una amplia serie de ritmos afrocaribeños para propulsar su música.

Los dos primeros álbumes de Maldita Vecindad, el primero con el nombre del grupo (1988) y *El circo*, de 1991, son clásicos del rock-ska latino. La eléctrica presencia de Roco, el cantante solista, con su largo y lacio pelo negro volteando en círculo, y el dinamismo de la sección rítmica hicieron que el grupo fuera un éxito underground al instante. Maldita Vecindad se inspiró en personajes cómicos subversivos mexicanos como Tin Tan y Cantinflas, famosos por desprestigiar a la clase privilegiada, y dio al rock mexicano un tinte político. Ya que la mayoría de grupos de rock en español de España y Argentina eran, al menos en el aspecto superficial, representantes del privilegio de la raza blanca, la realidad india urbana de Maldita Vecindad creaba un vínculo con las subculturas del reggae y el movimiento *two-tone* del Londres de los ochenta. La sección rítmica ampliada, que incluía percusión latina y viento concedió al grupo el único matiz pseudo salsero del género, aparte de Los Fabulosos Cadillacs argentinos.

Afianzada en el batería «Pacho» (José Luis Paredes), lector voraz de tratados de política cultural, como *All That Is Solid Melts Into Air*, de Marshall Berman, la presentación de Maldita Vecindad acogió un aire importante de conciencia de clase. En su clásico éxito de la primera época, «Pachuco», Maldita Vecindad se arriesga a manifestar la reivindicación que el rock en español hacía de una nueva subcultura rebelde que fusiona la experiencia mexicano-estadounidense con la del socialmente concienciado movimiento punk inglés, además de la rabia acumulada del ciudadano de la marginalizada Ciudad de México. La canción la narra el hijo de un pachuco (el héroe callejero mexicano-estadounidense) que insiste en que debe liberarse de la represión paterna para establecer su propia identidad rebelde. En «Circo», el tema titular describe el clima circense de las calles de Ciudad de México, en las que los mendigos se visten como payasos y piden unas monedas con silbatos de afilador y monos. A causa del gobierno paternalista mexicano, instituido por el PRI, que hasta hace poco ha disfrutado de setenta y cinco años en el poder, y que históricamente ha intentado homogeneizar el rock, el imperturbable antagonismo de clase y la postura radical del punk de Maldita Vecindad hicieron que el grupo se convirtiera en un fenómeno. Pero aunque Maldita Vecindad editó tres álbumes entre 1991 y 1998, y siguió realizando giras de manera limitada, ya nunca más registró el interés de su primera etapa. Los conflictos con las compañías discográficas, las ventas y distribución escasas, y el abandono de varios miembros, dejó al batería Pacho, célebre activista y periodista, como la voz más destacada. En 2003, el cantante Roco apareció también, como cantante invitado en una canción del grupo de ska Inspector, que reside en Monterrey (México).

El rock en Argentina

Con un gran número de locales de actuación para los grupos en Buenos Aires, y un amplio eco en los medios de comunicación, la escena del rock argentino es de las más vitales de América Latina. Aunque el tango permaneció en el núcleo de la estética musical argentina, también había una potente anglofilia que dio lugar a una estética de rock directo que apreciaba la música basada en el blues venerada por los grandes del rock inglés. En 1983, el fin de la dictadura militar de siete años abrió asimismo las puertas a un nuevo movimiento rockero. Grupos como los Sumo, al estilo de los Butthole Surfers, Los Divididos, de inspiración punk, y los poprockers Los Twist y Virus dieron a Buenos Aires una nueva inyección de rock.

Como puente entre la generación que produjo estrellas como Charly García y Luis Alberto Spinetta figuraba el talento inspirado y característico de Fito Páez. El compositor y pianista, nacido en 1963 en la ciudad de Rosario, cuna del Che Guevara y decididamente no tan cosmopolita como Buenos Aires, fue un excéntrico en su ciudad natal. Su primer álbum en solitario, *Del '63*, se editó en 1984. El segundo, *La La La La*, de 1986, era un dúo con Spinetta. Dinámico compositor resentido por el asesinato de su abuela y su tía a manos de la dictadura militar, aunque en cierta forma, resolutivamente optimista, Páez actualizó aspectos de la tradición de la nueva canción, cargando su obra con una especie de intensidad al estilo de Prince y un denso muro de sonido pop. Su álbum más impresionante, *El amor después del amor*, lo produjo Phil Manzanera, el ex guitarrista de Roxy Music, residente en Londres, de ascendencia colombiana y responsable de algunos de los mejores álbumes de la alternativa latina. Aunque habitualmente Páez evitaba afrontar explícitamente la política, consiguió hacer luz en el oscuro pasado de las dictaduras represivas argentinas de los setenta y los ochenta. Sus composiciones son enormemente poéticas, con referencias muy dispares, desde gigantes latinoamericanos como Pablo Neruda a rebeldes norteamericanos como Bob Dylan.

Los conciertos de Páez son espectáculos de rock de gran profesionalidad, con elaborados coros de acompañamiento, secciones de metal, y adornos interpretativos. Él se ve a sí mismo como una especie de contador de historias, cuya educación se ha formado en su educación en Rosario, una gran ciudad a varias horas al norte de Buenos Aires, con más contacto con el rico legado indígena de la música folklórica argentina. Aunque Páez se ha proyectado siempre como un astro rock, desde el día que vio por primera vez a García en una actuación en su ciudad, ya supo lo que quería hacer en la vida. Sus canciones emplean estrategias narrativas innovadoras: «La Verónica», del álbum *El amor después del amor*, de 1994, está escrita como un guión cinematográfico, y «Carabelas Nada», de *Tercer Mundo*, invoca al cantante brasileño Chico Buarque, uno de los ídolos de Fito, y demuestra la poco conocida solidaridad entre los músicos del Cono Sur, por encima de la barrera lingüística hispano-portuguesa. A su vez, el compositor tropicalista de vanguardia, Caetano Veloso, incluyó «El amor» y «Un vestido y un amor», una canción de amor dedicada a la esposa de Páez, la actriz Cecilia Roth, en su antología de clásicos de la música popular latinoamericana, *Fina estampa*. Al lado de figuras tan veneradas como el mexicano Agustín Lara, el puertorriqueño Rafael Hernández y el cubano Ernesto Lecuona, la inclusión de Páez, el único compositor contemporáneo del álbum, significó un cumplido extraordinario.

A partir de *Circo Beat*, de 1995, un himno triunfal al pop psicodélico de la época intermedia de los Beatles, los álbumes de Páez gozaron de menor solidez. *Abre*, producido en 2001 por el colaborador de Billy Joel, Phil Ramone, y *Rey Sol*, de 2002, tenían sus momentos, pero las letras de Páez se hicieron largas y errantes, y la música muy predecible, aunque interpretada de una manera enormemente refinada.

Dos grandes grupos de rock, Los Fabulosos Cadillacs y Soda Stereo, se hicieron célebres en Argentina y el mundo del rock latino a finales de los ochenta, desde direcciones totalmente diferentes. Los Cadillacs se enfrascaron en una mezcla de

Los Fabulosos Cadillacs, una mezcla de ska afro y latino.

ska afro y latino parecida a la de Maldita Vecindad, y Soda Stereo llegaron a alturas de sonido electrónico de una manera similar a la de Caifanes y Jaguares.

Soda Stereo, que se disolvió a finales de 1997, pasó por diferentes estilos: primero, reggae y ska, luego el rock inglés de los ochenta, con una mezcla de elementos de reggae, funk y música de flauta de pan indígena del interior de los Andes argentinos. Aunque más que una pura imitación de los estilos anglosajones, incorporaba la poesía extraordinaria y la experimentación musical de Gustavo Cerati, que parecía querer expresar el misticismo y la vida soñada con una música totalmente contemporánea mediante varios secuenciadores y máquinas de *feedback*.

Con el bajista Zeta Bosio y el batería Charly Alberti, el guitarrista y compositor Cerati fundó Soda Stereo en 1984 y grabó un primer álbum, titulado como el grupo. El álbum, al igual que los siguientes *Nada personal* y *Signos*, incluía canciones breves, centradas en el reggae y el ska e inspiradas en la *new wave*. Aunque los integrantes del grupo, Bosio y Alberti compartían las tareas compositivas, Soda Stereo era un proyecto de Cerati; su personaje se proyectaba en las letras crípticas y en su sexualidad ambigua. En *Doble vida*, de 1988, cargado de metal, y producido por Carlos Alomar, el guitarrista y colaborador de David Bowie, figuraba el primer tema clásico de la gran época de Soda Stereo, «En la ciudad de la furia», una canción que utilizaba el vampirismo como una metáfora de la vida nocturna de Buenos Aires. («Con la luz del sol / se derriten mis alas. / Sólo encuentro en la oscuridad / lo que me une con la ciudad de la furia», le dice el narrador de Cerati a su amante.)

Canción animal, de 1990, indicó la madurez cada vez mayor de Soda Stereo; las canciones se hicieron más largas, con más espacio para la improvisación, y menos estética de pop radiofónico. Las letras de Cerati empiezan a expresar una especie de sofisticación poética, que da a entender el aspecto carnívoro de la sexualidad («Entre caníbales» urgía a su amante a «comer de su cuerpo»), además de la pérdida del ego («Hombre al agua» hablaba de un hombre caído de la barca, indefenso en la corriente de un río) o la aflicción por la enfermedad de su padre («Té para tres» daba cuenta de una ausencia importante en el té vespertino).

En los álbumes finales de Soda Stereo, a Cerati le fascinaba el abandono del cuerpo y lo efímero del sonido como forma de energía, que intenta captar el momento en que el espíritu sale del cuerpo y se eleva a un plano eléctrico y sónico. Es como si Cerati se viera envuelto en una fantasía permanente en que sus discos se convierten en la primera cinta de Moebius audible del mundo que, en los segundos finales vibra con un *riff* secuenciado de Roxy Music encima de un bordón de My Bloody Valentine. *Dynamo* (1993), el quinto álbum del grupo, incluía varios solos de Cerati, copiados de las estrategias sonoras de The Edge, el guitarrista de U2. Tanto en *Canción animal* como en *Dynamo* colaboraba Daniel Melero, un experimentador electrónico, que añadió gran parte de capas de sonidos nuevos al estilo del grupo. El álbum del dúo de Cerati y Melero, *Colores santos* (1993), se complacía en una electrónica repleta de distorsión y casi se considera como parte de la obra de Soda.

El último álbum de Soda Stereo, antes de la disolución del grupo en 1997, tras una gira de despedida de gran éxito, fue *Sueño Stereo*, de 1995, una extravagancia sónica que incluía solos revienta-tímpanos, un sencillo de éxito al estilo de los Stone Temple Pilots («Ella usó mi cabeza como un revólver»), y el triunfo etéreo de «Ángel eléctrico». *Comfort y música para volar*, de 1996, era una grabación en directo de un programa *unplugged* de la MTV, con sorprendentes versiones de canciones antiguas, que incluía un dúo, ahora clásico, con Andrea Echeverri, la cantante de Aterciopelados, en «La ciudad de la furia».

Desde la disolución del grupo, Cerati ha seguido una carrera en solitario de gran éxito, cuyo punto álgido fue *Bocanada*, de 1988, con su fusión de bolero, rock y electrónica (véase más adelante). A *Bocanada* le siguieron *11 episodios sinfónicos*, de 2002, en el que el cantante retomaba gran parte de sus grandes éxitos, con el acompañamiento de una orquesta sinfónica de cuarenta miembros, y *Siempre es hoy*. Aunque no tan conmovedor como *Bocanada*, el álbum fue una continuación del gusto de Cerati por la experimentación, el éxtasis electrónico y el pop bien manufacturado.

El alegre grupo Los Fabulosos Cadillacs empezó en 1985, en Buenos Aires, y combinaba una estética de clase obrera y de hincha del fútbol con un formato de big band, con predominio del metal y la percusión, para producir una formidable muralla de odas a la cultura porteña con un ska pseudosalsero. Gabriel Fernández Capello es el cantante solista de los Fab Cads, en posesión de una sencilla voz nasal de tenor que recuerda los orígenes del tango en los sórdidos cafetines de marineros. La canción emblemática del grupo, una de las dos canciones nuevas del recopilatorio *Vasos vacíos*, con grandes éxitos anteriores, fue «Matador», un atronador tema de house pop, alimentado por tambores de samba brasileños y una línea de bajo de reggae, al estilo dub-happy. El tema del título era un dúo memorable con la diva de la salsa, Celia Cruz, la primera colaboración entre un grupo de rock latino y una estrella salsera.

En 1995, los Cadillacs, cuyos cuatro álbumes anteriores no se encontraban en Estados Unidos, (*El león*, editado en 1992, era la excepción) estaban a la mitad de su carrera. El grupo se aventuró en una especie de ruta psicodélica, al colaborar con Tina Weymouth y Chris Franz, ex de Talking Heads y Tom Tom Club, en *Rey Azúcar*, en el que figuraba una breve aparición vocal de Debbie Harry en una revisión, en plan de ska latino, de «Strawberry Fields Forever». En «Mal bicho», un tema del mismo álbum, clónico de «Matador», Mick Jones, el ex guitarrista de los Clash, realizaba una intervención como invitado. El siguiente álbum, *Fabulosos calavera* (1997), parecía ser una concesión a la influencia de Café Tacuba, ya que presentaba el tipo de cambios radicales de género que hizo memorable al álbum del grupo mexicano, *Re*. Desenredando una extraña serie de cuentos misteriosos sobre los asesinatos políticos en masa de Argentina y elegías soñadoras para camaradas muertos y amores perdidos, las letras de *Fabulosos calavera* rondaban por la parte oscura. Aunque su dinamismo ecléctico pasa por encima del subtexto esotérico, y al martilleo de acordes de *death metal* que inician «El carnicero de Giles / Sueño» le sigue de improviso un ambiente de trío de jazz frío; en «El muerto», *riffs* de Santana de la época de *Abraxas* colisionan con un *thrash* acérrimo y partes de viento a lo Herb Alpert. El grupo sigue fiel a sus raíces en «Hoy lloré canción», un dúo bailable, a ritmo de rumba, con Rubén Blades, que junto a los Cadillacs hace el papel de un Neil Young latino al frente de Pearl Jam. En la pieza más soñadora del álbum, la explosiva versión de «Niño diamante» de Dave Brubeck, los Cadillacs se presentan, en un cambio constante de identidad, como vaqueros, surfistas, y ratas de salón, el murmullo herido de la voz solista de Capello flota, al estilo beatnik, sobre un jazz-rock al estilo de Traffic.

«Matador» de los Cadillacs fue un éxito enorme, y uno de los primeros en hacer impacto en Estados Unidos: sus ritmos, de influencia británica, algo así como «ska de la nueva ola con salsa», triunfó como ritmo étnico más que como rock en español. (El rock latinoamericano, a los oídos estadounidenses, puede sonar como derivado del rock anglosajón.) Pero la presencia del ska latino en los Cadillacs ayudó a preparar el camino para la explosión de grupos nuevos en México, fundados en la estela de Caifanes y Maldita Vecindad. La nueva generación la lideraba Café Tacuba, una variante menos bromista de Botellita de Jerez, que se inspiró en la experimentación rockera de aquel grupo. La escena estallaba con varios otros contendientes. Santa Sabina, un quinteto de rock gótico progresivo, cuyo nombre evocaba a María Sabina, una curandera de Oaxaca que promovía el uso de setas psicodélicas, sacudió el panorama con sus conciertos, influidos por la performance artística. Fobia, un ruidoso grupo de rock funk alternativo, fue uno de los primeros en grabar en Manhattan. De repente aparecieron otros en escena: La Lupita, cuya cantante solista era hija de una cantante de ópera; La Cuca; La Castañeda; Maná; y Las Víctimas del Dr. Cerebro. El Chopo acogió a más gente los fines de semana, y un montón cada vez mayor de pop, thrash-metal, punk y el aún energético Rock Urbano (rock proletario) convirtió a Ciudad de México en el Seattle que muy pocos, al margen del mundo latino, conocieron.

Café Tacuba es el primer grupo de rock mexicano de segunda generación, y creció en una época en la que el rock se tocaba y se escuchaba en Ciudad de México sin cortapisas, tras que emergiera de su hiato de treinta años en plan de música ilegal. Los integrantes del grupo vivían en Satélite, un suburbio al estilo de Los Ángeles, al norte de Ciudad de México, un lugar en el que se suponía que el sueño americano medio estaba al alcance de una clase alta ligada a la exportación petrolera. De hecho, durante los años setenta y ochenta, gran parte de dichas familias mexicanas realizaron el emblemático viaje a la Disneylandia del sur de California, y fueron dejando atrás el nacionalismo reverente con la tradición indígena mexicana.

Estudiantes de arte rebeldes, los integrantes de Café Tacuba (el cantante solista Rubén Albarrán, el guitarrista Joselo Rangel, su hermano, el bajista Enrique Rangel, «Quique», y el teclista Emanuel del Real) se decidieron a recuperar las citadas raíces indígenas, y empezaron con el nombre, que tomaron de un restaurante mexicano tradicional del casco antiguo de la ciudad. En sus primeras actuaciones, los Tacuba insistían en lucir vestimentas tradicionales indígenas y se centraban en hacer la conexión entre el ska, la ebullición de la música norteño, al

Café Tacuba recupera las tradiciones indígenas y mestizas latinoamericanas con una actualización eletrónica de estilos.

estilo de la polca, y el pogo-punk. No tardaron en adoptar un vestuario pseudo-punk californiano, aunque siguieron refiriéndose a sus raíces tradicionales al utilizar instrumentos acústicos (sobre todo el bajo sexto de Joselo Rangel, una especie de guitarra barítono mexicana) y con una actualización electrónica de estilos como el son jarrocho.

Aunque con *Re*, junto con los posteriores álbumes *Avalancha de éxitos* y *Reves*, Café Tacuba metieron de cabeza a los fans del rock mexicano en una nueva época. Al presentar un repertorio enormemente ecléctico que iba del punk hardcore hasta la música disco, pasando por la salsa, el grupo se hizo portavoz de una de las principales evoluciones del género, que acabó por adoptar el nombre de alternativa latina, en vez del de rock en español. Aunque se han producido algunas incursiones en la música tropical a cargo del grupo mexicano de inspiración ska, Maldita Vecindad, y las juergas pseudosalseras de los Fabulosos Cadillacs, de Argentina, *Re* de los Tacuba tomaba prestado del hardcore, la ranchera, la música disco de los Bee Gees, el pop británico de los sesenta y el merengue dominicano, para producir una mezcla de rock latino, de cortar y pegar al estilo del hip hop, que era totalmente nueva.

Todas las canciones parecían fluir con naturalidad del instinto compositivo de Café Tacuba: «El puñal y el corazón», tal vez la primera charanga postmoderna del mundo; «La Negrita», una samba lenta que, de alguna manera, cabalga sobre samples de arpa mexicana tradicional; «El baile y el salón», una extrañamente hermosa parodia de la época de *Saturday Night Fever*, y «24 horas», una especie de canción respuesta a «Eight Days a Week», de los Beatles. Al utilizar sintetizadores y samplers en sustitución de la batería, el grupo de rock tropical híbrido, siempre encuentra la manera de regresar a un mensaje de primitivismo postmoderno. En el crescendo de ska y música indígena de «El fin de la infancia», del álbum *Re*, el cantante solista Rubén Albarrán chilla: «Hoy quitaré el miedo / a sentirme en la vanguardia / sin tener que irme a Nueva York / para ver allá qué pasa. / ¿Seremos capaces de bailar por nuestra cuenta?».

En el espíritu caníbal de los tropicalistas brasileños, Tacuba utilizaba las tradiciones indígenas y mestizas latinoamericanas para engullir la concepción europea del arte y la música. Era como decir, según la interpretación de los códices aztecas de algunos académicos, que la conquista ya iba incluida en el plan, pero que ahora el timón había empezado a girar en la dirección opuesta, y es el momento para que los conquistados pasen a ser conquistadores. Después de todo, como proclamaba Tacuba en la destacada letra de «El ciclón», incluida en *Re*: «La vida siempre vuelve a su forma circular».

En 1996, Café Tacuba editó *Avalancha de éxitos*, un intento arriesgado de revivir diversas canciones pop desconocidas de cantantes latinoamericanos, de los sesenta a los ochenta. Los mejores temas del álbum son la nerviosa versión rap de «Chilanga Banda» del cantante folk bohemio de Ciudad de México, Jaime López, y «Cómo te extraño mi amor» de Leo Dan. Los dos últimos trabajos del grupo, *Reves y Yo soy*, de 1999, y el EP de 2002, *Vale Callampa*, tenían un propósito muy diferente. El primero era un álbum doble, dividido en un disco de canciones y otro con una serie de instrumentales. «El Padre» se hace eco del miedo a convertirse en el patriarca más odiado; «Dos niños» recuerda la infancia; y «Espacio» es una balada prescindible sobre el tema de estar con los pensamientos de uno, que parece compuesta en una cámara de privación sensorial. Canciones como «El ave», «Árboles frutales» y «El hombre impasible» tienen una calidad mito-poética. Pero al contrario del dinamismo aventurero de *Reves*, *Yo soy* resulta como una colección de bocetos inacabados, aunque de alguna forma brillantes. *Vale Callampa* es una nueva propuesta de versiones no tan conseguida, centrada esta vez en el grupo chileno Los Tres, cuya obra se parece a la de los Talking Heads. El material es impreciso, un preludio para el álbum siguiente de Tacuba, *Cuatro caminos*, de 2003, una obra ambiciosa que, desde luego, incluye un batería.

Rock caribeño

Al contrario que sus equivalentes mexicanos y argentinos, los rockeros caribeños proceden de países con escenas de rock enormemente desarrolladas. Tienen tendencia a fusionar el rock con ritmos bailables afrocaribeños, y no rehuyen siempre al bolero y el pop latino. Seguramente no hay un personaje más fascinante en el pop y la música alternativa latina que Robi «Draco» Rosa. Es el productor que está detrás del éxito pop internacional de Ricky Martin, con «María» (1994), «La copa de vida» (1998), y «Livin' la vida loca». Aunque, de manera enigmática, Robi Rosa también ha lanzado tres álbumes en solitario, que están a caballo de la cara más oscura del rock and roll. *Frío* (1994) daba indicios del enfoque visionario de Robi, y *Vagabundo* (1996), un triste estrépito metálico de guitarras veteado con poesía oscura tomada en préstamo a Baudelaire y al gran bardo mexicano Jaime Sabines, es un viaje subterráneo al núcleo del alma humana.

Robi Rosa, de raíces puertorriqueñas, nació en 1973 y creció en las afueras de Long Island y se vio muy influenciado por las aficiones musicales de sus padres. A su madre le encantaban los Beatles, Led Zeppelin, los Who y los Doors, y su padre era un gran fan de la agresiva salsa brava. A la edad de doce años, después que su familia hubiera regresado a Puerto Rico en 1983, Robi tuvo la oportunidad de trabajar con Menudo, con los que hizo coros de acompañamiento y arreglos.

Cuando el grupo pop adolescente no le permitió componer canciones, Robi, con diecisiete años, abandonó Menudo para emprender una carrera en solitario. En 1993 fichó con Sony Latin y fue a España, a grabar un álbum como solista, *Frío*. La rica tradición del flamenco español le atrajo enormemente y Robi Rosa dedicó una canción al legendario cantaor Camarón de la Isla. Aunque el álbum también rebosa de power pop como «Pasión» y «Cruzando puertas». Entre proyectos en solitario, Robi trabajó en *A medio vivir*, con el compositor y productor K. C. Porter. La mayoría de las canciones del álbum, incluidos los sencillos de éxito «María»,

«Fuego de noche, nieve de día», «Volverás» y «Revolución» las compusieron y produjeron a medias los dos productores. En 1996, Robi editó *Vagabundo*, que se grabó en Inglaterra, con producción de Phil Manzanera. Una proeza con canciones obsesivamente introspectivas como «Llanto subterráneo» y «Penélope», *Vagabundo* promocionó a Robi Rosa como un talento compositivo único.

Robi intentó mantener la bondad de *Vagabundo* en su postergado proyecto *Mad Love*, editado en 2003. Las canciones son, en su mayor parte, en inglés, a excepción de la última, «Cómo me acuerdo». Con las típicamente chillonas guitarras y el dinamismo triste de Robi, el álbum goza de un atractivo inquietante, aunque no es un proyecto decididamente pop ni de alternativa latina. Con todo, el amplio atractivo del álbum podría hacer que la gente lo tomara más en serio en tanto que intérprete en inglés, que no a Ricky Martin.

En un cambio imprevisto, Puerto Rico, que durante mucho tiempo fue un baluarte de la salsa en exclusiva, se ha convertido en uno de los principales semilleros del rock alternativo latino. El grupo puertorriqueño Fiel a la Vega realiza una música de fusión del rock con la latina tradicional fruto de la incierta relación de la isla con Estados Unidos y el resto de Latinoamérica. El gran peso del neonacionalismo en las letras de Fiel a la Vega funciona bien ante el público universitario ultraizquierdista, aunque su presentación se inspira a menudo en grupos como Nirvana o Pearl Jam. *Tres*, editado en 1999, es emblemático de su pastoralismo jíbaro. Otros grupos como Manjar de los Dioses, una especie de versión gótica del existencialismo puertorriqueño, y Vivanativa, un grupo pop-funk que se apoya en el número más importante de fans adolescentes de la isla, agotan las localidades con facilidad en conciertos celebrados al aire libre. *Claro*, de Vivanativa, editado en 2002, es su álbum más sofisticado y mejor montado. El ex cantante de Manjar de los Dioses, José Luis Abreu (alias «Fofe»), el teclista Edgardo Santiago y el batería David Pérez dejaron el grupo para fundar Circo, que editó *No todo lo que es pop es bueno*, de 2002, un pastiche perfectamente producido de electrónica, pop-rock y neo-bolero (con una versión de «Historia de un amor», una canción grabada por Lucho Gatica y Julio Iglesias).

Aunque en ocasiones el gobierno lo ha reprimido, el rock de Cuba posee una historia casi clandestina, que se remonta al inicio de la revolución. El grupo de bossa nova y doo-wop de principios de los sesenta, Los Zafiros hacían una especie de rock, y su guitarra solista, Manuel Galbán tocaba de manera parecida a la música surf. Juan de Marcos González, el colaborador de Sierra Maestra y Buena Vista Social Club, declaró una vez que había tenido un grupo que interpretaba versiones de los Eagles de la época de «Hotel California». Y Carlos Alfonso, el líder de Síntesis, con su rock progresivo basado en la música religiosa yoruba, en 2000 colaboró en el encargo de una estatua en honor de John Lennon, en pleno centro de La Habana.

Aunque la escena rock cubana obtuvo una relevancia fugaz a inicios de los noventa en clubes underground, en los que algunos adolescentes se inyectaban el virus de inmunodeficiencia adquirida en señal de protesta, la mayoría de rockeros cubanos no llegaban a extremos tan drásticos. Carlos Varela, el Springsteen de Cuba, ha conseguido realizar conciertos en su isla natal, aunque en ocasiones las autoridades le prohíben. Su canción «Robinson» es una alegoría que cuestiona la revolución cubana de la manera ligeramente ambigua y encantadora a la vez del fallecido cineasta Tomás Gutiérrez Alea *(Memorias del subdesarrollo, Fresa y chocolate)*. Incluido en el recopilatorio de David Byrne, *Cuba Classics 3*, Zeus es un grupo de hardcore y heavy metal que utiliza un sonido de «death metal», que en Norteamérica se relaciona con el satanismo, para realizar un comentario sobre lo que la revolución considera como el Gran Satán, el imperialismo estadounidense. «Es ávido y lujurioso, se mueve por el beneficio. / Incita a la maldad en todo el mundo. / Huye de la verdad, y le encanta la intriga. / Todo es vanidad cuando tiene lleno el estómago» es parte de la letra de «¡Diablo, al Infierno!». Pero la escena rock cubana se limita habitualmente a los clubes que tocan música estadounidense, y la bulliciosa escena rap del país suscita mayor interés a inicios del siglo XXI. A menudo el rock lo utiliza la juventud cubana, que luce camisetas de grupos de rock como prueba de estatus enrollado, a modo de vehículo para el deseo de más libertad personal que la permitida por el estricto gobierno.

Rock suramericano de fusión

A finales de la década de los noventa, menguaba la primacía de los gigantes del rock argentino y mexicano, y la nostalgia de la juventud latina por sus raíces culturales, sumada a la identificación cada vez más creciente con el hip hop, dejó la música abierta a una amplia serie de influencias. La propia música empezó a identificarse a través de su ostentosa hibridez, una cualidad que eclipsó pronto a las demás definiciones, y brotaron grupos nuevos para interpretar esa fusión nueva.

En 1997, dos grupos de la costa norte de Suramérica, los colombianos Aterciopelados y Los Amigos Invisibles, de Venezuela, empezaron a experimentar con ritmos afrocaribeños y otros del folklore, y los incorporaron a su música. Desgraciadamente, Colombia ha obtenido notoriedad como uno de los países más peligrosos del hemisferio, y ha encabezado las estadísticas de secuestros y asesinatos, con graves guerras de guerrillas que brotaban en todo el país. Se trata de un lugar en el que a los candidatos a parlamentario, se les asignan chalecos antibalas, con la convicción de que quizá no sea protección suficiente. A pesar de los riesgos de una guerra civil de cuarenta años de duración, la escena musical colombiana sigue evolucionando, y su vibrante cultura juvenil absorbe las influencias norteamericanas, aunque sigue siendo «colombiana».

El grito frenético de «¡LaMúsicaLaMúsicaLaMúsicaLaMúsica!» por parte de los vendedores callejeros que pregonan los recientes CD en la Avenida Séptima de Bogotá, puede que haya sido la inspiración para el tema de Aterciopelados «La

Música», de su álbum *La pipa de la paz*, de 1997, que anunciaba la liberación de los problemas de Colombia, gracias a la fuerza de su cultura musical. La novela de 1982, *La tejedora de coronas*, de Germán Espinosa, narraba la historia de una mujer de Mompós que, gracias a su artesanía, trataba de llevar la modernidad a Colombia, y que sólo consiguió que la Inquisición de Cartagena la juzgara y la ejecutara, por bruja. Lejos de ser ejecutada, la cantante solista de Aterciopelados, Andrea Echeverri, se convirtió en una de las reinas pop colombianas, al colaborar a llevar la postmodernidad al país. Con los tatuajes y piercings de la más enrollada criatura de la MTV, Echeverri es el ídolo de moda de los rastros de Bogotá. Allí donde va, la gente la mira y sonríe con la reverencia reservada para Madonna.

Los miembros fundadores de Aterciopelados, Andrea Echeverri y su novio de antaño, Héctor Buitrago, se juntaron en Bogotá en 1990, con el nombre de Delia y los Aminoácidos. Buitrago procedía de un ambiente de rock hardcore y había encabezado un grupo llamado La Pestilencia. Echeverri había estudiado cerámica y rondaba en la periferia de la cultura punk de Bogotá. La pareja llevó uno de los clubes exclusivos de rock de la capital y, aunque al principio estaban sentimentalmente unidos, su relación se convirtió en puramente artística. Su obra inicial, como ejemplifica su primer álbum, *Con el corazón en la mano* (1994), que incluye la colaboración del batería Alejandro Duque y el guitarrista Alejandro Gomezcáceres, es una fiesta ruidista de guitarras estruendosas y distorsionadas, con un ritmo percusivo de un punk avasallador. A partir del segundo álbum, *El Dorado*, Aterciopelados empezó a ampliar su registro, e incluyeron ritmos tradicionales de los llanos colombianos, además del sonido del bolero nuevo del primer gran éxito del grupo, «Bolero falaz». Con su insistente ritmo de bolero y su letra ardiente, el tema hizo que el grupo apareciera en la MTV Latina, y sus integrantes se convirtieron en estrellas en toda Latinoamérica.

Tras editar un tercer álbum, *La pipa de la paz*, Aterciopelados tuvo la oportunidad de realizar una gira por Estados Unidos, y en Miami grabó un programa Unplugged de la MTV a principios de 1997. Las canciones de *La pipa* eran una prueba de la creciente evolución del sonido del grupo, y la producción de Phil Manzanera puso en primer plano la resuelta intensidad de los temas. Tras el abandono del batería Duque, Aterciopelados pasó de ser un grupo de rock, a más bien una colaboración entre Echeverri, Buitrago e invitados habituales como Gomezcáceres. Al año siguiente, *Caribe atómico*, grabado en Manhattan con la participación de invitados como los guitarristas del movimiento *dowtown* Arto Lindsay y Marc Ribot, amplió el sonido de Aterciopelados hacia el mundo del drum and bass y el jungle. Echeverri y Buitrago se convirtieron en uno de los mejores equipos compositivos de la alternativa latina, y crearon una voz atrevida para las mujeres latinoamericanas, aparte de manifestarse contra la violencia que destruía su país y las amenazas al medio ambiente.

La mitad de las canciones del álbum *La pipa de la paz*, el más completo de Aterciopelados, algunas compuestas en colaboración con Buitrago, son peticiones tímidamente insistentes en pro de la autonomía femenina. «Baracunátana» es una versión de una canción pop colombiana en la que Echeverri censura irónicamente a una mujer fácil con todas las palabras de argot español imaginables. En «Chica difícil», ella parece casi dispuesta a la proposición cuando canta «Soy una chica difícil / pero yo valgo la pena», y se aleja del estereotipo en un tenso intermedio recitado. Echeverri parece querer limitarse al «Amor platónico», al que canta a manera de amable canción de cuna.

Con el empleo casi siempre de una fuerte voz de soprano, que sólo ocasionalmente muestra una cara más suave, Echeverri le dice a un tipo: «No necesito tu aprobación» («No necesito»); denuncia a un hombre al que castró su mujer acosada; y suplica a otro pretendiente enamorado: «No arruines mi figura con un hijo» («La culpable»). Mientras tanto, ella incorporó músicas latinas como el vallenato colombiano, el mariachi mexicano y el flamenco español. En «Música», un himno serio al rock en español, el grupo pasa de *riffs* distorsionados a intermedios acústicos a lo «flower power», y de improviso, reaparece el fantasma de Santana en «Expreso Amazonia», una celebración paródica de los viajes new age a la selva.

El quinto álbum del grupo, *Gozo poderoso*, de 2001, desplegaba una inquieta salsa trip-hop, con temas mucho más complejos que revelan una espiritualidad más profunda. En el primer sencillo de *Gozo*, «El álbum», Echeverry se aferra conmovedoramente a las imágenes mentales de un amante al que abandonó. En «Esmeralda», ella trata de, al menos temporalmente, desbrozar el mundo material, e insiste en que ella se «fusiona con la eternidad / y se eleva» sobre un sutil ritmo de calipso soul. En «Chamánica», una canción que alude al uso que Héctor y Andrea hacen de la droga yagé, que expande la mente, «la puerta cósmica» le abre el «tercer ojo» a ella. La voz destacadamente ágil y llena de Echeverri flota lánguidamente por encima de tres acordes de guitarra al estilo de la Velvet Underground en «Transparente», en la que ella sueña con tener «la piel de cristal, [...] se verá mi verdad».

Aunque todavía apegado a los loops y secuencias que dominaban en *Caribe atómico*, de 1998, Buitrago manifiesta que *Gozo poderoso* es un regreso a las raíces folk-rock del grupo, con el empleo ocasional de percusión rústica y flautistas de sesión. Héctor también es un gran compositor, y aporta el lamento de amor «Rompecabezas», al estilo del «nuevo bolero» y el ritmo de «lounge hop» que catapulta el tema titular. El tema de más confrontación de *Gozo* es «Fantasía», una elegía espaciosa de Buitrago, en la que Echeverri entona que Estados Unidos es una Roma hinchada y decadente, abocada al hundimiento.

Grupos venezolanos como Desorden Público, de orientación ska, y Los Amigos Invisibles, inspirados en el acid-jazz, citan ambos a la desastre petrolífero del país como el mayor impacto en su juventud. Los sueños frustrados de prosperidad que dominaron los años setenta y ochenta pende sobre la cabeza de la juventud venezolana como una pesadilla despierta. Aun así, los muchachos encontraron la forma de divertirse. Las furgonetas ambulantes con DJ que paseaban por los barrios del extrarradio, consiguieron crear un público enterado en la música de baile. Desorden Público, un excelente grupo de ska y reggae, hizo un uso explícito del trauma nacional en sus letras, pero Los Amigos prefirieron presentarse como un grupo de fiesta, enfrascado en una recapitulación desenfadada de las fantasías adolescentes masculinas de la época James Bond. Con la utilización del estilo de acid jazz, impulsado por teclado y percusión, popular en Estados Unidos y Europa, Los Amigos parecían estar destinados a un éxito enorme que saltara la barrera de las listas especializadas.

Los Amigos interpretaban un tipo contagioso de rock bailable fiel a las raíces rítmicas de los integrantes del grupo. El toque con el *wah wah* del guitarrista José Luis Pardo es innovador, de estilo post-Funkadelic, y a la busca de un sabor de salón de baile, el percusionista Mauricio entabla frecuentes duelos de *toasting* con el cantante solista Julio Briceño. Primer grupo alternativo latino que «descubrió» el ex Talking Head, David Byrne, Los Amigos editaron en 1998 su primer álbum en un sello estadounidense, *The New Sound of the Venezuelan Gozadera*. Las rigurosas rumbas, chachachás y merengües no son más que una paleta de ritmos que abren el camino al acid jazz y el house que dominaban en el recopilatorio *Nuyorican Soul*, editado por Little Louie Vega en 1997. No es más que en teoría que Los Amigos Invisibles dependan de un abundante uso del sampleado de temas musicales cursis, ya que los muchachos saben utilizar de verdad sus instrumentos, y los coros de bossa nova que consiguen en «Aldemaro en su camaro» de *The New Sound* pueden hacer olvidar para siempre los discos de Sergio Mendes.

El segundo álbum del grupo, *Arepa 3000* (2000), aumentó la importancia del merengue, el europop, el funk y el bugalú, hasta el punto en que la identidad de Los Amigos como grupo de rock desaparece. La versión de «Amor», una canción pop venezolana de los setenta, es de gran astucia, y el *groove* de Los Amigos sigue intensificando canciones como «Mujer policía». En 2001 Los Amigos se trasladaron a Nueva York, siendo el primer grupo alternativo latino que entraba en una fortaleza norteamericana. El cuarto álbum del grupo, *The Venezuelan Zinga Sound*, se retrasó a causa de las dificultades financieras del sello.

A inicios del nuevo milenio, el éxito de la alternativa latina venía a depender de su capacidad para incorporar más ritmos afrocaribeños. Aunque el rock mexicano volaba en alas del airoso toque de guitarra de Caifanes, su primer tema de éxito fue «La Negra Tomasa», una cumbia colombiana. Bloque, cuyo nombre procede de la campaña de búsqueda organizada para llevar ante la justicia al narcotraficante Pablo Escobar, parece llevar su drama colombiano en la manga. Aunque a pesar de la pose de obrero bohemio que presenta el cantante solista y compositor Iván Benavides, la fuerza de Bloque está en unir las muy variadas tradiciones de la Colombia costera, rural y urbana en un solo sonido que estremece el alma.

Aunque se basa en ritmos colombianos como el vallenato, la cumbia, el porro y demás, Bloque también recibe inspiración del afro-pop híbrido encarnado por Salif Keita, Angélique Kidjo y Fela Kuti, aparte del rock clásico, el jazz progresivo y la misma rumba. Bloque difundió en gran manera la idea de la música étnica, para regresar a América (latina), cerrando el círculo. La génesis de Bloque se produjo a mediados de los noventa en la escena de club de Bogotá, en la que la gente del vallenato se juntaba con la de la cumbia, y con la del rock y el jazz, y percusionistas con todo tipo de tambores exóticos atacaban una plétora de desconocidos ritmos de baile regionales. Antes de conseguir un contrato discográfico como Bloque, varios integrantes del grupo —el guitarrista «Teto» Ocampo, la flautista Mayte Montero, Benavides y el bajista Luis Ángel Pastor— aceptaron la invitación de Carlos Vives para aportar su pericia a los intentos del cantante de realizar un pop de masas a partir del estilo del vallenato folklórico. Benavides acabó por coescribir buena parte de las letras y el guitarrista «Teto» Ocampo fue el director musical del álbum de Vives de 1995, *La tierra del olvido*, que fue disco de platino en Colombia. Pero Carlos Vives restringía demasiado las ambiciones de Bloque, y los cuatro músicos decidieron volar con sus propias alas.

Tal vez lo más fascinante del proyecto Bloque sea que el grupo es una banda de rock auténtica. Los integrantes creen firmemente que el carácter funky del vallenato lo hace enormemente paralelo al blues norteamericano, y el hecho de que su bajista, Luis Ángel Pastor, sea un especialista del vallenato, parece subrayar el parecido. El líder del grupo, Iván Benavides, con su cabeza rapada y su imagen de inadaptado encantador, tiene una postura rockera, y además ha basado una canción en los escritos del poeta colombiano Jaime Jaramillo Escobar, un notorio exponente del movimiento beat del país. El genio de Bloque reside en la dicotomía que establece entre la música folk y la eléctrica, y el grupo proporciona una carga significativa cuando la cartagenera Mayte Montero, la única mujer integrante de la banda, se planta en el centro del escenario con la flauta gaita y sus cantos nasales en la octava superior. Ella canta algunas canciones en dialecto afrocolombiano, lo que recuerda el legado de los palenques, pueblos de Latinoamérica fundados por esclavos huidos, lo que les vinculaba de nuevo con la diáspora africana. Buena parte de la música costera colombiana surgió de la interacción entre la población indígena y los esclavos huidos llamados cimarrones, un término con la misma raíz que los «maroons» jamaicanos. Cuando Bloque ataca dicha muralla rítmica y bailable de percusión y tradición folk, se muestra a su nivel más alto.

Experimentalista auténtico, Benavides ha colaborado en trabajos de sesión con Richard Blair, un DJ de club londinense, que se enamoró de Colombia. En 1999 con el proyecto de Blair, de nombre Sidestepper, Benavides grabó una canción titulada «Logozo», una mezcla de son cubano con drum and bass. El trabajo de Benavides con Blair refuerza la conexión entre Londres y Colombia, que se manifiesta en la gran cantidad de colombianos exiliados en Londres.

Al comienzos del siglo XXI, tanto el hip hop como las músicas de club como el rave, el drum and bass y el jungle se han convertido en una parte importante de la alternativa latina. Aunque los latinos siempre han formado parte de la creación del hip hop mayoritario a finales de los setenta, algunos intérpretes latinos estadounidenses como Cypress Hill, The Beatnuts, Kid Frost, y A Lighter Shade of Brown seguían haciendo letras en español en los noventa. Gran parte de los primeros grupos de rap en español residían en California, donde los mexicanoamericanos adoptaron una especie de identidad paralela a la de los afroamericanos, con necesidad de griots urbanos para contar sus historias. En Nueva York, la mayoría de raperos latinos se asimiló a la cultura afroamericana dominante, y en el hip hop no se registraron referencias claras a la cultura latina hasta finales de los noventa, a través de canciones de la corriente principal a cargo de Puffy Combs y la colaboración de Santana con Product G&B.

Mientras tanto, inspirada por el hip hop mayoritario además de híbridos de rock y rap como Rage Against the Machine y Limp Bizkit, en 1996 se empezó a fraguar una escena hip hop mexicana en la ciudad norteña de Monterrey, y más tarde en la capital del país. Los raperos Control Machete son una respuesta evidente a la americanización de Monterrey inspirada por el Nafta. En su origen un grupo de rock, Control editó su primer álbum, *Mucho barato*, en 1997. El grupo alcanza su momento álgido al mezclar acordes de metal con intermedios lounge a lo Esquivel en «Somos humanos», en la que gruñen «Somos humanos pero ellos nos llaman mexicanos», en español, como los gangsta Zapatistas. El canto agresivo de Fermín y Pato otorga a Control una especie se sensación siniestra, cosa que refuerza la opinión de que, al menos, el norte de México, ha llegado a ser un lugar urbanizado peligroso. En 1999, Control Machete editó *Artillería pesada*, en el que figuraba una colaboración insólita con integrantes de Buena Vista Social Club como el pianista Rubén González y Orlando «Cachaíto» López. Pero el grupo parecía estar en un hiato después que, en 2002, Fermín emprendiera una carrera en solitario con *Boomerang*, un desigual álbum de rap de fusión, marcado por el *groove*, con un ambiente interesante y una gran cantidad de guitarras rugientes.

Los paisanos de Monterrey, El Gran Silencio, que despliegan una reinterpretación del hip hop y el ska más rústica, se muestran escépticos ante Control Machete. La postura mafiosa en canciones como «Andamos armados», según Tony Hernández, de Silencio, es un truco *gangsta* para atraer a los jóvenes mexicanos codiciosos del estilo de vida californiano. Hernández es un tipo original de Monterrey, el primer muchacho de su vecindario en bailar breakdance en los años ochenta, cuando el hip hop era desconocido en México, y escribe canciones que funcionan como alegres críticas de los antagonismos de clase. También está muy dispuesto a poner de relieve el discurso sobre la «actitud rock» que, en realidad, es más un código de hip hop. Es una especie de desconfianza permanente en la autoridad y un reconocimiento de que la única manera en que se producirá el cambio será a través de las tentativas de la población. Desde el primer álbum del grupo, *Libres y locos*, Gran Silencio se apoyó mucho en un sonido de acordeón con raíces para definir su música, aunque tras una gira por España de promoción del álbum de 2001, *Chuntaro radio poder*, los integrantes del grupo utilizaron la cumbia colombiana y otras influencias étnicas, que tomaron de grupos españoles como Macaco y Dusminguet.

Control Machete y el grupo Molotov, éste residente en Ciudad de México, y que usa una formación convencional de rock guitarrero (aunque con dos bajos eléctricos) como acompañamiento de cantos hip hop, están a la cabeza del rap mexicano en cuanto a ventas y popularidad. Mientras que Control trabajó muy estrechamente con el productor Jason Roberts, de Cypress Hill, e incorporó a un giradiscos de nombre Toy, Molotov se trata más de un grupo de rock-funk, interesado en los ambientes oscuros que son de una eficacia especial en las actuaciones en directo. Molotov lo fundaron tres chilangos nativos y el hijo del delegado de Asuntos Exteriores estadounidense, residente en la capital mexicana. La presencia del batería Randy «El Gringo Loco» Ebright y la facilidad del resto del grupo para con el inglés, el hip hop y el heavy metal otorgaron a Molotov un gran atractivo. Interpretado en un tempo norteño inusualmente lento e incorporando partes de acordeón que recuerdan al corrido tradicional, «Frijolero» de *Dance and Dance Denso*, de 2003, se interpreta irónicamente con una voz que suena como un presentador inglés que tratara de hablar en español. Las estrofas y el estribillo también se traducen al inglés y se repiten. El resto del álbum es una colección de caos heavy y rap alternativo densamente estratificada y muy versátil, y es considerablemente más melódica que el trabajo de 1999, *Apocalypshit*. Aunque sin que obtuviera los potentes éxitos con los sencillos del álbum de 1997, *¿Dónde jugarán las niñas?* (parodia del título de un álbum de Maná), el álbum es mucho más maduro.

Illya Kuryaki and the Valderramas, que proceden de Argentina, consiguieron un éxito sorprendente al encontrar un alma hip hop en la psique argentina. El título del grupo es un guiño a la cultura pop: Illya Kuryaki no era tan sólo el nombre de uno de los personajes protagonistas de la serie televisiva de los sesenta «El hombre de CIPOL», sino también un popular breakdancer de la primera época del hip hop. Y Valderrama es el apellido de uno de los jugadores de fútbol latinoamericanos más famosos, un afrocolombiano. Bajo la dirección de Dante Spinetta, hijo del legendario rockero Luis Alberto Spinetta, el grupo practica un bilingüismo del Cono Sur que, con frecuencia, suena como un espectáculo *minstrel* de un ritual sa-

El grupo mexicano Molotov, una banda de rock-funk, parodiaba a Maná en su álbum *¿Dónde jugarán las niñas?*

grado chicano. «I believe in Suramérica. / Soy de la raza brotha. / Vato, estoy loco. / Be cool, don't be culo», refunfuñan en una yuxtaposición del sarcasmo con la sinceridad. Illya Kuryaki and the Valderramas, integrado por Spinetta y Emmanuel Houvielleur, fueron niños prodigio y produjeron su primer álbum, *Fabrico cuero*, en 1991 cuando tenían catorce y dieciséis años, respectivamente.

A través de álbumes como *Horno para calentar* (1994) y *Chaco* (1996), el sonido del grupo evolucionó rápidamente, del estilo hardcore y funk de los primeros Chili Peppers a la apasionada repropuesta del funk psicodélico de los setenta. *Versus*, editado en 1998, inició un proceso de maduración en el que IKV buscaron en sus almas interiores funk, de modo que en la época en que realizaron *Leche*, su quinto álbum, produjeron algo así como el disco que Parliament-Funkadelic jamás editaron. Con la colaboración del bajista de Funkadelic, Bootsy Collins, que actuó como ingeniero de sonido y tocó en un par de temas, *Leche*, parecía que podía hacer triunfar a IKV en Estados Unidos, particularmente a través de la fuerza del sencillo «Coolo». En una imitación de lo mejor del funk posterior al disco neoyorquino, bien representado por grupos como The Whispers, canciones como «Coolo», en la que figuraba un break de piano salsero, y «Lo que nos mata», una especie de balada amorosa, en un cruce de Hall and Oates y los Ohio Players, reproducían el concepto tan bien que a los IKV se les podía acusar de parodia. Pero en 2001, tras la muerte de su manager de siempre José Miceli, los dos integrantes decidieron tomarse un descanso con el grupo. En 2002, Dante Spinetta editó un álbum en solitario, *Elevado*, estimulante aunque algo desigual.

———

A mediados de los noventa, se empezaron a fundar en Estados Unidos, grupos de la alternativa latina, como respuesta a las giras de grupos mexicanos de rock como Caifanes, Maldita Vecindad y Café Tacuba, aparte de otras visitas de los argentinos Soda Stereo y de los colombianos Aterciopelados. Grupos californianos como Ley de Hielo y María Fatal realizaron unos discos regulares, y la moda del ska prendió en grupos como Los Skarnales y los Voodoo Glow Skulls. En Nueva York, King Changó obtuvo mucha atención al fichar, en 1995, por el sello Luaka Bop de David Byrne. Dirigido por el cantante Andrew Blanco, el único miembro fijo del grupo además de la compatriota venezolana Glenda Lee (de ascendencia asiática) al bajo, King Changó se centró en el ska, aunque ha experimentado con una panoplia de ritmos tropicales caribeños como la soca, la cumbia y el son jarrocho. El atractivo principal de King Changó era el espectáculo en sus actuaciones; a Blanco, un diseñador gráfico que había creado algunos memorables logotipos para el deporte profesional, le gustaba experimentar con evocaciones de los luchadores mexicanos de lucha libre y los zapatistas. Una de las canciones más famosas de Changó es una versión de «Sweet Home Alabama» de Lynyrd Skynyrd, rescrita con el fin de describir la súplica de un inmigrante sin papeles.

La fórmula de Pastilla, grupo residente en Los Ángeles es muy sencilla: un cuarteto de power punk con letras de desamor en español. Con dos álbumes en el bolsillo, Pastilla realizaba un tipo nuevo de noise. Aunque la mayoría de miembros de Pastilla habían nacido en Juárez (México), crecieron en sitios como Pomona (California) y el grupo surgió como una máquina propulsora revolucionada, diseñada para navegar en la alienación del urbanizado sur californiano. El bajista y cantante Víctor Monroy instauró la postura de punk andrógino con «Vuelo», una afirmación resonante y llena de distorsión conforme no había perdido las alas. Capas de aguda cacofonía dan paso a flipantes ráfagas de reverberación mientras la quejumbrosa voz de Monroy suplica que le liberen del aburrimiento. El segundo álbum de Pastilla, *Voz Electra* (1998), está repleto con mucho eco, distorsión, ritmos locos, e historias sobre el amor y la frustración adolescente. Los raros gruñidos de Monroy y el sonido guitarrístico ligeramente desafinado de su hermano Adrián suenan como los grupos de rock indie californianos.

Volumen Cero, de Florida, y Orixa, de San Francisco, causaron gran impacto, utilizando dos fórmulas distintas con éxito diverso. Volumen Cero tocó con maestría un rock con bordón, según el modelo del grupo británico My Bloody Valentine, y entró en las listas con canciones de rock espacial, como «Andrómeda». Volumen Cero editó el álbum *Andrómeda* en 1989, con una recepción crítica polémica, pero *Luces*, de 2002, triunfó como una estridente explosión de punzante pop guitarrero. Orixa es mucho menos interesante, y emplea una formación que permite al grupo orientarse tanto hacia el hip hop como hacia el rock. A menudo, el rapeo que hacen sus integrantes es de segunda, y el uso de un DJ y mezclador combina la energía rítmica creada por el grupo con incursiones en la percusión latina. Con todo, canciones como «Latino, culturízate» y su versión de «Umbabarauma» de Jorge Ben funcionaban en directo como himnos excelentes y habían creado una entusiasta masa de seguidores en el norte de California. «Culturízate» aparecía en el primer álbum del grupo, editado en 1996, y «Umbabarauma» figuraba en el segundo, *2012 E. D.*, que fue más experimental e iba más en la dirección del funk y el hip hop.

A finales de los setenta, como se ha explicado en el capítulo anterior, los latinos estuvieron directamente implicados en el nacimiento del hip hop, gracias a muchos raperos, DJ, bailarines de breakdance y artistas del graffiti puertorriqueños, a finales de los setenta. A inicios de los noventa, después de una larga época de invisibilidad, los latinos empezaron a hacer música rap bilingüe, o en español. La etiqueta de hip hop latino no se consolidó, porque los intérpretes querían que se les considerara parte del movimiento más amplio conocido como hip hop, aparte de las posibles connotaciones negativas del término, utilizado anteriormente para categorizar a grupos femeninos de los ochenta, con grandes cabelleras como Exposé, Brenda K. Starr, Pebbles y Lisa Lisa (conocido también como *freestyle*). Aunque puertorriqueños neoyorquinos como Curious George y Latin Empire tuvieron algún tipo de impacto, el fenómeno del rap bilingüe, de orientación latina, empezó a inicios de los noventa con grupos californianos como Latin Alliance, Kid Frost, A Lighter Shade of Brown, Mellow Man Ace y Cypress Hill.

Con la unión de raperos de ambas costas y entornos tan variados como la lista de una coda de Rubén Blades, el colectivo de raperos Latin Alliance proporcionó un hito definitorio en la creación de una estética hip hop bilingüe, que abarcara toda la nación. Aunque el primer álbum de Kid Frost, *Hispanic Causing Panic*, de 1990, fue el clásico instantáneo del género, Latin Alliance, que colaboraron con Frost, Mellow Man Ace, y A.L.T., se manifestaron más claramente. «Runnin'», que figuraba en el álbum de 1991, titulado como el grupo, es una parábola sobre el aura de zona de guerra alrededor de los cruces ilegales de la frontera, engrasada con su inquieta pista de acompañamiento repleta de viento, que recuerda a «Lethal weapon» de Ice-T. Con el subrayado de espeluznantes voces en off, que son grabaciones de mensajes radiados y telefónicos del auténtico Servicio de Inmigración, y con el aprovechamiento del sonido penetrante de los helicópteros por encima de la cabeza, para conseguir idéntico efecto horripilante que en innumerables películas de serie B de Los Ángeles, *Runnin'* traza el acoso de los inmigrantes y los chicanos nacidos en Estados Unidos. La colaboración de los Latin Alternative fue flor de un día; Kid Frost hizo un disco más en 1992, y A. L. T. dos más, en 1992 y 1993.

Straight from Havana, de Mellow Man Ace, estableció en 1998 la Costa Oeste como cuartel para el género. El sencillo de éxito del álbum, «Mentirosa», incorporaba apropiadamente «Evil Ways» de Santana y fue el primer sencillo de hip hop latino en obtener una gran difusión radiofónica. Aunque su continuación de 1992, *The Brother with Two Tongues*, fracasó a la hora de generar interés, Mellow Man es conmovedor con su habilidad para transitar por tantos aspectos de la experiencia latina. En *The Brother*, la altivez de Mellow se desplegaba de varias maneras: chico del barrio con voz nasal al estilo Cypress en «Funky muñeca», «Gettin' funky in the joint», y «Hypest from Cypress»; cubano falso con un acento duro en «Ricky Ricardo of Rap»; maestro de la rima en español en el tema del título y «Babalú Bad Boy»; y cubano deslenguado en «Me la pelas», un discurso relativamente obsceno. El primer sencillo «What's It Take To Pull a Hottie (Like You)?», es una meditación de pop dance sobre la mujer perfecta de Mellow. En tanto que cubano negro que trabaja en un paisaje del sur de California dominado por los afroamericanos y los chicanos, Mellow Man Ace es un camaleón resistente, que se las arregló para mantener un claro sentido de identidad. Mellow Man realizó una especie de regreso en el año 2000, con *From the Darkness Into the Light*, que se centraba también en la cara oscura de la vida interna de la ciudad. La emocionante «Ten la fe», se integró en la banda sonora del drama romántico adolescente *Amor loco, amor prohibido*.

El manto del hip hop latino pasaría a un grupo en el que figuraba Sen Dog, el hermano de Mellow Man Ace. Aunque menos bilingües que Kid Frost y A.L.T., el grupo Cypress Hill combinó el gruñido agudo característico de los Beastie Boys con las bases de acompañamiento al viejo estilo, preferidas por los chicanos. Cuando en 1991 aparecieron los Cypress Hill, hubo pocos comentaristas que se dieran cuenta de que en el grupo había dos cubanos radicados en Los Ángeles, Sen Dog, que rapeaba en espanglish en temas como «Latin Lingo» y «Tres equis», y Bread. El disco despertó un gran interés con motivo de samplear rhythm and blues y doo-wop de finales de los cincuenta y principios de los sesenta, música ritual de los motoristas chicanos.

Cypress Hill siguieron evolucionando, de raperos a rockeros, con un aumento constante de sus letras en español a la vez que manteniendo la credibilidad hip hop. A mediados de los noventa, el grupo se separó por un breve período, con B-Real al frente de Psycho Realm y Sen Dog produciendo a Delinquent Habits (*The Warriors* y *Here Come the Horns*). Los Habits, que son latinos sólo en parte, se apoyaron en los códigos de guerra-entre-locos-por-los-coches que animaban la subcultura chicana en el «Lower East Side» californiano, al hacer uso del sampleado de una sección de metal y ritmos pianísticos sincopados para hacer una declaración formidable contra la Propuesta 827, considerada anti-inmigrante por muchos.

El nuevo hip hop latino estimuló movimientos en el Caribe, sobre todo en Puerto Rico, recogidos en el *Dancehall Reggae Español* (1991). La presencia de los megarritmos de raperos panameños como El General —un producto de la polinización cruzada de culturas que sucedía en Panamá, a donde emigraron muchos jamaicanos para colaborar en la construcción del canal— sirvieron para romper la segregación de facto entre el reggae, el estilo de salón de baile jamaicano, el merengue e, incluso, la salsa.

El Caribe hispanohablante —Puerto Rico, la República Dominicana, Panamá, Venezuela y Colombia— desarrolló un gusto por el ritmo de marcha rápida (parecido al merengue) para los salones de baile y su juego de palabras vulgar y sarcástico. Todo salsero pudo apreciar las cadencias raggamuffin de El General que salpimentan los sentidos en «Pu Tun Tun». Y la estética latina romántica del baile lento la sirve «Amor» del panameño Arzu, que se murmura por encima del tema de rock clásico para amantes «Night Nurse» de Gregory Isaac.

Otro pionero del rap en Puerto Rico es el carismático Vico C., al que le gusta actuar trajeado y evita el típico uniforme holgado norteamericano. Su estilo, que recuerda a «la vieja guardia», si no recicla viejos samples de Sugarhill Gang se centra en la pirotecnia vocal de los raperos jamaicanos de salón de baile. Asume la manera «filosofal» del rapero, y hace referencia constante a la gente de la calle en una isla cuyas calles violentas son más difíciles de encontrar que las cabañas rurales.

En 2002, el álbum *Emboscada*, de Vico C. se manifestaba contra la corrupción gubernamental, la lucha en pro de las pequeñas comodidades que la sociedad de consumo ofrece al obrero, y contra la falta general de conciencia. Con un control completo sobre la música, el sampleo y los arreglos del álbum, Vico C. logró la hazaña más rara de la música pop: produjo un álbum comercial y refinado con ciertas reminiscencias rurales. Asimismo el rapero utilizó elementos poderosos de la música folklórica y la salsa puertorriqueña (además de subgéneros como el reggaetón, un hipnótico y repetitivo ritmo de baile de salón, sobre el cual los MCs rapean letras relacionadas con la fiesta) para crear un aura de integridad y de dominio por encima de sus grandes divagaciones. Canciones como «Abusando», que presentó como un homenaje al clásico compositor Rafael Hernández y al legendario cantante Cheo Feliciano, avalan las citadas referencias con una andanada de estilo y sustancia.

El título de diosa del hip hop se reparte entre algunas felices latinas, como Hurricane G., Lisa M. e Ivy Queen. El segundo álbum de ésta, *Original Rude*

Girl (1998), destaca sobre todo por la aparición especial de Wyclef Jean, de los Fugees, en un tema titulado «In the Zone». Ivy es una cantante formidable que suena como si realmente pudiera cantar, aunque ella prefiere proclamar incansablemente el orgullo puertorriqueño y su propia figura estupenda, como se espera en cualquier intérprete de hip hop. La misma Ivy Queen se muestra poderosa y seductora por encima de los diversos ambientes funk de salón de baile, de merengue-house, y de hip hop, sobre los que ella rapea en espanglish. En una pieza, «La realidad», ella rinde homenaje a la tradición oral puertorriqueña cuando, acompañada por el cantante invitado Álex D'Castro recita una décima.

El hip hop latino se ha diseminado por todo el mundo hispanohablante, y cuanto más se aleja de la frontera, más se ocupa de un personaje que refleja la vida local de sus intérpretes. El rap en español alimenta un regreso a los antiguos valores del hip hop, algo que asimismo se refleja en la película de 2002 sobre el movimiento de los giradiscos norteamericanos llamada *Scratch*. En España despegó una nueva escuela de rap en 1994, cuando un nuevo sello con el nombre de Yo Gano editó un álbum de CPV (Club de los Poetas Violentos) titulado *Madrid zona bruta*. Siguieron grupos como VKR (Verdaderos Kreyentes de la Religión Hip Hop), Sólo Los Solo y Geronación, que eligieron como tema la filosofía y la política, por encima del gangsta. Otra reacción contra el hip hop comercial se produjo en México, en donde Caballeros del Plan G declararon que «los raperos gángsteres de Chicago no nos representan».

En Puerto Rico se puede encontrar una historia parecida, con una nueva generación de intérpretes como El Sindicato, Enemigo y Shanghai Assassinz que suponen una alternativa a Vico C. Mcs de la vieja escuela y que intentan sobrevivir en una escena en la que los promotores locales apuestan grandemente por la mezcla del hip hop con los ritmos del merengue y el reggae para fundar el género de fiesta idiota llamado reggaetón. En 2003, el rapero Tego Calderón utilizó la locura del reggaetón en rápida expansión para triunfar con un álbum llamado *El abayarde*. Sin embargo, buena parte del álbum deja de lado el reggaetón para incorporar bomba y salsa puertorriqueña. Hijo de activistas en pro de la independencia, Tego realizó diversas declaraciones potentes en contra del racismo puertorriqueño hacia sus ciudadanos de ascendencia africana y vendió suficientes álbumes para hacer de él una estrella para los años venideros. El rap latino también se extiende desde Argentina —donde los raperos se embarcan con frecuencia en proyectos experimentales con la música electrónica y dance— hasta Uruguay, que justo empieza a emerger de un período de imitaciones chicanas, e incluso Brasil, que posee una de las escenas rap más espectaculares del planeta por su dinamismo y mezcla de ritmos.

El hip hop y la música latina se están fusionando cada vez más —en 2001, *Americanizao*, de Fulanito, y *Shhhhh*, de A. B. Quintanilla y los Kumbia Kings, mezclaron ritmos de breakdance con merengue y cumbia. Tal vez ni Afrika Bambaataa, uno de los padres fundadores del hip hop, hubiera sido capaz de concebir las letras exóticas y la percusión afrolatina de *Un paso a la eternidad*, de Sindicato Argentino de Hip Hop, o de *Un montón de cosas*, de los cubanos Obsesión. Aunque, como indicaba él en la película de 1982, *Wild Style*, de Charlie Ahearn, cuando en «Planet Rock», los raperos del sur del Bronx soltaban las rimas sobre bases rítmicas proporcionadas por los alemanes Kraftwerk, ya se veía que aquello tomaría una dimensión verdaderamente universal.

Electrónica latina

En 1999, dos años después de la disolución de Soda Stereo, el argentino Gustavo Cerati emprendió una carrera en solitario que dejó atrás su período rock. En la senda de lo que se podía definir como nuevo o electro bolero, el segundo álbum de Cerati como solista, *Bocanada*, en general es mejor que la obra producida como líder de su viejo grupo. La canción del título está montada de manera que Cerati puede lanzar bocanadas de humo sobre una enorme cantidad de temas románticos de rock latino, en una mezcla de la teoría del caos con el bolero al estilo de los salones de los años cuarenta. «Cuando no hay más que decirnos / me hago uno con el humo, / serpenteando la razón», murmura él en un castellano formal y evita los solos de guitarra en beneficio de su teclado electrónico MPC3000. Cerati ha adoptado totalmente la electrónica y se ha metamorfoseado en una especie de rey del drama ambient suramericano.

«Tabú» es una banda sonora de película de espías de ciencia ficción, como si James Bond corriera por la selva, tocando *riffs* de Wes Montgomery, en plena lucha psicológica con la «alquimia salvaje» del deseo. El rock latino más conmovedor incorpora alegres ritmos folklóricos y africanos, pero la estética cono sur de Cerati emplea una paleta de art rock *semi-cool:* bordones de flautas andinas y ritmos de electro bossa nova que, no obstante, alimentan un tema de título «Raíz». «Verbo carne» es una excéntrica canción sentimental interpretada con la London Symphony Orchestra.

Recién salidos de los flirteos con el hip hop, el acid jazz y el bugalú, los intérpretes de la alternativa latina han creado una variación nueva en la música de club, al incorporar samples de las tubas y trompetas funky, y las figuras pegadizas, de baile de dos tiempos, del género norteño y los ritmos para el meneo de la salsa y la cumbia. Uno de los centros de dicho movimiento es Tijuana, una metrópolis bulliciosa en la que los clubes de *striptease* y el tráfico de drogas son el telón de fondo de la juventud mexicana con un estilo bicultural y espanglish. The Nortec Collective es un grupo dinámico y atractivo de DJ, diseñadores y artistas gráficos residentes en Tijuana. El recopilatorio de Nortec, *The Tijuana Sessions, vol. 1*, es un frenético guisado de grasos ritmos tropicales y samples sorprendentes que fusionan los estilos norteños mexicanos con texturas flipantes. La nueva escuela electrónica latina se alimenta de los jóvenes latinos que quieren oír sus raíces a todo volumen.

La historia de Nortec empieza a mediados de los noventa, cuando el ingeniero químico y DJ de club Pepe Mogt, de Tijuana, no pudo permitirse dejar su trabajo de día. La música industrial, el ambient house y la de influencia techno que él desarrollaba era demasiado extraña para las compañías discográficas mexicanas, y él no destacaba lo suficiente como para conseguir un contrato discográfico en Estados Unidos o Europa. Luego, en 1999, regresó a sus raíces en busca de material de base, y en el proceso, creó un fenomenal género nuevo de la música de baile electrónica: el Nortec.

El término Nortec que expresa la alianza entre el género norteño mexicano y las innúmeras variaciones de la música techno, nació cuando Vogt encontró maquetas, en bruto y desafinadas, de grupos locales de norteño y de banda en un estudio del centro de Tijuana y las hizo correr entre sus amigos DJ. Ramón Amezcua, «Bostitch», regresó con un tema llamado «Polaris», un pastiche enormemente exuberante de tubas tempestuosas, ritmos de caja sincopados, y electrónica ambient. Luego el resto del Nortec Collective —los grupos de DJ Terrestre, Panóptica, Plankton Man, Hiperboreal y Clorofila— mezcló nuevos temas, y todos empezaron a tocar en fiestas, en almacenes y en fiestas de clubes de DJ que destacaron en la vida nocturna, ya multitudinaria, de Tijuana.

Los integrantes del Nortec Collective, como sus contemporáneos de Tijuana, habían crecido escuchando la electrónica europea estilo Kraftwerk, Yello y Depeche Mode en emisoras radiofónicas de San Diego y Los Ángeles. Amezcua tomó su apodo de «Bostitch» de un viejo tema de Yello. Y al igual que millares de habitantes del norte de México, habían hecho trabajos temporales en California. Ya que Tijuana es un centro principal para el ensamblaje electrónico ligero, a Mogt le resultó fácil construir mini estudios portátiles, y la proximidad con San Diego le permitió ir a la caza de vinilos en los cajones de las tiendas de discos.

Aunque sea por los retazos de acordeón o de tuba infiltrados en sus *grooves*, o por el alegre despliegue de la iconografía norteña en sus espectáculos —imágenes de la leyenda del narcocorrido Chalino Sánchez, plantas de cactus, y los sombreros negros de los narcogángsteres— el Nortec está impregnado de la parte mexicana de la experiencia de Tijuana. Podría decirse que los corridos de la música norteño son como el rap (véase el capítulo 8). Como los contadores de historias puertorriqueños de la bomba y la plena, todos son parte de una tradición de leyendas que pasan al pueblo. Tijuana fue el lugar de donde arrancó Carlos Santana, que realizó una de las transferencias bilingües de más éxito en la historia de la música pop estadounidense. Asimismo fue en donde Ritchie Valens oyó por vez primera el son jarrocho «La bamba», y lo que siguió ya es historia. El Nortec Collective se aseguró que Tijuana se llegara a conocer como el lugar que cambió la forma en que la gente vivía la música de baile y la cultura latina.

Richard Blair, de Sidestepper, un DJ británico residente en Londres que pasa mucho tiempo en América Latina, es una de las potencias principales de la electrónica latina y la salsa alternativa, con su mezcla de sonidos afrocubanos con drum and bass y dub. Blair contrajo el vicio latino, con ocasión de su visita a Colombia a mediados de los noventa, para encargarse de la grabación de un disco de la diva del folklore Totó la Momposina. Blair se quedó allí para obtener un «doctorado en rumba». Se dio cuenta que la llamada y respuesta africana que empapaba la música de Totó era parecida a la base rítmica de la música trance y decidió aprovechar la conexión en sus álbumes *Logozo* (1998), *More Grip* (2000) y *3 AM* (2003). Sidestepper tenía como invitados a los cantantes de la alternativa latina Iván Benavides, de Bloque, y Andrea Echeverri de Aterciopelados.

El DJ (Ramón) Nova, un maestro del ritmo dominicano del Bronx, fue el máximo impulsor tras el drum'n'space de «Tú verás», un tema destacado de *The Return of El Santo* (2000), de King Changó, y con Lata y Postdata, los proyectos en solitario de Iván Benavides, con la manipulación de samples de chandé colombiano y ritmos de porro. Si*Sé, cuyo álbum epónimo se editó en 2001, entra en el terreno de la alternativa latina, aunque se basan más en el Nueva York multicultural del que salieron. Con la combinación de las letras bilingües espaciales de Carol Cárdenas, de origen dominicano, con las influencias del trip hop y el hip hop a la vez, con el añadido de una mezcla de fuentes afrocaribeñas, Si*Sé realiza una música urbana, singularmente ecléctica.

El concepto detrás de Kinky, un grupo de Monterrey (México), cuyo primer álbum se editó en 2002, es relativamente sencillo: se toma un batería experto en jazz y percusión latina, un bajista ducho en la cumbia y el norteño, un cantante y guitarrista que sean rockeros punk irredentos, y un DJ que come, bebe y duerme música de club de estilo europeo, se mezcla todo para obtener un tipo revolucionario de electro-pop audaz. Kinky hizo su debut en Nueva York como vencedores de la Batalla de Bandas en el Congreso de la Música Alternativa Latina de agosto de 2000, aunque en ese momento, se trataba de un grupo principalmente experimental.

En 2001, el grupo contrató a Chris Allison, un productor inglés y promotor musical, cuyo sello Sonic 360, publicó CDs de electrónica. Allison también puso en pie un club nocturno ambulante de electrónica latina llamado La Leche en Londres, Nueva York y Los Ángeles. *Kinky*, el primer álbum del grupo, es un jardín de las delicias electrónico, un cruce de géneros, ecléctico y multilingüe, que ofrece al espectador una vislumbre hacia el futuro de la música internacional. Aunque el grupo parezca algo así como un grupo de estudio a la última, *Kinky* ofrece una sensación visceral y funky. El frenético, y extrañamente ritmado «Soun tha primer amor» usa una sintética sección de metal que flirtea con los timbales y los estribillos robóticos. El guitarrista, giradiscos y cantante Gil Cerezo queda al fondo de la mezcla, murmurando apartes poéticos y canturreando extáticas órdenes de baile. En «San Antonio», él explica cómo suplicar ayuda a un santo mexicano para encontrar una amante, navegando entre figuras de teclado etéreo y *riffs* jazzísticos de flauta.

Ya sea que los integrantes se metan en la samba deconstruida («Sol [Batucada]»), en ritmos de break de la vieja escuela («Más»), o el sonido funky del acordeón en la canción de música disco norteño-cumbia «Cornman», la línea de fondo de Kinky es agitada. Al igual que Los Amigos Invisibles, Kinky consigue tomar los valores de la pista de baile y presentarlos a la manera de un impresionante grupo en directo.

Sangre nueva para la alternativa latina: el cantautor

Gran parte de la energía de la alternativa latina es resultado de la rebelión juvenil expresada a través de la música y el estilo de vida. Como en el rock y el hip hop estadounidenses, la actitud es, en ocasiones, más importante que la propia música. Aunque la tradición compositiva latinoamericana es tan penetrante que muchos músicos jóvenes están decididos a crear canciones con tanta integridad formal y temática como el bolero.

Julieta Venegas, que tomó el acordeón más como una inspiración proveniente de Tom Waits y Los Lobos, que no de los intérpretes norteños mexicanos, es la cantautora más vital de Tijuana. Julieta, como el Nortec Collective, es tan bilingüe como un nuyoricano o un cubano de Miami. Aunque todas las letras de Venegas son en español, cuentan historias familiares en ambos lados de la frontera, y aunque también está influida por la tradición folklórica mexicana, su voz áspera puede ser tan cortante como la de P. J. Harvey y encantar como la de Waits.

Venegas, que se define a sí misma como de carácter tranquilo, con un gran talento, ha editado dos álbumes, y en el segundo *Bueninvento* (2000), utilizó algunos músicos norteamericanos y causó una cierta conmoción al norte de la frontera. Las canciones de Julieta, a menudo, son relatos penetrantes y tristes que representan la ambivalencia del alma mexicana en la era posterior al Tratado Nafta de Libre Comercio. «Casa abandonada» incluye su quejumbrosa interpretación de acordeón, que adorna sus meditaciones sobre llamadas sin respuesta a una casa abandonada. Pasando a la guitarra acústica, ella rasguea acordes folk arquetípicos en «Hoy no quiero», un lamento airado que se torna un inquieto himno de rock moderno. La tesitura de Venegas es tan poderosa, su canto tan finamente texturado y emotivamente generoso que puede llegar a arrancarte las agallas, como hace en su primer álbum, *Aquí* (1998). Ya sea en el estudio, rodeada por músicos de sesión como el bajista Fernando Saunders y el batería Joey Waronker o en una actuación en directo en solitario, Julieta genera un entusiasmo enorme procedente de sus fans. Posee la intensidad de una bolerista o una cantante de rancheras, aunque traslada dicha sensación a arreglos de rock totalmente modernos.

Manu Chao

Nacido en 1961, de padres españoles, Manu Chao es un músico nómada, anarquista sui generis, famoso por rodar por varias ciudades latinoamericanas y grabar a los músicos locales en un cuatro pistas, en ocasiones en la misma calle, para crear sus álbumes. A finales de los ochenta, Manu fue el líder del grupo francés de ska-punk Mano Negra, que ejerció una gran influencia en la escena alternativa latina en general. Sus dos álbumes en solitario, *Clandestino* (1998) y *Próxima estación: Esperanza* (2001), están entre los preferidos de los seguidores de la alternativa latina, y a la hora de cruzar barreras entre listas gozan de un atractivo mayor que la mayoría de grupos del movimiento, gracias a sus convenciones de reggae básico y sus letras de interpretación feliz, y fáciles de recordar.

Las mejores canciones de Manu Chao, como «Hombre clandestino», vehiculan su gran identificación con los pobres de Latinoamérica, que no se pueden dar el lujo de viajar de un país a otro y que, cuando lo hacen, normalmente es en un intento desesperado de obtener un trabajo de sólo un par de meses de duración. Dichas canciones saltan sobre un contagioso ritmo de reggae, con los característicos insertos de Chao, con sonidos cazados de la radio, las emisiones televisivas, y la calle. En *Próxima estación: Esperanza*, amplió el concepto de «música encontrada», al titular a su grupo como Radio Bemba que, en argot afrocaribeño, significa, «lo que se dice en la calle».

Aunque las canciones de Manu Chao proporcionan ideas sobre el underground latinoamericano, que la mayoría preferiría pasar por alto, su obra puede resentirse de repetitiva, de manera que se puede jurar que se ha escuchado la misma canción en varias versiones distintas. Cuando la música se acelera, se puede notar la celebración de algún tipo de energía internacionalista al estilo de Bob Marley. Pero cuando se pone triste, la voz de Manu Chao puede dar la lata y parecer forzada. *Radio Bemba 2002*, editado en dicho año, es un fluido álbum en directo que refleja todo el estridente encanto de los desbordantes conciertos de Manu Chao.

Juanes

Juanes fue el primer intérprete en surgir de la escena alternativa latina como gran representante del pop latino. Ex cantante solista del grupo colombiano de rock Ekhymosis, Juan Esteban Aristizábal canta sobre la alegría y la pena de vivir en medio de una guerra civil virtual y encontrar todavía tiempo para la angustia post-adolescente. Su primer álbum, *Fíjate bien* (2000), era una mezcla revigorizante de pop-rock, ritmos tradicionales colombianos, como la cumbia y el vallenato, y unas composiciones potentes, que mostraban su maduración artística.

Nacido en 1972, en Medellín (Colombia), Juanes creció en el área rural que rodea la ciudad, en donde se vio muy influenciado por la música folk de la región de Antioquía. En lugar de la típica mezcla urbana colombiana de salsa, cumbia, y rock con pop, como hijo de un ganadero, Juanes creció escuchando rústicos vallenatos, bambucos y pasillos, además de los tangos de Carlos Gardel. Aunque al igual que muchos de sus contemporáneos norteamericanos, Juanes volvió la cabeza cuando escuchó por vez primera a Metallica, de adolescente en Medellín. En cuestión de semanas, fundó su primer grupo de rock, Ekhymosis, aunque después de doce años y cinco álbumes, el grupo se disolvió.

En septiembre de 1999, Juanes voló a Los Ángeles sin sello discográfico, aunque con algunos contactos y una potente maqueta. Se dirigió a La Casa, el estudio de grabación de Gustavo Santaolalla, uno de los mejores productores de la alternativa latina, que había trabajado con Café Tacuba, Caifanes, y muchos más, y concretó la visión que tenía Juanes. Al añadir un perfil punk y funky a los ritmos que Carlos Vives había hecho famosos, finalmente Juanes grabó un disco que respondía auténticamente a su personalidad.

Aunque se trata de pop híbrido vanguardista del siglo XXI, *Fíjate bien* encierra algo más que un mensaje musical. El título se refiere a la pérdida de significado que experimentaba la juventud colombiana, frente a la paralizante violencia de la guerra civil del país. Se refiere a no perder la capacidad de sorpresa en la vida cotidiana.

Cuando *Fíjate bien* ganó el Grammy Latino al mejor álbum de rock en solitario de 2001, lanzó un mensaje claro a la industria musical latina en el sentido de que para que un álbum alternativo pudiera obtener una amplia repercusión, debía contener algún tipo de influencia tradicional. En 2002, Juanes editó *Un día normal*, que hizo de él una estrella triunfante del pop latino, la primera formada en la alternativa latina. No es que haya nada rupturista en la elección de la instrumentación o en la estructura de las canciones del álbum, aunque lo que Juanes empezó en *Fíjate bien* se logra por completo en *Un día normal*.

A la búsqueda de ese «día normal», Juanes está, a la vez, recordando una época no tan complicada, y deleitándose en la apasionada vida peligrosa de hoy en día. Juanes lo hace a través de un tema típico latinoamericano: la supervivencia en un mundo inestable requiere una fe profunda, e indesmayable. En el pri-

Juanes, el primer intérprete de la escena alternativa latina que surgió como representante del pop latino.

mer sencillo del álbum, la cumbia rockera «A Dios le pido», Juanes suplica que su madre siga con vida, que su novia esté siempre a su lado, y «que mi pueblo no derrame tanta sangre y se levante mi gente». Y cuando en el tema que da título al álbum, una cálida balada rockera, Juanes canta: «Nunca sabes lo que tienes hasta que lo pierdes», él reconoce que nuestra realidad «normal» está matizada por la posibilidad de la pérdida imprevista, y que hay que tener fe para vivir así. Dicho sentimiento ha sido una realidad latinoamericana durante mucho tiempo, y ahora también lo es norteamericana.

Un día normal está repleto de estribillos pegadizos y partes guitarrísticas complicadas y exuberantes; se trata de la inspiración para un tipo diferente de verano del amor. Aunque así como Juanes adora a sus mujeres en baladas, adornadas con cuerda («La única» está dedicada a su madre), también las puede amonestar en broma en la pieza con aroma reggae «La paga» y en el rock-blues flamenco «Mala gente», un eco sutil de «Evil Ways» de Santana.

El formidable equipo de producción de Gustavo Santaolalla y Anibal Kerpel consiguen aquí parte de su mejor obra. Con unos *riffs* de mini-moog o de melódica aquí y allá, se equilibran los sueños de rock británico de Juanes, con sus recuerdos del folklore (véase «Luna», que incluye coros a lo Beatles, punteos de fantasía en el tiple, una guitarra tradicional colombiana de cuatro cuerdas, y un contagioso ritmo reggae). Y aunque Juanes lo hace muy bien en solitario, hay un asombroso dúo con la fabulosa Nelly Furtado en «Fotografía», tema repleto de estribillos pegadizos que evocan la melancolía, que los brasileños llaman saudade. Para concluir, Juanes brinda por el ídolo de la música tropical colombiana, «Joe» Arroyo con una versión salsa-rock de «La noche».

El futuro de la música latina

En lo esencial, la música latina es un alegre cruce entre los mundos que dieron en formar lo que conocemos como Nuevo Mundo, y dicho cruce es tan sólo un precursor de la futura interacción de las culturas del mundo en la época de la información global. Si bien las anteriores expresiones culturales de la modernidad implicaban el desplazamiento del pasado con el fin de crear lo nuevo, hoy en día la música latina, al igual que la cultura latina, busca establecer lo nuevo incluso si resucita lo tradicional. Por dicho motivo, la contradicción entre la creciente modernización de la música latina mediante mezclas con el pop, el rock, el hip hop y la electrónica y la búsqueda a cargo de los músicos latinos en pos de descubrir ritmos olvidados, armonías y melodías enraizadas en tradiciones africanas, indígenas e incluso ibéricas no supone un gran problema.

De modo que la yuxtaposición del pianista nonagenario de Buena Vista Social Club, Rubén González, y el hip hop urbano postmoderno del grupo Control Machete, de Monterrey, tiene sentido. La apropiación de un tipo de baile andino por parte de un rapero afroargentino de nombre King África, residente en España, para crear un enorme éxito popular es fiel a la forma. Los ritmos y bailes de Colombia, largo tiempo postergados, desde la cumbia al esotérico chandé de la costa del Pacífico, se han transformado en las últimas influencias en el pop latino, con base en Miami, gracias al impulso de la creciente población colombiana en la zona.

En Nueva York, se han fundado una serie de grupos nuevos que rinden tributo a añejos ritmos afrocaribeños, tal como lo hace Yerba Buena con la bomba y Cumbiamba con los bailes colombianos, o los sitúa en un contexto de conjunto moderno, como el Ya Está de Brian Vargas. Otro grupo llamado Yerba Buena, que editó *President Alien* en 2003, mezcla rumba afrocubana, afrobeat nigeriano, y hasta influencias del hip hop de una manera revolucionaria, con el concurso de la cantante Xiomara Laugaurt, una reina del filin que abandonó Cuba a mediados de los noventa.

La importancia cada vez mayor de España, y en menor medida, de Portugal, en la trayectoria actual de la música latina también es notable en los primeros años del nuevo siglo. Grupos alternativos como Macaco, Dusminguet y Ojos de Brujo, el último de ellos un grupo de jazz-rock-flamenco que mezcla su música con el hip hop y la electrónica, junto a intérpretes clásicos como Peret, el llamado «Rey de la Rumba», están influyendo a los latinos desde Europa hasta las Américas. La renovación del fado, la música folklórica portuguesa encarnada en la gran Amália Rodrigues, mediante grupos como Madredeus y cantantes como Mariza, ha rejuvenecido el género y lo ha hecho más relevante que nunca para el público oyente de música latina.

Especular sobre si la música latina persistirá o no, incluso si la explosión pop latina de finales de los noventa se marchita, no tiene sentido. La energía desenfrenada de su atractivo mediante su percusión impulsora, melodías seductoras, y cuidada simetría entre la estrofa y la estructura de la canción ya está empapada en la música pop norteamericana. La popularidad creciente de la música afrocubana en Europa, y el hecho de que no hay señal alguna de que el gusto por el baile en la música latina disminuya en las Américas, son pruebas de la realidad ligada a la música. Y además con la conversión de los latinos en la minoría más grande en Estados Unidos, el auténtico poder del consumidor garantizará la inversión continuada por parte de las compañías discográficas multinacionales para mantener a flote el negocio en su conjunto.

En un hemisferio en el que las dos Américas se distinguen de forma muy clara por la riqueza material, la música latina seguirá creciendo porque los ricos latinoamericanos se miden en capital cultural. Cuanto más tiempo estén sus economías precariamente encaramadas al borde de la agitación, y su gran masa de población siga sin la protección de las redes de seguridad del Primer Mundo, se producirá una necesidad de música para mantener el espíritu feliz. La canción de Andalucía y del África Occidental, que ha atravesado por la oscuridad del tráfico de esclavos hacia el Nuevo Mundo, en donde partió el pan con un nuevo conjunto de culturas nómadas nativas de las Américas y acabadas por emigrantes de Europa y Asia, parece ganar fuerza sólo a la hora de satisfacer dicha necesidad.

Bibliografía escogida

Austerlitz, Paul, *Merengue: Dominican Music and Dominican Identity*, Temple University Press, 1997.

Bogss, Vernon, *Salsiology: Afro-Cuban Music and the Evolution of Salsa in New York City*, Greenwood, 1992.

Burr, Ramiro, *The Billboard Guide to Tejano and Regional Mexican Music*, Watson-Guptill, 1999.

Carpentier, Alejo, *Music in Cuba*, Traducción de Alan-West Durán, University of Minnesota Press, 2001, (Ed. original: *La música en Cuba*, Letras Cubanas, 1979, Ed. española: Círculo de Lectores, 2002).

Castro, Ruy, *Bossa Nova: The Story of Brazilian Music That Seduced the World*, Chicago Review Press, 2003.

Chediak, Nat, *Diccionario de jazz latino*, Fundación Autor, 1998.

Dunn, Christopher, *Brutality Garden: Tropicália and the Emergence of a Brazilian Counterculture*, University of North Carolina, 2001.

Évora, Tony, *Música cubana: Los últimos 50 años*, Alianza Editorial, 2003.

—, *Orígenes de la música cubana*, Alianza Editorial, 1994.

Farr, Jory, *Rites of Rhythm: The Music of Cuba*, Regan Books, 2003.

Fernández, Raúl A, *Latin Jazz: The Perfect Combination / La combinación perfecta*, Chronichle Books, 2002.

Flores, Juan, *From Bomba to Hiphop*, Columbia University Press, 2000.

García Martínez, José María, *La música étnica: un viaje por las músicas del mundo*, Alianza Editorial, 2002.

Giro, Radamés (ed.), *Panorama de la música popular cubana*, Editorial Letras Cubanas, 1995.

Glaser, Ruth, *My Music Is My Flag: Puerto Rico Musicians and Their New York Communities 1917-1940*, University of California Press, 1995.

Leymarie, Isabelle, *Cuban Fire: The Story of Salsa and Latin Jazz*, Continuum, 2002.

Leymarie, Isabelle, *Jazz latino*, Ediciones Robinbook (Ma Non Troppo), 2005

Loza, Steven, *Tito Puente and the Making of Salsa*, University of Illinois Press, 1999.

Orovio, Helio, *Diccionario de la música cubana*, Letras Cubanas, 1992.

Ortiz, Fernando, *Etnia y sociedad*, Editorial de las Ciencias Sociales, 1993.

—, *La africanía de la música folklórica de cuba*, Editorial de las Ciencias Sociales, 1992.

Pacini Hernández, Deborah, *Bachata: A Social History of a Dominican Popular Music*, Temple University Press, 1995.

Peña, Manuel, *The Texas-Mexican Conjunto: History of a Working-Class Music*, University of Texas Press, 1985.

Perrone, Charles A., y Christopher Dunn (eds.), *Brazilian Popular Music and Globalization*, Routledge, 2002.

Reyes, David y Tom Waldman, *Land of a Thousand Dances: Chicano Rock 'n' Roll from Southern California*, University of New Mexico Press, 1998.

Rivera, Raquel Z., *New York Ricans from the Hip Hop Zone*, Palgrave MacMillan, 2003.

Roberts, John Storm, *Black Music of Two Worlds: African, Caribbean, Latin, and African-American Traditions*, Thomson Schirmer, 1998.

—, *Latin Jazz: The First of the Fusions 1880s to Today*, Thomson Schirmer, 1999.

—, *The Latin Tinge: The Impact of Latin American Music in the United States*, Oxford University Press, 1999.

Salazar, Max, *Mambo Kingdom: Latin Music in New York*, Thomson Schirmer, 2002.

Steward, Sue, *Música! The Rhythm of Latin America*, Chronicle Books, 1999.

Sweeney, Phillip, *The Rough Guide to Cuban Music*, Penguin, 2001.

Thompson, Robert Farris, *Flash of the Spirit: African & Afro-American Art & Philosophy*, Vintage, 1983.

Veloso, Caetano, *Tropical Truth: A Story of Music and Revolution in Brazil*, Da Capo Press, 2003, (Ed. española: *Verdad tropical*, Salamandra, 2004).

Vianna, Hermano, *The History of the Samba: Popular Music and National Identity in Brazil*, Traducción de John Charles Chasteen, Chapel Hill, 1999.

Wade, Peter, *Music, Race and Nation: Música Tropical en Colombia*, University of Chicago Press, 2000.

Waxer, Lise (ed.), *Situating Salsa: Global Markets and Local Meaning in Latin Popular Music*, Routledge, 2002.

Zolov, Eric, *Refried Elvis: The Rise of the Mexican Counterculture*, University of California Press, 1999.

Índice onomástico

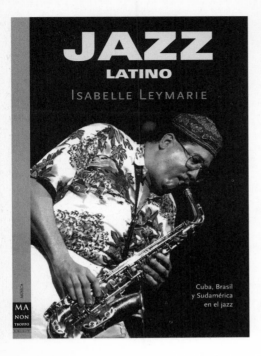

Jazz Latino,
Isabelle Leymarie

Guaguancó, son, rumba, mango, samba, merengue, bossa noba, tango, calipso, reggae… son algunos de los ritmos más conocidos de América Latina y del Caribe que, junto a otros muchos, forman parte integrante del jazz latino. Una de las músicas más estimulantes de nuestro tiempo, ignorada durante años, que en la actualidad conoce un destacado auge. Un delicioso viaje para los amantes del jazz que recorre el continente americano en busca del rastro de las raíces africanas en la expresión cubana y brasileña, así como la influencia del resto de ritmos latinoamericanos y de las Antillas. Todo ello sin olvidar a sus grandes y pequeños protagonistas, creadores de la talla de Machito, Dizzy Gillespie, Chano Pozo, Tito Puente, Eddie Palmieri, Mongo Santamaría, Paquito D'Rivera y muchos más.

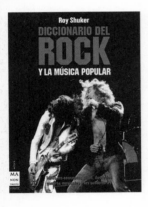

Diccionario del rock y la música popular,
Roy Shuker

Por primera vez en España se publica una obra amena y rigurosa sobre todos los fenómenos y aspectos relacionados con la música popular. Una obra práctica y completa tanto para el lector interesado en manifestaciones culturales como para profesores y estudiantes de ciencias de la comunicación o periodistas especializados. Contiene numerosas referencias cruzadas e indicaciones bibliográficas y audiovisuales.

Un glosario exhaustivo y completamente actualizado de los principales términos y conceptos utilizados en el estudio de la música popular actual.

Rock & roll Babilonia
Gary Herman

Gary Herman desentraña con absoluta objetividad la decadencia, la miseria y la degradación de los más renombrados protagonistas de la música popular. Con la ayuda de más de 200 fotografías excepcionales, muestra una perspectiva desconocida hasta hoy de las grandes personalidades del mundo de la música.